希腊神话与英雄传说

Greek Myths and Legends of Heros

郑振铎 编著

METRO FIFTH AVENUE PRESS, LLC

Greek Myths and Legends of Heros

Originally published in Chinese by
Jiangsu Literature and Art Publishing House, 2009

ISBN-13: 978-0692372791
ISBN-10: 0692372792

Printed in the U.S.A

目　录

前言　人类的创造

　　天神们既已分开了天与地,布置了山、川,与陆、湖,创造了鸟、兽、虫、鱼,最后便要创造一种高出一切的动物,就是所谓人类。制造人类的责任,落于底但族(Titan)的普罗密修斯(Prometheus)与他的弟弟厄庇墨透斯(Epimethus)身上。普罗密修斯与厄庇墨透斯取形成未久的泥土,和以潺潺流滚的清莹的泉水,模拟着天神们的形体而造成了人。所有的动物都是四足伏地而走的,它们的双眼只能凝注于地上而不能仰视。对于人类,普罗密修斯却给以直立的躯体,高仰的头部,双眼得以观望四方与上下;还有空闲出来的双手,得以握捉到并制造出应用的东西。因此,他们得以高视远瞩,仰观俯察,充分的发展他们自己的才能与性灵。但当厄庇墨透斯创造各种动物时,已将原料几乎都用尽了;他给这兽以善走的捷足,给那鸟以高飞的羽毛,给此以杀敌爪牙,给彼以护身的甲壳。人类却赤裸裸的一无所有,只除了高出于万物的丰裕的智力与直立的躯体。他们经过了黄金时代与白银时代,很快乐的生活着。但这两个时代的人类都无所出。第三时代乃是青铜时代。这时代与前大不相同。这时,他们渐渐的繁殖得多了,竟招致了神与人之主宙斯(Zeus)的恼怒。

　　有一次,宙斯想灭绝了青铜期林林总总、藩藩蠢蠢的人类;他们是那么柔弱无靠,既无防身之爪牙,又缺护身之甲壳;在地球上是那么可怜的艰难的生活着。然而对于一切,又全以他们的恶毒的智力对付;对于一切,都使用网罗陷阱,即对于同类也是如此。他们是如此的既蠢且凶,既柔且暴,竟引起了时时拨开云雾向下界凝望的宙斯的愤怒。自然界是那么美丽可爱,澄湖如镜,绿草若毡,鸟类飞鸣上下,如在歌舞,群兽也都徜徉自得,各适其性;春夏则绿林怒苗,繁花杂缀,其富丽,如入金张之堂,秋冬则枯叶乱飞,白云渺远,其萧爽有如听洞箫在月湖上的独奏。独有裸露可怜的人类，奔走于其间，不设阱以陷物，便避仇以求安，不群居而哄斗，便类出而寻仇。在恬美的自然界中，他们似是刺目的棘针，蠢然不与自然界相谐和。宙斯颇愤然，有不除去他们不快的决心。但聪明的普罗密修斯却与宙斯的意见完全不同；他是仁慈而亲蔼的，他不愿意使他亲手造成的人类那么残酷地被消灭，并且他也看出人类将来的伟大与成功。他的心胸特别为人类现在的艰难困苦的情形而悲悯。"可怜的人类，"他叫道，"他们将死于无知之中了。但我要将他们眼前的黑暗除去，而开了他们之耳，使之得以听见智慧之声，于是他们便将得救了。"于是他取了一支空的芦管，将神秘的火种装于管中，向人类群居的所在而去。在此时，火乃是天神们所独有的财宝，人类是绝对不知道火之为用的。原因是：天神们将火当作了他们所独有之物，绝对不许天神之外有知道火之为用的生物。然而现在，伟大仁慈的普罗密修斯却要第一次将火种从天上带到人间去。

没有火种以前的人类是如此的可怜：他们住在潮湿阴暗的洞穴中，无武器，无工具，为寒暑风霜所侵袭，为猛兽恶物所蹂躏。普罗密修斯将天国的火种给了他们，却将人类改换了一个面目，人间另换了一个世界。火乃是一切技术之母，一切安慰娱乐人类的东西的泉源。人类有了火，便有了工具，有了武器。他们一面征服了自然的敌人，一面也征服了猛兽。自此，房宇渐兴，文明大启，有力的伟大的人世间遂从此开始了。

但宙斯见了这，却愤然了；他所欲灭绝的东西，却有另一势力与他反抗而去帮助他们，这是他，神与人之主，所能忍受的么？于是他便搁置了毁灭人类的计划而迁怒于普罗密修斯的身上，浑忘了普罗密修斯对于他的前劳。在他王座之旁，立着"势"与"力"（Krotos and Bia）两位可怕的巨人。他吩咐他们立刻去唤了火神赫淮斯托斯（Hephæstus）来。跛足的赫淮斯托斯一跷一跷的匆匆而来，问道："您有什么吩咐？"宙斯眼光如炬的怒道："去，把这个人类的朋友，这个普罗密修斯带去，把他缚在史克西亚（Scythia）的荒岩上，让他缚在那里表示出他对于人类的慈爱吧！"

太阳升于高加索（Caucasus）的荒山之上，照见普罗密修斯已被钉于悬岩之上。他为了人类而受到了这样的苦厄。许多年，许多年过去了，太阳还照见伟大的普罗密修斯在那里受苦，且多了一只鸷鹰，在啄食他的肝。直到了许多年，许多年之后，才有一位人间伟大的英雄赫克里斯（Hecules）一箭射死了那只鸷鹰，普罗密修斯方才脱离了苦境。这是后话，这里且不提。

却说人类自得了火种之后，生活大为改观，事业繁兴，文明大启。然而同时，又有了一个劫运，使人类的性情与生活愈益酷刻艰难。原因是宙斯为了普罗密修斯盗火，便创造了世间第一位妇人潘多拉（Pandora）（百美俱备之意）送给厄庇墨透斯。普罗密修斯曾警告过他说，凡从宙斯那里来的东西，他都不应该收受。但潘多拉实在太可爱了；她是在天上创造出来的，几乎每个天神都给她一种赠品，例如：阿佛洛狄忒（Aphrodite）给她以美丽，赫耳墨斯（Hermes）给她以机警，阿波罗（Apollo）给她以音乐的技巧等等。这使厄庇墨透斯浑忘了他哥哥的吩咐，而冒冒失失的承受了她。他们很快活的生活了一时。有一天，赫耳墨斯负了一只箱子，寄存在厄庇墨透斯家里，吩咐他们说，这是一只秘密的箱子，不能私自开启窥探。厄庇墨透斯谨守嘱咐。但潘多拉却好奇心炽，几次要私下开箱，窥看箱中究竟放的何物，几次俱为厄庇墨透斯所阻止。她屡屡的抚摩着箱盖，窥察着箱缝，欲动又止的摸着箱钥。她双眼格外的明亮，她心头卜卜的急跳着，有如小孩见果，不得不休。她屡屡的要求厄庇墨透斯允许她开箱，俱为他严辞峻拒。她很伤心地哭泣着，第一次心头有了悲哀的波动。她哭得那么伤心，那么感动人，竟使厄庇墨透斯也忧虑不已。但他还是毅然不屈地拒绝了她的要求。因此，他们的快乐生活竟幕上了一片愁云。最后潘多拉实在禁抑不住她的好奇心了，便不顾一切，趁着厄庇墨透斯不在家，偷偷的骚动的将这秘密的箱盖打开了。啊！这一开启，人类的幸福便为之断送过半了！原来箱中别无所有，有的不过是无数小魔鬼，有风湿、伤寒等等的病魔，对于人类的身体，给以种种危害；又有妒忌、复仇等等的恶鬼，对于人类的精神，给以种种痛苦。潘多拉惊得呆了，一时也想不到将箱盖复合上去。等到她清醒回来时，箱中所囚的恶魔们早已飞散完了。她猛的将箱盖上，箱中只剩了一个东西伏在箱底未去——这个东西便是名为"希望"的。所以我们到了今日，虽是遭遇了百凶万恶，而"希望"始终还未完全离开了我们；而当我们有了"希望"同在时，虽这些万恶千凶群向我们进攻，也还未完全使我们灰心失意①。

自从潘多拉将恶魔们放出来后，他们便飞散到人间去，造出了无数的痛苦与罪恶。人类第一个时期是黄金时代；他们的生活是异常快活的。这个时代还在宙斯继位为神与人之主以前。这时，无数的恶魔们还不曾散播于人间，所以人类是天真而快活的；没有法律，而奸邪不生，刑罚不用；无强寇，无小窃，也没有什么刀枪盔甲之类；地不种而自生五谷，河中流着的便是牛乳与酒；四时皆春，橡树中流出蜜来。然而从宙斯即位以来，黄金时代便告了终止，继于其后的是白银时代。天神将春天缩短了，分之为四季；米谷不复自生，川流也变为白水。在这一个时代中，人类开始度着困苦与烦恼的生活。但继于白银时代之后的青铜时代，却是一个更坏的时代；人类受了恶鬼们的影响，无恶不作，残酷无比。对于万物则加以消灭，对于同类则肆相争战②。罪浮于白银时代的人类，所以宙斯大怒不已，决意斩草除根，将他们杀得个孩童不留。但因了他们之中，有了一个正直的人之故，宙斯却又让人类在地球繁殖；这种人类乃是一个光荣而伟大的民族，我们称之为"英雄"。他们是凡人，然而也是半神，因为他们是天上诸神与人间的美貌女郎们结合的子孙。我们现在所要说的，便是这个英雄时代的故事。

这一个英雄时代的祖先是丢卡利翁（Deucalion），他乃是普罗密

---

① 据别一个传说，潘多拉之被遣到厄庇墨透斯那里去，完全是出于宙斯的好意。他要使人世间更有幸福。她带了一个嫁妆同去；这便是一只美丽的箱子，在箱中，每个天神都送她一些好东西。她很不小心的误将这箱子开启了，因此一切好的祝福都逃走了，只剩下"希望"不曾逃去。

② 据赫西俄特（Hesiod）的《工作与时间》（Works and Days），到他之时为止，地球上已有了五个人种，相继而出。第一时代为黄金，第二时代为白银，这两个时代的人类皆无所出。第三个时代的人类为青铜，普罗密修斯盗火给他的即为此种，宙斯创造了第一个妇人给他们的也即在此时。此人种为宙斯所灭。继于其后的便是一个英雄时代，这个时代的人类，勇敢伟大，多建勋功伟业。底比斯（Thebes）与特洛亚（Troy）的二役，便是他们最著名的事业。继于英雄时代之后的，便是现代，即所谓黑铁时代。关于青铜时代人类的毁灭与青铜时代以后的人类的创造，在希腊原有另一个传说，即大洪水的传说与丢卡利翁及辟拉的掷石为人的故事。这显与五个时代之说不相符合。现在为了叙述上的便利，依从了 W. Y. L. Hutchinson 在他的 The Muses Pageant 中的主张，将英雄的创造的故事与石头族的创造的传说合而为一，以免矛盾。

修斯的儿子。他的妻辟拉（Pyrrha）是这个世界的最早的一位妇人；她乃是世界上神所造的第一位妇人潘多拉的女儿。他们两原是住在青铜时代的，却成了青铜时代人类的唯一的孑余了。他们两怎么会独存于世而不和其他青铜时代的人一同毁灭了呢？这里有一个故事在。

在那时，神是常常往来于人间的；他们乔装作凡人的样子，住在人间，以考察他们的生活，以维持帮助他们的幸福。但人间的罪恶也使他们十分愤怒。青铜时代的人类，既日渐的犯了罪恶，更可恶的是贪心日炽。他们不惜以种种奸诈的方法来巧取豪夺财富。他们不相信自己的兄弟，也与同胞及邻人为仇；至于对待客人呢，穷的则屏之于门外，富的则欢迎他进来而于中夜暗杀了他。天神们纷纷向神与人之主宙斯控诉。宙斯道，他要自己变作一个凡人，乔装过客，以试试这个青铜时代的人；他叫赫耳墨斯和他同行。

这两位神道同到阿耳卡狄亚（Arcadia）去，旅行了三天，没有一个人曾招呼过他们进屋去住，也没有一个人招呼他们饮食。他们在许多人的门前受过叱骂。最后到了一座高山，山上是阿耳卡狄亚国王的坚宫。国王名吕卡翁（Lycaon），是一个极野蛮的人。在青铜时代的人中，只有他是欢迎过客进门的，但他的招待客人却不怀好意。他一天一天地款待他们，如养猪似的将他们喂养着，后来便将他们杀来吃了。当宙斯和赫耳墨斯到了国王那里时，他极欢迎他们坐下和他同宴。他的侍役奉上了几大盘的烧肉，他请客人们尽量大嚼，说，这乃是一只嫩小的野猪的肉，很好吃。但两位神道大怒起来，把桌子和肉都推翻了；他们现出了原形。吕卡翁战战兢兢的抖缩于宙斯的威猛视线之下。宙斯皱着眉，以雷似的声音说道："你这坏人，比言语所能形容还要坏，你将不再是一个人了，你的心是狼心，所以狼，你到森林中觅伴去吧，不要再在凡人的门前出现了。"吕卡翁身上长出长毛来了，他要开口说话，却只能呜呜的作狼嗥了。他向门外就跑，到了门限时，双手也抵在地上而成为狼足了。顷刻之间他成了一只毛色灰白的大狼，侍臣们张着惊骇的眼，望着他飞奔入邻近的一座森林中去。

据后来的传说，宙斯用雷电将这吃人者的宫堡都毁了，有一座水松林长于其处，以表示这个可怕的所在。如果有人敢于涉足其地，则他们也将变狼九年。

宙斯和赫耳墨斯既惩罚了吕卡翁，他们又乔装作凡人的模样，走过阿耳卡狄亚全境直走到北方，到了底萨莱（Thessaly），但他们所遇到的人，除了作恶之外，不知他事。最后，宙斯便说道："我们已经看得够了；这种青铜人，全都是欺诈而野蛮的，没有一个正直的人在于其中，生客进了他们的门，他们是不怕天，也不惜名誉的处置着。走吧，明天，我将下一阵大雨，自创造世界以来未之有过的大水，全个人类便都将为这个洪流所汩没扫荡而去，我已倦于他们的罪恶了。"

"好的，父宙斯，"赫耳墨斯答道，"但我们且再在底萨莱留一天吧，如果我们碰巧能够遇见一个正直的人，便救活了他吧。"宙斯答应了，两位神道那天便在富裕的底萨莱平原上漫游着；到了暮色昏沉时，他们到了丢卡利翁老人的门前。他和他的妻辟拉同住着，没有儿女。

他住在那里，并不富裕，却很满足，很自乐。他用双手自己垦地种田，灌溉葡萄园，一切都勉强足用。他们对于这两位过客，非常殷勤的欢迎着。他们俩供给这两位过客以他们最好的食物。这一夜，两位神道便在他们家中过夜，深为他们的招待与谈话所喜。第二天早晨，客人们吃过了早饭，便起身道谢，要告辞而去。然丢卡利翁还要求他们留下，他说："我所能给客人们的东西不多，但他们是我所欢迎的，因为我怕最高的宙斯，旅客的指导者与保护人。"

宙斯答道："可颂的丢卡利翁，神的王将偿报你以对于别的人及对于他自己的好意的招待。看呀，你和他谈话的人便是他！"一阵光明围绕于两位过客的身上；他们露出了本相，站在那里。宙斯的脸上是那么温温和和的微笑着，所以丢卡利翁和辟拉望着他也并不害怕。宙斯对他说明他要毁灭了作恶多端的青铜人种的事。他命令丢卡利翁立刻造一只大船，用坚橡木来造，把家具食物都搬到船上去。在第七天上，他和他的妻便要上了船。如此，他们才可逃脱了大难。当宙斯说完了话时，天空起了一劈的雷声，而这两位神道没入空中不见了。

此后六天工夫，丢卡利翁辛辛苦苦的在造大船。他的邻人问他为什么在造船。但当他告诉他们说，一阵大洪水将要来到了，宙斯他自己曾给他以警告，且求他们及时的忏悔、求怜。他们讥笑着他，一点也不理会，各自仍去耕田或仍去做买卖。在第七天时，大船造成了。丢卡利翁和他的妻闭上了门。然后宙斯将"南风"放了出来。"南风"鼓着双翼飞了出来，他的怪脸被包裹在幽乌乌的黑暗中。他的胡髭重重的载着雨水；水流成为河道似的从他粗糙的头发中流下；黑云停在他的额前，而他的翼和衣服也都溅着露水。当他以他的大手压迫着低垂的云块时，一阵雷声便劈的发了出来。其后，浓云便泄出他们的雨水来。约诺（Juno）的使者伊里斯（Iris）身上穿着各种颜色的衣袍，汲起了水，供给云块。立着的稻被水浸没了；农人所祈求的米谷在水中毁坏了，一年来的辛苦成为白费的了。愤怒的宙斯还不以他自己天上的水为满足；他的兄弟海王则更助他以水浪。他召集他的河神来会议。当这些河神都会聚在他们之王的宫殿中时，他说道："现在没有时候去长篇大论地讨论了。放出你们所有的力量来，因为是需要的时候了。大开了你们的门，不必顾忌一切的流出去。"他这样的命令着，河神便走了回去，开放了他们泉源的口，无拘无束的冲到海中去。

普赛顿（Poseidon）以三股叉连连的击着地。地颤抖着，被击时便放出一个水道来。河水冲去了一切的束缚，横流过平地。他们所冲扫去的，不仅是果木、米谷以及牛羊、人类、居宅，且是一切的神坛圣像等等。如果有什么房子太坚固了，洪流不能扫走了它，柔波便蔽盖于它的屋顶，而将它深埋在水底。现在，海与陆是无别的了。一切都是海，却是一个没有涯岸的海。这里有一个人尽力向山巅飞逃；又有一个人坐在他的小舟上；又有一个人驶过他的稻田或他的埋在水中的屋顶之上；更有一个人则在树顶上捉住了鱼。有的时候，锚抛在草地上了，船底与葡萄园的顶架相碰着了。从前牛羊所栖息的地方，现在是水族所栖息的了。海中仙女们看见水底下有森林与城市，觉得很诧异。海豚们侵入林中，与高枝相触，连橡树也为之震撼不已。狼和羊同在水中游着，狮与虎也拼命于波涛之上。野猪的蛮力无所施，美鹿的捷足也不能奔驰，他们全都同样的为洪水所冲带而去。飞鸟仓皇地在水面上飞着，找不到一点栖息的所在，便双翼倦弱的堕入海中而死。海水是无检束的自由的涨高，现在埋没了一切的山峰，骇浪在溅拍着岩石。许许多多的生物都溺死在水中。那些逃出于水的，最后仍因缺乏食物而渐渐的饿死。

所有青铜人种全都毁灭于这一次大洪水之中，他们和他们的儿子们，以及家畜和野兽。但宙斯预先有了准备，使它们有一部分躲避到最高的山顶上去，不使它们完全灭种。同时，丢卡利翁和他的妻住在大船上，在水上任意漂浮。这船浮到高耸半天的帕耳纳索斯山（Parnassus）的顶峰，这峰如小岛似的峙立于洪流之中，过了四十天，宙斯使大水停止，使东风狂吹起来，将大水都吹流到大洋之中，洪水在地面上退去了。大风吹了一百天，也将山谷都吹干了。

　　当宙斯看见全个世界如一个镇定如池的水面，而人类只剩下一个男人和一个女人了，他们俩都是正直无罪的人，且是崇敬神道的，便将乌云拨开了去，使天复见了地，地也复见了天。海的愤怒也平了下去。海王执着三股叉镇平波涛，特力顿（Triton）从海中出来，高吹着海螺的角，招回洪水与川流。海与河便都听了他的命令，海水见了岸，河水也稳流于河道之中，不复泛溢出来。洪水退了，山峰现出了，陆地升出水面，面积日广，而水面则日减。最后，树枝也现出来，树叶还带着湿淋淋的泥。

　　世界完全恢复旧观了。但当丢卡利翁看见这乃是一个荒芜的世界，沉沉寂寂，一无人声，他便哭了起来，对他的妻说道："唉，我的妻，我的妹，现在你是留在世上的唯一的人了，朝阳所临，夕照所及，世界上只有我们俩而已。海水把其余的人都吞了去。假定是我一个人留着，或你也为海水所卷去，则我只有跟了你去而已，我的妻。现在，全人类中，剩下的只有我们二人了。这是天意。"他们相抱而哭，哭了一会，便决定要去求神示。他们俩同到了克菲梭斯河（Caphisus），取了河水，溅在头上和衣服上，然后到女神时美丝（Themis）圣庙中，庙中一切都还为大洪水的泥渍水痕所封，而坛前的圣火也早已灭了。他们跑到庙前的石阶，亲吻着冰冷的石，祷求道："啊，时美丝！如果神道们肯听我们的祷告，如果神道们的愤怒已经过去了，则请你告诉我们，用什么方法，我们的种族可以恢复旧观。"女神受感动了，给了这个神示于他们："由此处走去，一边走着一边向你们身后抛弃你们伟大母亲的骨。"他们如哑子似的站在那里不言不动，诧异非常。辟拉先说话，表示拒绝女神的吩咐。她双唇颤抖着，请求女神的原谅，她实在不敢如女神所吩咐的抛弃她母亲的骨，以侮及她的幽灵。同时，他们又将此谜细细的思索着，找不到一线的光明。最后，丢卡利翁乃安慰辟拉道:"不是我的智力已经毁坏了,便是我们的伟大的母亲乃是大地,女神所说的骨乃是大地上的石块。这乃是她吩咐我们抛着的。"

辟拉虽然觉得此言有理,还不敢轻信。然而试试又有何害呢?他们便走下庙去,幕了脸,如女神所吩咐的,一边走,一边向后抛石。被抛的石,立刻渐渐的柔软了,变成了像人的样子,不过还不十分清楚,有如雕像的粗型。然后,湿的泥土变成了肉,不能柔和的东西变成了骨。神意使他们创造:丢卡利翁所抛的都成了男人,辟拉所抛的都成了女人。这便是诗人们所歌咏,戏剧家们所描写的英雄时代的人物的起源了。这个英雄时代的人物与他们所做的戏剧,便是我们底下所要叙写的。

第一部　底萨莱的传说

一　发　　端

在古代的时候,有一个国王名为埃俄罗斯(Aeolus)的,在底萨莱统治着;底萨莱是产良马的区域。他有七个儿子,照着当日的习惯,全都散到世界各处去寻求他们的幸福。他还有五个美貌的女孩子,也都嫁了邻邦的王子。所有埃俄罗斯的孩子们,在他们所到的地方,全都发达、著名;神道们起初是帮助他和他的诸子们的,因为他乃是正直的丢卡利翁的儿子。但他们之中却有几个因富贵而生了傲慢之心,乃为神道们所怒,不得善终。这里没有时间将所有的埃俄罗斯的子孙们的故事,一一的叙说出,只能说到那些曾为希腊的歌者所歌咏的不朽的英雄们。

二　爱洛依士的二子

埃俄罗斯的女儿卡娜克(Canace)从小便异常的爱海。有许多次,她在宫苑中和游侣玩着时,常捉空儿离开了他们,独自在海岸上漫游着,如梦的看着前推后拥的绿波;她的心随着滚滚滔滔的海水而俱远。当她成了人的时候,海的魔力,格外的使她感到波涛的啸吟,如一个情人在她耳朵边低声的温柔的祈请着。有一天,她心中充满了无名的希求,俯下身去,浸没她的白臂于涟涟的潮水中,仿佛她渴望要将蓝色的盐水拥抱在她怀中一样。然后突然的,她惊觉到海中乃另有双臂来迎着她,更有别一个心胸贴在她的胸前,卜卜地跳着……于是她沉入一场幸福的梦中。当卡娜克神智恢复时,她正独自躺在海边上；暮色很快的包裹了一切，推拥跳跃的浪沫鬼似的白，包围于她的足上；远远的无垠的海波上，逐渐的暗下来的暗影之下，她还能听见四马奔驰的声音，还能看见一驾车，车上有一位挺立的人；他似比常人更为高大，手中高举着一具巨大的三股叉，如月光似的在暮色中熠耀着。她那时才知道刚才和她在一处的乃是普赛顿，便快乐而战栗地回到了她父亲的宫中。

过了不久，国王将卡娜克嫁给一位猛勇的酋长爱洛依士（Aloeus）为妻；但当她生了她的一对头生子时，外间不久便谣传，说她所生的一对双生子，乃是一个神道生的。因为这一对孪生的男孩子，相貌异常的相同，没有一个人能够分别得出，他们的身体极巨，力量极大；而他们的长成也远非别的婴孩们所可比拟，因为他们的身体每一年加宽一肘，加高一寻。兼之，他们具有一种凶猛、骚动、不驯的精神；于是爱洛依士和他的百姓们都惧怕那么巨大的孩子，他默念着在事情不曾更坏之前，要将他们置之于死地。但卡娜克从他偶然说出的一句话中，猜出了他的意思，便哭求他赦免了她的儿子；她承认说，他们虽不是他的孩子，实在是普赛顿的。爱洛依士听了这话，恐怕这位海王的愤怒，便不敢加害于他们。这两个孩子，名字是俄托斯（Otus）及依菲尔特士（Ephialtes），在他的宫中养育了九年，外边人称之为爱洛依士的儿子，从了他们假父之名。但当他们九岁之时，已是体阔九肘，身长九寻。在那时，俄托斯和依菲尔特士已以为他们自己那么伟大有力，足与天神们相齐肩，于是他们蠢蠢的与天神们相敌。因为其余的人类，在这一对孪生兄弟看来，真如蝼蚁似的不值得一击——那也是实情——所以他们不得不到天上求对手来抗敌。现在，他们得胜了一次，他们的心中更觉得光荣了；因为当战神阿瑞斯（Ares）听见了他们夸口说，要和俄林波斯山上的神道们一一对抗时，他便跑下来和他们相见以兵。俄托斯及依菲尔特士赤手空拳的将战神从车上拖了下来，将他的矛拗折了，有如折断一根芦苇，将他的手足用铜链子缚住了。然后他们将愤懑填胸的战神抛入爱洛依士家中的地下狱里；他无法可想的躺在那里，直到赫耳墨斯偷偷的在夜间进了地下狱释放了他。同时，这一对趾高气扬的兄弟，跑到了底萨莱的山上，高声的恐吓着，说他们要把俄萨山（Ossa）连根掘起，垒在树木森森的珀利翁山（Pelion）上，以跻于高天之上。他们蠢蠢的不知道宙斯的红焰灼灼的雷火，要将他们击为灰尘！但普赛顿却救了他们，不使他们遭了此劫；正当宙斯的手举起，要抛出雷火时，他止住了宙斯的手，为他不驯之子求情。宙斯答应了他，他便急急的赶下俄萨山的山谷中，庄严的站在他们之前，使他们知道，他乃是他们的真父，禁止他们再和天神们挑战以免自趋灭亡。这时，这一对孪生的巨人服从了他们的神之父的话，但不久，他们又忘记了他的警告，设计要给俄林波斯山的神道们以新的侮辱，即要抢走两位女神来做他们的妻。俄托斯说，除了神后赫拉（Hera）之外，别人他都不要；依菲尔特士所选中的女神却是那位女猎神阿耳忒弥斯（Artemis），因为他曾在底萨莱的森林中远远的见到过她的美貌照耀于幽林之中。兄弟们拈阄决定他们应该先去抢哪一位女神。结果却拈定阿耳忒弥斯。他们到处的寻求着她，将她所有的爱到的地方都找到了。他们的寻求并不是无效，因为他们的恶许已为阿耳忒弥斯所知了；她将自己在近海的福克斯（Phocis）山谷中现身于他们之前，心里有了一个最狠毒的复仇之计。那两位孪生的兄弟一见了她，便大叫一声，抢向前去。这位女神如鹿似的迅奔而去，过山跳涧的在他们之前逃着，但在逃时，她却时时回头望着，不使他们失去了她。他们这样的奔跑着，追者与被追者，总是相差一矛之远，不能够追得上。他们直追到海边上，阿耳忒弥斯仍然如银箭似的向前飞奔，她走的是旱路，而她的追者则在海浪上跑着，也如她一样的轻快，因为普赛顿的儿子全都具有这个能力。于是他们到了那克索斯（Naxos）的林木森然的海岸上了。但在那里，正当俄托斯和依菲尔特士追上了她时，这位女神却不见了；他们看见一只乳白的鹿，代替了她，奔入绿林中而去。他们要得这只白鹿的愿望是那么强烈，竟忘记了一切别的。他们追了一会，在丛莽中失去了她。他们如猎狗似的开始寻找着。突然的，他们两各自看见那只白鹿立在他们之前，望着他们，但他们却不曾注意到，正站在她之前的，乃是自己的兄弟！俄托斯和依菲尔特士同时抛出了矛，但在那一瞬间，白鹿却消失不见了，孪生的巨人却彼此的冲击着，各为对方的矛所击中。阿耳忒弥斯这时又现了原形，走近了他们，冷冷的微笑着，看着他们死去，亲口告诉他们她自己如何的欺骗了他们，然而已经太晚了。她说道："我想，我已复了仇了，爱洛依士的儿子们，已报复了你们所加于我的侮辱了；你们不仅死去，且还彼此亲手杀死了你们所爱的兄弟。"爱洛依士的二子便如此的灭亡了,他们的巨墓,至今还可在那克索斯见到;墓上绿草青青,其巨如山。

三 沙尔莫尼斯

虚荣心是埃俄罗斯的孩子们所最易犯的罪恶,这罪恶使他最好的儿子沙尔莫尼斯(Salmoneus)和他最美丽的女儿亚克安娜(Alcyone)都悲惨的毁亡了。亚克安娜的故事,在另一本书中叙述得很详细①,现在只说沙尔莫尼斯的事。沙尔莫尼斯别了他的父亲,向西方去寻求他的幸福,到了厄利斯(Elis)地方,以他的勇猛,建立了一个国家,还有许多的财富,光荣的统治了一时。但厄利斯人是特别崇敬诸神之王宙斯的;这使沙尔莫尼斯十分的恼怒,因为在他的夸大的心中,忍不住见他们敬神比敬王还甚。在宙斯的大节日,他自己也不想去行礼,或当宙斯为一位更尊于他的王。所以他便犯了一场最凶的罪过。当大节日的时候,宙斯的神庙中,正拥挤着千千万万的崇拜者,他却做了下面的一件事:城与神庙之间,隔着一条大溪,溪上架有木桥。他命臣下将这座桥铺上了铜板,沙尔莫尼斯穿了王袍,戴了王冠,在万众的眼前,乘了四马的车长驱过桥。正当车迹马蹄,转踏过铜桥上时,他大叫道:"我便是雷神!看你们的神,你们百姓们,在他面前跪下,否则,他便要以他的电火灼焦了你们了!"他说着话,撒开了一阵熊熊的火炬,这些火炬是用秘密的方法制成,会发出青焰及琉璜味。于是所有的百姓们都惊诧着,惊得不言不动的站着。过了一会,有的人叫道,沙尔莫尼斯诚是神而非凡人,便跪下去崇拜他。但立刻,空中轰的一声,雷声大作,从一个无云的晴空射下一鞭电来;这电正击在沙尔莫尼斯的额前,他倾跌到车下死了,成了一具焦黑的尸首。他如此的成了一个光荣的牺牲者。

四 西西发士

在柯林斯(Corinth)的名震遐迩的架于两海之间的依志莫斯

---

① 参看《希腊罗马神话与传说中的恋爱故事》。

（Isthmus）上，站着那座柯林斯的护城山，有如一个守望的巨人，雄壮的拔出平地二千尺以上。青石的危岩绕围于山的三面；只有在第四面，有一条峻峭的路，直通到它的宽敞的峰巅。在它的基下，一个岩石的平地上，有一座城市，这城市在它的繁富与权力达于高点时，名为柯林斯，但在英雄时代，它的名字是依弗勒（Ephyre）。埃俄罗斯的最少儿子西西发士（Sicyphus）到了这里来寻求幸福。西西发士没有他的哥哥们那么猛勇善战，但他却是异常的聪明与机警，熟悉好些奇技，发明了许多的创作品；他在依弗勒的头脑简单的百姓们看来，似不下于天神。他在他们之间住了不久以后，便很高兴的公举他为国王；因为他们看见，无论谁向他商议任何事时，都得有很好的结果，而他无论做什么事，这事便很顺利。一切事情在西西发士和他的百姓们之间，一时都过得很好；他教给他们以技艺与方术，使他们的财产异常的增加，贸易顿盛，百业俱兴。据说，依弗勒在他的治下，方才称为柯林斯。现在，西西发士在柯林斯护城山上建筑了一座大卫城，有必需的时候，可以作为坚守之资；他在城上又建了一所望塔，可望见陆与海。他在山顶上发见了太阳神赫利俄斯（Helios）的古神庙，在俄林波斯山的诸神未来之前，全部依志莫斯人都崇拜着太阳神；到了这时，他已将所有的平地都让给了普赛顿，他自己只保守了柯林斯护城山。西西发士重建了这座庙，崇拜太阳在诸神以上；柯林斯人以为他们的神似的国王，乃是赫利俄斯的儿子。有一天，当西西发士从他的山上的望塔里，如往日似的四面看望着时，他注意到一只巨鹰在南方的天空上低翔着，在他的铁爪之下，似攫住着一只白羊。但在一切世人之中，西西发士的眼光最尖锐。他专心的注意到，这白色的东西，实在不是羊，乃是一位穿着白袍的女郎。他还注意到，这只鹰带着他的掳获物同憩在称为俄诺涅（Oenone）岛上的孤岩上，这岛在离大陆不远的大海湾中。以后的事，他看不见。因为大鹰栖息在岩上不久，便为云块所蔽，虽然午日正满照在纤云俱无的天空。"在眼中所见的以外，还有别的事呢，"聪明的国王对自己说道，"但如果我所猜的这鹰的来历不错，我最好还是不去触犯他吧。"所以他并不以他所见的事告诉一个人。但过了不多几天，有一位老人到了他这里来，这位老人身材高大，态度庄严，身上穿着一件绿袍，头上戴着一顶花冠。当西西发士问他的名字和使命时，这客人答道："我是普赛顿的儿子阿索波斯（Asopus），来求你的指示。啊，最聪明的凡人！我心里非常的苦闷。因为埃癸娜（Aegina），我的最美丽的女儿，我所最爱的，在九天以前，在草地上采花，便永不回家；我在我所有的国土中前前后后的寻了许久，听不见一句话，但她却绝对的消失于人眼之外。所以我很怕有什么神人将她掳了去，因为我已智穷力竭，我想，你或者可以教给我去找她的方法。不，或者你看见过她，你住在那么高的地方，远瞩一切的东西，如有福的太阳它自己一样。"于是，西西发士说道："阿索波斯，我看见过这位女郎和她的情人；但你不要问我他是谁，因为他的神威远比你大。你虽然有神通，而我如泄了他的秘密，于我们两个人将都有所不利。回到你自己的家中，不必再去找埃癸娜——你不是还有许多女儿在照顾你么？"但河神恳求他不已，如果他能告诉出他所知的，他便答应他种种的礼品。西西发士推拒了一会，但最后他说道："我只有一个愿望，且只有这一个，如果你能够达到我这个愿望，老河神，我便将说了。我的这个岩城是不可攻破的，如你所见的，然而我却不能长久的对抗一个敌军，因为城中没有水源。如果你能给我这里一道永流的泉，你便可知道你所要知道的事。"阿索波斯答道："那我能够，因为普赛顿的儿子，都具有他父亲的能力。"他这样的说着，用足踏地三次，一道清泉立刻便从岩中潺潺的流出。于是西西发士告诉他，神之王宙斯，变成了一只鹰，带了埃癸娜到俄诺涅岛上去。阿索波斯既悲且愤的去了；但他如何的与宙斯相抗，宙斯如何的毁害他，我们将在另一篇中见到。至于西西发士呢，虽然有一会儿他的心里很怕有什么祸事，然而时间一天天过去了，却一点祸事的影子也没有，他便开始自笑他的恐惧为无因；他心中自言道："啊，宙斯并不是如人们所相信的无所不知的，他并不知道我泄露了他们的秘密。啊，诸神的王，你能够将你的爱情的遇合瞒住了别人的眼，却瞒不了我。"他这样的说着，很为高傲；天上既没有雷响，也没有疫病近于他的住所。他在柯林斯统治了许多年，过着和和平平的生活。他死了，葬了，他的儿子格劳科斯（Glaucus）代之为王。但如果有人就此相信，夜间或日间，他的行动能够逃了宙斯的眼，他便是大大的错误了；他将立刻或以后知道他的忧苦了。西西发士在世间虽然不受祸患，却在地狱中永远受苦。在痛楚的犯人们受罪的地方，他永远的竭力推着一个巨大的圆石上一个峻坡；当他走近了山顶时,这块大石又从他的手握中滑下,滚落回阴郁郁的平地上了。这乃是给不敬神者以一种警告。

五　柏勒洛丰

西西发士的儿子格劳科斯做着柯林斯的国王时,柯林斯发生了一件绝异的异事:一匹有翼的马突然的出现于柯林斯的护城山上,这马神骏异常,毛白如雪。这匹马名为珀伽索斯(Pegasus),是由戈耳工(Gorgon)之一墨杜萨(Medusa)的血中生出来的,波修士(Perseus)以雅典娜(Athena)之助,杀死了这个怪物。珀伽索斯在极西的所在生出,生了不久,便伸开了广翼翱翔于空中,飞过了陆地,飞过了海洋,而憩于柯林斯;这并不是前定的。它下憩于峻峭的山坡上,四面的寻找着,要找水喝;但在整座的柯林斯护城山上,除了卫城内的清泉之外,是连一滴水也没有的。于是这匹马以蹄重踏着岩地,地上便有一股清泉涌出,此泉至今尚称为珀里尼(Pirene)。自此以后,柯林斯人便称它为珀伽索斯,珀伽索斯者盖即"生清泉者"之意。国王的儿子柏勒洛丰(Bellerophon)是第一个在山上看见这匹神马的人,他渴想得到了它,但珀伽索斯虽似驯顺而却无畏;还肯让太子走近了它,却始终不许他接触到它身上。柏勒洛丰在山坡上三天了,还是一筹莫展,然后他到了住在柯林斯的一个聪明的先知者处,恳求他的指示,应如何才能驯服了珀伽索斯。先知者受了灵感,指示他于当夜到雅典娜庙中去,睡在那神坛上面。于是柏勒洛丰睡在坛石上一夜,到了天色破晓时,他做了一个梦,梦见女神雅典娜全身盔甲明亮的站在他身边,她这样的说道:"你还睡么,埃俄罗斯的王子? 现在就起身,取了我给你的赐物而去,你便可驯服了珀伽索斯了。但你得到了珀伽索斯之后,必须先杀了一头牛,祭过普赛顿,将这匹马先献给了他。他是爱马的,且是马之主。"柏勒洛丰听了这话,立刻睁开了眼,看见他的足下放着一个放光的黄金的东西,他从没有看见像它那样的东西,因为这乃是马勒与马鞍;那时人类是用马来拖车的,还不知如何的骑用它。柏勒洛丰心里很快活,又到先知者那里,将雅典娜的赐品给他看,他们二人便一同依照着雅典娜的吩咐,杀了一头牛以祭普赛顿。然后先知者说道:"我的王子,我昨夜也做了一个梦,现在我劝你在普赛顿的坛边，建立了主马的雅典娜的一个神坛，然后到山上去，将这具黄金的驯马的魔物，笼住在珀伽索斯的嘴上。"王子如他所吩咐的做去；有了雅典娜的保佑，他很容易的勒上了马勒，安上了马鞍在翼马的身上。它一装上了这些魔物，立刻便肯让柏勒洛丰跨骑它在背上，翱翔于广漠的空中。柯林斯人遂筑了一座马鞍的雅典娜的神庙，用以纪念她的神奇的赐品。一件奇事经过了以后，又发生了一件悲惨的事，竟驱了柏勒洛丰离开了他的家。他和他的兄弟们同出猎捉野猪，却纯然由于错误而杀死了他的弟弟；他的利矛斜射过一株树，贯进了这少年的胸中。因此，他必须离开了柯林斯八个足年，因为这乃是当时的法律，一个人杀死了他的骨肉，不管是否误杀，都要放逐八年。柏勒洛丰便骑在飞马之上，逃出了柯林斯，向南而走，到了阿耳戈斯（Argos）。他去拜见阿耳戈斯的国王柏洛托士（Protus）；他很客气的礼待着柏勒洛丰，每一天更为喜爱他的客人，因为他从不曾见过那么俊美，那么有礼貌，那么善于言谈的少年人。不幸，柏洛托士的居停的美妻也深爱着他；这位女后是史特诺波娃（Sthenoboea）。他住在王宫中不久，这位少年王后便诱引他进了她的房中，直直捷捷要求他和她同住。但他记住了宾主间的神圣的律则，严辞的拒绝了她；他如此的惊诧于她的无耻的话，竟飞逃出了她的房门。王后的爱情如今变成了怨恨，她誓要报复这场侮辱，便迅疾的计划了一个恶计以危害柏勒洛丰。她扯破了她的外衣，松散了她的头发，到柏洛托士的大厅中去，哭着控诉那位柯林斯的客人用强力去调戏她。柏洛托士并不疑惑这篇故事是伪造的，愤怒地立誓要杀死柏勒洛丰，以报他的欺诈；然而因为他们既成了宾主，他却不欲在阿耳戈斯杀死了他，生怕这要引起了保护宾客的主神宙斯的复仇。所以，他想了一会，便请了柏勒洛丰来，神色如常的问他愿意不愿意为他办一件事。柏勒洛丰答道："国王，无论大小事，我都愿意。"柏洛托士说道："这事在我是重大的，但在你却是小事，因为你有了一匹飞马骑用。因为我有一件要事，要你代我送了一封信给我的岳父吕喀亚（Lycia）的国王依奥倍特士（Iobates）。"柏勒洛丰说道："这诚是一件易事，我的好主人，给我这封信，我要鞭策了珀伽索斯疾驰过海而去。"柏洛托士写了信，加了封，柏勒洛丰便跨上了飞马，向东飞去了。第三日上他到了吕喀亚山中的依奥倍特士的城中，将这信递给了国王。但国王读了这封信时,心里却忧闷着,因为柏洛托士是这样的写着:"阿耳戈斯的柏洛托士谨问他的尊上的岳父大人健康无恙。我请求你,为了你是看重我的善意与联盟的,立刻将递送这封信的人杀死。再会。"依奥倍特士心里十分的疑惑不安;他一方面要想听从他女婿的话,一方面又有点惧怕这位来人;因为柏勒洛丰身上披的是有名的柯林斯铜制的盔甲,相貌俊美,仪态高贵,有如一位神子。当依奥倍特士一见他所骑的神马时,更觉得他乃是一个有法术的人,要下手杀他,一定会招灾惹祸。所以他想,最好是迟缓一会儿。他便欢然迎接这位客人进宫,预备要慢慢的设一条万全之计害死了他。那一夜,他张灯开宴,坐柏勒洛丰于大宾的座上。国王以大金杯劝他喝酒,且即以这金杯给了他作为客礼。第二天,第三天都是这样;不过每一天,他所给的杯子更大,制作更精。但在第四天早晨,依奥倍特士得了一计了。当柏勒洛丰说起要回阿耳戈斯的话时,他便对他说道:"王子,我很不愿意和这样的一位客人相别,但如果你必须走的话,请你在走以前,允许我办一件事。"柏勒洛丰答道:"异常的愿意;这么优待我的主人命我办事是不能拒绝的。"国王使他立了誓;然后他才告诉柏勒洛丰说,吕喀亚地方,住有一个大地所生的怪物,名为齐米拉(Chimaera),他必须为吕喀亚除去了它。这个齐米拉久为这个地方的危害物,常从它的山穴中出来攫食人畜;它的头部是狮子,前爪也是狮爪,它的身体是野羊,它的尾是一条蛇,它的喷吐出来的火气,比之一个火炉的熊熊火焰还更炽热七倍,因此没有一个人走近了它而能生存的。依奥倍特士很知道它的可怖,却不告诉柏勒洛丰,他想,他这一去,一定会死于齐米拉之手了。但他却不曾计议到柏勒洛丰所得到的珀伽索斯的帮助。因为柏勒洛丰高骑在珀伽索斯的背上,飞翔于空中,远远的便望见齐米拉凶猛的在山上走着。他从空中向下射了一箭,这支箭贯穿了它的毛颈而致它于死命。然后这位英雄回宫报告这个好消息。国王和他的百姓们全都出去看望这个被杀的巨怪;吕喀亚人那一天狂欢大乐了一天;但依奥倍特士则格外的惧怕柏勒洛丰,智穷力索,不知以后怎么办。第一天,他很有幸的听到了一个警讯,说女战士国阿马宗人(Amazons)来侵犯他的北疆,而梭里米(Solymi)的野族则叛变于东方。因此,他求柏勒洛丰帮助他,柏勒洛丰也答应了下来。他先使柏勒洛丰去征伐阿马宗人,希望他会死在她们的手中,因为她们都是勇猛异常，难于抵敌的。但代替他的死耗而来的，却是柏勒洛丰打退了阿马宗人，多所杀伤，现在正往征服梭里米人。依奥倍特士自念道："他已经两次逃过死厄了，如果他第三次再能平安归来，则神道们诚在他的一边，我也再不想设计杀害他了。不，我要将我的女儿嫁给了他，劝他住在吕喀亚；我有了这么一位勇将，真是不用怕什么强敌的了。"当柏勒洛丰和梭里米人大战一场，得胜归来时，国王便如所想的办法，将女儿嫁给了他。过了几年，他死了，没有儿子，柏勒洛丰便继位为吕喀亚的王。现在这位埃俄罗斯系的国王，富贵荣华的住在他的新宫中，还生了三个男孩子。但在他的光荣发达的顶点，他却为埃俄罗斯系的子孙的致命伤的虚夸心所中。因为他夸言，他要乘坐了珀伽索斯直达天门，进了神宫。但宙斯听见了这话，便送了一只牛蝇去叮高翔于空中的珀伽索斯，它便发狂似的跳跃着，将背上的骑者颠抛了下去；然后如一只鹰似的高飞到蓝空之中去，从此以后，凡人的眼，永远看不见它了。从此以后，它住在俄林波斯山上，被养在宙斯的黄金的马厩之中。

至于柏勒洛丰呢，他落到了海边的一片名为阿勒伊俄斯（Aleian）的平原上。这个平原是一片荒芜之地，自天地开辟以来，便没有人来到过这里，因为此地满是盐泽与咸湖。柏勒洛丰在这个荒凉无伦的地方漫游着，以至于死，因为宙斯使他致狂。这是真的，神道们所憎恶的人，他们是不能活得很久的。

六　阿塔马斯

在远古的时候，希腊最富裕的城邑乃是俄耳科墨诺（Orchomenos），这座大城坐落于玻俄提亚（Boeotia）的国土中，因为它的宏丽，别名为"黄金"。埃俄罗斯的一个儿子阿塔马斯（Athamas）由北方南下，率领了一群的从人，他们全都是勇猛的战士，和他同走着，预备要征得一个国土与王位。现在，俄耳科墨诺斯的人民，很怕这些北方人，因为他们自己不是战士，只是和和平平的经营着工商业；他们的王安特里奥士（Andreos）也是十分怕事，不欲征战的。所以他便送给阿塔马斯以他领土中的一块小地方，希望其余的地方，不为他们所扰。但时候过去了，这位埃俄罗斯系的王子和他的从人，一天一天的强大,占地愈多,到了后来,安特里奥士死时,他们便成了全土的主人了;于是阿塔马斯自为国王,以强硬的手段统治全国。在这个时候,卡德摩斯(Cadmus)是底比斯的国王。阿塔马斯决意要和这位强邻联盟,便带了很丰富的礼物去找卡德摩斯,要他一个女儿为妻,虽然他已经有了一个妻,名为涅斐勒(Nephele),且生过两个孩子。涅斐勒听见了她丈夫要想将她抛弃了,去另娶一个底比斯的公主的事,心里非常的悲伤,不久之后便戚戚而死。但有的人则说,阿塔马斯到底比斯去时,已是一个鳏夫了。但神后赫拉之怒他,别无他因,全为的是轻弃了他的发妻,所以这别一说是不可信的。阿塔马斯此行并不落虚,他带回了卡德摩斯的一个女儿伊诺(Ino)为他的新娘。后娘往往是虐待前妻之子女的,伊诺的行为,也不能外于此常规。对于前妻的一个女儿赫勒(Helle),她一点也不注意;但从她自己的儿子们出世之后,她便想尽了种种的方法要灭杀了前妻的那个男孩子菲里克苏士(Phrixus),因为他乃是阿塔马斯的承继王位的太子。她设计了很久,要使人不疑心到她,最后,她便做了下面这件事。当播谷的时候到了,国内的所有妇女全都到得墨忒耳(Demeter)的庙中去举行祭典时,王后伊诺便从国王的仓廪中,给她们每人一大瓶的谷种,吩咐她们将这谷秘密的换了他们的男人们所要播种的谷粒;"因为这种谷,"她说道,"是被我们这些神秘的典礼所洁的,如果你们不告诉男人以它的来处,得墨忒耳的祝福便要随之而至的了。"妇人们听从了她,一点也不知道她们做的是什么事。因为伊诺曾将这些谷粒在锅中焙过;所以,第二年的春天,没有一株青苗从田中生出,全国都有饥荒的危险。国王阿塔马斯便派人去问得尔福(Delphi)的神,有无方法以救此灾。伊诺正等着这一着;她用了许多黄金,贿买了使者,吩咐他不要到得尔福去,但在大家等候他归来的时候归来,照她所指示的话说。所以,使者们到相当时候,出现于国王之前,他们乔装着从阿波罗的神巫那里得到了下面的话:"宙斯怒着阿塔马斯,因他之故,使田土无有收成。除非国王将他的头生子献给了宙斯,作为祭礼,田中将永不会生谷。"当阿塔马斯听见了这一席话时,他扯破了衣服,将尘土撒在头上,高声的悲哭着;然而他却不能不服顺神示,因为国内饥荒已甚,在他看来,似乎还是死了一个人以救全体人民好些。于是他带了他的儿子菲里克苏士到了一座山上的宙斯庙中。但当他缚了这位牺牲者在祭坛上，预备要扬刀杀害他时，一个奇迹发生了，因为突然的有一只全身金光闪闪的大羊，站在菲里克苏士上面，缚住他的绳子自己断而为二，这孩子为神灵所催督，骑上了羊背。看呀，这羊背了他升入云中！在为惊诧所击的国王能够开口叫喊之前，他已经消失不见了！同时，女儿赫勒独自的偷跑到她母亲涅斐勒的墓上，跪在墓前，泪流哀哀的向她亡母祈求着，说道："唉，母亲，母亲，如果你在地下还爱着我们的话，为什么不帮助你的无助的孩子们呢？唉，如果这是可能的话，现在就救了菲里克苏士吧！但如果不能，则请你至少要从我们残酷的继母那里救全了我，她是深憎我们兄妹二人的。"赫勒正这样的说着时，她忽然看见一个眼睛光亮的少年站在她身边，手中执着一支使者的杖。她恐怖的抬眼惊望；但少年说道："不要怕，小姐；我是赫耳墨斯，灵魂的指引者，你亡母的祷语的能力使我来帮助她的孩子们。向上看，看我对于菲里克苏士做了什么事！"赫勒望着，看见金毛的羊飞行近来，菲里克苏士骑在羊背上，一点也没有受伤害。然后赫耳墨斯将她也放在她兄弟的身后，叫这两孩子随任金羊之所行而止，因为他们将在它所止的所在得到了一个新家。这怪羊飞过山，飞过河；它向北而去，直到了希腊的地方远留在后边，沿了特莱克（Thrace）的荒岸，而到了间隔欧、亚二洲的海峡。现在，金羊正要飞过亚洲的陆地上；但不幸，当赫勒看见她足下的滚滚滔滔的波涛时，她惊喊起来，恐怖的举起双手来，因为失了平衡，便全身倒跌到海中而去。为了纪念这位溺死的女郎，这个海峡便自此名为赫勒斯蓬托斯（Hellespont），意思便是"赫勒的海"。至于菲里克苏士呢，金羊如风似的迅快的带他到了科尔喀斯（Colchis）人的远远的国中；但此后关于他的事，将在寻求金羊毛的故事中见到。这里再说国王阿塔马斯和他的王后的事。当伊诺听见了菲里克苏士神奇的被金羊背走及赫勒也同样的失了踪的事时，她心里十分的高兴，为的是能够那么容易的除去了前后涅斐勒的子女们，却并没有红血沾染到她自己或她丈夫的手上。但不久，她便知道，神道们的判决并不如凡人们似的以表面的行为而下的；在他们的眼中，无论什么人，在设计要谋死一个人时，他已是一个杀人犯了。因为有一天，阿塔马斯沿了海岸打猎回家时，遇见伊诺正领了她的两个男小孩子李亚克士（Learcus）和米里克特士（Meliceutes）在散步；突然的他为一阵疯狂所捉住，将他们当作了一只母鹿领了两只小鹿在走着，便拔出了他的弓箭，向他的长子李亚克士射去，直中了他的心。有一会儿，恐怖使伊诺痴立在地上，似生了根；然后，当狂人对着她，安了第二支箭在弦上时，她捉住了米里克特士在她的臂间，自投于危岩下面的海波中了。这乃是伊诺所要害人的，却自己遇到了。她看见她的头生的孩子，死在她父亲的手下，正如她所设计的涅斐勒的儿子的死法一样；为了她是赫勒溺死的原因，她便也溺死了她自己的孩子；且以她自己的生命偿付了碎心而死的涅斐勒。然而，她的罪过，已完全的偿付了之后，伊诺却得了神道们的宽恕；不，如果古老传说是可信的话，她和她的儿子却得了快乐的不朽的命运呢。据说伊诺住在年老的尼里士（Nereas）的宫中；海中有一位女神，名为琉科忒厄（Leucothea），即"白女神"的，水手们在航行遇险时对于她及她的儿子帕莱蒙（Palaemon）都祷求着，因为他们母子俩乃是著名的援救溺水者的神。当俄底修斯（Odysseus）的木筏碎了时，用她的神带引他安全登陆，因此救了他的，不是"白女神"么？唔，正如古老的诗人所歌咏的，琉科忒厄不是别人，正是伊诺，而少年的帕莱蒙也就是从前的米里克特士。伊诺的尸体始终不曾寻到；虽然有一具尸首被水冲到柯林斯岸上，西西发士承认他为他的侄儿米里克特士，埋葬了他，还为他举行了一次壮丽的葬后竞技会；据说，这具尸身也实在不是真的。

阿塔马斯在他的疯狂中，几乎要跟了他的妻跳入海中，亏得他的同猎的从人用强力阻止了他，当疯狂一过，他知道了他所做的事，国王的第一句话便是："这是你的报仇，赫拉！"这可以证明，他对于涅斐勒的负心终于得到了恶报。于是他，杀了他儿子的人，乃不得不逃出了以亲血玷污的国土了，他不再是富裕的俄耳科墨诺斯的国王，而是一个漫游四方的流浪人了。但阿塔马斯的筋力勇气尚在，他还决意再赢得富贵；于是他便自己到了得尔福去，向阿波罗问，他应该到什么地方找一个新居。阿波罗答道："在野兽们礼待你的地方。"阿塔马斯听了这话，十分灰心，走了，因为他想神语所表示的，乃是他永不能再找到新居。野兽怎么会礼待他呢？但过了不久，当他有一天晚上走过一座森林时，他看到了一群狼刚刚捕捉到了一只鹿。那些贪兽一见了他，便留下了鹿尸而静静的走开了。"这真是一件怪事。"阿塔马斯说道；然而他也不再想到这事，他生了一堆火，将鹿肉烤了些吃；

那一天，他不曾吃过一点东西，腹中已很饥饿。当他吃饱了肉，躺在火堆旁边睡时，他心中才想到狼群是以客礼对待他的，而此地正是神语所指示的地方。这个地方，乃是林中的一片旷场，有一道溪水淙淙的流过其间。"天神选择得很好，"阿塔马斯说道，"这里有水有树，我还需要些什么呢？"如此的他便住在那里，建造了一座粗木的住宅，以打猎为生。过了几时，他便集合了一群流亡无主的人，他们很高兴跟随了这么勇敢的一位领袖，他们开始去劫掠那个地方的人民，掠夺了他们的衣帛货物，掠走了他们的牛羊妇女。渐渐的流亡的人集合得更多了，阿塔马斯的住所乃成了一所"强盗城"，他自己则名之为阿塔马特亚（Athamautia），就了王位。不久以后，百姓们争来纳款，拥戴他为王，以求和平与安全。最后，他乃成为后来称作亚克亚（Achai）地方的全部的主人。英雄时代的国家都是这样形成的。他娶了第三妻，生了三子，但后来王位却不能传之于他的后代，他自己终于逃不了宙斯的裁判。古代亚克亚的人在饥荒或瘟疫盛行之时，常要在拉菲斯的斯（Laphystius）山的高处以异常尊重的牺牲，祭献于宙斯，而所祭献的牺牲则为当时的国王。因为他们的先人们告诉过他们，只有国王才能负担了百姓们的罪；只有他一个人能成为他们的替罪羊；在他的身上，一切毒害本地的不洁都放在他们身上。现在，当国王阿塔马斯年纪老了时，亚克亚地方发生了一次大饥荒，也如他所施于他的儿子菲里克苏士一样，拉菲斯的斯山上的宙斯的祭师也施之于他。

七　克瑞透斯

我们知道，在埃俄罗斯的许多儿子之中，只有一个儿子是敬神不怠的，所以他直到了晚年，一生过的都是和平富贵的生活。这个儿子乃是克瑞透斯（Cretheus），宏美的海口城邑伊俄尔科斯（Iolcus）的建立者与国王。这个城邑，位在底萨莱的海岸上。当国王克瑞透斯听见了他的兄弟沙尔莫尼斯的悲惨结局，且知道他寡妇也在失望中自杀了的消息时，他便派了一位使臣到厄利斯去，迎了沙尔莫尼斯的独生女来。这孤女乃是一位长得明眸皓齿的小女郎，名为蒂绿（Tyro）。依照埃俄罗斯家的风俗，且他自己也尚未结婚，这是克瑞透斯的权利，也是他的义务，要娶了他兄弟的孤女为妻。所以蒂绿便在伊俄尔科斯的王宫中长成，直到了结婚的年龄。但在她结婚之前，伟大的普赛顿却恋爱上了她，当她独自一个人在厄尼剖斯（Enipeus）河岸上游行之时，她秘密的生了两个男孩子；为了惧怕国王知道，她将这两个孩子抛弃在河边的草地上来，听任他们或生或死。同时，国王的牧马者到了草地上来，驱马至水边饮水；这个人发现了两个孩子，便抱回家给他的妻，因为他们自己没有儿子，便抚养他们作为己子。他们的假父名之为涅琉斯（Neleus）及珀利阿斯（Pelias）。他们长成为巨伟勇敢的少年人；像所有普赛顿的儿子们一样，他们是黑发的，身材高大，力大无穷，心志高傲，勇于争斗。这两个孪生子相貌极为相似，连他们的假父假母有时也分别不出；但珀利阿斯的前额却有一个印记，仿佛如一只马蹄的印子，以此乃可以与涅琉斯相识别。许多人都以为他额上的蹄印，乃是当他躺在草地上时，被马足践踏所致，但其实乃是马之主者普赛顿的印记。同时，蒂绿嫁了国王克瑞透斯，又生了三个儿子：埃宋（Aeson），亚米赛安（Amythaon）及菲莱士（Pheres）。但当这些孩子们年纪尚幼时，蒂绿却被她丈夫囚于狱中；因为她的一个贴身侍女名为西特绿（Sidero）的，向国王泄露出王后在婚前的不贞的事。这位奸诈的女子，曾以伪爱与忠心赢得了蒂绿的信任，而将她女儿时代的秘密泄漏给她知道了。她立刻向国王告密，为的是她一向便妒着他的王后。蒂绿既不否认其事，也不说出她情人的名字，生怕普赛顿要动怒。克瑞透斯初欲将她置于死地，后又懊悔，便将她囚于一座塔中，以西特绿为看守者，她便乘机异常的残待她。此后，这位奸诈的女人又以机巧获得国王的欢心，竟娶了她为妻，以代蒂绿；她如此的满足了她的心愿。但当涅琉斯和珀利阿斯成人时，国王克瑞透斯死了；于是他们的假母乃将她久已知道的事，告诉他们，即他们乃是被陷害的王后的儿子。因为这位假母，从小便在王家做工，当她的丈夫带了两孩给她时，她便认出包裹孩子的肩巾，乃是蒂绿所常用的。她是一个异常精细的人，所以一向默默不言。王后失贞的事既喧传于世，克瑞透斯如发现了她的爱子，一定是会杀死了他们的。所以她等候着，直到了国王死时。然后涅琉斯和珀利阿斯带了刀和盾，匆匆的奔到伊俄尔科斯城中；如一阵旋风似的，他们冲进了宫中，大喊，他们是为报复他们母亲蒂绿之仇而来的；没有一个人去抵抗他们——因为宫中的人全都愿意看见她早日释放出来——他们执刀直入西特绿的房中。恶毒的王后从旁门逃了出去,向赫拉神庙中逃命,两个孪生子紧追在她后面;当她跨进了庙门时,涅琉斯退却了,为的是尊敬这神圣之地。但珀利阿斯却直追了进门,不顾他兄弟的警告。西特绿抱住了赫拉的神像,珀利阿斯一刀刺死了她。这使神后赫拉十分的愤怒,自此与珀利阿斯为敌。以后,这孪生子释放了他们的母亲,说明他们是她的儿子。蒂绿十分的快乐,伊俄尔科斯全城的人也都高高兴兴的庆祝着。但涅琉斯和珀利阿斯都无意于住在伊俄尔科斯;这城的王位,必须由克瑞透斯的长子埃宋承继。每个人便各奔前途而去。珀利阿斯住在底萨莱的边地;但涅琉斯则南行至远远的辟洛斯(Pylos)。这两位普赛顿儿子的故事下文都将说到。

八 金 羊 毛

埃宋是克瑞透斯的儿子;他和父亲一样,也是一位正直的国王,但他的性格过于柔和寡断了,不适于统治强悍的底萨莱。当一部分的底萨莱诸侯起来反抗他时,他便手足无措的欢迎他的同母异父的哥哥珀利阿斯的帮助。珀利阿斯住在离伊俄尔科斯不远的地方,成了一个著名的武士。他以铁腕镇定了国内的叛乱,感激不已的国王便命他为卫队长。但不久,国王便发现,他这次买来的和平,代价实在太贵了;珀利阿斯不仅勇猛,而且机诈能干,暗中设计推翻了他的兄弟国王埃宋,而自为国王。然而他竟赦了埃宋不杀,使他带了几个忠心的仆人,住到城外去。而国王的一切府库财宝,牛羊马匹,以及王位,则完全归于珀利阿斯所有。

珀利阿斯统治了底萨莱九年。然后,他有好几夜为一场噩梦所惊,梦见一个人站在他的床边,想要谋害他,而他则躺在那里既不能动,也不能发声。一连的好几夜如此,他便派使者到得尔福去,吩咐他们用他的名义问:“我所做的梦是什么意思?”阿波罗借他的女巫口中答道:“让国王珀利阿斯知道,他将死在埃俄罗斯后代皇族的手中。他千万要注意一个人,他穿着单只鞋子,从他的山居来到光荣的伊俄尔科斯,不管他是本城人或是外来的人。”机警的国王,听了这话,他的血都冷了。然而他自言道:“我所怕的那个埃俄罗斯后代是谁呢?埃宋老弱而无子;至于他的兄弟们呢,亚米赛安则远住在西方,菲莱士则正得着我的欢心。我只要小心那个穿单鞋的来者,便不要紧了。"于是他严令各城门的看守者,如果看见穿单鞋的人要立刻去告诉他。几年过去了,这个人一点也没有踪影,珀利阿斯也几乎完全忘记了他的恐惧。

但神秘的奇迹终于发生了,一个预期的人终于出现在伊俄尔科斯了。这个人肩着两支猎枪,身上穿着当时国人所穿的时式衣服,紧裹在身上的大衣,衣外还披着一张山豹的皮。他似乎正在青春的花期,他的金黄头发的鬈曲的发结似还未经过剪刀,如日光之流泻似的披到他的背上。这时,正是早市的忙碌时期。这个客人无人注意的走进城门,在市场的人群中站了一会。现在百姓们注意到他了,那么美貌英俊的一位少年,却没有一个人认识,他们心中异常的惊奇,对邻近的人互相耳语道:"当然的,他不会是阿波罗吧?……或者他是阿佛洛狄忒的主人,坐在铜车的他①吧?……或者他是少年的俄托斯或他的双生兄弟依菲尔特吧?……不,人家说,他们是早已死在膏沃的那克索斯了。而我们知道,底条斯(Tityus)也已为勒托(Leto)的孩子所射死,为追求于禁忌的快乐之后的人的警戒。"他们这样的谈着,偷眼望着这位客人,但这时有一个人注意到,他的左足是不穿鞋子的,立刻跑去告诉国王珀利阿斯。珀利阿斯便坐车急忙的到市场上来。当他看见这位少年的右足上穿着单只鞋子时,他的心里便充满了忧郁,长久恐惧着的事,现在终于实现了。但他究竟是一位有心计的人,立刻把忧恐藏了起来,和和气气的问道:"客人,你的祖国是哪里呢?你的父母是何人呢?请你直言勿隐,不能说谎,否则,便要侮辱到你的父母了。"少年一点也不为这些近乎侮辱的话所激动,他安详镇定而且有礼貌的说道:"我至少不至于辱及卡戎(Chiron)的教训,因为我是从他的山窟中来的。我在那里,为纯洁而神圣的乳娘们所养育,即他的母亲菲丽拉(Philyra)和他的妻卡丽克洛(Chariclo)。我和他们整整的同住了二十年,从没有做过一件有罪过的事,也没有说过一句可耻的话。但今天,聪明的卡戎却命令我回到伊俄尔科斯来,得回我父亲的旧土,这旧土是高高的宙斯给了埃俄罗斯的子孙们的;因为,现在,我知道,有一位奸臣,不敬神道的珀利阿斯窃据于我

---

① 指战神马耳斯。

父亲的王位。"

"你真是一个说谎话的奸人!"国王愤怒的叫道,"全伊俄尔科斯的人都知道埃宋生平只有过一个孩子,而这个孩子一生下来便死了。"

"不,他并没有死,"伊阿宋(Jason)答道,"因为我便是他!现在听我说:我的出世,正在父母被逐不久之后,因为他们知道,这个消息一为奸王所知,我的性命便要危险,所以他们将我假装做死了,举行了严肃的葬礼。但同时他们却偷偷的在黑夜之中将我带到了珀利翁山上去,一位可信托的使者将我交给了和善的卡戎,以便养育成人。这位圣兽名我为伊阿宋①,因为我知道不少他的医术。……现在,可敬的好百姓们,请你们告诉我,我父亲老人家住在什么地方;相信我,你们所指引到埃宋之家去的,并不是一个异邦的人,而是他的与这个地方的一个真正的儿子。"

于是在市场上的百姓们全都高声欢呼,恳切的引伊阿宋到他父亲家里去,一点也不留意到那位愤怒欲狂的国王。他郁郁的退回宫中,在细想一个恶计。但伊阿宋则回到城外他父亲的破屋中去。老头子的眼光一落在伊阿宋的身上,便认识他是谁;老眼中泪水滚滚的流下,为的是乐见他的儿子居然长大成人,俊美而且英武。

埃宋的儿子未死的消息如野火似的传到外面去,这些传消息的人还说,现在这个儿子回家来了,是一位最俊美的少年。这个消息将失位国王的兄弟们都带到伊俄尔科斯来,菲莱士从近地而来,而亚米赛安从远远的西方而来,虽然他们在此时之前,并不曾干预过埃宋的事。和他们同来的,还有一大群他们的儿子们与族人们。在他们之中,有两位在后来最有名:一位是亚米赛安的儿子墨兰浦斯(Melampus),一个先知者;一位是菲莱士的儿子阿德墨托斯(Admetus),他的有政治作用的父亲曾为他娶了珀利阿斯的女儿阿尔刻提斯(Alcestis)为妻。然后所有埃宋的朋友们和帮助他的人开始赠送给他许多谷、酒、油以及肥胖的牛羊。因此,代理了他年老力衰的父亲而负招待客人之责的伊阿宋,才能够光光荣荣的款待他的族人,他使他们宴饮欢聚了五天五夜,还以歌唱欢娱他们。

------

① 伊阿宋,即医者之意。

但在第六天上，伊阿宋便以恳切的话，对他族人说出他的心事；当他们全都表示十分赞成他所宣言的话时，全体便都一致的站了起来，跟了他同到城中的王宫里去。珀利阿斯一听见他们在他大厅中的话声，便走了出来，脸色憔悴不安。伊阿宋以异常坦白的客气的话，对珀利阿斯讨论着。"震撼大地的普赛顿的儿子呀，人们的心全都是离开了正直；向弯路而走，忘记了后来的恶果，但我们俩必要把我们的灵魂守正握直，预计着将来的幸福。现在请想想看，我求你——你是非常明白的——我们是同宗，而高高在上的运命也不欲见一家之中，彼此互攻的争乱。我们所以不该以兵刃相见——并且，国王，你如果采取了我的计划，这也是不必用的——因为我在我这一方面自由的送给你，你从前所夺于我年老的父亲土地牛羊的财产，也决不抢你府库中之物，但你一方面，也要归还我以埃宋所有的王位。"

伊阿宋这样的说着，巧诈的国王也和气的答道："相信我，宗人，你将知道我是要将你所能希求的都给了你的。我要给你以我们家中的主位，我格外的愿意，因为我已是一个老人了，而你则正在年轻力健的当儿，最适于寻求我力有未逮的寻求。"

"你说的'寻求'是什么意思？"少年诧异的问道。

"我正要告诉你的，"珀利阿斯说道，"但请你先告诉我，你知道，我们的宗人菲里克苏士的故事么？他的父亲阿塔马斯正要杀他来祭神，当时神道们却送了一只金羊来，带他到远远的科尔喀斯的地方去。"

"聪明的卡戎告诉过我那个故事，"伊阿宋答道，"他还说，当菲里克苏士到了科尔喀斯时，他杀了那只金羊祭献当地的神道阿瑞斯，为的是受了一个神示的吩咐，且将金的羊毛挂在这位神道的圣林之中。卡戎还说，科尔喀斯的国王，等他长大了之时，要将他的女儿给了菲里克苏士为妻，但这位少年活得不久便死了，运命注定他的夭死。"

"这都是千真万确的事"，珀利阿斯叹气的说道，"菲里克苏士这样的葬在远方异城，他在墓中是不能安眠的！近三年以来，他每夜出现在我的梦中，吩咐我要将金羊毛取回希腊（Hellas）的家乡来，因为他的宝物在什么地方，他的灵魂便住在什么地方。当我去访问得尔福的神道，问他我的幻梦是否真实时，他也劝我预备一只船去寻求。唉！一个老年人怎么能从事于这种的一个寻求呢，并且我到哪里去找一个船主来，能够渡过这许多不可知的海呢？但如果你，也是埃俄罗斯的子孙，要代我冒险到科尔喀斯去，那么，我愿对你立誓，当你将金羊毛取回时，我必定将王位、土地、财宝都还给你及你的父亲。"

其实珀利阿斯并不曾有过他所说的梦，也不曾从得尔福受到神的吩咐，要去求金羊毛，但当伊阿宋还在说话时，他的敏捷的心中便已计划好一条恶计，要送他到世界之末的旅途中去，如果传说提到的无人所知的北海，可怕的科尔喀斯以及他们的怪国王爱的斯（Aietes），太阳的儿子，都是真的话，则他很不像能够归来的了。但伊阿宋则对此一点也无所知。伊阿宋他自己是坦白无私的，所以他以为别的人也没有什么欺诈。他毫不迟疑的和珀利阿斯订约，要去寻取金羊毛，作为埃宋复国的代价。珀利阿斯立了一个重誓，如他所允许的；他的机诈的心中暗自高兴，他想："我已将这个穿单只鞋的人处置得很好的了。"

但伊阿宋为什么会穿上单只鞋到伊俄尔科斯来呢？这事也不是没有神道的作弄的。当伊阿宋从珀利翁山到城去时，路上必须经过阿那洛斯（Anauros）溪，这溪为秋雨所剥吞，而成为洪流。现在，在河岸上，他看见一个老丐妇坐在那里，她谦抑的恳求他带她过溪。他不顾这丐妇的衣衫破烂龌龊，竟不避艰险的负了她过去，因为卡戎教训他必须帮助无助的人。但老丐妇在身上是如此的重，阿那洛斯溪又是那么滚啸不已，险状百出，伊阿宋费了大劲，方才能够平安渡过。在中途，他的左足的鞋子滑下去了，立刻被溪水带走，不知所往。少年到了彼岸，气息喘急的将他所负的人放下，立刻她的形状变了。她不复是一个褴褛的丐妇了，站在他面前的乃是一位远胜于地上的美丽与尊严的神后，光彩四射，仪态万端。她眼光慈惠的看着他，说道："为了你对于丐妇肯给以敬助，王子伊阿宋，你将不怕缺乏你的报酬。因为我，赫拉，乃是你的朋友，正如我是珀利阿斯的仇人一样。"这话在下文将完全见到。

伊阿宋一担任了寻求金羊毛的重责，神后赫拉便送进一个思想到他心中，使他差遣使者四出，到东、到西、到南、到北，散布他的巨大的冒险的计划，并说一切肯和他一同航海的人，肯为了求不死的名誉而不惮冒险的人，他都欢迎。所以在那时，许多最伟大最英武的英雄们都成群的到伊俄尔科斯来，因为赫拉鼓动他们起了深刻的愿望，要去从事那么可诧异，那么伟大的一次历险。第一先来的是美貌的双生兄弟，卡斯托耳（Castor）与波里杜克斯（Polydeuces），圣鹅的儿子；他们兄弟俩是如此的挚爱着，竟超过了妇人的爱，直到了死，还是不肯分开。以后又来了赫克里斯（Heracles），力大无穷，游遍天下，声名广播，专为人间雪不平、任艰危的一位大英雄；还有一位美貌的孩子跟随着他，其名是许拉斯（Hylas），乃是他的持盾者与执杯者。俄耳浦斯（Orpheus）则从多风雨的特莱克山中下来，他是人人所爱的诗人，诗神卡里俄珀（Calliope）的儿子；他能够以他的歌声与琴声诱引了林中的野兽跟随着他。在他之后来的是北风玻瑞阿斯（Boreas）的儿子谢特士（Zetes）与卡莱士（Calais），他们是一对怪人，因为像鹰似的双翼，长在他们的阔肩之上，习习的有飞动之意。还有许许多多的英雄，不是神之子，便是王之子，都聚会到埃宋的大厅中来，如果要一一的指名，真是写不了许多，总之，他们都是有名的武士。其中还有两个先知者，一个是特太里沙斯（Titaresos）的摩普索斯（Mopsus），一个是从远远的耳戈斯来的依特蒙（Idmon）；依特蒙明知他自己要死在这次的寻求中，然而他觉得这次的荣誉比之生命还可宝贵。最后来了一个生存的人中最好的舵手底菲士（Tiphys），他答应为伊阿宋的船掌舵。

　　同时国王珀利阿斯派遣了许多斫树者到珀利翁山上去斫树；长大的松树与槐树都倒了下来，成阵的骡、牛拖拉它们到渡口去；他雇了伊俄尔科斯城中及四处的最有经验的造船匠，来造一只从不曾见到过的最大最好的船，既不畏艰，也不惜费，惟求能悦伊阿宋及他的水手们。他现在已看出这位少年是如何的英武的了，所以他不惜耗去他宝库的一半，以求愈快遣去这位少年愈好。但从没有一只船比这只建筑得更快的，也更没有比这只船建筑得更为宏丽的；因为有神道参预其间工作着，这位神道便是主宰人间一切工艺的雅典娜。她受了神后赫拉的委托，到伊俄尔科斯来，乔装为一个外邦的工匠，受珀利阿斯的雇用，杂在其他工人中作工。当他们看见这位生客的工作那么精工，便都同声的要求他做监工，受他的指挥。这位监工者自名为阿耳格斯（Argus），所以伊阿宋在此船工毕之日，便名之为阿耳戈（Argo），以表示对于他的感谢的纪念。就在这一天，阿耳格斯从伊俄尔科斯失踪了，也不要他的工资，也没有人再看见他。但雅典娜在第二夜的梦中去见伊阿宋，告诉他，她所以来监工，为的是受了神后赫拉的吩咐。现在阿耳戈这船是出于她的不朽之手下，所以已成了一个有生命的东西了。"并且，"这位女神说道，"我还给它以一个声音，它会在必要的时候，向你参议，给你以确切的帮助与指示，因为在它的船头上，我装进了从多多那（Dodona）的神奇橡树斫下的一支木头，它会以人声预言诸事。"

阿耳戈造成了，预备要启行了，五十支大桨，齐齐整整的排列着，又雄壮，又轻捷，水手们在海渡上检阅着；所有的伊俄尔科斯的百姓们都拥挤着来看他们的出发。伊阿宋和他的同伴们先祭了宙斯；先知摩普索斯高声的祷告着，求神道给他们以吉兆。祭坛的火熊熊的猛燃着，先知所掷的骰子，也显出好兆来。所以摩普索斯吩咐他们立刻拉帆开船。那时，宙斯给他们以更好的预兆。全体都上了船，锚也拔起来时，伊阿宋站在舵边，将一盏金杯中的祭酒倾入海中，求雷主及空中海中的一切神道们，帮忙他的海行。立刻雷声在高空中响着，电光绕在阿耳戈的樯上，而一点也不为害。所有的英雄们见了这吉兆都高声欢呼着，雄健的将桨击着水。阿耳戈便在百姓们的高声送别与祝福声中驶出了海口。但珀利阿斯呢，他看见他们离别的快乐却又为悲苦所吞没；因为他的独子亚加斯托士（Ocastus）和伊阿宋做了朋友，也加入了阿耳戈的水手之列，任怎样也阻挡不住。珀利阿斯又不敢明明白白的告诉他说，伊阿宋和他的同伴们此去是必死无疑。他只好苦在心头，暗自悲戚着。还有一个伊阿宋的堂兄弟也违抗他父亲的意思和他们同去，这人即菲莱士之子阿德墨托斯。

阿耳戈船上的人驶出了柏格森湾（Pagasaean Gulf），乘着顺风，向北而走，经过神道们聚居的大俄林波斯山，经过了赫淮斯托斯的岛楞诺斯（Lemnos），然后到了赫勒斯蓬托斯，沿了这个海峡，而进了柏洛奔蒂斯（Propontis）海。在柏洛奔蒂斯的亚细亚岸上，乃是杜里安（Doliones）人的国家。阿耳戈靠了岸，他们要汲水上船。杜里安人的王，名为库最科斯（Cyzicus），欢迎他们入宫，设盛宴以款待他们，还赠他们以礼物、米谷、酒以及柔软的衣服。库最科斯请求诸位英雄们那一夜就在宫中憩息着，他们也不却他的盛意。但当天色未明黑漆漆的时候，一群从山中下来的强盗却攻进了王宫，向他们突然的进攻。他们还以为是国王的诡谋，便在黑暗之中，和他们混战一场。还是赫克里斯叫他们都上了船，开船而走，他们方才罢手。但当他们上了船，在拔锚时，无论是伊阿宋，是赫克里斯，是全部的水手们，都不能将锚拖上一寸。阿耳戈被锚所系住，正如一只猎狗之为绳索所牵住。但阿耳戈能言的船头便发声说道："这是库最科斯的鬼拖住了我；他被赫克里斯在黑暗中杀死了，除非你们绥安了他的鬼魂，他方才肯让你们走。因为他对你们一点也没有恶意，在暗中要杀你们的，乃是强劫他府库的强盗们。"那一席话使英雄们心里很难过；他们跳上了岸——现在，天色已亮了——飞奔到王宫中去。他们的好意的主人，尸身杂陈在尸堆上。阿耳戈船上人便对他举哀，依了当地的风俗，葬了他，还在坟上起了一个土山，杀了几只黑羊，将血倾在土山上，以绥安葬在其中的鬼魂。以后，他们便按着希腊人的规则，为库最科斯的光荣，举行了一次葬后的大竞技。库最科斯的鬼便绥安了，阿耳戈也顺了风疾驶而去。

其次，诸位英雄驶过了密西亚（Mysia）的海岸，直到了一个绿林围绕的风景佳绝的海口。他们以为最好在此登岸，求些食物及饮水。当赫克里斯为他们去猎取野兽肉时，年轻美貌的许拉斯也负责去寻找一个溪或泉以装满他们的水袋。但神道们的意见则不愿意他们俩再和他们同行。许拉斯在深林之中走着，地上满铺着落叶，足踏上去，柔软而舒适。头上一点太阳光也没有，只看见密密簇簇的绿叶，偶然有几线金光穿过它们，也是若隐若现的。远远的地方，仿佛有东西在那里荧荧发亮。"那是池水。"他想道。他心里异常愉悦的奔向前去。那一面池水为绿林所密围，有如一面明镜，包衬在绿绒之中，晶莹平静，也没有半丝风来吹动它。太阳光为高树所遮，只有几缕射到水面，更显得这恬静无比的池水，富有巫幻之意。这里是那样的恬静，那样的俊美，那样的清幽，连啼鸟也闻不到一声，连兽迹也寻不到一个，连昆虫也见不到一只。池水是那样的绿油油的，清莹莹的，似乎连池底也纤细毕现。几张落叶，漂在水面，已由黄而浸得黑了，不知是什么时候落下来的；有如美人的脸上，长了一粒黑痣，更显得妩媚可喜。许拉斯发见了这个仙境，心里沉醉着，却又迷惘着；他要立刻奔出去告诉他们同来取水，却又舍不得离开这个仙境；他喜爱着这个所在，却又为它的过于幽峭所凄迷。他踌躇的站在那里，不知过了多少的时候。他有点口渴了，便走近池边，伏下去，掬了一手水来喝。

迎着他举起来的雪白的嫩臂而来的,是另一只的雪白的嫩臂。这是他自己的臂影吧,他想。不,不,这臂上有一只金镯呢,而他的则没有。看呀,水中又现出一张嫩脸出来了,这张脸是那么年轻,那么美丽,那么娇嫩,几乎是吹弹得破的;脸色是那么红得可爱,白得可爱,眼波是那么溜滑的,清洁的,水汪汪的,简直便是一塘水。这难道又是他自己的脸影么?有点像。然而,不,不,她耳上有翠色的耳环呢,她的发是松散着的呢,这是一个女郎,决不是他自己。他心里迷乱而惶惑着,起初还以为是他自己的错觉,然而水中又伸出一只手,两只手,又浮出一个头,两个头,三个头。他开始吃惊了,他要站起身来,退缩了回去,然而一只白手臂却温温柔柔的环在他的颈上,容不得他回想,便拖他直向水中倒去。他叫了一声,便沉到这池水中,不再起来了。水面上浮起了几个水沤;浮沤散平了时,池水仍旧是那么清莹莹的,绿油油的,几张落叶仍旧是浮泛在水面上,如美人的脸上长了一粒黑痣。一切都没有两样,只是水仙女们的队中,多了一个美貌少年的许拉斯。

当许拉斯临沉下去叫了一声时,这凄然的叫声竟落入了在林中寻觅野兽的赫克里斯的耳中。他知道这是他所爱的人的声音;他明白这孩子一定是遇到什么了。他放下了一切,在林中走来走去,几乎把整座林子都走遍了,一边走着,一边高叫道:"许拉斯!"然而许拉斯却一声儿也不答应他,只有这"许——拉——斯!"的漫长的间歇的凄楚的回声,在远林中洪洪的应着,使人伤感,使人悚然。赫克里斯又悲又愤,什么事都无心了,更不必说什么寻求金羊毛了。他肩着巨棒,一心只要寻到他所爱的孩子;他走得更远了,更远了,直进入密西亚的腹地中去,再也不加入阿耳戈船上的人群中了。阿耳戈船上人等候了这两个人三天,他们再也没有回来。阿耳戈船上人们便不得不拉上了帆,心里凄凄楚楚的开了船而去。

其次,他们到了白比里克人(Bebryces)的所在。这个地方的国王是巨人亚米考斯(Amycus),他是此地的一个仙女和海王普赛顿生的儿子。这位巨人国王立下了一个规则,强迫一切到他国土上来的客人和他相扑。他只要以他的大拳一击,那些客人便都无生气的死在地上了。因此,他目中无人,骄傲不堪。当阿耳戈船到了那里时,他又趾高气扬的循律要他们和他相扑。这一次,他却遇到一个劲敌了。这个劲敌便是最有名的相扑者波里杜克斯，勒达（Leda）的儿子。亚米考斯也真不弱，他于强壮之外，还有技巧。他们一往一来，斗了许久，还未见胜负，真是棋遇对手，愈斗愈猛，煞是可观。双方观看的人时时的高呼助威，时时的为斗者捏了一把冷汗。然而亚米考斯终于敌不过波里杜克斯的神力与天纵的技巧，当这位相扑者之王波里杜克斯看得准准的，一拳打过去时，他便如一座为电火所击的高塔似的，塌倒在地上死了。自此以后，此条路上的旅客便平安无险。

其次，诸位英雄驶到了风波险恶的玻斯福洛斯（Bosphorus），在萨尔米特苏斯（Salmydessus）的萧条的海岸上登了陆。此地的国王是菲纽斯（Phineus）。神道们曾给菲纽斯以预言的才能，但当他一时心中糊涂，造了一次反对神道的罪恶时，他们便使他的双目盲了，且还给他以一个更可怕的责罚：一遇到他坐在餐桌上饮食时，便有两只可怕可厌时巨怪不断的来扰他；这两个巨怪，头部是美女，但身体却是鸢鹰的身体，它们也如鹰似的在他餐桌上飞翔着，以它们抓取腐肉的铁爪，将放在他面前的食物都抓去了。它们抓不尽的余物，则染上了异常的腥臊气味，没有一个人肯去尝一尝的。没有兵器能够伤害到它们，弓箭也射不到它们，因为它们如一阵旋风似的忽来忽去。现在，当阿耳戈船上的英雄们到了菲纽斯的家中时，他便命家人们欢迎他们——因为他借了他的先知术，知道他们为何人，也知道他们寻求的目的，还晓得他注定了的解放者是在他们之中——他们坐下和他同餐；立刻，这两个怪物又出现了，尽攫了桌上的餐物而去。这使英雄们十分的惊奇。他们问他们的主人，这场怪事是为何而起的。他说道："唉，我的贵客们呀！这乃是我所受的神道们的责罚，在我的盲目之外、之上，因为我在他们的面前犯了罪过。你们所见的巨怪乃是哈比丝（Harpies），名叫'雷足'与'迅翼'，'深海'的儿子，'红霓'的姊妹们。它们像这个样子的扰苦我，已经有好几年了。所以虽然以我的预言术发了财，我却仍然饥饿得要死。可怜我，啊，英雄们，请你们援救一个可怜的人，他的唯一希望便在你们身上！因为我知道玻瑞阿斯的两个儿子是在你们之中，只有他们的捷翼，才可追得上哈比丝，它们飞得比赫克里斯的箭还快。而且，如果谢特士和卡莱士能够为我把这些怪物驱除去，我愿意预先警告你们以阿耳戈在途中不久必要遇到的一场危险。"

谢特士和卡莱士答应了下来；但伊阿宋说道："请你先对我们立誓，盲目的先知，我们解救了你，是不会触怒了神道们的。"

　　"我对最高的宙斯立誓，"菲纽斯答道，"因为很久以前，我便知道，我如果能得解救，便在神道们指引了一只船到这里来之时，这只船是载了寻求金羊毛而去的英雄们的。我很少有希望，因为任何人的心上是不大肯冒这场大险的。"

　　然后伊阿宋叫他仍将饮食陈列了出来，哈比丝如前的出现时，谢特士和卡莱士立刻便拉出了刀，鼓开了巨翼，追在哈比丝后面，呼唤他们的父亲给他们以帮助。玻瑞阿斯便狂吹猛啸的答应着他们，一阵狂风直裹着追者与被追者，瞬息便到了几千里以南。谢特士和卡莱士更近的，更近的逼着惊叫的哈比丝，直到了它们落到了一个岛上，至今人仍称此岛为旋风之岛。正当玻瑞阿斯的儿子要举刀杀死他们时，双翼明亮的伊里斯突然的出现了，她是他们的姊妹，她命令这两位兄弟，收起了刀；她说道："宙斯不准你们杀死了哈比丝，她们如我一样，也是他的用人。"然后谢特士和卡莱士逼着女首的两个巨怪，以史特克斯（Styx）河水之名，罚了一个恶咒，说，它们永不再去扰苦菲纽斯。于是兄弟们便又鼓翼而北。

　　他们的同伴和菲纽斯终夜的宴饮着，等候他们的归来；他们的主人异常的高兴，他自己也吃着、喝着、欢谈着；现在是不再停下来，不安的静听着啼声与鼓翼声了；哈比丝之去，在他看来，像在梦中一样。伊阿宋渐渐的问他关于他允许预警他们的危险。老年的预言者答道："我现在就要告诉你了，我的孩子，一方面说出它的真相，一方面还告诉你们以如何应付之法。在这个海峡之末，你将到了一个慢客之海（Axine），希腊人从不曾驶过那里；这是一个灭人之海，风涛险恶，横波断流，所在都有，且为北风的冰冷的气息所雾蔽。但你们如果要达到目的地，必须渡过此海。当你们进去时，我警告你们必须预防海门！你们将在两边看见各有一个巨大而孤悬的岩石，青黑色的，如玻璃似的晶清；这便是所谓压榨岩（Symplegades），它们能够移动而捉住俘掳物；啊，如果有船或海兽经过它们之间，它们便立刻紧合了起来，将他们压成为粉末！但我教你们一个方法，英雄们，我相信你们将会平安的过去的。当阿耳戈驶近了那岩石时，从它船首上放了一只鸽子过去，然后便直冲过去，逃救你们的性命。因为那两个岩石合拢来攫捉这鸟后，立刻便要移开去了，如它们平常一样；然后阿耳戈滑了过去，只要你们能用全力驶它过去。但我还要告诉你们别一件要做的事：在你离开海峡之前，先上岸，集起来一个石坛，杀了一只红牛，祭献普赛顿，求他从不可知的海水的危亡中，保存了你们的好船，带你们到所要到的海港。"

伊阿宋说道："谢谢你的指示，圣菲纽斯，我们将留意地实行你的话。但如果普赛顿保佑我们逃过了压榨岩后，底菲士还要将舵向那一个方向驶去呢？如果你能够告诉我们那些事，以及我们到科尔喀斯以后所最要做的事，则我们便更要感谢你了。"

菲纽斯答道："关于你们的行程，你只要直向东方驶去便好了；在你们的右方，须不断的看见海岸，最后你们便可看见树林繁生的前面的岸了，然后你们便到了一个大河的口；这河名字叫做菲昔司（Phasis），是科尔喀斯人的河。但以后的事我便不能指示你们了，因为在科尔喀斯所发生的事，我是完全不明白的。仅有一件事必须说出的：阿佛洛狄忒将主宰了你在那里的运命，不管其结果的好坏。"

第二天，阿耳戈船上的诸位英雄和菲纽斯说了再会，他给他们以一只鸽子及一头祭献普赛顿的红牛，此外还从他府库中取出许多丰富的礼物给他们，祝他们一帆风顺；他们便开船而去，不再看见他。在玻斯福洛斯的海岸上，他们杀了那头红牛，以祭震撼大城的海王，祷求他的保佑，然后又开船而去。他们看见前面是茫茫的大海，青黑色的高岩在两边高耸着。然后水手们停住了桨，伊阿宋纵了鸽子，鸽子在岩石中飞过去，岩石如雷震似的吼叫着压榨拢来，但它飞得那么迅速，竟一点也不受伤的逃过去了，岩石只捉住了它的一根尾毛；然后，当岩石又移了开去时，静静的屏息的在等候着的底菲士给了一个暗号，英雄们便尽其全力的划着桨，阿耳戈如箭似的滑过了这死的过道而去，竟使压榨岩来不及合了拢来。这便是压榨岩的结局了，因为它们愤于失去了它们的俘获物，便互相的击碰着，直到了它们完全的碰碎了，不再为海行的障阻。

此后，英雄们上了帆，经过了许多天，沿着不可知的亚细亚的海岸走着。最后，他们必须登岸去汲清水了，他们便在马里安特尼（Mariandyni）人的国土里登了岸，他们的国王别名为李考斯，便是狼之意。这位野蛮的国王款待他们异常的殷勤，因为这些旅行者怎样的杀死了巨人亚米考斯的消息已传到了他的耳中。亚米考斯从前曾率领了比白里克人和他战争，为害马里安特尼不浅。阿耳戈船上人便在此休息了一会，舒舒他们的海行之苦。但此时，他们却遇到很不幸的事，即死了两位同伴的人。其一是先知依特蒙，他在猝不及防之际，为一只野猪所伤而死；再一个是无敌的舵手底菲士，他犯了一种不知名的重症，也死了。这两位英雄于同日下葬在同一坟中；他们的悲戚的同伴，起了一个高坟在他们之上，放了一把桨在坟上，作为他们的纪念。诸位英雄心里郁郁不欢的与友善的狼王告别了，又开船而去。现在是别选了一位安开俄斯（Ancaeus）的做了舵手，代替底菲士。

他们仍然向东驶去，最后看见黑森森的科尔喀斯的树林在他们前面了，菲昔司的水也和海水混杂着。这时天色已近黄昏了，阿耳戈的水手们便将船停在河口；他们会聚了讨论第二天的事以后，便各自倚在桨旁熟睡了。

曙红色的光现在东方时，伊阿宋便和他的宗人阿德墨托斯与亚加斯托士一同上岸去，只有这三个人上岸，因为众英雄们觉得他们如果全体到了国王爱的斯的宫门口，他便要以他们为海盗而不容辩论与他们相斗了。这三位英雄在森林中走了不多路，在到了一块大旷地，在这旷地上，站着一所伟大宏丽的房子，屋顶全都是灼灼发光的黄铜，在太阳光中如黄金似的耀目。门口没有一个卫士，所以他们便直进了前庭，那里，也是空无一人，但在庭中却有一个喷泉，为全个世界所没有的，他们不由得不停留了一会儿去看看。四个黄金的仙女们背对背的站在泉端，每个仙女都从她的金瓶中倾注出不竭的川流于一个碧玉的盆中；这些川流，第一注是美酒，第二注是白乳，第三注是芬香的油，第四注是清水；这清水也非世间所有的，这水在整个冬天是温暖暖的，但在炎夏则冰似的凉。这个魔泉乃是赫淮斯托斯造来送给光明的赫利俄斯做礼物的；赫利俄斯将它给了他的儿子爱的斯。阿德墨托斯一见了这魔泉，便说道："这位国王爱的斯诚然的是一个大魔术者，我们必须好好的防备着他。"伊阿宋说道："卡戎告诉过我，所有太阳的儿女们都是具有魔力的，足以为善或为恶。但当神后在我们这一边时，我们还怕什么凡人会给我们以危险呢？她已经保佑我们经过那么多的危险了。"他这样的鼓励着他的同伴们，三位英雄便勇敢的走进了宫中大厅。国王正在那里和他的武士同席宴饮着，他的武士们个个都是鹰眼壮臂，盔甲鲜明。爱的斯自己，身上穿了一件金黄色的锦布外衣，光彩耀目，而镶在他皇冕上的宝石，如红炽的煤火似的发光；他坐在那里，坚定而默思，如一个金制的像。他的灰白的脸上，浮现着微笑以对待新来者；他的武士们也默默不言的注视着他们；他们三人也半诧异的站在那里，看着那么粗鄙的情况。但在国王的右手坐着两个女儿，大的女儿突然的对她父亲说道："父亲，请你欢迎款待这些旅客吧，因为我在他们衣饰上知道他们是希腊人，再有甚者，他们的脸和我的亲爱的已死主人菲里克苏士的异常的相像！"

"啊，贵妇卡尔克奥卜，"伊阿宋叫道，因为他知道她的名字，"我们当然是像菲里克苏士，因为我们三个人都是埃俄罗斯的子孙，他的堂兄弟们。"

"你这样的说么，少年人？"爱的斯说道，站了起来，"那么，我想，我可以猜得出，你们来的目的是什么。但坐下，坐下来宴饮，以后我们便要听见你的使命。在吃饱了的人和饥饿者之间谈不了什么。"他得了时间去考察来客们；当他们高高兴兴的吃着，且喝着他的两个女儿倾于杯中的美酒时，他渐渐的问他们以许多问题。他们是谁的孩子，他们从什么地方来的，他们的沿途经验如何，他们的船和水手们停在什么地方，这一切，爱的斯都很快的便从他们口中打听出来了。只有一件事他不问，他的机警的心中，猜了一会，猜出了他们，这些菲里克苏士的宗人，冒险来到世界之末端的科尔喀斯为的是要求金羊毛。所以，当宴会告毕时，伊阿宋以他的恭敬的礼貌，仔细谨慎的辞令，简单的叙述出他这个海行的目的，要求国王还给菲里克苏士的正当承继者以那个奇异的宝物时，爱的斯早已预备好了一个答语。"这个故事也许是很真确的，"他说道，"但我却需要比美辞更多的证据。我怎么知道你们是自己所说的那些人而不是机诈的海盗，要以诈骗的手段来夺去我的可宝贵的金羊毛呢？我必须想到要叫你们船主给我们一点证明；同时，你且去叫你其余的水手来，我要宴饮他们的全体。"因为他想："我在看出他的同伴的力量之前不要直率的拒绝这位神似的少年的要求。"于是阿德墨托斯与亚加斯托士去叫了其余的英雄们来；当这位魔王看见了这些英雄们时，他惊奇着，自己心内说道：

"他们诚然全都是神道们的儿子。我不敢公开的和他们争斗，但他们这些人中，至少在今天必有几个为奸谋所杀死。"爱的斯欢迎、宴饮了他们全体之后，他便以许多诔辞，要求他们在和他自己的武士在一次游戏的相扑之中，让他看看他们的能力。他们为了希腊的光荣之故，答应了他。爱的斯引导他们到了一场平地，他选了十个最勇猛的武士去抵敌伊阿宋及他的九个同伴们。他自己则坐在那里观看这场武器的游戏；两位公主也坐在他身边。但科尔喀斯的武士们却受了他的秘密吩咐，必须尽力的杀敌。英雄们立刻便发见，这一场争斗，并不是游戏的，却是生死的相扑。他们十人全都受到很猛烈的压迫，因为他们的对手，都是轻捷而有力，如狼似的凶猛。他们觉得退让是不可能的，便一刀还一刀的认真的和他们打了起来，最后便完全杀死了他们的敌手。然后，伊阿宋转身向国王叫道："这些人的血，爱的斯，是溅在你的头上，不是溅在我们头上的。你为何这样恶意的对待我们呢？这便是你们科尔喀斯所称为游戏的么，必定要强迫着客人们杀人或被人所杀？"但爱的斯粗暴的笑着答道："每一个地方各有它的风俗。如果除了希腊人的游戏，别的都不能使你们高兴时，英雄们，你们最好还是留在家乡。但这是我要试试你们的，现在我才看出你们乃是真诚的人们了，因为说谎的奸人永不会是狮心的。来，我们回到宫中去。你们这一夜可在我的宫中过夜，明天早晨，我们再谈这事。"他这样的说着，引导了他们进宫。当他们吃了夜饭时，他的宫侍便引导了他们入客室中去，因为天色已经晚了。

国王的幼女自伊阿宋进了宴厅以后，她的眼睛便不曾一刻离开了他，虽然当她自己倾满了，又倾满了他的酒杯时，她并不曾和他说过一句话。这位公主的名字是美狄亚（Medea），她是一个巫女，能够使用咒语将天空的月亮拉到地上来，而且，她还具有她父亲的凶猛阴险的精神。为了这，且为了她的黑而野的美貌，她父亲之爱她，比爱她的温和的姊姊还甚些。但他所最爱的，还是他的独子，十岁大的儿子亚比西托士（Absyrtus）。他有了美狄亚为助手，诚然的会克制了阿耳戈船上的众英雄，不管他们是如何的有神勇。但神后赫拉已虑到了这一层，她便自己到爱神阿佛洛狄忒那里去，要求她给一个恩惠；即，她要引火于巫术的公主的心上，使她和伊阿宋发生了热烈的爱情，忘记了一切别的，使她得以帮助他达到他的目的。阿佛洛狄忒带着温柔的微笑，答道："神后呀，这事可以办得到，我要使一个咒在这位巫女的心上，比之她所知的一切咒语都还厉害。"这位爱的女神便取了一只斑色鸟，缚了它的双翼双足在一张四轴的轮上，她以美手转着轮，口里念道："这轮之转，使美狄亚的心转向于伊阿宋；如这只鸟儿之被缚住一样，让她也被欲望的绳所缚住。"所以爱的斯的幼女，一见了那位金发的异邦王子之时，她便爱上了他；她的爱情，将一切东西比之都成了尘土，她必要达到目的。

就在那一夜，美狄亚偷偷的溜到了伊阿宋睡的房间中来，他全身穿着盔甲的睡着，以防不测。她轻轻的唤醒了他，在他耳边微语着。她这一来是很不容易的，她竭力的要克制她的热情，她的理智要竭力的缚住她的狂热，却终于不能制止得住。她叫道："美狄亚，你争斗不了了！有神道或别的在反抗着你；我疑心这便是人们所称为爱情的吧，或至少是这一类的东西。为什么我会惧怕他毁灭了我第一次才见面的人呢？这种恐惧是什么原因呢？来，不幸的女郎，你要尽可能把你所感的这些热情从你处女的胸中驱出。唉！如果我能够，我便更为可以自主的了。但有种可怪的力违反我的意志将我拉下去了。欲望将我拉到一方面去，理智又将我拉到别一方面去。我看见较好的一面，且赞同它，但我却跟了较坏的一面走。你是一个高贵的处女，为什么要对一个生客生了爱情，要想与异邦的人结婚呢？这个国里也能给你以可爱恋的对象。他的生活乃是神道们的事；然而他是要活着的！即使我不爱他，也要这样祷求着的。伊阿宋要做的是什么事呢？不是没有心肝的人，哪一个不为伊阿宋的年轻，他的身世高贵，他的勇敢所感动呢？谁能不为他的俊美可爱的丰采所动呢？他真的已经动了我的心了。但除非我帮助了他，他一定为火牛的凶猛气息所灼，他一定会与他自己所种在地上的仇敌所攻击的，或者他一定会如什么野兽似的被贪婪的龙所捉住而作为牺牲的。如果我坐视不救，则我将自认，我乃是一个雌虎的女儿，我心中是具有铁石的了。但我为什么不忍见他的死亡，为什么这样可怕的景色刺我的眼呢？为什么我不叫那火牛，那可怕的生于地土的勇士，那不睡的龙去害他呢？上天所阻的！然而这却不是我祷求的事，乃是我所要做的事。我将欺骗了我的父亲么？一个不相识的客人将因我的帮助而得生存；当他为我所救后，却开船走了，不带了我同走，他成了别一个女郎的丈夫。而我，美狄亚，却留在那里受罚，这不是可能的事么？如果他能这么办，如果他娶了别一个妇人，则让他灭亡了吧，这个忘恩的人。但不，他的容色，他的高贵的灵魂，他的俊美的身材，都不是如我所要怕他的欺骗或忘了我的恩的。他将事前给我以允诺，我将强迫了神道们来证明我们的结合。一切都是平安的，为什么你还怕着呢？现在动身吧，不要再延慢了！伊阿宋将永久感你救他之恩，他将庄严的和你结婚。然后希腊各色的妇人们将成群的歌颂你为他的救者。那么，我终将和他同船走了，而离别了我的姊姊、我的弟弟、父亲、神道、祖国么？我的父亲诚是一个严刻寡恩的人，我的祖国诚是野蛮的，我的弟弟还是一个孩子，我的姊姊的好意是在我这一边的；而最大的神道也在我之中！我不是放弃了伟大的诸物，我乃是到伟大的诸物那边去。阿开俄斯（Achaean）少年的救星的称号；还要认识一个更好的国土，更好的许多城市，它们的名誉是比之这里更大的，接触了文明国家的文化与艺术；还要那个人儿，将全个荒野世界的人们和他交换，我也是不欲的——那埃宋的儿子；有了他做我的丈夫，我将被称为天神们的爱好者了，我的头也将与明星相触了。但他们所传说的海行的危险将怎么办呢？中海的压榨岩，水手们所怕的吸了海水进去又吐了出来的卡里狄士（Charybdis）以及潜伏在西西里海中的饕餮的食人怪物史克拉（Scylla）！不，握住了我所爱的，躺在伊阿宋的臂中，我要经过大海；在他的安稳的怀抱中，我是什么都不怕的；如果我有所怕的话，我怕的却是我的丈夫。但你为什么称它为结婚，美狄亚，且将好听的名辞加到罪恶上去呢？不，你还是看看前面，看你所走进的是如何巨大的一场罪过，在还没有走进之前，逃避了去吧！"她这样的说着，在她的面前，站着正当的父母之爱与贞节；而热爱失败了，快要逃走了；她的理智已经捉住了她，她已经将她的热情之火熄灭了去。然而她刚才踟蹰的，踟蹰的走着，已经到了伊阿宋所睡的房间门口。她正想退了回去，然而又不肯不望望他。她一看见伊阿宋甜美的睡在房中时，已死的火焰便又跳起来了。她的双颊红了，然后她的脸色又白了；如藏在灰烬下面的小火星一样，为风所吹，又得到力量而熊熊的烧起来了；她对于伊阿宋的爱又回复过来了。她不顾一切的，横了心，跨进门来。伊阿宋在睡梦中，较白天更美；你能原谅她之爱上他。她的双眼凝注在他的脸上，仿佛从不曾见过他一样；在她的狂热中，她以为她所见的脸，比凡人更美！她一步步的走近了他的榻前，俯下身来，心里卜卜的狂跳着，在他的耳旁微语着。伊阿宋从榻上跳了起来，立刻执了他身边出鞘的刀。但当他在美狄亚的火炬光下，看见她的灰白的脸与凝注在他身上的双眼时，他诧异的放下了刀。美狄亚柔和而低声的说道："你不要怕，我是冒了万险来救你的。明天，我父亲将答应给你以金羊毛，如果你能将火牛驾上了犁耙，种了蛇齿下去。但如果没有魔术的帮助，没有人能够走近了牛而生存着的，因为它们喷吐着火焰，这我将给你以魔药帮助你。他见你制伏了火牛与从种在泥土中的蛇齿生出的武士，则他将命你自己去取金羊毛。这个悬挂金羊毛的地方有一条不睡的龙看守着，它的斑腹，比你们五十支桨的阿耳戈船身还大，它的身体是不怕刀枪的，什么人都不能走近了他。我今天看见你如天神似的战斗着，但对于这龙，你的神力是一无所施的。但这我也将帮助你。我怎么忍见你的死呢？我的父亲如果知道是我帮助了你成功，他一定要杀我的。然而宁愿我死，不愿见你们英雄们死于此役……请你时时要想到我……当你在远远的本国做了国王快活的住在宫中的时候……"伊阿宋握住了她的右手，吻着她，低声的感激她的帮助，说道："高贵的女郎，如果我功成而去，不带了你同走，或不以感激的爱来报答你的这种厚意，则我真要成了一个奇耻大辱的人了！现在，对着赫拉，我的保护神，我敢宣誓，如果你和我们同来，而阿耳戈平安的回到家中时，我的足一踏在伊俄尔科斯，你便是我的妻。如果我有日弃了你，则天神们也将弃了我！"美狄亚相信了他。她脸色红红的，忽然哭了起来，说道："我知道我所做的是什么事，但这完全是为了爱情。你成功之后，万不可食言！"伊阿宋抱住了她，不说什么话。巫公主呷唔道："要带了我走，从此刻之后，我已是你的了！"于是，她仔仔细细的告诉伊阿宋如何的破法，还给他以药草，教他如何的使用方法。伊阿宋心里很快乐，美狄亚也充满了甜美的爱，同时却不禁有点受良心的责备。他们吻了很久，她便如猫似的无声无息的溜出了房外。

第二天，黎明将熠熠的星光赶跑了之后，一群一群的人都拥挤到阿瑞斯的圣地上去，各自站在高处观望着。那么大的一块地，黑压压都是人。在人丛之中，国王穿了紫袍坐着，执着他的象牙王笏，他叫了伊阿宋来，对他说道："如果你能够将犁耙驾到我的牛身上，用我的犁耙种着田，则我便将知道你乃是菲里克苏士的真正的继承者，我将毫不吝啬的将金羊毛给了你。"广场上放着一具巨大的铜的犁耙，其旁便是几只喷火吐烟的牛。它们的脚如铜似的，鼻孔中不断的喷着火焰，近处的绿草，都为这炎炎的火所灼焦了；有如几具绝大的火炉呼呼的跳着，一高一低的火焰，有如白热的铁块，被水倾了上去时的咝咝作响；这些牛的胸与喉也是那么喘喘的喷吐着火。伊阿宋向前迎着它们。凶猛的牛转身向着他，尖角铁似的硬，铜足扬起了地上的尘灰，场上的人听到它们的猛吼之声，莫不屏息战栗。阿耳戈船上的人无不栗栗的为伊阿宋危惧。但他进近了牛身边，一点也觉不到它们的炎热的火灼，药草之力是那么大，他以无畏的手抚拍它们的颈部，将犁耙驾了上去，在地上犁了好几道直痕。科尔喀斯人无不诧异着，但弥倪阿斯（Minyas）人则高声大呼，增加他们英雄的勇气。爱的斯又叫了伊阿宋来，恶意的说道："将这些蛇齿种下地去，然后我引你到悬挂金羊毛的圣林中去。"当下他将铜盔里的蛇齿给了他。伊阿宋将这些蛇齿种了下去，泥土柔化了具有毒液的蛇齿，它们变成了新的样子。正如在它母亲的腹中，一个婴孩逐渐的变成了人形一样，这些土中之人，也一出土便成了完完全全的武士；更可怪的是，他们也带了兵器同来。当希腊人看见他们正要将尖矛向伊阿宋的头上抛去时，他们的脸满现惧色，他们的心沉下去了。保护他的美狄亚也十分的害怕着；她看见他以一个人抵敌那么多的敌人，她的脸色也苍白了，冷而无色的坐在那里，生怕她给他的药草力量还不够，便偷偷的念着咒语以帮助之。但他却投了一块石头在他的敌人们之中，他们的愤怒，便由他身上而移到他们自己的身上了。他们互相的残杀，结果是各受重伤，倒在地上，无一生者。希腊人祝贺得胜的伊阿宋，抱他在他们的臂间，挚切的拥抱了他。野蛮国的巫公主也想高高兴兴的拥抱这位得胜者，然而她却不敢放肆，生怕父亲生疑，旁人讥议，她只是默喜的用双眼凝注着他，深喜她的咒语有效。

爱的斯依然默默不言，恶狠狠的引导他到了阿瑞斯的圣林中去。那里，橡树与栎树长得那么稠密，连白天也是阴惨惨的，看不见太阳光；但在幽暗之中，远处却射出一点光明来，有如黑漆漆的中夜的一粒星光。爱的斯说道："前面发光的，乃是金羊毛的光，金羊毛挂在圣林当中的一株橡树上。走进去，王子伊阿宋，取了它，你便有好福气来了！"

伊阿宋答道："国王，你走了之后，我先要使我的伙伴们上船，预备好开船；我想就在此地和你告别，大约不是无礼的事，因为现在我们的寻求成功了，我们渴想全速力的归去。"

"相信我，我不欲拦阻你们，"爱的斯恶意的望着他说道，"那么，再会吧，人类中最有福气的人！"他便微笑的自走他的路回去了，阿耳戈船上人便不再看到他。但他一消失不见，美狄亚立刻从林中溜出，到了伊阿宋的身边。他告诉他的伙伴们，美狄亚如何的从火牛的凶焰中救全了他，现在又如何的用咒语咒睡了看守金羊毛的巨龙。他们正要向巫公主致谢，但她将手指放在唇上，低语道："低声，不要响，在我们的国中，连树木也是有耳朵的。你，伊阿宋，快些和我同来，因为我父亲不久便要回来看他所希望看见的东西：在巨龙的唇吻间的你的骨与血！"她这样的说道，便拉了伊阿宋入了圣林之中。不到几分钟，他们又匆匆的出来，将那张巨大的羊皮，张在杆上，有如一面炫目的金盾。美狄亚又迅快的由不经人行的路上，引了众位英雄到阿耳戈停锚的地方去。但当他们正走着时，他们遇见了国王的幼子亚比西托士独自在林中游戏；他奔向美狄亚，哭道："姊姊呀，你竟将我们的美丽的金羊毛给了异邦水手么？我的乳母说，他们坐了大船来，专为的要取金羊毛。但请你，请你不要让他们取去！我那么爱它。我父亲说，当我成了大人时，他便将这张金羊毛给我了。"美狄亚对伊阿宋说道："他必须和我们同走。"她便抱了这孩子在臂间，吻着他，说道："听我说，小弟弟，不要哭。这些水手们并不是生客，乃是我们的宗人，我是和他们同到他们海外的国中去，那是远比我们美好的一个国土。你不愿意和我同来，坐在他们的大船中，沿途看看奇怪的东西，然后我们快快活活的同住在一所远比父亲的家更为宏丽的家中么？在那里你每天将有新的玩具玩——是的，当你成了大人时，还给你以金羊毛——你不愿意和我同来么？"孩子快乐的拍着双手，叫道："是的，是的，带了我同去吧，姊姊！金羊毛之外，我爱的便是你了。有你和我在一起，我便在大海中也是不怕的。"然后阿德墨托斯抱了这小孩子在肩上，他们又向前走去了。美狄亚低声的对伊阿宋说道："我们静默了一个奸细，得到了一个为质的人。"英雄们平安的带了发光的胜利品到了阿耳戈船上。他们轻迅的解了缆，拔了锚，向河口划去，当他们再到了大海中时，便拉起了大帆。他们很高兴，因为没有一个人看见他们的逃走。但美狄亚站在舵手旁边，回望着渐渐隐没下去的科尔喀斯海岸，阿耳戈走不到两海里路，这位巫公主便大叫道："快划呀，英雄们，快逃命吧！爱的斯的全部海军追上我们来了！我在百只以上的帆中，看见了他的坐舰的红帆了。"英雄们尽力的划着桨，使阿耳戈如矢的冲向前去。但科尔喀斯的诸船驶得比阿耳戈更快，因爱的斯以巫术使海风鼓满了他们的帆，却不吹到阿耳戈的帆上去。美狄亚说道："没有别的办法了！走过来，小弟弟；你要帮助我行施一个魔法，止住了我们的严刻的父亲，否则，我们全都要同时灭亡了。"她剥光了孩子的衣服，用一种油膏涂擦他的嫩肤，同时低低的念念有辞；然后突然的从她衣带中取出一把小刀，刺进他的心头。英雄们恐怖的惊喊了一声，但她却默默不言，迅快的更办着一件更为残忍的事。因为她将尸体斫成几段，抛入阿耳戈与爱的斯诸船间的海中，它们便浮泛在染红了血的海水上。这使科尔喀斯的舰队停留不进了；据有的人说，这是因为爱的斯竭力要取得他儿子的残骸以便归葬，所以不能再追了；如果这小尸体不下葬，他的精神永不会安逸的。有的人则说，这因为美狄亚实在念了一种咒，所以船只不能经过染有人血的水上。

阿耳戈船上的英雄们如此的逃出了国王爱的斯的手外；但他们虽然受了这位巫公主的两次活命之恩，他们见了她，却不能不寒心。至于伊阿宋呢，他的心也在同时便背叛了她，他自己说道："被像这样的一种恋爱爱上了，真是可怕的事。唉，天呀，我带回家的新妇乃竟是一个杀人者，杀了她自己的肉与血！"

舵手安开俄斯将阿耳戈向西方驶了三天，但在第四天上，有一阵狂风从南方吹来，将它吹得远远的离开了陆地。天上聚着乌黑黑的云块，英雄们七天七夜，坐在黑暗之中，看不见一丝一影的太阳与星粒；他们的船则在狂风之前奔驰着，不知吹向什么所在去。他们的勇敢的心上冰结着失望，他们彼此的微语道："我们为这个可诅咒的科尔喀斯的巫女所坑害了。为了她的血淋淋的行为，普赛顿的愤怒降临在我们的头上了；现在，就在现在，他要将我们的阿耳戈打沉了，将我们吞在一个广漠而奇异的坟墓之中了。"珀利阿斯的儿子亚加斯托士在狂风怒吼之中，突然的叫道："伙伴们，让我们将这位女巫抛到船外去！我们为什么要因了她的残忍而全部丧了性命，且将我们这次寻求的伟大的名誉也丧失了呢？"伊阿宋听了这话，心中异常的难过，他高叫道："但愿上天不曾使我去寻求金羊毛！唉，伙伴们，这乃是我毁亡了你们，并不是美狄亚！她所做的事，全为的是我，所以没有人能够动一动她，除非她先杀了我。"所有的英雄们全都叫道："我们决不那么办的，高贵的伊阿宋。"卡斯托耳说道："现在我们且向宙斯及普赛顿祷告，也许他们会怜恤我们。"当他们祷求着时，狂风渐渐的息了，乌云也移散了开去；现在他们可以看见满天星斗的晴空了。伊阿宋吩咐安开俄斯舵手望了星向，将阿耳戈重上了航线。但他向天上看了很久很久，叫道："天呀，如果我看星看得不错的话，我们是被吹到'慢客之海'以北的几千里远了，在这里，从没有人曾经航行过。除非有一位神道来替我们掌舵，我们要到伊俄尔科斯的好港的希望是很少的。"然后神船阿耳戈又发出人声来，说道："英雄们，我自己将做了你们的舵手，因为我知道神道们要我们去的路。这是一条疲倦的长途，要周游半个世界，但在我们归家之前，必须先找到了女巫喀耳刻（Circe）的岛，这岛在最西方，她是太阳的女儿，她会将亚比西托士这孩子的血痕从我和你们身上洗去的。"他们听见她这样说，都扬起声音哭了，因为他们已倦于海上的苦役，且归心如箭。然而此外却没有别的办法，他们便又执起了桨，安开俄斯守住了舵，任阿耳戈它自己在水天相接的荒洋中漂泊。它为一阵好风所送，向北而驰，仍然地向北而驰，直到了冰天雪地之区。看呀！这里没有夜，因为灰白的太阳永不离开天空。现在他们是到了无界的环于地球四周的洋河中了。三度月圆月缺之后，阿耳戈的船首又向南驶，经过了许多云包雾裹的不知名、无人踏足其间的陆与岛。他们最后到了喀耳刻所住的仙岛。喀耳刻是太阳的女儿，爱的斯的姊妹。那岛上不下雨，不落冰雹，也没有雪；西风永远柔和的吹拂着，树木青翠，四时皆花。当阿耳戈的水手们跳上岸时，喀耳刻已站在岸上等候着他们了；她脸容美丽而冷酷，衣袍鲜亮，戴着的金冠熠熠有光，手中执着一柄三叶的金棒。她说道："欢迎你们，伊阿宋与一切英雄，我知道你们所要求于我的事，我现在便要洗清了你们及你们的船，因为宙斯因了神后赫拉的请求，曾命令我这么办。"但她对美狄亚说道："这乃是你到我这里来，要找洗清了你所沾染的我兄弟的幼儿的血么？你以为全个大海的水能够从一个姊姊的手上将血洗去么?"科尔喀斯的公主黯然的红了脸,低语道:"我们不是一个母亲所出。"喀耳刻道:"我知道的,因此,你的罪恶较减;但我也知道,美狄亚,即使他是你一母所出,你也不会饶了他的。不,将来还有一个时候,即一个更密切,更温甜的束缚也不能禁住你做一件更为黑暗的行为呢。以无辜的血偿无辜的血,这个代价终于是要偿付的。"美狄亚的橄榄脸,听了这话,变得苍白了,但她说道:"随它去吧,聪明的喀耳刻;因为不管这时候来得迟早,我总不逃避了去的。"然后喀耳刻叫诸位英雄们都到海中沐浴,她将海水溅在阿耳戈的船板上,口中念念有辞;然后,她以烧着的琉璜洗清了他们;然后,他们受了她的吩咐,在岸上掘了一道沟,杀了一只黑羊,将血倾入沟中,以祭献、绥安亚比西托士的鬼魂。当这些礼节告成时,喀耳刻别了他们而去,说道:"我很愿意领你们到我家里去,英雄们,在那里设宴款待你们,但宙斯禁止了我;他知道,喀耳刻的客人很少能够自己离开了她的住宅中的快乐的。现在让安开俄斯执了舵,将阿耳戈向东驶去,直到了大洋河之门经过划分欧洲与利比亚(Libya)的运河,然后你们进了地中海,便可直驶到你们的祖国希腊了。"太阳的女儿说完话,便由海岸上走到森林中的仙宫里去,阿耳戈船上人则驶离了她的可爱的岛。他们驶行了三天,现在在他们前面的是一道大洋河与地中海间所隔的一道大陆地。但阿耳戈注定不能发见那穿过这陆地的岩石所围的海峡,因为神道们留了这个大工作给赫克里斯去完成,后来他建起了他的四处可见的大柱,作为水手们的标识。所以他们不久便到了浅湖,阿耳戈也触了陆,胶住了不能动弹。一望前面,极目所至,都是黄澄澄的沙丘,众位英雄心中未免失望。但美狄亚对他们说道:"英雄们,跨过这些沙漠,地中海便离此不远了。勇敢些,把船掮在你们肩上,十二天以后,你们便可将它仍放下水了。"经过了一夜的休息,英雄们便尝试这个大工作,美狄亚做了他们的向导。他们将沉重的阿耳戈掮在肩上,一天一天的苦苦跋涉着。他们的肢体不疲,他们的勇气不衰,直到了第十二天的中午,他们便快快乐乐的看见地中海蓝色的跳踉不定的海水了,他们便将阿耳戈放在海湾之中。在那里休息了一夜之后,阿耳戈船的水手们在第二天清晨便开船而去。正在拔锚之时,有一个人从岸上招呼着他们;这一片地方全都是沙漠,他们很诧异,这招呼的人是谁呢? 他们看见在水边站着一个人，高大庄严，以好言要求他们再上岸来，做他的一天客人。伊阿宋恭敬的回答他说，他们实在急于归家。他说道："我不想稽留你们，阿耳戈的水手们呀！我知道你们，也知道你们的长途的恶险，也知道你们的心必定是十分的想见伊俄尔科斯的海口。但为表示我的好意，在你们动身之前至少要在我手中收一个礼物。"这人说了话，便从岸上取了一捧的泥土，向他们说道："我将这泥土给我自己的族人，我是优里辟洛斯（Eurypylus），这个地方的国王，普赛顿的儿子。"在阿耳戈的英雄们中，有一位名为优菲莫士（Euphemus）的，也是普赛顿的儿子；他便轻轻的跳上岸来，和这位向未识面的兄弟握手，接了他的一捧土。但当他再跳上船时，这位主人却消失于空中了。众位英雄都十分的惊异，知道他是一位不朽的神道。美狄亚说道："他确是普赛顿的一个儿子，但不是他和凡间妇人所生的；他乃是海神特力顿，普赛顿给他以这一片利比亚的荒原。至于那一握土，优菲莫士，你须好好的守着它，这是一件圣秘的质物。"

现在，阿耳戈被西南方吹来的大风所催送，到了一个大岛，岛上都是紫色的危岩；他们为了缺乏食水，不得不划近了岸，到了一个潺潺而流入海中的河口。但看呀，在这里岸上却站着一个巨人，身高如塔，形状可怕，他不是一个有肉有血的人，乃是一个红炽炎热的铜人。他的双眼如煤炭的火，他的呼吸如火炉的光焰，他发出如铜号似的声音，叫道："走开去，坏人，海盗，否则，你们将与死亡相见了！"伊阿宋叫道："我们不是海盗，是和平的水手，要回到伊俄尔科斯去。请你让我们登了岸，在你的溪流中汲些清水，我们立刻便走了。""我不管你们是谁，"铜人咆哮道，"没有一个客人能够踏足在克里特（Crete）的陆地，在我，太洛斯（Talus），为弥诺斯（Minos）王负看守之责时。走开去，我说！第一个人上岸，为我所捉时，也便将灼焦了。"巨人便跳在水边，站在那里，愤怒的咆哮着。美狄亚说道："英雄们，我知道这位太洛斯，也知道如何的对付他。大技巧者代达罗斯（Dædalus）为弥诺斯王造了他，在他的空洞的身体中，灌满了流液的火，从胸前的一个洞中灌注了进去，然后他又用一支钉将这小洞闭上了。现在，让我上岸，我将使太洛斯拔出了那支钉；那时候他的生命的火焰，将全都流了出来，他将只成了一个铜像，再也不会活了。"他们全都叫她不要去，因为一去便是死；但巫公主不管他们，如思想一样的快，她从珠宝箱中取出了一个水晶瓶子，跳上了岸，向太洛斯走去；手中执的水晶瓶，在太阳光中灼灼发光。太洛斯蠢蠢的望着她，惊诧于她的勇气与她微笑的脸上的幽黑的美。他说道："你是谁，勇敢的妇人，你来有什么要求？"她说道，"我是世界上最大魔术者科尔喀斯国王的女儿，我从他的宝库中带了一件魔宝给你。因为我听见人家说起过你太洛斯及你的奇力，现在我看见所传闻的还不过是一半，你只缺了一个东西，否则便可与天神们并肩了，我觉得很可怜你，所以我要将这个东西给了你。要不要我告诉你，这个东西是什么？"铜人答道："啊，请你告诉我！"他已为她的谀言所悦。"这便是不朽，"美狄亚说道，"代达罗斯并没有给你以不朽，所以你身上的火总有一天会熄灭了，那时，你便死了。但在我所带来的这个瓶中，乃有几滴流通于神道们血管中的圣液，这是使他们不朽的；现在，如果你从你胸中拔出了那支钉，将这个圣液倒了进去，你便将如他们一样的不朽了。"那位天真的巨人恳恳切切的一手取了水晶瓶，一手拔出他的钉来；这钉一拔出，他身中的火焰全都泄了出来，将他四周的地面都烧得焦黑了。但美狄亚则完全无患，因为火对于太阳的子孙是无力的。她笑着的看着太洛斯的铜的红灼灼的肢体退了红色，变得冰冷了。然后阿耳戈船上人才都跳上岸来，给她以谢辞与赞语。他们从清溪中取满水袋时，便又驶到大海中去，不管铜人在克里特岸上冰冷不动的倒着。

此后，海风仍将阿耳戈吹到北方去，在中午时，海水竟高泼到船面上来，将特力顿给予优菲莫士的一握利比亚泥土，从船面上扫荡了去。等到优菲莫士看见它滑入绿波中时，已经是太晚了。他叫道："啊，聪明的公主，我已丧失了你命我保留的宝物了，一个浪头将它扫到船外海中去了！"美狄亚答道："不，不要紧的，那块魔土不会沉下去的，它将浮到我们前面的那个岛上。记住，优菲莫士，我的预言。那块泥土所止的地方的国王，他也将做了泥土所来处的地方的主人。所以你如果将它安稳的带到你的本国，则你的子孙的子孙，将直接的渡过海，定居于利比亚。但现在，他们必须定新居于前面的岛上，这岛，他们将称之为西拉（Thera）；他们的第十七代的子孙将从这岛驶行到那魔土的来处，建立了两个富裕的城市，在那里统治着。在他们时代，我们所看见的荒原将如玫瑰似的开了花，做了一个伟大民族的家乡，以战争与商业著名于世。"美狄亚的预言，在后来全都实现了；

优菲莫士的子孙,后来果成了利比亚地方的商业的国王。

现在阿耳戈离家不远了,但狂风又将他们吹得向北而驶,吹到了楞诺斯。他们因为恐惧暴风雨,便停船在岛上的港口。近于港口的一个城市的人,成群的到了港口来;但说来可怪,她们全是妇人,大部分还是武士。她们之中,有一个似为王后的,走出来说道:"你们是谁,从什么地方来,客人们? 如果是商人,你们是被欢迎的;如果是海盗,请不要在这里掳掠,因为我们不仅带了武器,还会使用它们呢。"伊阿宋答道:"皇后,我们不是商人,也不是海盗,不过是阿耳戈船的水手们,去取金羊毛的,现在已取到了,正回到伊俄尔科斯去。"楞诺斯王后听见了这话,她很喜欢,要求阿耳戈船上人到了岸上,设宴款待,因为他们的名誉及他们的历千辛、冒万险的寻求,已传遍了各地。他们这一夜便和她同过,以后还住了五天,因为风很大,且还是逆风。第一夜,宴会之后,伊阿宋便问皇后,她是什么名字,为什么楞诺斯这个地方,住民只有妇女而没有男子。她便告诉他们以一个故事,这个故事使英雄们都惊骇不已,此后他们竟视女性为更怕的了。她说道:"先生,我的名字是希璧西辟尔(Hypsipyle)。我是楞诺斯前王助亚士(Thoas)的女儿。但不久之前,当他和岛上的男人都出外征战时,阿佛洛狄忒的愤怒却降临于我们妇人的身上,因为我们疏忽了这位女神的祭礼,她竟那么严酷的伤害了我们,当我们的男人们归来时,他们竟将我们逐去了,而以掳来的妇人们来代替我们。愚夫们! 他们竟不知一个因受伤发狂的母豹乃不如一个被损害的妇人的可怕!我们被害的乃聚在一起会议;在一夜之间,当他们在睡时,我们的短刀杀死了楞诺斯的所有男人。我说,他们全都死了;只有我,违反了我立下的重誓,赦放了我的父亲助亚士,将他藏在一个箱中,抛于海上。这箱子或为过往的船所拾,或漂到别的岛上去,这全靠神道们的帮助,但我的双手则免了杀害老人的罪。"第二天,王后希璧西辟尔使阿耳戈水手们饱餐了之后,便要他们竞技游戏。她以一面工巧至美的金盾为奖品,奖给穿着全身盔甲去赛跑的胜利者。七位英雄加入这次竞技,全副武装,手上还执着矛与盾。楞诺斯妇人们讥笑着其中的一个人,名为依琪诺斯(Erginos)的,因为他的头发灰白了,他们还当他是一个老头子呢。但依琪诺斯却追过了其他的六人;当他从王后手中领了奖时,她们还在笑他。楞诺斯的妇人们逐渐的爱上了阿耳戈船上人，阿耳戈船上人也制止不住他们的欲念；因此，以后竟有好许多楞诺斯的贵家是从阿耳戈船上人传下来的。至于希璧西辟尔呢，她也和伊阿宋生了一子，后来做了此岛之王。但过了五天之后，顺风吹起来了。阿耳戈船上人都渴欲回家，便坚决的要动身，不管楞诺斯的妇人如何的恳留。阿耳戈船上了帆，划着桨，如一只归家的鸽子一样，在微风之前疾驶着，直至珀利翁山可以望得见了，英雄们已经到达了伊俄尔科斯的港口。伊俄尔科斯的人，全都跑到海口，笑着哭着的来欢迎他们，因为他们以为他们已经丧命了。他们领了伊阿宋和他的伙伴们光荣的到他父亲家中。在那一天，伊俄尔科斯是人人快乐家家高兴，只有一个人是且怒且恐着，那个人便是珀利阿斯。现在他必须让位给埃宋了，他尽力的装出淡然无事的将王位让给了他，但他的心中却蕴着暴怒。且伊阿宋还将他所暴取的财产都取了去，有的阿耳戈船上人还要置他于死地，为了他奸诈的叫他们去寻求金羊毛。但伊阿宋因了同宗的关系，却放了他去。当众位英雄看见了老埃宋复位，且参预了伊阿宋与美狄亚的喜宴之后，他们便各自四散，回归本乡。

虽然伊阿宋自己现在并没有想到要杀害珀利阿斯，但这位机诈百出的国王却终于逃不了阿波罗所预示的命运。这时，埃宋年纪已经太老了，路也走不动了，美狄亚却以她的魔术，恢复了他的青春，使他重现出四十年前的身貌。珀利阿斯的女儿们目睹这个奇迹，便也恳求美狄亚为她们父亲恢复青春。美狄亚说道："好的，你们且看我所做的事。"她在她们前面杀了一只老羊，一块块的割了，投入一个锅中，与草药同烹，口中念念有辞，当水沸时，锅中却跳出一只活泼泼的小羊，咩咩的向外奔跑。然后她对珀利阿斯的二女说道："取了这一握草药去，对于珀利阿斯，也如我之对于老羊一样的宰割了，那么，他便也会恢复青春了。"但她所给她们的药草是没有魔力的，她们也没有向她请教所念的咒语。她们归家，告诉珀利阿斯以此事，他一听见，也渴想一试，便叮嘱他的女儿们快些实行。他便这样的死在他自己女儿的手下。这是美狄亚借她们之手为伊阿宋除了一个那么可怕的敌人的。神示中叫他防备着单只鞋的人的预言，至此才应验。

珀利阿斯在伊俄尔科斯虽少人同情于他，然而他死得太惨了，市民们闻知他的死况的无不恐怖异常，他的两个孤女在街上哭着奔着，要求对于伊阿宋及他的巫妻报仇,这也使他们很感动。城中的长老及领袖们便到了国王埃宋那里,代表全体的市民,要求放逐了美狄亚及伊阿宋出境。埃宋怕有暴动,便命令按法处置。美狄亚当众承认,她之谋害珀利阿斯,她丈夫是一点也没有预闻的,但人人都知伊阿宋和珀利阿斯是死仇,并没有人相信她的话。所以长老们所组织的法庭便判决二人皆有罪,同时放逐出境。然后埃宋站起身来,当众掷了他的王杖,手裂他的王衣,然而他却不敢违反这个判决,生怕人民会反叛他。他不说一句话,抱了伊阿宋的颈痛哭着,许多站在旁边的人也都哭着,他们都觉得这位老人与他儿子别后是再也不会见面的了。

伊阿宋如此的竟从他想望极久而定居很短的祖国放逐出去。他和美狄亚商议了一会,都觉得他们最好还是到柯林斯去住,因为那时的柯林斯王乃是埃宋的一位朋友,又是他们的远宗。当他们到了柯林斯时,国王克瑞翁(Creon)很客气的招待他们,要他们寄住在王宫时。但伊阿宋说道:"不必,国王,我们怕增加了你的担负。还是让我们租一个房子住在柯林斯自己生活着吧。因为我虽然无家无地,却是一个富人,我带了金羊毛来。"然后克瑞翁随他自便;伊阿宋与美狄亚在他们的新居中很快活的过了好几年,不料此后却又发生了一件悲剧。

一个炎热的仲夏的早晨,有一位年老龙钟的仆妇独自坐在柯林斯城外的一所宏丽的大白屋的前天井中。屋后便是柯林斯的护城山,屋前可望见整个的柯林斯城,寺观耸立,椔墙如林,再以外,黄澄澄的沙地直伸到无波的绿海中。但老妇人并不注意这一切景色;她坐在柱廊的云石阶上,双眼凝注在前天井的门口,仿佛在很焦急的等候着什么人;她时时的深叹着,一行老泪流下她的枯颊。她等得不耐烦了,自己摇来摇去,自言自语的说道:但愿神道们使阿耳戈这只船不曾驶行过,或者,在它到了我们的科尔喀斯海岸之前,压榨岩捉住了她而将她榨碎了! 那么,我的女主人便永远不会为了爱上伊阿宋之故而离了家,离了国,永远看不见伊俄尔科斯,永远不会因谋杀了珀利阿斯而从那里放逐出来了……她在被放逐的地方是很快乐的,因为这个柯林斯诚是一个好地方,她赢得了人民的心,直到了昨夜,恶消息便来了。唉。天呀,这样的一个不知恩义的奸贼乃成为她的丈夫么? 美狄亚为了他曾冒了千危万险,而他却竟弃了她——不说一句话的弃了她的孩子们——去娶国王克瑞翁的女儿！唉，伊阿宋今天结婚了！而我可怜的太太，伏身在她房间地板上，哭得肝肠寸断。从她听到了这消息后，一点东西也不吃，一滴水也不入口。我劝了又劝，但她一点不注意那么爱她的老乳母的话，她也许是石造的人。但这个情况是不会永久下去的……我知道她的性情……她不是一个易于控制的希腊妻子，肯驯服的被人斯负的……我怕，我怕这将驱使她做出……啊，老埃桑西斯（Xanthias）终于带了孩子们来了！现在我要警告他不让孩子们给他们母亲看见，因为当我说起孩子们来安慰她时，她的眼光是那么致命的憎厌。但愿神道们变了这个凶兆！"

老乳母这样的说着，匆匆的走到门口去，迎一个头发灰白的奴隶，他一手牵着一个男孩子。玫瑰色而且美丽的孩子们一见了老乳母，便奔到她跟前，喋喋的将他们早晨散步的事告诉她。她俯下身去，匆匆的吻着他们，然后在他们的老仆耳中微语道："将他们带开去！""但他们是要和她同去呢！"他也低语答她，望着她的迷乱的脸色，"你没有听见么？唉！我们的女主人还不知道更坏的事呢。"老乳母叫道："你说什么话？我们还一点也不知道呢！说，快一点告诉我！不，不要怕那孩子们；看，他们正在玩着球呢。"埃桑西斯说道："你不久便要听到了，乳母，因为坏消息传得很快。但传这个消息的人一定是不吉利的，所以我还是把孩子们带了进去吧！"她捉住了他的衣服，求道："不，不，你必须告诉我；来，你能够相信你的老同事的，我不对别人复述一句话。"他不大愿意的说道："那么，好的，当我们经过珀里尼泉时，有城中老人们会集在那里谈话，我偶听到其中的一人说道——虽然我装作没留心听——'我们的国王今天要将他的两个孩子和他们的母亲驱逐出境了。'现在，我想一想，他也许是说谎，我们姑且这样的希望着。"

老乳母大怒的叫道："真的，伊阿宋决不会让他自己的孩子们被放逐的吧？他虽然无心对他们的母亲，总有心对他们吧！"埃桑西斯说道："不，但他最爱他自己呢。总之，这是人性如此，你知道现在世界上，每个人都为了他自己。伊阿宋宁愿弃了他的孩子们，不愿失了王宠。"老乳母哭了起来，叫道："乖美的小孩子呀，想想看，他们竟有了这样的一个父亲！现在，他要不是我的主人，我真要咒骂他……"

老人家阻止她说："不要响，不要说坏兆头的话，他已有了足够诅咒在他的头上了。听说，自昨夜克瑞翁的使者带了消息给她时，我们的太太已经咒得他够了。"老乳母说道："那是真的，她还骂到新娘和她的父亲呢。我想，那位使者在她面前平平安安的退了去，真是万幸，因为她的愤怒是极可怕的。但最可怕的还是，她为了他们的奸诈的父亲之故，她竟也咒着她自己的两个可爱的小宝宝，祷求他们与他一同毁灭。……"埃桑西斯不耐烦的说道："谁管到一个悲怒着的妇人的诅咒呢？然而我要使孩子们不进美狄亚的房间去；请你也注意，不要告诉她我所听见的消息，因为这事尚未证实呢。"他呼唤两个孩子到他身边，领他们一同进屋去了。老乳母也跟在后面走着，忽然听见门口有人高呼道："嘎，国王要在这里和科尔喀斯的美狄亚说话！"然后，克瑞翁他自己走进了天井，他的卫队跟在后面，他是一位中年的身材高大，相貌美好的人，态度很庄严，但有点骄傲。当老女仆向他致敬时，他吩咐道："请你的太太立刻到这里来。"正在那个时候，美狄亚如鬼灵似的走出了房子，站在他面前。她的形状很可怕，她的血红色的袍子全都破了，她的黑发悬到她的膝上，她的脸色铁青的，有如一个已死的女人似的。她以热灼灼的眼睛注视在他的脸上，问道："你对我有什么旨意呢，柯林斯王？"他庄重的答道："我的旨意是，你，美狄亚，离开了我的国土，带了你的孩子们同去。不要耽搁，立刻就走；我已经宣布了放逐你出境，非等到我看见你跨出国境，我不回宫。"美狄亚听了这话，哭了起来，她叫道："天呀！我现在是完全被毁陷了！我的敌人们将我剥光了！我是没有帮助，没有希望地异常可怜的。但听我说，克瑞翁，我非说不可；你为什么要驱逐我？"国王道："明白的告诉你，我是生怕你会对我的女儿下毒手。我知道你是个机诈的妇人，富有魔力，且因失了你的丈夫而愤怒着。我真是要谨备的怕着你。啊！我听见人家告诉我，你还恐吓的说，要对新婚新郎以及新娘的父亲复仇。我要及时的防止这种危害。"美狄亚说道："唉！国王乃竟因流言而驱逐了我么？这是真的，我对于药草及咒语，略会一点——但愿我的圣父不曾教给我！——所以不明白的许多人便加我身上以鄙下的巫术，但我乃必须因为他们的无根的流言而被驱逐么？至于恐吓的话呢，如果我真的在初听见消息，神智昏闷时，说了什么话反对你及你的女儿，相信我，我实已不知道我说的是什么话了。在我神智清醒之时，我决不会犯那么大罪要来叛抗一个天命的国王的。不，克瑞翁，我为什么要怨恨你呢？我想，你并没有错待了我；你有全权将你的女儿嫁给了你所收录的人；我所恨的不是你……是我的丈夫。他虽然错待了我，我却是一个弱者，还不服从了么？我将不怨怒……我愿你们三位都因这次的婚事而快乐……仅要求你许我和我的孩子们住在这里。"克瑞翁答道："这些都是好话，太太，但我即听了这一席话也不能相信你。不，我现在觉得你比我从前所想的更为危险的了；要防备一个禁制不住她的愤怒的妇人容易，要防备一个沉默自制的妇人却难。走开，那么，立刻的，不要多说什么！即用尽了你的所有的智计，也挽回不了我已决的心。"然后美狄亚突然的跪在他足下，抱着他的膝啼啼哭哭的恳求他可怜她，看在乞求者之神宙斯的面上，看在他自己新婚的美丽女儿的面上。但他聋塞了双耳，不听她的恳求。他命她放松了他，立刻动身，否则卫士们要来拖她走了。她仍然跪在地上，抓住他的袍，叫道："听我说，国王，只要一会儿，因为我现在请求的只是一件小小的事。我愿如你所命的离了开去；但请你宽限我一天工夫，使我得以预备旅途中需用的东西。还想一想，我究竟到什么地方去，为我的弱小无靠的孩子们找一个安身之所。唉，克瑞翁呀，请你可怜他们！你自己也是一个父亲呢；他们现在是没有父亲的了！我一点也不顾到我自己这不幸的身子。所有我的悲哀乃是想到他们前途的艰苦，无家无友的，沿门流浪。"她停止了，因为哭泣阻止了她的发言。国王不为所动的说道："我不是一个专制者，美狄亚，也不是性情凶暴的人。不，真的，我有好多次还因为我的慈悲而受害受损呢。虽然我知道最聪明的是拒绝了你，但你却终于有了在柯林斯多留一天的自由。不过我要警告你，如果你和你的孩子们在明天日出之后还在我的境内逗遛着，则你将要被杀的。所以你要注意，不要耽搁过了你所求的时间。我想，这个时间供你心中所想的复仇之用，是太短促了。"国王说完了话，便和他的卫队同走了。美狄亚不动的望着，直到了最后的一个卫士走出了大门。然后她苍白的脸上，现着可怕的微笑，转身对老乳母说道："那个蠢才！我完全在他的权力之内，而他却将他自己放在我的权力之内了。你听见了没有，老乳母？他给了我今天呢！"老乳母并不安慰的说道："这一天对你有什么好处呢？你既然必须被放逐了，今天走或明天走又有什么大关系呢?"她的女主人凶狠的说道:"假如没有大关系,你想我肯在那个人面前自卑——向他跪着么?我,美狄亚,还哀哀的乞求着么?我告诉你,他盲目的蠢蠢的那么轻轻的允诺了的这一天,将看见我将我的仇人们都置之于死地……啊,这个克瑞翁和他的女儿,还有……她的新郎……都要成了尸身,在前面太阳西下之前。"老乳母听了这话,高声的哀叹着,嗫嚅的说出微弱的抗议。但美狄亚并不注意到她,只是自己计议的说道:"我将怎样的杀害他们呢?……我知道千种方法……毒药对我自己是最平安的……是的,但他们一死则我必会被人疑惑了——柯林斯人将追上杀我了。这是障碍之点……并不是我要生,但他们死了仍被复仇,则将消灭了我的胜利。唔,这一天在我之前……我将等一会儿,也许偶有可以脱逃的方法;如果没有……我的短刀今夜将找到他们的心头,虽然我红着双手被捉住了,受到最坏的待遇。"美狄亚这样的自言自语着,迅快的走来走去,有如一只被人囚在笼中的林中美丽的野兽。她走到快近门口之处,忽有一个人走了进来,她看见这个人,低喊了一声,站住不动。因为这是伊阿宋;俊美的身体穿上了全新的紫袍,金黄色的光泽的头上戴了花冠。但他的脸上的忧容却不很像一位新郎的样子,而他的双眼,当与美狄亚的眼相碰到时,也有点恐惧的表示。这两个人彼此默默的互视了一会;然后伊阿宋换上了一副愤怒的容色与声音,有如一个人知道他自己是不会被宽恕的,匆促的说道:"有多少次我警告过你,美狄亚,你不要那么脾气乱发,总是没有效力!好,你看现在得到了什么;如果你静静的服顺着,你便可保有这个家庭和你的一切安乐……但不,你却大怒起来,恐吓咒骂王家,因此便这样得到了放逐的责罚……这是国王的意思,不是我的,你必须明白;至于我,随你如何的称心称意的责我,骂我;真的,我已经尽过力去劝克瑞翁宽恕了你,但他不听我的话!你看,这乃是你自己的过失,使你被逐出于柯林斯……然而,我并不是来责备你的,美狄亚,而是来看看你,是否旅用有所缺乏。如果你自己或孩子们要用什么,你只要开口……我有黄金可以运用,我恳切的愿你,不至缺乏什么,因为,你虽憎我恨我,我却是永远对你好意的。"

伊阿宋看见他的妻镇定的听着他的话,便回复了他的自信力;他说了最后的话时,便走近了她。微笑着,温柔的将手搁在她的肩上。

但美狄亚如遇蛇蝎似的将他的手摆脱了，盛怒地颤抖不已，叫道："你是一个下流的坏人，你怎么还到这里来？你在结婚之后，怎么还敢于来看我？这是你的勇敢么，最有胆的伙伴？嗄，你是不怕我的！但是我将告诉你为什么。因为你的下流灵魂中，没有羞耻能够触到你！但现在答应我——因为我要在你自己的口中证实你。——谁在科尔喀斯救了你的性命？谁为你赢得了金羊毛？谁为你在我们的长途海行中一次再次的救了你？当阿耳戈归家时，谁将珀利阿斯结果了，为的是这狡敌的生存使你不安？……你站在那里，一声儿不响，似乎是要我代你回答似的……是她！她办了这一切事，全为的是爱你，这位妻，你是立了誓，爱她护她的……却欺叛了她，作为她的报偿！你的妻，我说……啊，你孩子们的母亲；有什么理由使你的不忠实成为一个罪恶！因为如果我是不会生子的话，我将不阻止你去娶别一个妻，俾得有子传宗，一个男子而没有子息是异常的痛苦的。但我已为你生了两个可爱的孩子了！唉，天呀，他们却必须成为被弃的与无家的而长成了，在异邦的人们之中求乞以生了！真的，这将在希腊大大的增加了你的名誉，因为每个城市看见我们的可怜情况时，百姓们便将说：'看呀，这些孩子乃是幸福的伊阿宋，那个快乐的新郎的儿子。这是美狄亚，他的救命的恩人……'唉，不知恩的，虚伪的，发假誓的，我为什么不能在伪善的假面具之下看得出呢？为什么神道们造了试金石以试黄金，却不造一种东西来试人的心呢？所以我们给予了一切，得到的却是垃圾。"她说得大哭起来，转了开去。但伊阿宋走到她面前，虽然脸色红了，却很镇定的说道："你说过你的话了，夫人，我是忍耐的静听着；但现在要听我的，因为被诬蔑了，这是我的权利要为自己辩护。"美狄亚的头低着，她的面幕已蔽了下来，但她的手势表示允诺之意。伊阿宋继续说道："第一，因为你说了许多你帮助我的所在，我只要说，我在寻求金羊毛一役中，我的真正的唯一的救护者乃是阿佛洛狄忒。因为你是那么溺陷于爱情之中，你便不自禁做了一切你所做的事。你救全了我的性命，仅为的是你要得到你所要的人。然而坚执此层是不对的，我也不欲否认你对于我的功绩，但我要告诉你，这些功绩虽大，它们却已经偿报过了。我不曾带你从野蛮的地方到这个美丽的希腊来么？这里是为法律与秩序所统治的，而那里却是野蛮的暴力的；你的智慧与魔术不是在希腊人之中无人不知的么？

要不是我，则你除了几个辽远而野蛮的部落之外，将永无人知的了。真的，如果我们算起旧账来，我想，我乃是你的债主，并不是你的欠户。但这话说得够了……我从不曾说过它完全是你逼我说出的……现在，说到这次的婚事，你责备我那么厉害……"美狄亚插嘴说道："啊！"落下了她的面幕，安静的看着他，"我很奇怪，听见你将这笔账目算得那么好，虽然你并不比你所说的高明。"伊阿宋续说道："那么，让我告诉你，你是完全误会了我求结这次婚姻的原因。这并不是因为我已厌倦了你，或爱上了别人；我的简单目的远远的离了不忠贞，乃是为了你的及你孩子们的幸福。我在娶了国王的独女之外，还能用什么更好的方法去得到它呢？啊，美狄亚，你假如不为妒忌所盲目，你便可看出那是一个如何妙巧的计策！她的嫁妆可以使我们一生富裕……有了这个婚姻，我便成了一个市民，国王以外的柯林斯的最有权力的人了……在一切之上的，是我们孩子们的运命是决定了，因为他们兄弟两有天会成了统治的王。然而你说我不是一位好父亲！但那是妇人们的常道……她们在世界上只知注意到一件事，只要一个男人将他给了她们，不管他的罪恶如何，也是一个完美的人……但如果你弃了她，他便成了世界上最残忍的坏人了，虽然他尽力做了种种的事来服侍她……唉，如果神道们不创造了你们女性而创造了别一种东西，为我们男人传宗接代之用，则我们将如何的快乐呀！"伊阿宋停了一会，透了一口气。他的妻问道："你还要说什么话？"他答道："不，美狄亚，除非你要我重述我方才告诉过你的：我之所以缔结这次的婚姻，完全是为了你的好处。"她答道："你真是一个长于言辞的坏人。但一个简单的问题，便可以问住了你：你为何不预先告诉我你要办这件事呢？"伊阿宋随口答道："因为我知道你将如何的应付它。要求你允许这件使你狂怒的婚事是一无所用的！你不会听我的理由的。"美狄亚叫道："不，因为这些话都是谎！唯一的真情是，你对于你的野蛮的妻觉得可羞，便要找一个更好的路。"伊阿宋答道："你不要那么不公平的对待我！但我知道，再谈下去也无益。我只好让你去度你自择的命运去；但为了我们已往的事，我渴想帮助你的旅行。我有朋友们在别的城市中……让我给你以信记去找他们，他们一定会高兴的款待你。你也将有钱……"美狄亚打断了他的话，说道："你以为我将受你的恩惠么？或将和称你为友的人有交涉么？现在走吧！为什么逗留不去？我知道你是急于再到你的新娘身边去……一点钟的离别对于新婚的爱人真是一世之久！去，当你还能够和爱好的新妇玩着的时候；但这时不是很长久的，宙斯的意思。"她说着时，以那么尖刻的眼光望着伊阿宋，竟使他打了寒战，他离了她，不再说一句话。然后美狄亚投身跪于天井中，宙斯的神坛之前——这是一个家中神坛——开始低声祷告着，她的老乳母这些时都在近处逗留着，这时怯怯的到了她身边来，她踌躇的说道："亲爱的太太，你不进屋里去么？时间紧急了……还有许多事要做……"美狄亚站起来说道："那是真的，但我们必须再等一会儿。到门边去，老乳母，在路的前后看看，告诉我你看见有谁走来。"老妇人走了。过了一会，她叫道："我看见一个旅客从北面的路上走来。他骑一匹骡……三个奴隶步行跟着他……他现在走近了，望着这条路……现在他下骡了，……太太，他到我们门口来了……"美狄亚大喜的叫道："请他进来！"她向天看着。"我谢你，宙斯。"她说道："你听见了我的祷告了。"过了一会，一个黑胡子，穿了旅行衣的人伸出双手，向她走来，说道："祝福你，高贵的美狄亚！愿你康健快乐！"她和他握手，答道，"愿你也康健快乐，国王埃勾斯（Aegeus），特别的欢迎你到这里来，著名的雅典的主人！但请你告诉我你从什么地方来，什么事使你到柯林斯来？"埃勾斯说道："太太，我是从得尔福回家来。我到那里去问神示；虽然我很匆匆，却不能经过这所房子而不来拜访多年不见的朋友，问问她的好。我想你很得意吧？"美狄亚匆促的说道："我要知道，高贵的埃勾斯，但我要先问你——如果我这问不恼了你——你为什么到得尔福去？"埃勾斯答道："当然你可以问。我到那里去，求神道示我以久已使我悲戚的事；虽然我娶了几次亲，却没有生一个儿子，所以我求阿波罗告诉我一种救治之法，生怕我到了坟墓之时，还没有一个儿子继承我的王位。但，唉！他却以暗昧的话来回答我使我任怎样也猜不出，但我有一个朋友——特洛桑（Troezene）的忒底士（Tittheus），你无疑的听见人说起过他，因为他的多智是全希腊闻名的——我正要带了这个神示到他那里去，只要是凡人能够解释的，他一定会替我解释出来。"美狄亚说道："是的，我听见过聪明的忒底士；我全心的祷求着，他的技术会帮助你，好朋友。但愿神道们给你以你所求的儿子。"埃勾斯说道："谢谢你，太太，愿你也十分幸福……但你为什么在哭……现在我看出来了，你的脸色是那么苍白憔悴……唉，发生了什么事？"美狄亚哭道："唉，埃勾斯，我丈夫乃是男人中最下流的！是残虐的不名誉的……错待了我……一点也没有原因！"诧异的国王问道："什么，伊阿宋虐待了你么？但是怎么样……他做了什么事？我求你，完全告诉我。"伤心的美狄亚乃将经过的事都告诉了他；只是，她并不说起克瑞翁惧怕她的话，却说他之所以放逐她出境，为的是伊阿宋要远离了他的弃妻之故。这也真是她自己所半信的。雅典王愤愤的听着她说，当她说完了话，他叫道："我不能相信，你的丈夫竟会那么残酷的待你！但是，不要这样哭，美狄亚；让他去吧！我想，你失了他并不是一个大损失，因为他是那么的无价值。"她说道："我之哭，不是为了他，而是为了我自己。孤孤独独的一个妇人被放逐出世界之中，我将怎么办呢？谁还能和我为友，当他们知道我是那么有势力的柯林斯国王的敌人？且还是珀利阿斯的全族的敌人？唉，和善的埃勾斯！"她跪在他的足下，"请你可怜我这最可怜的人……看，我是你的乞求者……我跪着求你给我以庇护与住所，带我到雅典去，国王，接受我住在你室宇之下。你还不知道这将如何的有益于你，因为我要用了我所有的某种符咒，帮助你能得到孩子。"埃勾斯答道："相信我，夫人，我很愿意允许你的请求，不是为了你所允许的事——虽然这是我所最宝贵的——但是为了神道们的原故，他们是最看重慈恤的行为的。但这是这样的：我不带了你出克瑞翁的国境。因为他也是我的朋友，我如果那么公开地帮助你，他便要不高兴的。他必须要说，我来到他国中，救济了一个放逐者！但你如果来到雅典，投奔于我，那便是与他无关的事了！我将十分高兴的接待你，留住着你。你能够独自的旅行到那边去么，美狄亚？"她说道："是的，是的，好朋友，但你要允许我一件事：你自己将永不放逐了我，也不将我送给了我的仇人。因为他们恨我已甚，我知道他们必要从我的庇护所中找寻我的。"国王说道："不要怕，夫人，只要住在我的家中，我便永不将你交给任何人，不管他是谁。"美狄亚恳切的叫道："你要立誓，说你永不这样！"埃勾斯有点不高兴，说道："我的话还不够么？"美狄亚说道："唉，原谅我，我并不疑心你；但我是弱者，一心都是恐惧。"埃勾斯说道："不，那么，为了安你的心，我将如你所欲的立誓，请你说出我要对着哪一位神道立誓呢？"美狄亚说道，"他们要是希腊人和野蛮人都崇拜的神道们。请对着大地，对着前面在天上的太阳，我族的圣父立誓。那么，我将决定，你是永不会误了我，无论有什么事发生；因为谁敢对着这些圣名立空誓呢？"然后埃勾斯立了一个重誓，指大地与太阳以为证，他决不为了恐惧或情好，将美狄亚交给她的仇人的手，也不放逐她出于他的城。既立了誓，他便向她告诉说在雅典再见，匆匆的走他的路。他刚刚出了大门，美狄亚便不怀好意的失声而笑。她奔向老乳母的身边，握了她的臂摇撼她，叫道："一切都布置好了，一切都得胜算了。这补满了我计划的一个漏洞；我所等待的正是这事，你知道么？我现在将平安的住在雅典了，不管我是十倍于一个——谋杀者。但我必须工作……快点，老乳母，吩咐一个奴隶跑到宫中，告诉伊阿宋说，我求他立刻回来，我已后悔我的愚蠢，在我走之前，恳切的希望与他复和。来，快点……好神道们，你们是如何的慢！"美狄亚匆促的走进了门，不管老乳母的唔唔反抗。不到一点钟，伊阿宋的急速而稳定的足声已在天井中听到了；美狄亚躲在她房中，听了那熟悉的足声，如白杨树叶似的抖战着；但当她在门口和他相见时，她的态度却变成和平而驯顺的了。她一手牵了一个孩子，背后站着他们的老仆，一个婢女执了一只小的漆匣子。"我的主人，"她温柔而忧郁的说道，"现在我们就要分离了，我曾为无理性的狂怒所扫荡，如一个傻子似的说着话；但有了反省的时候之后，我才知道我是完全错误了……你做的事很对，很聪明……我应该快乐的见你缔结了这样一个婚姻……你能原谅我么，伊阿宋，忘了我的谩骂……请你只要记住……你也曾爱过我么？"她的丈夫温和的说道："不要再说了，美狄亚，我很明白妇人们的性情，并不责备你的狂暴；现在你是清醒些了，说得那么有智虑，我很愿意我们再为朋友。现在，我们再见吧——但要先让我抱了我的孩子们。"他将两个孩子抱在怀中，吻着他们，说道："再见，我的儿子们，你们将有一天会知道，但愿神道们许我，你们的父亲是热烈的希望你们的发达的。过了几年之后，我希望能叫你们回到柯林斯来，叫你们享受王家的富贵。祝你们强壮的长大起来，我的可爱的孩子们；愿神道们照顾着你们，送你们平安的归家，安慰我的老年！带了他们去，美狄亚——怎么，现在为什么你哭了起来，回转你的脸去？"她咿唔道："没有事。"说着向孩子们伸出她的臂，温柔的让他们坐下，"仅是一个母亲的弱点……如你所说的祷语，我想，假如他们很年轻的便死了怎么样呢？……唉，伊阿宋，他们是太小了——太小了，太娇嫩了，未经过漂流的生活呢！听我说，我并不要求我的赦免……我知道，我最好是走了……但你不请求克瑞翁将两个孩子留下和你同住？"伊阿宋答道："这正是我所愿的，但我怕，我劝不了他。"美狄亚说道："求他的女儿去恳求他吧，我知道她不会拒绝任何事的。"伊阿宋截然的答道："我还没有遇到一个妇人能够的，那是你的一个好念头，美狄亚；我要去问问公主，因为她父亲异常的爱她，她一定会得到他的允许的。"当他转身要走时，美狄亚又叫道："等一会儿，我的主人！叫孩子们和你同去吧，带了我的一件婚礼送给你的新娘，这会柔化了她对于他们的心肠的，因为这是一件无价之宝。看呀！"她又说道，从她婢女手中取了那个匣子来，打开了看里面所放的东西，"看这顶宝石冠，这件纯金所织的如丝之柔软的外衣！没有一个女王在地球上有那么可贵的衣饰；爱的斯从他父亲太阳神那里得到了它们，又将它们给了我做嫁奁。"伊阿宋说道："留着它们，我求你，克瑞翁的女儿有了比她所能计算还多的黄金与珍宝，你为什么要送了那种贵重之物给远比你富裕的人而使你自己贫穷着呢？不，我宁要劝她给你以贵重的礼物，给你流放时之用。"美狄亚忿忿的叫道："你不要那样！"然后微笑的说道："亲爱的主，让我做了这件事，你要相信，一个妇人是最知道应如何取悦于一个妇人的。你的新妇是年轻而美貌的，她要的是一种礼物，会格外增加了她的美丽的……这里来，我的爱子，将这些美丽的东西拿着，跟随了你的父亲到王宫中去，将他们送给了你们在那里看见的美貌的太太……伊阿宋，你不拒绝我这最后的请求么？立刻走，那么，让埃桑西斯快点带孩子们回家……我渴想要知道他们是否能得我的公主的欢心。"伊阿宋答道："随你的意吧，因为你的礼物虽无所需，至少给了她也是无害的。和我再会，美狄亚，因为我们现在必须离别，永无再见之日了。"但美狄亚又将面网幕在她的脸上，默默的转脸他向，以颤抖的手指着大门。"可怜的人，她不忍和我离别呢！"伊阿宋唔唔道。

太阳在无云的天上正升得最高，所有的柯林斯人都在午热之下沉睡着。沉默流注于无人行走的街道与市场；这乃是富人与穷人，主人与奴婢，同时休息的时候。在美狄亚的空旷幽暗的房中。她的家人也和其余的人一样的酣睡着。但他们的女主人却在太阳所烘晒的天井中，以迅快的猫似的步伐，走来走去，正如你之看见一只母虎在笼中徘徊着。她的双颊现在是幽暗的润红着，她的双眼，热病似的灼灼有光；她一边走着，一边急促的呼吸着，自己以断续的粗涩的语言呻唔着："他们现在就要来了……消息是怎样的呢？神道们，假如我的计划失败了……如果那女郎拒绝了这礼物呢！……不，不，她不会的。我知道她的虚荣会高过一切的思虑的；她将渴想穿戴上了那顶冠与那件衣服的。那衣冠中，我已放进了烈毒。啊，她将死……苦楚的……不独是她，去帮助她的也要死……宙斯决定，这人是克瑞翁或是……她的爱夫！你已经得胜了，美狄亚！我将见我的愿望在于我的仇人们身边，这一天……那么怎么样……那么怎么样，我不敢想……然而我必须……现在要踌躇已是太晚了。我不曾见到这一切事的进行么？如果我取了那个妇人的生命，我也必须取了我自己的孩子们的生命。因为如果我逃走了，留下他们在这里，柯林斯人将要杀死了谋杀者的所出的……然而我必须留下他们；我带了两个孩子，决不能逃出了追者之手的……我要住在这里，和他们同死么？……什么，让美狄亚的名字，在希腊为人所笑，如一个人，目的在复仇，却仅因自己之死而成功的么？不，对着前面的太阳，它的火在我的血中呢，对着我的女主人，可怕的赫卡忒（Hecate），我敢说，虽然生命是可憎的，我却要不死而生着——胜利地生着，著名在一切妇人之上，为的是我已对了我的压迫者复了仇。抛开了弱点……现在不能回头了……除非……唉，天呀，孩子们回来了……空手的！"老埃桑西斯的脸微笑着，当他走近了女主人时，负了一个孩子在肩上，抱了一个孩子在臂间。他说道："好消息，我的高贵的太太，公主已经收下了你的礼物了，且已得到她父亲的允许，留下你的孩子们住在柯林斯。"美狄亚疾转了去，如他打了她一样，似若身体上受了痛苦的叫了出来。受惊的老头子问道："你喊叫什么？我所带来的消息，诚然的一点也没有扰苦你的地方吧？"当下美狄亚突然的大哭起来。他可怜的说道："唉，我忘记了你必须残酷的离开了这些可爱的孩子们了。但安心着，太太；这个苦恼总有一天会解决了的，你将会被允许回到他们这里来的。且不要太悲伤了。"美狄亚低微的说道："你的话不错。且将小孩子们安置在床上去吧，好埃桑西斯。看，他们已经要半睡了……吻我，我的好宝贝；把你们的嫩臂再抱我的颈一次，在我送你们到……你们的休息之前。"她将两个孩子从他那里抱过来,紧压在胸前,连连的吻着他们玫瑰色的脸不已;然后,她突然说道:"将他们带去吧,老人家。我不能忍耐……我不能……看着他们便要杀死我……带了他们去,我说!"老仆不说一句话的服从着;当他走时,孩子们从他的肩上回望着他们的母亲,对她笑着,挥着手;她的眼光直送他们出了视线以外。然后,如一个人在梦中一样,美狄亚从她的衣带中抽出了一把短刀,手指玩弄着锐利的刀锋。"我要等到他们熟睡了",她微语道,"他们将不觉得什么……永不再醒——永不,永不,永不,永不!"她的语声说到最后几个字时,几乎变得锐叫了;她有一会儿望着她手中的刀,仿佛为它的光彩所迷醉,然后,猛烈的抛开了它,叫道:"我永不能这么做,我想到这事的可能,必定是发狂了。让复仇滚开去!让我的敌人们活着,胜利着,我都不管。我现在就要到雅典去了,就在此刻;留下我的爱儿平安的住在这里……平安?唉,不,不,我忘记了!那件毒袍!……嗄;我想,有消息来了!"正当他说时,一个伊阿宋的侍从,飞奔的跑到天井中来。"逃吧,美狄亚,快些逃命而去!"他一见美狄亚便叫道,"你送的礼物已杀死了公主和她的父亲了!"美狄亚大笑起来,她高声的拍着双手,竟使老乳母匆匆的由房中跑出,以为是她主人叫她。"他们死了,老乳母。"她的主人大喜的叫道。她又转身向来人说道:"我谢谢你的好意,送了这个消息来。但请你再仔细的告诉我,他们确是死了,则我将更为感谢你了。"他说道:"唉,太太,你还是以自己的性命为念吧,快些及时而逃。"美狄亚答道:"我不听见全部的事,将不走动一步。说呀,好人,这事怎样经过的?"伊阿宋的仆人这时惊喘已定,便说道:"太太,当我的主人领了你的两位小公子进宫时,我们,所有爱你的,他的仆人,心里都很高兴,彼此微语着,以为你和他是和解了;当他们经过时,我们拥挤在小公子们旁边,每个人都要吻他们的手,抚摸他们的金发。至于我呢,竟快乐得不知所以,直跟了他们到了我们的新太太,公主的房间中。她看见伊阿宋,便红了脸,微笑着,但当她一眼望见还有什么人跟在他身边时,她便愤怒的转脸他向,放下她的面网,仿佛一见了你的孩子们便会有祸似的。然而,我的主人不久便设法平了她的气——他的口才据说是会骗了鸟儿离开树林的;当他告诉出他的使命,陈列出你的赠品时,公主已经答应他的要求了;实在的,你要知道,她的心思全在这些熠熠发光的衣冠上了……当她看见它们时，她喜悦得叫起来，如一个孩子一样，那么热切的接取了它们……然后她催促伊阿宋同到国王那里去，你知道他已是答应让两个孩子留住在这里了。这事办好，她急急的回到她的房中来，穿上了衣，戴上了冠，叫女仆拿了镜子来，喜悦的自己照望着，而她的侍女们也称心称意的满口赞美她，谀媚她。那么，她必定如一只孔雀似的骄傲，走过厅殿，夸耀着她的绚丽。但突然的，她的脸变了死色，倒身在一张椅上，全身僵硬而无知觉。她的侍女要去扶持她，一个说道：'她生病了。'但别一个却叫道：'她中毒了！不看见她唇上的黑沫么！唉唉，她快死了，我们的公主快死了！'她们一叫喊，全宫便如鼎沸；有的人奔去叫了国王来，而啜泣着的侍女们则想擦热她冰冷的身体，以救回她们的无可救药的公主。但正当克瑞翁走进来时，他们全都恐怖的回顾着她，因为她跳了起来，喊道：'我烧了，我烧了！'立刻火焰生于她的全身，从头到脚都是熊熊的火。唉，在一个父亲的眼中看来，这是一个如何的景象呀！他的王袍披于挣扎着的女儿身上，但这件袍立刻便烧成灰烬了；他想扯开熊熊烧着的袍子及红热的宝石冠，但这只有更坏，因为魔毒已将它们固着于肉上了，所以每扯下一条熊熊的金丝，血淋淋的肉片便随之而去。至于我们呢，我们如生了根似的恐怖的站在那里；没有人敢走近他们俩，如何的可怜呀！因为我们看见那些地狱的火焰，突然的自己熄灭了，老国王抱了他的女儿在怀中，她倒下了，成了一具烧焦了的血迹淋淋的尸身。当他放下了她，哀哀的哭着时，我们看见她的毒袍无风而飘动，如一条蛇似的蟠于老人的身上……唉，他竭力的自己挣扎着，要摆脱了他自己；但他愈是挣扎，这致命的东西愈缠紧了他，如一株橡树上所缠的长春藤，一转眼之间，死焰便要爆发了……不必再告诉你别的了……女儿和父亲同样苦楚的死了，他们的黑色的尸体，并列地躺在那里，看见了异常的可怕。美狄亚，这足以证明你的魔术的权力！唉，我一想起那位美丽的新妇可怕的运命，便觉得难过。然而太太，你是太被欺负了，这是没有一个人敢说一个不字的；并且，你对待我们是那么仁厚；所以我飞奔的跑来告诉你。我求你立刻逃走了吧！宫中是纷乱异常，否则卫士们现在早已来捉你去了；但我警告你，他们立刻便要来了，我最好不被他们看见在这里。再会吧！"他说了话便走了；老乳母和埃桑西斯这些时候都忍不住要说话，这时便一同的恳求美狄亚要注意这人的话，立刻由后门逃走，并且告诉她，他们及全家的用人，宁死不愿告诉追捕者她向何方逃去。她说道："我知道的，好人，我立刻便要走了。愿神道们偿你们的忠心！再会！"她说着匆匆的执起了落在她足边的短刀，如一只母鹿似的飞跑进屋。埃桑西斯和老乳母，缓缓的跟在后边，这时房中一声惊喊，冷了他们的血——这是一个孩子在致命的苦楚中所发的惊喊。又来了一声，比较的低微；然后一切都沉寂了。美狄亚的老仆们互相的凄然的望着；低了他们的灰白的头，无泪若声的走进了屋。当王家卫队，由伊阿宋带领了来，要捉克瑞翁和他的女儿的杀人犯时，美狄亚已经远远的在上雅典的路上了。她在雅典做了什么事，她的结局如何，将在下文见到。但这里，老乳母领了伊阿宋进了美丽的已死的孩子们躺着的房内，他的心觉得格外的难受，比之那天所发生的一切都难受。无疑的，美狄亚知道，这一定是如此的；但不管她明知他会这样的痛苦，或她怕她的孩子们会被愤怒的柯林斯人所杀害，谁知道她在最后的致命一瞬间是如何的下了决心的。无论如何，这乃是她对于以欺诈报答她的热爱的男人的复仇的顶点。因为，自此以后没有人敢再招伊阿宋为女婿，他的一生便不再有孩子。他活得很久，但生活却很艰苦；没有温柔的女孩子来看顾他，没有儿子的壮臂来保护他，使人敬他；当他的腕力已衰之时，与老年人为伴的名誉，爱情服从，以及一群的朋友，他一样都没有。他成了一个孤独，无人注意的老头子。有一天，伊阿宋漫游到伊俄尔科斯的市场，他在他的少年时代，曾一度立在那里，受全体群众的注目，这时则没有一个人认识或注意到这位衰颓的老翁。过了一会，他蹒跚的跑出了人丛，走下后边的一个寂无人迹的所在。阿耳戈船还躺在涨潮之上，五十年来日受风吹雨打，自它的一次不朽的旅途之后，便不再用到它了。伊阿宋的朦胧的老眼，见了它便光亮起来，仿佛他在世上也找到了一个朋友了；他模模糊糊的得了安慰，躺在它的船身的阴影之下，睡着午觉；当他入睡之时，他少年时的一点俊美的风度，似再现于他的和平的脸上；这乃是伊俄尔科斯的老人们如何的会在黄昏时认识了这位客人的原因。他在被发见时，已经绝了气，阿耳戈船上的一支重木，落了下来，打在他的胸口。伊阿宋的这位最后的朋友竟给了他以最后的恩惠。

第二部　阿耳戈斯系的传说

一　狄尼士的女儿们

　　在广漠的希腊全土，你们找不到一个地方比之阿耳戈斯城有更多的古老的圣地了。这座城是赫拉所爱的。但在阿耳戈斯的圣地中，那些最古的最为人所敬的却在城外，在城市与海岸之间。这是一个巨大的满生绿草的土丘，从平地上高拔而起，外形看来，似是一个天然的小山，但其实却出于人工。因为这个土丘，乃是一所大墓，在那里，原古的英雄们，他们的姓名，已为时人所忘，每个人都在他自己的狭穴中长眠不醒。然而那些睡者却很能保佑着，卫护着他们生前为它攻战却敌的国家；更有甚者，他们在死者的朦胧意识之中，还能听见祷语，消受祭品，也还能觉得快乐，当百姓们为他们的纪念而举行的故事，特别是在他们墓旁举行的那种高尚的竞技会；在他们的少年时，他们也是喜爱竞技的。在英雄时代的人，竞技是人人熟悉的游戏；他们的风俗是，当一个大战士死亡举葬时，必要举行一次竞技，每年在他的周忌时也要如此。到了后来，在希腊的许多城市，便没有一个不为了纪念他们的死者而举行地方竞技的。其中有四个竞技会：奥林匹克（Olympic），辟西安（Pythian），依史米亚（Isthmain），尼米亚（Nemean），赢得了世界闻名，这四个会独称为神圣的竞技会。但当这些节宴愈变得绚丽，他们的为了纪念死者的初意却消失了，不为人所知了；以后，无论是这四个大的，或其他许多小的竞技会，都不再成为纪念英雄，而成为祭神的一种典礼了。最早的阿耳戈斯的英雄们的大墓，便足以证明此说。在土丘的基上有一个低的神坛，刻着"献给英雄们"几个字，每天都为祭献的酒所湿；但在它的高峰上，却立着宙斯,普赛顿,阿波罗及赫耳墨斯的像,在像础之上,于神名之外尚刻有"阿戈尼奥士(Agonios)"一字——"竞技的保护者"。

在一个夏天的早晨,从海边的路上来了一队未之前见的旅客,向这个圣丘而来。她们是五十个美女,每个人都装饰得如一个国王的女儿,且每个人手中都高执着一枝绿枝和一束白羊毛——表示乞求的符号。一位尊严的白发老人率领着她们;她们没有一个跟从的人;更可怪的是,在这个和平的大道上,她们却如被追的动物似的慌慌张张的疾走着,还不时的惊顾着后面。这些逃亡者似乎直向城中而去,但走近了这所土丘时,他们的老年的率领者却停了步,以他的行杖指着土丘说道:"女儿们,我们且上了前面的高耸的圣地上去吧,我们可避于其上,否则,在我们到达阿耳戈斯城之前,我们的敌人们也许会追上了我们。"他说完了话,引路上山,尽力的疾走,女郎们跟随在他后边,如一群白羊跟在牧羊人之后。当他们到达了山峰时,一个女郎叫道:"看呀,父亲狄尼士(Danaus)!从这个地方,我们能见我们的来路及海口——全都是空的!谢谢宙斯,那些恶徒离此还远着呢!"但别一个女郎却叫道:"我在海面上看见了一个黑帆……这是我们宗人的船!唉,但愿普赛顿扬起了一阵大风涛,将它吞没了下去!……但不,不,它正顺着风驶来呢!……看呀,看呀,姊妹们,它是如何快的驶近于岸呀!"他们全体都惊吓纷乱的挤在一块,哭泣着,高声的恳求着上帝的帮助。但老人立刻尊严的阻止了她们的惊扰;她们既镇定了喧哗之后,老人便说道:"如果你们这样的惊慌失措,一切事便都要完结了,我的女儿们;因为我们唯一的希望,是阿耳戈斯人能够看在你们祖先的面上允许给你们以保护。但如果他们看见你们那么惊泣着不像王家公主的样子,他们怎么会相信你们乃是伊那科斯(Inachus)的王家血统呢?大哭,惊叫,无秩序的举动都是奴隶的行为,而非公主们所应出的。"女郎们愧惭的低了头,他们的父亲又说道:"当你们向海面上看时,孩子们,我却向阿耳戈斯方面看着,我们的帮助究竟来了没有。你们来看那边:你们看见大路上尘云卷起,正向我们而来么?这告诉我,我们的进程已为人从城墙上看到,而国王或者别的大人物便带了战车及骑兵而来,察看我们是谁,为什么而来。现在留心听着,如我所吩咐的做去。你们全都坐在这些神像的脚下,成列的排着,高执着你们的神圣的标记。看呀,这里的诸神们都是熟悉的：普赛顿执着三股叉站在那里；赫耳墨斯，埃及人也崇拜着他；在那边，是弓手阿波罗；这里是我们自己的宙斯，我自己却最近的坐在他的足下。那么——你们都排列好了没有？那很好；现在你，我的大女儿，站到我的右手来，预备答应前面的来人，要客气，要机警。因为现在我看见了他的王冠，这乃是当地的国王自己前来了，我自己也是一位国王，不便以这个低下的乞求的姿态和他相语。所以你，要代表我们全体说话，表示我们为什么要到阿耳戈斯来求保护。但要记住，说的话要简捷，不要多说；因为阿耳戈斯人是有名的寡言的人。"在这个时候，车子和跟从的马队到了土山之下了，一个人的声音高叫道："嗄，山上的客人们，你们是谁，从什么地方到这里来？"说话的是一位金冠的有须的人，他在他的御车者之旁，倚了一支王杖立着。狄尼士的大女儿许珀涅斯拉（Hypermnestra）被她父亲低声催促着，便以清朗的银铃似的声音答道："说话的是阿耳戈斯的国王么？我要对于他，不对别人，说出我们的经过来；因为我和我的妹妹们是来求他的保护的，为的是，也是阿耳戈斯人。"

立在车上的人说道："美丽的女郎，我确是此地的国王，从河神伊那科斯的儿子福洛尼士（Phoroneus）一脉传下来的。但你和你的同伴们是我的同邦的人，却超出于我所能相信的以外。啊，一个人只要一望着你们，便知道你们完全不是希腊人了！看你们的多色的衣服，蛮邦的装束，你们的棕榄色的皮肤，黑色的头发，大约你们乃是克卜里亚人（Cypriots），或者印度人，或者埃及人；假如你们肩了弓箭，我便要将你们当作了一队东方的女战士阿马宗人了呢。但你们却没有一点儿希腊人的痕迹，除了你们所执着的我看见的乞求者的标记，那是我们种族中所独有的风俗。现在让我立刻听听你们的实情，因为我很觉得惊奇，什么事乃使一大群的外邦女郎，没有侍从，也没有使者来到了我国。"

许珀涅斯拉温柔的尊庄的答道："国王珀拉斯戈斯（Pelasgus），我并不曾说过半句的伪言，因为我不仅是你的同邦人，且还是你自己的一家骨肉；如果你愿意让我问几句话，我便可说得明白。"

国王答道："很愿意。但第一，我们要交涉得便利，我必须走得快些。"于是他跳下了车，登上了圣山；他看见五十位女郎排列在圣像四周，有如一群羽毛新妍的外国鸟，而一个尊严的老人坐在他们当中，宁静不言,有如石像之一。然后他回向对他说话的少女,叫她说下去。

"你追迹你的前代,"她说道,"直到河神伊那科斯的儿子。现在,告诉我,你知道不知道这位伊那科斯有一位女儿,名为伊俄(Io)的,她乃是伟大赫拉的庙守与祭师么? 伊俄不是那么美丽,竟使赫拉的丈夫,神之王也爱上了她,因此,使她得到了奇祸么?"

"这是一个传说,"珀拉斯戈斯答道,"父子相传的流传到我们之时。他们说,那妒忌的女神,将伊俄变成了一只牛,还给了她一只牛蝇以扰苦她,驱使她愤怒的由阿耳戈斯奔出而到了远地去。但这一切对于你们有什么关系呢?"

"等一会儿,国王,你便将听见,"许珀涅斯拉说道,"这位伊那科斯的不幸女儿在漫游了全个世界之后,最后憩息在,被释在……什么一个远地呢?"

"在埃及,在圣尼罗河(Nile)的岸上,"国王答道,"因为宙斯在那里出现于她的面前,用他的手一触,不仅复了她的人形,还使她生了一个儿子,此子即名为厄帕福斯(Epaphus)——即'手触而生'之意。"

"你们的传说不还说着,"这位女郎再问下去,"那位神奇的儿子的运命么?"

"他成了埃及的王,这是宙斯允许了他的,"珀拉斯戈斯说道,"据说,他的子孙,仍在埃及他所建的城市中为王;但他们的名字我却不知道,因为我们的海外贸易者很少和埃及人往来交易。"

"那么,让我来告诉你吧。"许珀涅斯拉说道,"厄帕福斯的第一个继承者是他的女儿利必亚(Lybia),一位伟大的女王;继之而即王位的是她的儿子柏罗斯(Belus);柏罗斯死后他的两个儿子分了国土,长子取得了所有尼罗河省的膏壤,以他自己的名字称它为埃古普托斯(Aegyptus),而将利比亚的海岸给了他的弟弟狄尼士。这两位国王各娶了许多的妻,依据着尼罗河住民的风俗。埃古普托斯生了五十个男子,而狄尼士则生了五十个女儿。现在,我已说完了,国王呀,你总可以将我们当作了你的同族吧! 虽然我们是生在国外的;你所见的这位老人便是狄尼士,我们都是他的女儿。"

"同族的小姐们,我祝贺你们全体,"珀拉斯戈斯恭敬地答道,"也祝贺你们的尊严的父亲。但,小姐,你似是代表了全体说话的,可否让我问问你们为什么乔装了乞求者的样子到了这里来呢？是否不幸在埃及犯了血罪，所以不得不逃出来么？我不能相信。然而这种罪，最常使乞求者到了神庙中来躲身。"

"不，国王，我们不是杀人者，也不曾为任何罪过所污染。"许珀涅斯拉骄傲的答道，"我们诚是乞求者，但却是最没有罪的；我们诚是流亡的人，但却不是因为破坏了一个圣律，而是因为我们不肯破坏了圣律。简言之，我们是逃离了家乡，以避免和我们的堂兄弟，国王埃古普托斯的五十个儿子的不法结婚的。是的，那么强暴不逞的少年却要用暴力来迫娶我们，不惜违抗着近支亲属不能结婚的古代禁律。他们以大军侵略我们父亲的国土，他知道势力不敌，只能立刻将我们搭上了船，逃到海外来。唉！我们还没有驶行三哩远近，他们便察出了我们，用战舰追了来；谢谢宙斯，他们并没有追上我们。但他们总跟在我们之后，直到了阿耳戈斯的海面。无疑的，他们不久便要上岸追我们了。现在，国王呀！我们唯一的希望便在你身上了。看在同宗同国的上面，看在乞求者的权利上面，看在你国内的那些神圣的保护者上面，我们恳求你的是不要让我们的敌人掳劫了我们而去。"

于是珀拉斯戈斯愁容的说道："我决不会推却你们这种请求，唉，狄尼士的女儿们！但如果你们的堂兄弟——王子们，也有一种请求将怎么样呢？你们所执持的是血族不能结婚的古律，我们的阿耳戈斯也是这样；但在希腊的别的城市中，在埃及也是如此，据我所知，却发生了一种不同的法律，即，一个妇人的父系的最近亲人有娶她为妻的权利。这个法律，有一个利益，便是保存了一家的势力，财产，不让女儿的遗产，转移到他人之手。所以，如果埃古普托斯的儿子们根据了这个法律来要求你们为新妇时，我看，你们除了服从之外，是没有别的办法了，女郎们呀！"

于是她们同声的叫道："要我们顺服了那些无耻之徒，还不如死去。"许珀涅斯拉松下了她的衣带，向国王扬着道："这里是我的办法，珀拉斯戈斯，如果你拒绝了保护我们。"

"你这话什么意思？"他不安的说道，"你使用了这衣带做什么？"

"我要使用它来自己吊死，"她说道："这个宙斯的神像将成了我的绞架。唉，不仅是这一个天神，其余的神也都将有同一的效用呢！因为我知道，我的妹妹们也都是和我一心的。"

"不要说了。无顾忌的妇人，"珀拉斯戈斯耸耸肩，说道，"不要以恐怖的说不出的罪恶来玷污我们的圣地吧。现在，如果你们所计划的行为果真那么可怕——这一个行为将使阿耳戈斯的全境蒙了不洁，永远洗涤不去——且使阿耳戈斯决定了它吧。这是国家必须接受而且判决你们的案件，不是我。"

"但你便是国家，"许珀涅斯拉叫道，"你的意志便是百姓们的意志，只有你不对一个人负责，是每个案件的最高法庭，不管它是内政的，或宗教的。国王之责，此外还有什么？"

"你说的是一个埃及人的话，"珀拉斯戈斯说道，"你们不知道希腊的国王不是和你们一样的专制一切的，他不过是共和政府的首领而已。阿耳戈斯的人民向来便妒忌的争执着他们的权利与自由；在和他们有那么重大关系的事件上，我如果独断独行，不和他们商议，他们便将深怨着了。你们看，这里只有一个两害必取其一的路：如果我保护你们，反抗着你们的族人，则我便要驱使阿耳戈斯和埃及的有力的王宣战了；如果我不保护你们，则你们又要自杀，使我对着乞求人的保护者的神道们犯罪，而带了他们的诅咒到这国中与人民身上来。无论走哪一条路百姓们必须受苦，不仅是我国王；所以你们要向百姓去请求。来，我们直到城中去吧！"

但女郎们全都大叫起来，说她们不愿离开圣山，因为她们不知道一离开这避难所便有什么事会发生。"那么，让你们的父亲去代表你们去请求吧"，珀拉斯戈斯说道，狄尼士站立起来，庄重的说道："我要去的，国王。我请你告诉我，我怎么才能完成这个使命，不致失败呢？"

"尊敬的狄尼士，"国王说道，"告诉你，你要如一个乞求者般的坐在市场上的城中保护神的祭坛之前，人民们看见你的白发那么低垂，一定会怜悯而且愤怒的。你就投向他们，仿佛是你出于自意的向他们求保护，不要说出一句话，说已和国王先办了交涉；因为共和主义，顶爱找它的统治者的错儿，且常疑心君主是妨害他们的。阿耳戈斯人如以为你之向他们乞求，并不曾得到我的暗示，则他们当更热心的帮助你。因此之故，我自己不便领了你们进城；但我的从人们将在城门口等候你，仿佛是偶然遇到的，否则，你的异邦服色将受到我们下流的市民的欺辱。"阿耳戈斯王说完了话，便坐车向城去了；狄尼士步行着随之而去，他的力量超出于他的年龄以外。

　　焦急的女郎们眼巴巴的在等候她们父亲的归来，时间格外的长，好不容易，才看见他乘了骡子，由大路而来。他在山下停了骡，便大叫道："好消息，女儿们，全体阿耳戈斯人的集会已经决定要援救你们了。下到这里来，我的孩子们！一切大难都已过去了，且来听这些高贵的人民们对于我们所做的事。"于是女郎们全都欢呼着，如飞鸽似的下了山坡——全都下来，只除了许珀涅斯拉；当大众围拥了他们的父亲时，她是留在山顶上，看望着海上的来船的举动。

　　狄尼士说道："现在赞颂宙斯，乞求者之神，我的孩子们，请求他赐给阿耳戈斯以最厚的福，给它的人民，特别是给它的可敬的国王。因为，因了他的指示，我才在他们之前得到了胜利；而当我在人民大会中，将我们的事，恳求着他们时，他便站立起来，叫他们想想看，他们如果拒绝了我们所必须遇到的两重罪过，因为我们不仅是他们的乞求者，且是他们的宗人。他看见他们已经感动，便捉住了机会在手，如一位机警无伦的政治家一样，提出了这个决议：'现在决议，狄尼士和他的孩子们可住在阿耳戈斯，为自由的住民，不纳税，在国家的保护之下。他们不被国人或异邦人逐出此土。在他们被任何外来势力所压迫时，全体的市民都要起来帮助，否则，便要罚以违抗之罪。'珀拉斯戈斯这样的说着，不等到使者正式宣告表决，人民大会中已是这里那里的举起手来了。所以我们应该特别敬重这位聪明正直的国王；而在天神们中，我们要赞颂成功者宙斯，他给国王的友谊的帮助冠上了成功。"当狄尼士说完了话时，快乐的女郎们扬声赞颂宙斯，歌声甜蜜可爱。但许珀涅斯拉突然的在山顶上尖声叫道："父亲呀，姊妹们呀，不要让仇人们急急的将你们袭取而去呀！看呀，他们的大队已在海港中了，领舰已向岸划来，我能够看见白衣的水手们在它甲板上如蜜蜂似的稠密。"

　　"勇敢些，勇敢些，我的孩子们！"狄尼士叫道，这时女郎们脸色苍白，全身颤抖的围绕着他，"记住，现在没有人能加害于你们了；阿耳戈斯将不让恶徒们以一指加于你们身上。哈，哈，埃古普托斯的儿子们，你们乃这样的带了一群人来取老人和他的女儿们去么？你们以为是一个容易的俘虏物么？但你们将知道，你们所必须争斗的却不是无助的妇人们，我的勇敢的侄子，不，乃是比你们更强的人。"

"唉，我的父亲！"一个女郎插上去说道，"我们的堂兄弟，个个都是有力的武将，你自己也在战阵中看见过他们的凶猛了，阿耳戈斯人能够抵抗得住他们么？"

"呀，如果狼能够抵抗得住狗！"狄尼士答道，"我现在看见阿耳戈斯的矛兵了，一个狼头是他们盾上的标记。我告诉你们，孩子们，如狼在力上凶猛上胜过狗一样，这些希腊人也必能胜过尼罗河的儿子们，那么，你们可以不用害怕了；我将再回到城中去，招集了我们的勇敢的防卫者；同时，我要你们留在这山上避难。"

"唉，不要离开了我们，不要单独的留下了我们，父亲！"女郎们哭道，"我们不敢住在这里。在你走后，那些恶徒会袭来的。他们将拖了我们去，虽然我们攀住了圣像……"

狄尼士安慰她们道："不用害怕，我将告诉你们以何故。你们的堂兄弟们，到了这个异邦来，必要先将他们的军队登岸安置好了，他们没有余力来为暴——这是要费很多时间的，我们自己知道，前面的海岸是很难登涉的地方。且他们所最要办的，乃是派遣了一个使者向阿耳戈斯人要求将你们献出来。假如那位使者，发见你们在这里，想要捉你们时，你们极力的抵抗他，我在埃及人能够列队前进之前，必可带了援兵而来。"狄尼士这样的安慰了女郎们，便疾鞭骡子而去。她们仍旧在山中各守其位置，各在诵念乞求之辞，求神道给以帮助，不使她们落在敌人手中。但当她们跪在神前专心祷告时，王子们的一位使者，如狄尼士所预料的，走到这里来了；在她们注意到他之前，他已上了山，立在她们之中了。女郎们惊喊起来，紧紧的挤在一块，有如小鸡看见老鹰在它们上面翱翔着一样。那位埃及人冷笑着叫道："啊，逃走者，你们是被捉住了？啊，你们尽管惊喊，捶胸吧，愚蠢的处女们，那是一点也没有用处的。来，站起来离开这个地方，干脆的和我同到我的主人们那边去吧！站起来，我说，走呀，否则，我便将用这个棒子驱逐你们到船上去了！"

但处女们并不服从他；大家都推推挤挤的紧攀在圣像上，其余攀不着神像的，则紧握了她们姊妹们的衣服。许珀涅斯拉从众人中勇敢的说道："要使我们离开了这个地方，除非用暴力来拖。走开去，否则这些神道们的愤怒，将降临于你们身上了，我们乃是他们的乞求者。"

"我管什么希腊人的神道们呢？"使者答道，"我想，他们的权力达不到尼罗河的岸上的。但我不再和你们说废话了；因为只有力量才能使你们走动，我便要拖了你们的头发而走了。"

他说了话便粗鲁的捉住了这位女郎。她尖声叫道："救我，救我，否则我要完了！到这里来救我们，国王！"

埃及人讥笑道："你们不久便有不少的国王了。啊，国王们与新郎们，给你们五十人全体！所以，走吧，不要多说废话了！"

但许珀涅斯拉向她所看见的走近来的一个人呼喊着；她看见了这人，使她更有力的抵抗着她的捕捉者；她用力尽了，挣脱了他的握捉。正在这时，阿耳戈斯王满脸怒容的向他走来，他大喊道："现在，你这个人，有没有意识？你敢在阿耳戈斯的国土之内肆行强暴？你以为你是到了一个女人国么？下流的野蛮人，我要教训你，使你知道知道希腊人！"

使者说道："我做了什么事呢？我一点也不曾损害到阿耳戈斯人。我只不过要收回我的主人们，埃及的少年王子们的合法财物而已。对于一个和平的旅客加以这样的恶狠狠的接待，难道有什么别的原因么？或者对于客人的礼待，还是贵国所不知道的一种道德么？"

"对于虐待妇人的客人，是的！"珀拉斯戈斯严厉的答道，"现在听我说，埃及人！你去告诉你的主人们说：阿耳戈斯的人民们将不许任何人加暴害于这些女郎们身上，她们乃是市民的乞求者，且在她们的神与英雄的圣地中躲避着。但如果埃古普托斯的儿子们要求对于同家妇人的结婚权，则让他们同样的在我们市民大会之前控诉着，由他们去决定。"

"如果他们拒绝不来控诉，将怎么办呢？"使者说道。

"那么让他们或者立刻退出了海岸，或者预备打仗。"国王答道。

"我用谁的名义去传达这样不客气的一个消息呢？"使者说道，"真的，阿耳戈斯人，在你们传达这样消息之前，你们最好先三思，因为你们的小国是不足抵挡埃及的大军的，如果你们和我们挑战，则你们将会知道你们的损失的。"

"那只有听由天神们去决定，"珀拉斯戈斯答道，"但我们是披上了盔甲，预备要打的。你不要想用恐吓的话来惊退我或我的百姓们，我们的武士是吃面包,喝葡萄酒的;像那样的人还怕和尼罗河上的全军相见么?不,对着阿耳戈斯的诸神!你可以把阿耳戈斯的国王的话,告诉给你们的王子。至于我的名字呢,你说,他们不久便可知道了……他们将在战场之上好好的记住了它。"

埃及的使者走了,沿途自言自语着;因为看见一长行的矛手从城中出发,正在大路上走着,觉得不便再逗留下去了。但被救的女郎们则围绕了珀拉斯戈斯,快乐得又笑又哭;有的吻他的手,有的攀他的衣,全部谢他赞他。"不,现在,女郎们!"他说道,"不如先赞颂天神们,然后再赞颂阿耳戈斯的国民们,他们是列队来救护你们来了。看呀!这里来了好老人,你们的父亲,他是来领你们到你们的新居中去的。他们在城中已为你们预备好住宅了。至于我,我本欲将你们全都迎接到王宫中去住;但他却有远见的,宁愿接受了人民大会的好意,将你们当作了公共的客人。"

"是的,我的孩子们,"他这时已上山来,站在她们之中,"因为国王珀拉斯戈斯还没有结婚,而少女们的美名有如一株嫩花,很容易为坏人的呼吸所破坏的。兼之,我们是旅客,又是居民,最好是一点也不忤违了国民们。让我现在告诉你们,亲爱的女儿们,你们再不要忘记掉,你们在阿耳戈斯乃是客人与新来者,所以特别要防备他们的讥评;当以你们的小心谨慎的言行,赢得了我们的主人们的好意。现在,我们快进城去吧;因为我看见国王已加入他的军队的前锋去了;当战士们在战场上时,妇人们最好留在家中祷告着。我知道,你们将不倦不息的祷求着你们高尚勇敢的阿耳戈斯人的得胜的。"

狄尼士从绿草满生的大坟上,领导了他的女儿们进城而去;长眠于此墓中的阿耳戈斯英雄们,不为人所见,也没有人嘱咐,曾在女郎们危急的时候,默默的呵护着她们。

当埃古普托斯的儿子们听见了阿耳戈斯的国王与人民们拒绝交出狄尼士的女郎们给他们的消息时,便急急的预备着战事。但他们不敢立时便开战,他们将船驶到了库普洛斯(Cyprus)岛,这个岛乃是他们父亲的属地。他们在那里招集了三千名弓箭手与投石手,又由埃及调来了五千名矛手。他们率领了这一阵大军,侵入阿耳戈斯;在一次猛战之时,以军兵人数的众多,压倒了阿耳戈斯的国防军,珀拉斯戈斯也死在战场上了。于是埃及人列队前去攻城。城中只留下了老弱的人在防守。但当他们走近了城墙边时，一行列的妇人，各穿着嫁时衣服，从城门中出发，向着诧异的王子们迎来。她们乃是狄尼士的女儿们；她们鼓足了勇气，决意自献于军前，和王子们结婚，以救赎庇护她们的城邑。本来爱着她们的埃古普托斯的王子们，听见说如果他们肯和阿耳戈斯人讲和，他们的美貌的堂姊妹们便愿意立刻嫁给了他们，他们便全都恳切的答应了下来，立誓于明日离开阿耳戈斯。于是埃及大军从城边撤退，立寨于海滨过夜；那一夜，便是狄尼士的女儿们的结婚之夜。

但当第二天黎明时，埃及军的全体都惊扰而恐怖着；因为他们的五十位王子，只除了一个大王子之外，全都死在他的军帐之中，胸前插有一把短刀。大王子名为林叩斯（Lynceus）的，则四觅不见。五十位新婚的夫人也都不见其踪影。迷信的埃及人便决定，这乃是此土的诸神的复仇；他们全都惊吓不已，陆续的上了船，逃命而去，遗下他们的王子们的尸首，而他们所有的财宝，军器，行囊也都落在阿耳戈斯人的手中。但在城中，则凡逃出战场的市民们，和他们的妻子们，都在热烈的欢迎狄尼士的女郎们的归来，有如他们之欢迎天神与得胜者一样；鲜花与贵重的地毡都垫在她们的足下，香烟缭绕于她们的四周，千万众的声音，欢呼着她们为阿耳戈斯的救主们。当他们走过时，老人们则致颂语，母亲们则举起了他们的小孩子叫她们看，吩咐他们至死不忘记这些毁灭了他们敌人的光荣的女郎们。因为现在全城才都知道，狄尼士女郎们之自献于埃古普托斯的儿子们之手，是别有计划的；当她们出发时，每个人衣带中都藏了一柄短刀，预备当她的新郎熟睡时，下手杀害了他。这个计划果然成功了。

那一天，阿耳戈斯人既乐又悲。他们的敌人果然是逃走了，但他们的国王和许多的勇士则都死了。珀拉斯戈斯没有留下儿子，市民们便公推狄尼士为王。狄尼士即位之后，第一件事便是光荣的葬了阿耳戈斯的战死者；然后他去察看埃及人的遗营，将埃及人的遗物都分散给市民们，又命他们掘了一个大坑，将已死的埃及人都埋于其中。但当林叩斯的尸身没有找到时，狄尼士却忧闷不已；他回到了城中，立刻严厉的质问许珀涅斯拉，因为他知道，她是被林叩斯所娶的。许珀涅斯拉跪在地上，哭着自认，她赦了她新郎不杀，乘夜的带他到山上的圣地里去，现在他还躲藏在那里。"因为，"她说道，"林叩斯待我异常的和善；他告诉我，直等到他能胜了我的心时，他方才娶了我为妻。我不知道怎样的……但从那时起我便爱上了他。"

狄尼士叫道："好不可羞呀，叛徒！我不曾忍受了放逐之苦，海涛之险；勇敢的阿耳戈斯人不曾战死在平原之上，为了要救你出于此人之手么？你不曾立誓的要杀死他，为他们，为你自己复仇么？而你如今乃敢告诉我说，你已释放了他，完全为了爱恋？自此以后，你不再是我的女儿了，我将把你交给了市民们；他们将判决你以反叛之罪，如果他们已判了罪，我将亲自去看你受死。至于你的情人呢，他也得死；如果他离开了圣地，则死在我们的刀上；如果他留在那里，则将死于饥渴。"

于是许珀涅斯拉说道："你有权取去我的生命，父亲，却取不了我的荣誉与好名望。如果我死了，我死为一个无垢无污的女郎；阿佛洛狄忒可以作我的证人，证明我与林叩斯之间，除了纯洁之爱外，并无别情。唉，但愿那位女神，转移了我们彼此相结的心，可怜我们俩！"

现在，阿佛洛狄忒听见了这个祷语，真的现出了神迹来。当许珀涅斯拉在阿耳戈斯的市民大会中受审判——她父亲自己成了原告者——他问她有没有替她自己辩护的话时，一位头戴玫瑰冠的王后却到了她的身边，她的美貌是世上所未之前见的，她的金发上放射出非凡间所有的光明与芬芳来。她对为惊怖所中的裁判官们说道："阿耳戈斯的人们，这是我，必须替许珀涅斯拉求情。因为我，阿佛洛狄忒，转移了她的心，使她赦了她的情人。所以你们细想一下看，如果你们判罚了这位女郎，你们便将触犯了祸福之力不小的一个神了。但你们如果判她无罪，则你们不仅使我高兴，且也使你们自己的神后赫拉高兴了，她乃是结婚的神。因为我可以作证，林叩斯和许珀涅斯拉是彼此以纯洁光荣的爱相爱着的。他们自己禁抑着，直要到了正式举行婚礼之时，不尝试我的秘密之乐。狄尼士的这位女儿，诚然是没有服从了他，且破坏了她复仇的誓言，然而这是一个从古便有的法律；一个妇人可以弃了她的父亲和宗族而跟从她的丈夫。据埃及的风俗，你们已知道，林叩斯乃是许珀涅斯拉的合法的丈夫；虽然这个风俗在他们国中是不许通行的，然而她却是生长在埃及的，她有给他为妻的义务。至于说到她的破誓呢，我告诉你们，阿耳戈斯人，天神们却以为那样的破誓，在她不成罪而反为光荣。我已说完了话；在你们下判辞之前,先细想我的话一下。"

阿佛洛狄忒如一阵金雾似的消失了,阿耳戈斯人不再见到她。他们互辩了一会,便依据于希腊的风俗,投票以决定此案;每一个市民都要在票缶中投入一粒白色石子或黑色石子,白子为无罪,黑子为有罪。当倾出石子计数时,白子和黑子的数目恰恰相同。于是大会的主席——拈阄而举出的一位老人说道:"依据于我的职权,我有投一个决定票之权,我将这票献给了阿佛洛狄忒。以她的名义,我宣告许珀涅斯拉无罪。让铜号作声,使者布告大众知悉。"

这判决一通告出来,阿耳戈斯的妇人们便蜂拥到了大会地方,围住了许珀涅斯拉,叫她快活,且念赞歌以赞阿佛洛狄忒。但这位女郎在等候裁判,性命悬在呼吸之顷时,却站在那里不动,也没有泪,这时反号咷大哭,跪在审判者之前,以最动人听闻的雄辩,并为林叩斯乞命。阿耳戈斯的妇人们也怜恤的哭了。她又请求有丈夫或有情人的妇人们也都加入恳求。市民们的心肠都柔了,不能拒绝这么挚切的一个恳求。他们不仅答应赦了林叩斯的生命,且还力劝国王狄尼士与他重和,以他为女婿。于是许珀涅斯拉与林叩斯结了婚,同住在阿耳戈斯;她在此地建立了一所神庙献给"胜利的阿佛洛狄忒"。这两个人一生和谐无违的同居着,深为阿耳戈斯人所敬爱。狄尼士死后无嗣,他们便举了林叩斯为王。

但其余的狄尼士的女郎运命如何呢?这些杀人的新娘虽然救全了阿耳戈斯,但人民们一反省这流血的行为时,他们的感谢却一变而为恐怖。他们觉得,如果阿耳戈斯容留了这些杀了血亲的流人,此城必要得祸。他们要想将她们放逐出境,但她们宗族的保护者宙斯却派了雅典娜和赫耳墨斯来,在阿耳戈斯他的神庙中洗清了她们的血罪。他以这个责罚代替了女郎们的放逐:她们要为这城市汲水、担水七年。现在,这个工作却不是容易的;因为普赛顿在河神伊那科斯的时代,已将此地的泉源都枯干了,所以狄尼士的女郎们必须跋涉得很远,从泥泽,水池中汲水。有一天,他们姊妹中最少而且最美的一个,名为阿密摩涅(Amymone)的,到了近海的洛那泽(Lerna)中;她不自知的惊动了一只睡在芦苇的床上的萨蒂尔(Satyr)。这毛发鬅鬙野人跳了起来,以龌龊的手捉住了她;她一点也没有自御之方,但她的悲叫却招引了一个天神来救她。这神乃是海王普赛顿。萨蒂尔一见了他的熠熠发光的三股叉，便逃走了；但可爱的阿密摩涅正要感谢他的援救时，却又重新的在他的贪婪的眼光之下颤栗着了。然后普赛顿握住了她的手，那么温柔的向她求爱，她才不复惊恐，只是低了头红了脸的听着；在她的心中，找不出话来拒绝他。在他们分离之前，他在黑黑的丛林中指示一所清泉给她，说道："普赛顿给你以这个清泉，美丽的女郎，以后，你便是此泉的主人了，不再是杂在狄尼士姊妹中受苦了，你将有了仙女们为姊妹，也和她们一样的不朽。"阿密摩涅于是不再回到阿耳戈斯去。

其余的狄尼士的女郎们，过了七年的刑期后，她们的父亲设法要遣嫁了她们。他于是想了下面的一计：他使使者们通告各地，他要举行一次伟大的竞技会，以祭宙斯及其他阿耳戈斯的保护神。此会非同小可，极为宏丽华盛，每一项的竞技都有最绚美的奖品为酬。这招致了许多的年轻勇敢的王子们到阿耳戈斯来。到了开会之日，全城的市民都来到土丘之下，看他们角技，相扑，比拳，掷矛以及其他筋力的比赛；国王狄尼士拿出了黄金的器皿，盔甲，作为奖品。

在竞技结束的一天，使者宣告举行一次赛跑，国王将供给最美好的奖品给她们；那时，四十八位狄尼士的女郎，打扮成新娘的样子，全身珍宝耀煌，由她们父亲引领了她们到目的地，排列成一行。"现在，朋友们，"他对会集的王子们说道，"这里站着我的女儿们，她们身上各具有王后的嫁奁。这些，乃是这次赛跑的奖品；第一个跑到的人可以选择他所最喜的一个为妻，其他仿之，直到了全体都被占有了为止。"与赛的全都是国王之子。这一夜，狄尼士便举行了一次空前未有的结婚宴，宴请赛跑得胜者和他们的新娘。他这样的在一天之内，全嫁了他的女儿，她们全都离开了阿耳戈斯，各到了她们的新家，俾得忘记了她们在此地所做的事，所受的苦。

但她们第一次流血的可怜的阴影仍挂罩于她们的一生；不，歌者们还说这恐怖在地下还罩着她们呢。她们死后，被放在不可恕的犯罪者的鬼魂之中。狄尼士的女儿们又如她们生前一样的做着苦工，即每个人都要带了水瓶去汲水，要汲满了一具大的石水缸。非等到此缸水满，她们不能得休息；但这缸却永远不能满，因为缸底有许多的洞，如一个米筛一样。即宙斯他自己也不能从血的复仇者依里尼士（Erynyes）之手解放出来。他生于诸神之前，而诸神如果灭绝，他却不灭。

二　杀戈耳工者波修士

国王林叩斯年老死亡时,他的儿子亚伯士(Abas)继之而为阿耳戈斯的国王。亚伯士是一位聪明正直的国王,如他父亲林叩斯一样;在他在位的时候,四境不警,人民繁富;良好的国王真足以招致了天神们福佑于他们的子民及国王。亚伯士的妻,为他生了两个孩子,一个是亚克里修士(Acrisius),一个是柏洛托士。这两个兄弟从在摇篮中时,便已互相仇视,有如生死之敌;据说,他们在他们母亲腹中时便已互扭互斗着了。国王亚伯士死时,这两个兄弟恰到成人之年;因为他知道他们俩永不能和和平平的同居于一城之中,便在死榻之前,将国土公平的分配为二,二人各取其一。但阿耳戈斯的王城,他说道,必须给了亚克里修士,因为他是长子。他严嘱他们彼此各守疆界,不准以兵戎相见,否则他便要诅咒他们。于是兄弟俩将阿耳戈斯分为两国,一个东国,一个西国,以伊那科斯河为他们的国界。亚克里修士占了东国,王城即包于其中;柏洛托士占了西国,包有米狄亚(Midea)及底林斯(Tiryns)诸村及欧玻亚(Euboea)山下的古代赫拉庙。上文所叙的接待柏勒洛丰为客,后来却送他到吕喀亚要他岳父杀害了他的柏洛托士,便是这位柏洛托士。他的故事,下文还要提到,这里说的是国王亚克里修士的故事。

亚克里修士在阿耳戈斯统治了整整十五年,诸事都很如意;只有一件事苦恼着他,即他的独养子乃是一个女孩子,她的母亲在生产时便死了。然而这个孩子是那么娇憨可爱,竟成了她父亲心中的至宝,眼中的爱悦;为她之故,他不再娶妻;他决定,当达那厄(Danae)——这位女郎的名字——到了结婚的年龄时,他要为她寻一个王家子弟做丈夫,将他的国家交给了他们和他们的子孙。

但当十五年过去之后,国王到得尔福的阿波罗神庙中进香;阿波罗借了女巫之口,给他以预警:"人家都以你为有福,国王亚克里修士,但我却不然,因为你命中决定,要死在你自己女儿的儿子手中。"于是亚克里修士心中忧闷的归去。他想了许多,要想逃避了那个运命,他自言道:"最安稳的方法是达那厄不活在世上;但我却不忍置她于死地,我将幽闭她于一所狱室之中,除了我之外,没有一个男人的眼能够看见她。如果她没有丈夫或情人,这神示所言的事便不会实现了。"于是他命令精良的工人,在他的宫苑中建造一所铜塔,塔上最高的一间房子,没有一扇窗,只屋顶开了一扇天窗,以进日光。在这间房子中,他将女郎达那厄幽禁了进去。她的老年忠心的乳母和三个侍女,则住在塔的下层以服侍她们的主人。食物每天由大门的洞中传递了进去;这一扇大门的锁匙,是亚克里修士自己保管着的,只有他一个人能够走进大门。

达那厄的性格是最温柔,最忍耐的;当她发现她自己被囚于这所装潢富丽的狱室中时,她曾哭了几场;但她父亲的意志对于她便是法律,她一点也没有怨恨不平的服从了它。从引导她塔中的卫队那里,她只知道她父亲是有意囚她于此的;她的侍女们也不知道以外的事。他自己,在他第一次到塔中看她时,便严峻的却又温和的禁止她质问他,命她安心住此,只要知道,他之所以如此对待她,并无恶意,不过为了对于他们俩都有极大关系的理由。他还说,她心中要什么,她都可以向他要——只除了自由。

达那厄囚入塔中之时,正是春光明媚的当儿。她正当年华灿烂之岁,心里渴想看见森林与田野,和平常一样的在绿草上散游奔跑,偕了她的小女伴儿同游同戏,采集野花或静听鸟儿的欢歌。在白天的时候,她坐在纺织机上自遣时光,或用她的黄金纺竿来纺纱,而老年的乳母则对她背说着无穷尽的神奇故事;但在晚上时,这位温顺的女郎却躺在她的象牙床上,不能合眼入睡,她常常为苦闷与绝望所烧灼,但求速死,比之囚在这所活墓中还好些。

在一个夏天的清晨,达那厄躺在床上,凝望着由天窗中射入塔中的朝阳的曙光。囚人的一个喜悦便是双眼钉望于嵌任雕花的天花板上的一块方形的蔚蓝天空,这便是她所见唯一的外面世界了;除了下大雨之时以外,她永不将这扇天窗闭上。中夜的熠熠的明星,升在高天中的明月的半影,奔驰的云片,都是她所爱的;而最可爱的是将近玫瑰色的曙天。那时,她像一个小孩子似的,喜乐得笑起来,伸出她的双臂,以迎接投射于她的没有遮蔽的胸前的金光。她本来是很喜爱去迎接太阳的第一次吻的,但以前从不曾感受到那么甜蜜而奇怪的颤觉。她的双臂垂下了,她半眩晕的躺着不动;然而,如在一个梦中似的,她看见太阳光变了,当它们射下来时,变成了一片片的黄金……是的,这必定是黄金。她觉得轻轻的落在她身上,还铿铿的微响着……黄金蔽盖了她的床,有如一阵黄雪……"但我是在做梦呢!"她咿唔道,"这是黄金……那么温热,那么柔软……"一个幸福的大浪,溺没了她的意识,她不再知道什么了……

当达那厄恢复了神识时,金光已经消灭了。看呀!站在她身边的却是一位貌若人王的一个人,他的脸部和衣服如太阳似的明亮。这位女郎十分的害怕,但他对她说道:"不要怕,温柔的达那厄,你还要喜悦着呢;因为我,神之王宙斯,乃是你的爱人,将永远的和你为友,心中永远记住我现在所得的快乐。你伸出的你的嫩臂,是向着我伸的,我自己便是那阵降到你胸前来的金雨。现在,温顺的心,我留下了一个比之黄金还可贵的秘宝给你,这会渐渐的为你开了囚狱的门。你要求死,但我却给了你一个新的生命。勇敢的,不要害怕,不管有何困难;因为在世上没有权力会危害到你。最后,你便可以得到大大的和平的。"大神这样的说毕后,便消失不见了;无云的晴空上,霹雳的打了一声焦雷。

达那厄从此日以后,不再焦急着了,她快快乐乐的和她的乳母及侍女们闲谈着,坐在织机上时,口中也和谐的歌唱着,有如一只鸟儿在笼中唱着。她们觉得很奇怪,不知道她心中所怀的希望。有时,她懒懒的坐着时,她的双唇便如梦的微笑着分开了,默想着那潜藏的秘宝,将使她出了囚室。她想,这秘宝难道是一种什么神灵的不可见的神符,当她严父下次到塔中来时,足以咒移了她严父的心?她现在渴望他的来临;然而他来了又去了,有许多次,却总不见有半个字说起释放她的;她仍然忍耐而有望的等待着,相信宙斯的允诺。不久以后,她便觉得,深深私自喜悦着,在金雨之中所给她的是什么一种秘宝……

同时,国王亚克里修士安安稳稳的住着,自以为他已逃出了神示所言的恐吓了;后来,自从建了铜塔以后,一年过去了。那时,一个使者颤栗而愁苦的到他那里去,这人所带来的消息直使他的血为之冷凝:他的女儿在她的囚室中生了一个孩子了。她的侍女们将这个消息从塔中报告了塔外日夜在那里守望着的卫士们,她们吩咐卫士快去报告国王以这个奇迹。亚克里修士心里知道,这诚是一个奇迹,一个神的工作；因为没有一个凡人能够走进了铜塔，除非他得到了那把巧妙的锁匙，而这把锁匙是日夜挂在他自己的颈上的；但在他的既愤且恐之中，他便为一个毁灭达那厄与致命的婴儿的计划所捉住。"你们之中必有诡计，坏东西，"他叫道，"我将把你们全都杀了，将妇人们全都绞死了！永不要告诉我，我是被骗了，有人和公主在一处——爱神笑着锁匠。现在，对着阿耳戈斯的全部神道们立誓，我的女儿既将这个羞耻带到了我们家中来，她便将因此而死，她的私生的婴孩也将和她同死。"

国王这样的咆吼着；但他虽然恐吓着她们，他却并不想责罚她的仆人，他很明白她们的无辜，心中只想永远的除去了那么神秘的生出来的毁灭。命中注定要杀死他的婴孩，必须死……母亲也要死；因为，这是很明白的，他没有别的路能够打败了神示。然而要他动手去杀他自己的血肉，则将沾染上不可恕的罪恶……经过了长久的思索之后，亚克里修士发见了一个更好的方法……他命人知照达那厄的乳母，一到了她能够起床散步时，便立刻让他知道。

老乳母快快乐乐的将这个消息报告了她的小姐，她说道，国王真的现在想要释放她出狱了。"只有神道们才知道，心肝，"她说道，"他为什么那么久的那么残酷的囚禁了你；但我知道，这个大奇迹竟使他的心柔化了。"达那厄微笑着，吻着她的孩子，想道："真的，宙斯说的不错，他的这个赐物将打开了我的狱门。"但当希望释放的那天已经到了的黎明时候，国王的一队矛手到了塔下来；队长严厉的吩咐达那厄抱了婴孩和他们同走。他们默默无言的率领着她，不领她向王宫而去，却领她到了海岸的一个寂寞之所。她柔顺的跟随了他们走去，紧抱了她胸前沉睡着的婴孩；虽然她十分的明白，在这些男人们的脸上，她能够看得出她是注定的要死。到了海边时，他们又领她到一个耸出深海上的岩尖；达那厄看见一只大箱子放在那里，这箱子是王宫中所有的，雕饰得很精工，箱盖是开了的，箱中除了一个面包，一点水，一领铺在箱底的席之外，一无所有。她一见了这箱，血都冷了；然而当她的卫兵们将她放入箱中，盖上了穹形的高盖时，她并不挣扎，也不哭泣。那时，她十分苦闷的晕了过去；箱子被放在涨潮的水上，被带出了海外时，她是不知不觉的躺在里面。

她胸前的婴孩的啼哭及他的小手触着她要想吃乳，使达那厄回复了知觉。她温柔的安慰着孩子,给他乳吃;她一点也没有想到别的事,直到了他吃得满足了,又沉沉的睡去。在她的浮泛于海面的狱室中,并不十分黑暗;有好心的人,在箱盖上打开了一个洞,给她以空气。她从这个小洞中能够看见一线的青天,不时的为浪头所撼动;一阵爽风从西方吹来,她的木箱无帆无舵的,在风前吹去有如神灵在呵护着。但达那厄却坐在那里,栗栗的恐惧着,四周的浪声哗哗的推涌着,头上的风虎虎的吹啸而过。当她望着婴孩安安静静的睡在她的怀中时,眼泪成行的流下她的红颊。"啊,我的儿子呀!"她说道,"当你甜蜜蜜的睡在你母亲怀中时,你一点也不知道你母亲所受的痛苦。沉沉的沉沉的熟睡着……深深的静静的呼吸着……一点也不怕在你的金头之上风的啸号,浪的高涌!……唉,亏得你一点也不知道我们所要遇到的毁亡,你这可爱的儿子!……睡着,我的爱,母亲将对你唱一支摇篮歌……

> "睡吧,孩子,催眠歌!
> 睡罢,风浪那么高!
> 一切有害的东西,沉睡罢,
> 都不要走近来!"

达那厄一边流泪,一边唱着;然后,举起了手,说道:"唉,宙斯呀,到底什么时候,你所给我的苦厄才能过去呢? 为了这个无辜的你给我的小人儿;是的,神之王呀,我们是你的,我和他,你怎么不救我们呢? 唉,但愿我所相信的你的允诺不至于无用!"

达那厄这样的说着时,宙斯却使她长久的熟睡着。木箱和岩石嘭的一声重重的相碰,这使她重新惊醒过来。她看见箱子已经打开放在海边了,一个人俯身向她望着,露出诧异之色。"夫人,"他说道,"或者我应该称你为女神——因为我从不曾见到过那么美貌的一个凡人——你是谁,你从什么地方来,为何以这么可怪的方法到了我这岛上来?"

"好先生,"她答道,站立了起来,"我不是女神,不过是一个最可怜的妇人,我的名字是达那厄,阿耳戈斯是我的本乡,我被他们送到这个箱中,预备要将我溺死在海中,为的是他们以为我犯了罪;但我实在是无辜的。请你告诉我,这是什么岛,我怎么会上了岸的?"

"这是西里福斯(Seriphus)岛,美丽的夫人,"那人答道,"我长兄柏里狄克特士(Polydectes)的国家。我的名字是狄克堤斯(Dictys),今天早晨去打鱼;正在那时,当我将我的网抛入水中时,我的机会很好,却将你这个箱子拉到我的船上来了。相信我,我十分的高兴你的奇异的逃脱,因此要谢谢天神们。但你是又弱又疲了,来,我要带你到国王的宫中去,你将在那里得到食住;他一定会高兴的欢迎这样的一位客人的。"

达那厄被带到岛王那里去;他很殷勤的接待这可爱的客人,叫她忘记了她以前的忧闷,因为她是到了一个新家,到了朋友们的家中,如国王的女儿似的不缺乏一点东西。他给她一所美宅,一队的奴隶,许多必需的东西;所以她快乐而光荣的住在西里福斯的岛上,直到了十八年如流水似的过去了。

从活的金雨中出生的孩子现在已长成人间最美丽的孩子了;他是他母亲心中的喜悦。她名他为波修士,那便是"太阳王子"之意。——因为他在太阳光中来的。他的闪闪有光的俊眼,黄若纯金的美发,都足以当此名而无愧。岛中的人无不爱重波修士,他风度既美,性情又谦和。但国王柏里狄克特士则心中私自恨他;他不仅妒忌这位少年之得人心,且也因为,他久想娶了美丽的达那厄为妻,而达那厄则始终坚拒着他,告诉他说,她的全心都已给了她的爱子。

国王每一年必在宫中举行大宴一次,岛中的男人全都要赴宴;这个大宴的风俗是每一个赴宴的人都要带一件贡品给国王。当波修士十八岁时,他便也和其余的少年同去赴宴;但因为他没有自己的东西,他便空手而去。大众都坐席上时,国王投他以一眼,口中咕噜的说道:"今年乃有几个乞丐似的异邦人,自来杂于他们之中。"于是少年站了起来,他的美脸上羞涨得通红了,说道:"国王呀,我实在是一个异邦的人,在你的国内养育着;我自己一点的东西都没有,所以我不能像你的别的客人们一样,带了贡物来送你。但因为你既以此为不敬,则我愿对着天上的宙斯立誓,我要给你以你所欲的任何礼物,我即要到天边地角去找,也得找来送你。"

"你这么说么,勇敢的少年?"国王叫道,"那么你带了墨杜萨的头颅来送我!"他说了这话,大笑起来,大厅也回应着。他很明白,他已将达那厄的儿子陷入于一个致命的寻求中了。

"如果你说的真话,"波修士说道,"请告诉我墨杜萨是谁,是什么样子的;如果我活着,我一定要带了她的头颅来给你的。但这又似乎你是故意的和我开着玩笑。"

"不,不,"柏里狄克特士说道,"如果我笑了,那是因为我很高兴看见在你那样年龄的人乃有那么勇敢的精神。这很值得你的寻求,完全不是一件开玩笑的事。因为你必须知道,在极西的西方,住有三个姊妹,人家称她们为戈耳工们。她们是极可怕的东西,既不是人,也不是神。她们的形状是妇人,但她们的肩上却长着鹰翼,她们头上的每一根头发都是一条毒蛇,她们中的两个,是长生不死的,但第三个却是会死的;这个便是墨杜萨,去杀她乃是最高贵的英雄的一件值得去做的事。所以,波修士,我选择了那位怪物的头颅,作为你允许给我的礼物;相信我,我很确知,你母亲的儿子必将赢得这样一个行为的名誉的。"

波修士他自己是坦白无私的,所以他以为别的人也都是坦白无私的;他谢了国王的好意,便请他再仔细的说,戈耳工们到底住在西方的什么所在。"不,那我不能告诉你,"柏里狄克特士说道,"因为据人家的传言,她们是住在尚未为人所发见的地方,远在大洋的西门之外。但对于像你这样的一位勇少年,这又有什么关系呢?你不是说你能够旅行到地角天边么?起来,走去,那么;我知道你是很热心于这个冒险的……祝你顺利!但在你走之前,请你以此怀中酒为质——你们,我的客人们,请你们全都为杀戈耳工者波修士干一杯。"于是他自己干了一杯,举着空杯向波修士,一边对着他的熟悉的人们点头,使眼色;他们也便扬起酒杯来,高叫道:"祝福你,勇敢的人,祝你前途顺利!"但少年偷偷的望着他们的微笑的脸和国王的冷漠的眼光时,他看见,他是被他们全体所讥嘲着了;他回过身来,不说一句话的走出了大厅。现在是沉寂无声的午夜,但他并不归家,他走下了海边,在那里走来走去,心里苦思着。他想不出什么原因,国王柏里狄克特士要当众羞辱他;且更以人力所不能办到的事命他去办。他现在看得清楚了;然而为了他已立誓之故,他决不退缩……他要在太阳初升之时,雇了一只渔舟,渡到了一个较大的岛或一个大陆的海港,在那里,他可以找到一只大船,驶向西去……运气很好,前面有一个老渔夫,坐在他的小舍旁边,在明月的光下,修补他的破网!……他要和这位老人家商量雇船过海的事。

渔夫当波修士走近之时,抬头细望着他;当他听完了他的请求之后,说道:"我想,我认识你的脸,少年,你不是达那厄夫人的儿子么?""不错的,"波修士答道,"但你是谁,老人家?因为你虽认识我的脸,我却不曾见过你,虽然我认识我们小岛的一切人民。"

"如果我如你所求的渡了你过去,我是谁没有什么关系,"渔夫说道,"但在我渡你之前,你必须告诉我你为了什么缘故离开了西里福斯岛。"

于是波修士告诉他一切在国王宴席上发生的事;且说,他已决心要去寻到墨杜萨而杀死了她。"什么,这是仲夏的狂病呢,"渔人叫道,"我告诉你,好孩子,你也可以答应国王将前面的明月从天上取下来给他;而你现在是到一个必死无疑的路上去了。"

"这也许如你所言的,好心的老人家,"波修士说道,"但无论如何,我是要走的,为的是话已说出口。所以不必多费话了,但请你直接的告诉我,我能否雇了你的渔船,雇价是多少?"

"意志坚强的人必定有他的方法,"老人家改变了口气说道,"而我爱那勇敢的人……我借给你渔船,不要一个钱,波修士……不过……我有几件东西在这里,这些也许可以供你必需时之用。"

他说着,站起身来,俯身于船上,从那里举出一个行囊,如旅行者所常用的一样,又回身向着波修士,将这行囊给了他。但这少年这时见了他却大吃了一惊;因为在那个时候,老渔人的样子完全变更了。他高大挺直的立着,不再是老年人弯背曲腰的样子了;他的粗布衣裳溜下了,现出一身熠熠的胸甲;他的渔夫之帽,变成了一顶绚丽的金盔,而金盔下面的脸——啊,好不可怪!——乃是一位处女的脸,年轻美貌,而神威凛然,双眼之锐,直可刺人心。于是波修士知道他所见的乃是神圣的雅典娜;他恐惧着,说道:"啊,宙斯的光荣女儿,你为何到我这里来呢?"她带着又庄严又温柔的微笑答道:"我来帮助你,波修士,受了我父亲的吩咐——他也是你的父亲。好好的放胆前去,取了我手中的行囊;在这囊中有三件东西可以帮助你这次的冒险。第一件是赫耳墨斯有翼的金鞋,这鞋可带了你在波涛上行走而不被水所湿;第二件是地下国王普路同(Pluto)的隐形帽,这帽可使戴者不为人所见；第三件是一把尖利无比的钻石镰刀，这是海淮斯托斯所造，用此刀来斩墨杜萨的头有如割稻者收割黄金粒粒的稻秆。现在听我说，你要如何的去找到她，如何的去杀她。当你飞行到地球的西边时，跟了太阳的行程而走，你将到了'微光之地'，在大洋的边界上；在那里，在海边上的一个洞中，你将寻到'灰妇人'们（The Grey Women）——三个与时间同寿的皱纹满面，女巫似的老妇人；她们三个人只有一只眼。这些人乃是戈耳工们的姊妹，她们知道到戈耳工们住处的路径。但她们将不肯告诉你，因为她们是有先知之力的，会知道你及你的来意。所以你必须偷偷的戴了隐形帽到了她们的当中，当她们如常的把眼珠由这个递给那个时，夺去了她们的独眼，然后你恐吓她们说，她们如不说出她们的姊妹住在何地，你便要将这只眼毁坏了，她们必定会因恐惧盲目而屈服了的。当你到了戈耳工们那里时，你将由墨杜萨的翼而认识了她；她的翼，白如天鹅，而其他的两个姊妹，则都是鹰翼。她们都是极凶猛可怕的，假如她们能看见你，英雄，你的生命便完了；她们将捉住你在臂间，以她们的蛇发来绞你，因为她们的力气是非凡的；我借了地狱中的隐形帽来以救你脱了此厄。但还有别一个危险呢，为了要渡过这个难关，我再借给你第四件东西——我自己的盾。因为墨杜萨的双眼是具有那么可怕的能力，凡是看着它们的人都要立刻变成石头；所以，你要小心，不要与那眼光相接触，只能向后退着走，走近了，举起盾来，当作一面镜子，使她的影子指导着你的一击。击下了她的头颅之后，又要小心，不去看她的头部，为的是她的双眼虽在死后仍有那种能力。将它立刻纳入你的行囊中，飞快的逃走而去，以避其他两个戈耳工的复仇。现在，再会了，我的波修士；勇敢前去，不要怕，因为当你危急时，雅典娜总在你的身边。"

女神说完了话，一转眼间便消失不见了。波修士心中充满了感激与诧异，跪下去吻着她的足所踏的沙。然后，他打开了行囊，吃惊的看见天神们所借给他的东西：赫耳墨斯的金鞋，鞋跟的两边，长着黄澄澄的金羽翼；普路同的魔帽，是一种黑而柔的兽毛制成的；熠熠有光的镰刀，是天上神匠海淮斯托斯所造的。他穿戴上了这些东西，便将行囊背在背上，取了雅典娜的盾在他的臂上，开始起程；飞得高高的，经过地中海向西而去。

当达那厄的儿子离开了这个他在世界上所知的唯一的所在——小岛时，短促的夏夜已经是快尽了。他在高空中飞行了不久，大地与海便都已浴在朝阳的光中。那时从南方来了一阵狂风，驱逐了一群的白云，在前飞奔着。这风的力太猛了，竟将波修士吹出了正路而到了极北的希卜波里亚人（Hyperboreans）的地方去。在那地方，终年没有雨，没有冰雹，没有雪，树木也不落叶，四时气候皆是温和，因为这个国家的疆域乃在北风的冰冷的呼吸之外。那个地方的人民也与他们不同，他们不知忧闷疾苦，也不会老，但康康健健的活到了一千岁之后，他们便一点也不痛苦的入于不醒的长眠中。这个有福的人民乃是属于阿波罗的，他们以音乐与歌崇拜他，又祭他以野驴的牺牲。当黑暗的寒冷的冬天到了时，阿波罗便离开了他的得尔福的住宅而与希卜波里亚人同住着，直到了第二年春天再回到大地上时。许多人出发去寻求这个神奇的地方，但没有人达到那里去的。其实在的原因是：通到那里去的只有一条路，而这条路却是一个隐路，除非为天神们所保佑，没有一个凡人能够走到了这条路上去。现在，宙斯为了给光荣于他的儿子，使他先于一切凡人走到这条神秘的路上，于是波修士便到了阿波罗的快乐的人民之中。他们快乐的接待他入室；那一天，他看见他们杀牲祭神，还和他们同宴。但当太阳西斜时，他便站起身来和他们告辞，说道，他还有很远很远的路要走呢，即要到大洋的门去，于是他又飞到广漠无垠的天空上去了。他跟随了赫利俄斯的熊熊的车辙，翱翔过半个世界；而在远远的远远的下方，山峰，森林以及蜿曲如带的河流都清楚而细小，如在一个图画中。正当太阳沉入它的大洋床上时，波修士也到了地球的最边岸了，便降到"微光之地"的雾与阴影中去。

他看见了雅典娜所说的洞穴，"灰妇人"们正坐在洞口，她们咿唔着一曲怪奇的小歌，她们的盲然而苍白的脸在微光中看来如鬼魂似的。一个妇人手中执着她们所共有的独眼，这只眼如红宝石似的灼灼有光。当她将这只眼传递给她的隔邻时，波修士冲向前去，从她手中抢了去。她高声哭叫道："唉，姊妹们呀，我们所恐惧已久的他，已经来了，不为我们所见的将我们的独眼劫去了！"那两个妇人也如冬天的风似的呻吟着。但波修士叫道："因为你们知道我，老太婆们，你们一定会猜得出我所求于你们的事。告诉我到哪里去找戈耳工们，我便还了你们的眼睛。如果你们拒绝不言,则我便要将此眼踏在脚下,或投入大洋中了。"

"除了此事之外,别的随便你问,宙斯的儿子,""灰妇人"们哀求道,"光荣,财富,国王——这些我们都可给你,虽然我们是那么穷苦可怜。你要什么,我们都可以给你,只要你还了我们的独眼!"

"不,我一点也不注意那些东西,"波修士说道,"因为在我的心中,除了我所要寻求的东西以外,别的全不注意。回答我,妇人们,否则你们将终古的瞑坐在黑暗中了。"

"灰妇人"们见他不为所动,便指示他沿了大洋岸向南而去,直等到他到了一个岩石的小岛,紧靠在一个高岩之下。这小岛乃是戈耳工们的巢穴。现在,波修士依言到了那地方,看见一片黑色的险岩,由海由陆都不可近;在微光中,只见危峰四耸,险浪在岛边冲击不已,浪沫白而有光。他隐隐约约的看见有三个有翼的人形,共伏在岩岛的平顶之上,有如巨大的海鸟们栖憩于彼。于是他飞憩在她们上面的危岩上,等候着明月的东升,俾得看见三个之中,哪个是他所欲杀的。但,为了疲倦过度之故,他躲下身去,睡了一会。当他醒来时,明月已经如圆盘似的升上在高天之上。熟睡着的三个戈耳工们的形状,在月光之下如在白昼似的一样看得清清楚楚。波修士执了钻石的镰刀在手,轻悄无声的飞到了她们的岩岛上,极谨慎的走近了她们,专心的凝视在明镜似的雅典娜的盾面上。他在盾上看见了白鹅翼的墨杜萨的影子,她的蛇发,她的美丽而可怕的脸部。正当他在盾中看着时,她忽然睁开了灼灼的双眼,以说不出的恶狠狠的视线四望着……仅是她的影子已足够冷却了这位英雄的血液了。他耸耸肩,心里震跳着持刀斩下去……当他割稻似的扬下去,那柄弯刀的锋口在空中熠熠的发光……一阵可怕的咝咝之声……一声重击……这个戈耳工的头颅已滚到他的足下了。当他握住滑腻的死蛇时,颇有些栗惧,然而他竟握住了蛇发,将这个戈耳工的头颅塞入他的行囊,如一支箭似的向天空冲飞而去。正在这时,一阵非凡间所得闻的呼叫,告诉他墨杜萨的姊妹们已经醒过来了。这两位姊妹飞上了空中,鼓拍着她们的鹰翼,四面的狂飞着,要寻找杀墨杜萨的仇人。不可见的英雄却注意到雅典娜的吩咐,轻悄悄的飞过了她们,向东而去。

现在,这位女神她自己,也不为人所见的站在岩岛上,波修士的身边,鼓励勇气于他心中,使他的手臂格外有力。当戈耳工们猛冲着要来复仇,晕倒在墨杜萨的无头尸首之旁,高声的痛哭着时,雅典娜还逗留在那里未去。那个悲歌是那样的惨美,连雅典娜听来也为之感动悲伤了。不久,她便创造了笛,用以模拟戈耳工们的悲戚的音乐。她将这个乐器给了凡人们为娱乐之用后,还教他们以模拟蛇发女郎们的挽歌的调子。

但当她们还悲歌着,美丽的女神还不为她们所见的站在那里时,一个奇迹中的奇迹在她们之眼前出现了。从流注成一个黑泊的墨杜萨的血中,涌出了一匹神骏异常的马,如冬雪似的洁白,一对天鹅般的大翼伸出它的肩部。当戈耳工们诧异的望着这个生物时,它已翱翔于空中,离开了她的宗人逝去了。然后雅典娜出现于她们之前,说道:"神与人所同憎的姊妹们,墨杜萨的儿子是一匹有翼的马,你们为什么觉得可怪?你们不知道她的情人乃是驯马者普赛顿,而他和她结合时乃变了马形的么?看呀!我现在已经对她报复了她玷污了我的利比亚神庙的仇了;她乃敢在处女神的庙中作恋爱的拥抱。这乃是我帮助了波修士到这里来的,他已经将墨杜萨的头颅斩下取去了。至于墨杜萨的神奇的儿子,它的神父已留养了它,过了不久,便要领它到一个凡间的主人那里去了。但过此以后,他便要留养于宙斯的黄金的马厩之中。"

雅典娜说完了话,自行前去,不顾戈耳工们的悲泣。据水手们告诉人说,他们驶行过西班牙的沿岸,在明月光下,还可以在风中听见她们的悲鸣,且还可以在岩上看见她们的黑影,俯伏在一具无头的尸上。

波修士转身背了大洋河而飞行,飞过了山脉,飞过了平原,飞过了地中海许多路。他足上为赫耳墨斯的神鞋所托住,比鸷鹰还疾的飞行着;在灰白色的黎明时,他已飞过了库瑞涅(Cyrene)的高山,尼罗河的为迷雾所封的河口。在太阳初升的时候,他已看见埃塞俄比亚(Ethiopia)的岩石的海岸线在他的面前了,在那里从海边扬起了一阵大哭之声。波修士飞近了,去看看这哭声究竟从何处而来。他看见一大群的男男女女,站在高耸的红色岩的边上,全都以恐怖的脸向海而望,高声大哭;危岩之下,在一条窄长的沙地之上,有一个白色的人形站在那里僵直不动,有如雕成的石像……但飞近了一看,波修士却见她乃是一个活的女郎,被铜链缚住在水边的一具桩上,她的玫瑰色的肢体是赤裸无蔽的,只有黑色的长发披到了她的膝盖。她的头向后仰着,她的眼睑紧紧的闭着,假如她的红唇不时时的如一个人在极痛楚中似的颤动着时,波修士一定要以为她是眩晕过去的了。

见了这个情景,英雄的心又怜又怒,他飞停在沙地上,脱下他的隐形帽。"啊,最美丽的女郎",他温柔的叫道,"什么坏人胆敢这样的使你受苦呢? 不管他们是谁,他们都要重重的受罚!"她睁开了她的温柔的黑眼,诧异的凝望着他,微声的说道:"我所见的在我面前的是一位神道么? 唉! 但愿你是居住在俄林波斯山上的一位神。不要讥笑我,因为你很知道我是在这里等候着我的运命。"

"我不是一个神,不过是一个妇人之子。"波修士急忙答道,"然而我却有神道们帮助着我,我很相信,是他们送我到这个地方来,用了他们的一件赐物,我可以把你从这个可羞的束缚中解放了。"他从行囊中取出海淮斯托斯所铸造的镰刀来,斩断了缚着她的铜链,有如斩断朽绳那么容易。她的美手一被释放了,这位女郎便将她的黑发,更紧的裹蔽了她的身体,她脸上如玫瑰似的羞红。然后,她突然的悲哭着说道:"唉,和善的少年! 你斩断了我的铜链是没有用的,因为我无处可逃⋯⋯我被放在这里要残酷的死去⋯⋯时候到了⋯⋯唉,立刻逃开这个地方吧! 我请求你,否则,你也要可怜的死了。"

"你以为我是那么卑鄙无用么?"波修士叫道,"不,我要救你,如果天神们愿意。如果不,则生而为一个懦夫,不如死好! 现在快快的告诉我,你所说的这个运命是什么呢? 如果我猜得不错,这乃是从海中而来的,前面有大群的人在等望着它呢。但说呀,且让我知道我所要遇到的是什么样的对手!"

"一个从海中来的巨怪,"女郎说道,"为的是普赛顿和我们生气,送来为害于我们国中的。唉,勇敢的少年,所有你的勇力对于它是一点也无所施的! 它比五十支桨的大船还巨伟⋯⋯没有刀刃能够刺进它的黑而巨的腹中⋯⋯它的大牙床上,有三排的铁齿,而且喷吐着一种致死的蒸汽。每一天,太阳升起时,这个怪物便上岸来寻求食物,每天都来——因为它在岸上也如它在水中一样的行动敏捷——他捉了牛畜,男人,女人,生吞了他们下去。一只牛,他们说,不过只够它一口。它为害了一天,害了不少的人畜! ⋯⋯后来,昨夜,一个神示说出这乃是因为普赛顿的愤怒之故，除非将国王的女儿献给了这个怪物，它的怒气才能够平息下来。……"

"而你便是她么？"波修士叫道，"告诉我你的名字，小姐；和你父亲的名字，他所统治的是哪一族的人民？一个野蛮的民族，然而一个更野蛮的国王，竟将他自己的女儿送到了这样的一个结局！"

"不，他也是无法可想，"公主说道，"一个女儿死了总比全个埃塞俄比亚国家都灭亡好些。因为，你要知道，这个地方之名乃是埃塞俄比亚。至于我父亲之名呢，是刻甫斯（Cepheus），我自己则名为安德洛墨得（Andromeda）。"

正当她说话时，他们上面的危岩上的人众都同声恐怖地叫起来；在他们足下的海水如一只锅水似的滚沸着，有一个大动物向沙地而来。这是一只如黑船倒翻过来的东西，由海中现出来，哗哗的登了岸。一个可怕的头，紧近于波修士所站的地方；那么近，它口中的腥气竟温热的拂到他的脸上。但英雄如思念之快，将安德洛墨得拉到了他身后，从行囊中抓出了戈耳工的头颅，正向着这只怪物的小而恶毒的眼冲去。看呀，当它们与已死的墨杜萨的眼相接触时，它们便连瞬也不能一瞬的凝固着了；它的大嘴，仍是大张着，但嘴中却不再有呼吸透出了，所有它的巨体都变成了岩石！据说至今还在那里。

站在高处观看的人——他们乃是邻近城中的全体人民——并没有看见有一个外来的少年和安德洛墨得谈着，因为她为悬岩所蔽，他们几乎看不见她，且他们也只专心的望着巨怪的出现。他们为他们的惨死的公主而悲哭着，然而大众又都偷偷的希望着要知道，这可怕的牺牲的告成，俾他们得以逃出了天神送来的恐怖的掌握之外。但当他们伏身于岩边，向下望时，却看见这个怪物上了岸，又见到继于其后的奇迹，便都大声欢呼，感谢天神，大叫道，一个天神幻化为一个凡人，来救全了公主。全体人民都由最近的路奔到海边，拥挤于波修士的身边，跪在他的足下，赞颂他，祝福他。但他在这时，却将安德洛墨得包裹在他的大衣之中，握扶着她在臂间；她是几乎要晕过去，脸色苍白异常。他不耐烦的叫道："朋友们，不要谢我，我也和你们一样的是一个人；你们去谢天神们去吧！特别要谢雅典娜，因了她的福佑，我才能将这可怕的怪物毁灭了。现在，请你们中的几位，将你们的公主抬到她父亲宫中去，至于我呢，我还要赶路前行呢。"

于是安德洛墨得从他的肩上抬起了头，挺立在那里，以坦白感激的眼光望着他，说道："你不要离开我，人类中的最高贵者，等到我父母看见了他们孩子的救主——没有别人的手，只有你的，才能将我还给了他们，如从死中还给他们一样。请你现在就和我们同走吧！我是强健的，不要人抬，只要依靠在你的臂上便够了。"

"随你的意吧，美丽的安德洛墨得，"波修士说道，"因为我不是一个鄙夫，会拒绝你的那么细小的一个希望的。"

于是全体的人民都欢呼着；当他们望着刚才还是他们的恐怖而现在已化成了岩石的怪物时，他们便匆匆的飞奔进城，要将这个惊人的消息报告给国王知道。但波修士和安德洛墨得却走得比较慢；因为他们一路上有许多话要谈。其初，她问他的姓名及父母；她热切的问着他，温柔而好奇的望着他，一层层的问着，直将他所有的身世都知道：达那厄的故事，他在西里福斯的幼年的事，以及他为何要去寻求戈耳工的头颅，以及以后所发生的神迹。然后波修士也回问着她；问她普赛顿为何对于刻甫斯及他的人民们发怒。"唉！"安德洛墨得说道，"我们全都为了一个人的罪过而受害；那个人便是我的母亲，王后卡西俄珀（Cassiopea），因为她长得异常的美貌，她也以此十分的自傲；她夸说，她自己比之时游于我们海岸上的海中仙女们还要美丽。不，她还禁止我和我们城中的女郎们依照着向来的风俗，献花于建在海边的她神坛上；她说，她自己比之她们更值得受此光荣。于是，如神示所指出的，仙女们便向他们伟大的宗人普赛顿控诉我们；他送了这个怪物来害此土，俾卡西俄珀不得不献出她所爱的女儿作为牺牲以献给被违侮了的海中诸后们。"

此外，当他们在绿草地上走着时，少年与女郎还谈了许多的话。他们到了城边时，他们的谈话已成为如熟悉的朋友似的谈话了，他们的心已彼此的固结在一起。国王刻甫斯和王后卡西俄珀在城门口迎接他们；贵族们人民们拥拥挤挤的站立着，全都穿了宴会之衣，头戴花冠；当她的父母们喜得出涕的抱着安德洛墨得时，他们并也欢迎波修士，热切的感谢他。国王问知了他的名字之后，便对他说道："啊，波修士，我要给你什么报酬呢，你这位救了我独生女的人？你有广大的土地，或我们的最肥美的牛羊，或装载了埃塞俄比亚的黄金的一只船么？尽管向我要你所欲的东西，且取了它，取了半个王国也不惜。"

于是波修士说道："唉，国王，我既不欲也不配接受报酬，为的是，我之做此，纯因了雅典娜的保佑。但你既允许给我以任我所择的赠品，那么，便给我以这位女郎为我的新妇！"

"那我很愿意，"刻甫斯答道，"因为谁能更配娶她呢？她将有一个高贵的丈夫，我也将有一个女婿能给我家以光荣的名誉，我们知道天神们显然的注定了要你为著名的历险的。但愿他们祝福这个婚姻，给他们以如他一样的儿子，当我去世之后，承继我的王位。至于你自己呢，我将使你成为一个王子，为嗜战的埃塞俄比亚人的一个领袖。"

"你不要以我为忘恩背义，埃塞俄比亚国王，"波修士说道，"但我不能住在你的国内。因为第一件要事，我必须回到西里福斯的小岛的家中；我已和那个国王立了誓，要带了戈耳工墨杜萨的头给他。那个头我已放在我的行囊中了，海兽之化石即此头之魔力所致。但当我实践了我的允诺之后，我便要回到我的生地，著名的阿耳戈斯，为的是我是那个地方的继承人；我是达那厄的儿子，而她则为老年国王亚克里修士的独生女；现在，我已成人，我便要到我没有见面过的外祖父那里求我应得的权利了。他是一个凶猛无人心的人，以一个不名誉的虚罪乃投我无辜的母亲于海中，那时，我还是一个无知无识的婴孩呢；现在他必须偿她所失，否则将有所不利。"

刻甫斯听了他的这一席话，心里很悲戚，说道："虽然你所要做的事是很聪明，很好的，阿耳戈斯王子，但要回到你的远地的祖国去，假如不是为了我已允诺之故，你不该带了我的女儿和你同去的。"王后也高声的插上去说道："唉，英雄，你忍使这位女郎，那么娇美的一个美人，当你寻求幸福时，跟随了你跋涉各地么？"

"让她去选择吧，王后，"波修士微笑的说道，"如果她不愿意和我同去，那么，我将国王所说的话给还了他，不作准。"

"说得不错，"刻甫斯叫道，"现在，女儿，你怎么说？你要和你的父亲母亲及宗人们同居着呢，还是跟了这个异邦人到了异邦去？"

女郎垂下了眼，脸上羞现出爱神自己所有的红色，轻轻的说道："我将跟随了波修士去，我的父亲，虽到了地之末端也愿意。为的是，我现在是他的了，不是你们的——啊，求你们原谅——你们已将对于我的一切权利都给了新郎'死亡'了。我给他以他所救的生命；他到那里去，我也要去；他住在那里，我也要住在那里；天神们给他以祸以福，我也将同享同当。"

"随你的意吧，女儿，"国王说道，"我今天看见这位少年得到了双重的胜利了；不仅雅典娜保佑着你，阿佛洛狄忒也和你友善呢。娶了你的新娘，王子波修士：我很高兴的联合了你们的手。现在我们要到宫中去，谢了神之后，你们的结婚宴便将举行了。"

那一天，全城都休假庆祝。国民们由远由近而来，他们听见此地的恐怖已不再有，都热心的要一见结果了它的英雄。国王刻甫斯终日的开宴，以接待一切进他宫廷中的人；宴席是那么丰富，你们将以为天下了肉与酒下来。到了黄昏时，波修士和安德洛墨得的婚礼便依据了埃塞俄比亚的风俗，严肃，宏丽的举行着。国王和王后都恳留他们的女婿留住七天，一边他们可以预备一只船，装载了财宝，珍奇，美冠，佳服，以及一切属于一个公主的嫁奁之物，俾安德洛墨得在她未来之家中可以安适如常，一物不缺；在这七天中，婚宴仍继续的举行着。但在第七天上，国王和他的男客们宴后正憩着时，宫门外却有喧哗的声音。突然的，一队盔甲绚烂的兵士冲进了大厅，喊叫着，扬着他们的矛。他们的领袖是一个巨伟的黑髭的埃塞俄比亚人，全身武装，闪闪炫目。他走到国王座位之前，恶狠狠的望着他，说道："虚诈的刻甫斯，我怎么会听见你将我的未婚妻又嫁了别一个人的消息呢？你不曾立誓给我以你的美貌女儿为妻，以酬我的战功么？啊，你活该发抖了，脸色苍白了！我对着一切天神们立誓，我必要杀死了你，虚诈的王！但看在我们同宗的面上，如果你立刻交出了安德洛墨得给我，我便放了你。"

"高贵的菲纽斯，"国王说道，他真是不能隐匿了他的恐惧，"我破坏了婚约，这是真的，但此外我何能为呢？当这位异邦王子救了她时，我的女儿已是当作已死的人的了。他要求娶她为妻以作报酬，诚然的，这不算是夺了你的本已永远失去的东西以给予他吧？请平心静气些，好宗人。为了补偿你，我将允许给你以两倍于公主的嫁奁的纯金。但至于她自己呢，她已经结了婚，你知道，这已不可挽救了。"

"为何不可？这将要，这必须。"菲纽斯叫道，"你想想看，自从这个消息来了以后，我和我的兵士们从你的边界上日夜奔驰回来，为的是什么？不要再废话了，我说！你看，你们在这里的全都是身无披挂的——你的百姓们如羊般的怯弱——我已置你于我的权力之下了。立刻去唤了那位女郎来，让我们和她和和平平的并骑而去，否则我便要使你的宴厅流血如一家屠场一样的了。"

于是波修士从他的席上站了起来，他的利眼在他的紧皱的额下，如钢铁般有光；当下他叫道："威吓放纵已经足够了，野蛮人！现在听我说，因为这是由我引起的争端，你所要斗的乃是我，宙斯之子，而并不是这位和善的老王。你且及时的觉悟着吧！走开去，不要再扰乱我们了，因为你如果表示一点强暴，你和你的兵士们便将都是死人了。"他说了话，便拿出放在他身边的行囊。

"啊，你相信你的魔术，年轻的巫士，"菲纽斯冷笑的答道，"但这一次你将无所施其技了。"他喊着他的战号，拔刀在手，向波修士冲去，他的矛手随于其后。

但他高叫道："全体朋友们，静静的闭上了你们的眼睛！"突然的他一手执了可怕的墨杜萨的头颅，直伸出去，如盾似的挡着他们的恶狠狠的脸……喧哗与兵器之声立刻死寂了下去……厅中一切都沉寂无声，呼吸可闻……然后波修士以平静的声音叫刻甫斯和他的客人们睁开眼来，他们看见前面所站立的不复是恶狠狠的战士，却已是石像的敌人了！菲纽斯的手臂正扬了起来要击过去，愤怒的脸正凝固着，永远不变……

在他左右的从人，每一个都执了一矛，作势欲投，头向前，眼专注……他们无生气的站在那里，那样神采奕奕，没有一个雕刻家能够雕得出。他们将永远的站在那里，直到了"时间"的大手扫开了埃塞俄比亚的古国，荒芜了刻甫斯的城邑，而这些石像仍然存在。国王为这些人可怕的结局所震骇，不叫他们将这些石像移开了，却将这个宴厅的门用墙堵塞了，自己另外去建了一个。

第二天，波修士和安德洛墨得拜别了刻甫斯和美丽高傲的王后，走到了海港，他们的船已在港口等候着了。这船为许多精壮的奴隶所驾驶，公主的一队侍女也都上了船。一大群的人民祝着祷着，送了他们上船，眼看着他们扬帆而去。他们沿途顺风，几天之后便到了西里福斯，抛锚于此岛的寂寞的小海口。于是波修士跳上了岸，匆匆的向城而去。他所遇见的第一个人乃是善良的渔夫狄克堤斯，他自从由海中救了达那厄和她的婴孩上岸后，始终善待他们，为他们之友。

少年快乐的招呼着他，说道："和我一同快乐着吧，最好的朋友，因为我已得到了我所寻求的东西，而且还有许多许多别的！你将会听到一切的——但先让我们快到我母亲那里去，她看见我安全无恙的归来，将要如何的快乐呢？以后，我带了我的礼物到国王那里去——这件礼物在这里，在这个行囊中——但是，朋友，你为何半声儿不响，那么忧郁的望着我？唉，天呀！我的母亲……有了什么不幸的事吗？"

"是的，波修士，"狄克堤斯忧郁的说道，"很不幸，虽然不是最坏的——不，你要镇定些，她还活着呢！但我这个最坏的兄弟，最后却掷下了他的面具了。你离开了西里福斯不久，他便到了达那厄那里去，要她在两者之间选其一：嫁给他，或者在狱室中受饿。当他看见恐吓不动她时，这坏人便将她用铁链锁了起来，投入黑暗的狱室中。他以面包及水度她的生命，每天去看她一次，恐吓她说，如果不答应，将有更坏的侮辱在后呢！但没有东西能够动摇了她的高贵的贞心。我久已疑惑他对于她有恶意，现在是很明白了，他差你到那样的危险的寻求上去，一定是希望你永不归来为她报仇的了。"

波修士听了这一切的话，如被焦雷所击的人一样，但当狄克堤斯说完了时，他以愤怒得颤抖的声音叫道："他要看见他派我去寻求的礼物的，他要看见它的来到，狄克堤斯，我们且到宫中去，一刻也不要耽搁！"他如一只鹿似的飞奔前去，一边跑，一边将行囊解开了。

"但愿天神们帮助那个孩子！"诧异着的渔夫说道，"实在的，这些噩耗竟使他丧心失志了。他乃以为柏里狄克特士会因为他带给他一个戈耳工的头颅，而释放了他的母亲么？唉，毋宁说他是要杀死了他呢！但我要跟了去，尽我的微小的力量去卫护他。"

狄克堤斯也尽力的向城中狂奔而去，他是那么好心好意，虽然波修士立刻便远越过他的前面而去。他在少年进宫去之后，在国王的宫门口站了一会儿。柏里狄克特士坐在厅中的上端，许多友人依次而坐，酒杯在手，他的面前有一张银的圆桌，他的双眼，闪闪着死憎之意，凝在达那厄儿子的身上。他站在他面前不远的地方，默默不言，右手伸出，执着行囊。国王以低微的不自然的声音对他说着话。狄克堤斯听不见那话，但他看见国王说完了话，他的友人们便忍不住的一个个带着侮辱的大笑不已。于是，当大厅中还响着他们的讥笑之声时，波修士却快步而前将打开了的行囊抛在桌上，叫道，"这是你所欲的礼物，柏里狄克特士！好好的望着它，国王，告诉我，这究竟是不是戈耳工的头颅？"

但柏里狄克特士却永远不能回答一句话了，因为当他的眼睛与盲了的向上翻的墨杜萨的眼睛一望时，他便凝固而为石了。至于他的快活的同伴们呢，有的惊喊着逃出了大厅。有的则恐怖得半死，跪在波修士的足下，恳求他的赦免。"愚人们！"他说道，"我为什么要害你们呢？宙斯的鸟肯与啾唧的麻雀们宣战么？"他疾掩了行囊转身走到门口，狄克堤斯在那里遇见他，颤抖而且迷惑着他所眼见的奇事，然而心里却高兴着那位专制魔王是不再有的了。

这两位朋友匆促的到了达那厄所囚的阴暗的狱室中去，但守卒们已经听见了那个消息，他们深惧着波修士，已匆促的将那位温柔的囚徒带出了狱室……据说，只有一次，眼泪从这位神似的英雄的眼中流出，而这次便是当他看见他母亲为铁链所锁，死人似的苍白，为忧苦与乏食弄得只剩了一个影子，被他们抬了出来时……但所有的可怜的境遇，都如做了一场噩梦似的过去了，当达那厄觉得她儿子的健臂再度环于她的身上，且看见额前的胜利的光……

现在，西里福斯岛上的人全都到波修士那里去，要请他为此岛之王。因为大众见了以铁棒统治着他们的柏里狄克特士已死，心里全都十分快活。但波修士却答道："好朋友们，那是不能够的。因为我还要到别一个国中去，即著名的阿耳戈斯，那一个国家乃是我所应受的土地。我必须立刻别了此地；但在我扬帆告别之前，我很愿听见你们立誓公举，拥戴一个更有价值的国王——聪明正直的狄克堤斯。"

所有的百姓们都同声的答应道："我们愿立誓，伟大的英雄！因为你必须离开我们，狄克堤斯要成了我们的王。"于是波修士和他的母亲与新王告别了，也别了所有岛民中的他们的朋友们而上了宏丽的埃塞俄比亚船上。他们两位如此的离开了西里福斯，乘了一只和十八年前来时大为不同的船；他们带去了那只木箱，作为那个神异的旅行的纪念。

当他们驶行了一天一夜时，便可看见阿耳戈斯的海港了，但一阵狂风吹了起来，将船吹离了正路，远远的向北而去，直到了船主不得不将船停留在底萨莱的一个海湾中。有几个农夫跑来看这只外国船，从他们的口中，波修士知道了这国的名称；离此不远，便是拉里萨

（Larissa）的古城，他们的国王条太米士（Teutamias）为了祭献他的亡父，那一天正举行一次竞技会，允许一切的来人参预此会。波修士为神灵所催促，竟决心要跑去看看，且参加竞赛。他独自一人到了坚墙的拉里萨。他在比拳，相扑，赛跑上，都占胜了底萨莱的少年之花。所以条太米士和所有他的人民都诧异的不知这位神似的客人是谁。但当投盘时，波修士竟那么有力的将盘投了出去，这盘竟远离了竞技场而落到观众之中去了。尖锐的铜边击中了坐在国王右手的一位老人，正中了他的太阳穴上。他跌倒在地，他的银发全沾了血，没有呻吟一声就绝了呼吸。波修士心中充满了悲闷，他问旁立者这老人是谁，他们答道："这人是我们国王的客人，阿耳戈斯的国王亚克里修士，他昨天才到这里来。"这使他更为恐怖着。

于是波修士自己通名于底萨莱的国王，将他母亲的故事全都告诉出来；开始于那么多年以前的得尔福的神示所说的话，而现在却竟于不意之中实现了。"运命的工作诚是神怪无比的，"条太米士说道，"任何凡人要想逃避了它所预示的运命是决不可能的。亚里克修士逃到我这里来，为的是一个奇怪的谣言传到了阿耳戈斯，说，达那厄的儿子还活在世上，他要回家来为他母亲复仇。他年纪已老，精力渐衰，他的唯一的希望，如他所想的，乃是弃了他的国，逃到这个希腊的僻壤中来以求安全。凡人的眼怎么会预先看出，他竟会在这个异域，遇到了神巫所久已示警于他的时间与人呢！"

于是波修士知道，狂风吹他到底萨莱海岸来，并不是偶然的事。他的似乎不幸的投盘却正对着天神们所指定的鹄的而落下。但他却忧郁的离了拉里萨，又扬帆而去。因为，虽然这全是不自知的完全出于不幸的机缘，他却究竟自己沾染上了亲人的血在身上。为了这个原故，当他最后到达阿耳戈斯时，他竟不欲接受了他外祖父的国家。他和他的亲属米格潘西士（Megapenthes）交换了一个城与领土，米格潘西士乃是底林斯国王柏洛托士之子。

现在雅典娜她自己来洗清她所深爱的英雄的血罪。他在还给她赫耳墨斯和普路同的神物之外，还献给她以墨杜萨的蛇发的头颅，这个头颅自此以后便永饰在这位战士的女神的胸甲之前。此后，波修士听从了一个神巫的话，由底林斯出发，建筑了伟大的坚城密刻奈（Mycenae），在他国境的北部。他和平富裕的统治了许多年，他的温柔的母亲,死了葬了。在时间届满时,他和他的美貌的王后也都离开了世界。但宙斯却不让这两个人住在地狱之中,他将他们的灵魂飘泛于依里西亚草场(The Elysian Meadows)之上,又将他们的身体,变作了那些光明的星宿,至今我们尚名之为波修士与安德洛墨得。在他们的左近,神之王也安置了卡西俄珀坐在王位上的形体。

三　墨兰浦斯

亚克里修士的兄弟与仇人,国王柏洛托士,生了三个美貌的女儿,这三个女郎,乃是未之前见的傲慢的人。阿耳戈斯的赫拉的古来有名的神庙,就在她们父亲的底林斯城的左近,所有国中的妇人门,都一年一度的到这庙中去,举行祭献的典礼。那时,赫拉的女祭师将抬出了她的圣像,如一个新妇似的幕着脸,戴着冠,坐在一辆金色车中,车拖以白牛,驱过了城中;而妇人们与女郎们则成列的带着花圈火炬,随在车后,口中唱着结婚歌,以荣这位宙斯的王后。但三位傲慢的公主们则自以为不屑杂在一个卫送女神的队伍中行走,也不欲听见人们除了她们之外,还赞颂着任何神或人的美脸。在举行大祭之时,她们都留居宫中不出。有一天,当她们从一个窗中看着外面的送神队伍时,她们就对着经过窗下的圣像讥嘲着,使一切人民都听得见。神后赫拉很快的便报复了这一场的侮辱;就在那一夜,三位公主俱为疯狂所中,从城中冲跑出去,在山间狂走大叫着。国王柏洛托士和所有他的人追在她们后面好几天,都不能将她们领回;也没有人能够捉住她们,因为当任何人走近了时,她们便如野鹿似的迅奔而去。于是国王智穷力竭,只好派遣使者四出宣告,如有人能医治了他的女儿们的狂病,便将给他以厚酬。于是有一位先知从西方的米西尼亚(Messenia)到他们国中来,他的名字是墨兰浦斯。

这个墨兰浦斯乃是埃俄罗斯系的小孙;他是伊俄尔科斯城的国王埃宋的弟弟亚米赛安的儿子,他在米西尼亚已获得了国土与王位;他是他家族中第一个具有先知的权力的人。这乃是他怎样会得到这个权力的原因:有一天,他打猎倦了,便在树林中倒身入睡;当他熟睡时,一对蛇从它们的洞中爬出,以它们的柔软的舌头舔着他的眼皮和耳朵。墨兰浦斯被舔而醒,那两条蛇立刻游开去了;但它们走去之前，他却听见它们彼此互语道："现在我们已报了去年救了我们的命的恩德了，那时他的仆人们在我们的巢中杀死了它，还要更杀死了我们。"当他还静静的躺着，觉得诧怪不已时，他又听见两只啄木鸟在他上面的树上互语着，完全听懂了它们所说的话。从那一天起，墨兰浦斯同时成了一个先知和一个大医士；因为被蛇舌的魔力所中，他的眼睛能够看见他人所不能见的幻影；他的耳朵能听他人所不能听的禽兽的一切对话，这些话比我们自己更近于大地母亲之心中，且更为知道她的秘密的花草河泉的医病的能力——到什么地方去找某种石块，能够抗治某种疾病与毒药——这一切，墨兰浦斯俱以勤恳的听着林中动物们的谈话而获得。

他到了国王柏洛托士那里，便说，他可以治愈了他的女儿们的狂病，只要他许他自己说出他的报酬来。国王问他这个报酬是什么，先知便答道："你的国土的三分之一。"柏洛托士愤怒的拒绝了他，而且命他速去。但现在，一切底林斯的妇人都犯了同一的狂症，她们也逃出了城，在山中漫游着。国王为百姓们所迫，不得不去请了墨兰浦斯来，答应给他以他所要求的东西；因为百姓们知道了此事，群起暴动，要求国王柏洛托士不惜任何代价，以免除了赫拉被他的女儿们的罪过所激怒而给他们的狂疫。墨兰浦斯又被追回了；但他现在却说，若柏洛托士给他以三分之二的国土，他便能医愈那些妇人；一份给他自己，一份给他的兄弟比亚士（Bias）。当国王怕人民们的叛变，连这个也允许了他时，墨兰浦斯便吩咐底林斯的所有男人都跟他到山上去，他使他们将妇人们追赶着，如一群鹿似的，向一条溪流赶去；那些发狂的妇人们一经过这条溪水，她们便立刻神智恢复过来。但三位公主中的最大的一位在渡过溪时滑了一跤，川流带了她去而溺死了她。至于她的两位妹妹呢，国王柏洛托士则给了先知和他的兄弟为妻，因为他想："虽然这些埃俄罗斯的子孙占据了我的一大半土地，但如果他们的儿子是我女儿所生的话，这个土地仍不会由狄尼士家中失去的。"

过后，墨兰浦斯和比亚士在阿耳戈斯快快活活的住了好几年；人们常常的说起，这两位兄弟的友爱之挚，正可与孪生的国王柏洛托士和亚克里修士的互相仇视遥遥相对，并世无双。阿耳戈斯人还说，弟弟比亚士如敬重父亲似的敬重他的哥哥墨兰浦斯，什么事都去请教他,这是很有理由的。如比亚士自己所爱告人的墨兰浦斯不仅代他在阿耳戈斯得到了一个国王与王位,当他们俩还都是年轻的少年,同住在米西尼亚之时,还因他之故,而冒了一次最奇特的险。

这场冒险是这样的:辟洛斯的国王涅琉斯,亚米赛安的同母异父的兄弟,有一位可爱的女儿,名为辟绿(Pero)的,比亚士要娶她为妻。这位女郎对他微笑,但当他向涅琉斯求婚,愿意给他以许多的牛羊为聘礼时,国王却说道:"我只要菲拉考士(Phylacus)的牛为我女儿的聘礼,不要别的。"

比亚士听了这话,忧闷的走开了;因为首领菲拉考士住在米西尼亚的边界上,不仅因他有了一群红牛著名,还因他有了一只看守它们的奇狗而得名很大。这只奇狗如人似的机警,如狮似的壮猛,虽然西方的许多机警的窃贼常想试着去盗窃这些肥牛,一个个却都被它所获住了。使比亚士更为忧虑的是:菲特考士一捉到这种窃贼便置之于死地。在这个困难之时,他到了墨兰浦斯那里,求他为他想一个方法以获得这些牛,"因为我如果不能够娶得美丽的辟绿,"他说道,"我将终身没有快乐的日子了。"

"我要自己去取得那些牛来给你,弟弟",先知说道,"但你必须等候一年,为了你的新娘起见,你应该极力的忍耐着。因为我今夜便要去偷窃它们,而为看守的狗所获,但它不会伤害我,当它的主人看见了那事,一定会将我下于狱中,却不杀我。他将把我囚于狱中一整年,拒绝取赎,但过了一年,他却要放了我自由,还要自动的将他的牛给我。"

这一切都如先知所预言的经过了,又是由于他深通鸟兽之言,他最后竟得到了胜利。因为当一年快要完毕时,有一夜,他不能入睡的躺在狱室中,听见蚀虫们在头上屋顶中互语着,"在我们蚀断了这根梁之前,还有多少时候呢?"一条虫说道,"不到一点钟,姊姊。"别一条答道,"然后这根梁将堕了下去,屋顶也将随之而下。"墨兰浦斯大叫一声,跳了起来。这叫声惊动了他的看守者,当他们跑进去时,他对他们说道:"快点把我移出这所房子之外,朋友们,你们自己也要快些逃走;如果我们再在这里留一个小时,屋顶便要压在我们身上了。"他是那么恳切的祈请着,竟使看守者不能拒绝他,虽然他们在笑他。他们带了他,仍然缚着铁链,到了一块空地上,将他幽闭于此。他们刚刚这么做时,狱室的屋顶果然压塌到地上了！

当菲拉考士从狱卒那里听到了此事的经过时，他便看出墨兰浦斯乃是一位大先知者，立刻释放了他，如果他能说出他的独子伊菲克勒斯（Iphicles）为什么还不生儿子的原因来，他还要重重的酬谢他。

"如果我能说得出，"墨兰浦斯说道，"且还医愈了你儿子的不育症，你愿意将你的红牛给么？"

"那我愿意，"菲拉考士答道，"我虽很爱惜它们，但一个孙儿对于我却比这些牛的价值更高十倍。"

于是先知命将两只牛宰杀了，将它们的皮剥掉，抛散在田野的中间；当鸷鸟们飞来啄食尸身时，他对它们叫道："聪明的鸟儿们，如果你们能够告诉我我所要知道的事，则我欢迎你们赴我宴席。"一只鸷鹰直接的答道："伊菲克勒斯将被治愈，且能得子，如果他在十天之内连喝你磨下刀锈的水，这把刀，你可在前面的橡树干上寻到。因为，有一天，当他还是一个小孩子时，伊菲克勒斯在那株树下遇见了他的父亲，那柄刀那时正血淋淋的执在他父亲手中，为的是他刚用此刀杀了羊。孩子见了这刀便惊吓着，哭着逃开去了。菲拉考士将刀刺入橡树，跑去安慰他。他忘记了这柄刀的事，所以这刀这许多年便留在那里，而树皮也长没了它。但那株树是有一个德律阿德（Dryad）住着的，她怒着菲拉考士污了它，便迷咒了他的儿子。除了我教给的这个解脱咒之外，别的都不能破她此咒。"

墨兰浦斯谢了聪明的鹰，留下它和它的同伴们恣意的啄吃牛尸。他依据了鹰的指示，果然医好了菲拉考士的儿子。于是就如他所预言的，得到了有名的牛群，而给了他的弟弟。当国王涅琉斯接受了他所约定的聘礼时，比亚士便和可爱的辟绿结了婚，举行婚礼，大众都异常的快乐。

第三部 战神阿瑞斯系的英雄

一 亚斯克里辟士

从前在底萨莱，有一位国王，名为菲里琪士（Phlegyas）的，统治着拉庇泰（Lapithae）的诸族，住在波倍斯（Boebeis）大湖边的拉克里亚（Lacereia）城中。菲里琪士的心是骄傲的，手是满沾了血的，他自夸为战神阿瑞斯的儿子；在众神之中，仅只祭奉着他。所以他没有什么好结局，为的是触怒了宙斯。他生了一个女儿，极为美丽，名为柯绿尼丝（Coronis），阿波罗爱上了她，但她却不忠于阿波罗。他听得了这个消息，愤怒之下，便用箭将她射死了。射死之后，他却后悔不已，她身体中还怀着孕。当她躺在火葬堆上，火焰已燃着了，红舌吞吐不已时，阿波罗却说道："我的心肠不是钢制的，不能眼看着我自己的儿子和他的母亲一同死去。"他到了火葬堆上，在凡人的眼不能见到之下，从熊熊的火焰之中，由母体中救出了一个活的婴孩来。他将这婴孩交给了住在珀利翁山洞中的卡戎抚养，他对这位聪明的半人半马者说道："收下了我的这个孩子，他母亲的葬火乃使他不及期的产出，请你为我抚养着，教给他你的一切医道，他将来也会成了一个人间的伟大的医者；你可名他为亚斯克里辟士（Asclepius）。"卡戎接了这新生的婴孩，给他母亲菲丽拉和他的妻卡丽克洛乳养；她们是温顺亲切的看护者，这孩子在她们养育之下，长成得很快。在所有卡戎所照顾的英雄中，他所最爱的是亚斯克里辟士，这孩子是无比的驯良，如此的专心向学，笃于医道。他对于角力竞猎诸事，一点也不感兴趣，不如别的孩子们对之兴高采烈。他所最爱的乃是搜集知识，且在受伤生病的禽兽身上，试试他的神技。最后，卡戎对他说道："我最爱的学生,你已经尽学了我所能教给你的东西了,在技术上,你已比你的先生还高明。现在,你必须依照了你父亲阿波罗的吩咐,到人间去救治伤病者。"他亲切的送了这位少年人下山而去。

亚斯克里辟士在希腊全境中,一城一城的游历着,医愈了一切的病症。他的医道是最为神奇的,无论什么病,一经他诊治,便无不霍然而愈。他每到一个地方,百姓们便赞颂他,重酬他。亚斯克里辟士仔仔细细的为他们医治着。过了不久,他便定居于一座海滨的可爱的厄庇道洛斯(Epidaurus)镇上。许许多多人到他那里去求医,他的名誉传于希腊全境。有好几年,他快乐而光荣的生活着。但他却有了一个罪恶,这罪恶即最聪明的人也免不了要犯上的——那便是贪多务得。有一个时候,有人抬了无数的黄金送给他,要这位神医复活了一个被杀的人。有的人说,这个被杀的人乃是伟大的克里特王弥诺斯的儿子安德洛革俄斯(Androgeus);别的人则说,这个人乃是提修士(Theseus)的儿子,美貌的希波里托士(Hyppolytus),为他的自己的惊逸的马所拖致死。无论如何,亚斯克里辟士却收下了闪闪耀人的黄金,以他的神技,治愈死人的伤痕,在一瞬间从地狱的囚室中唤回了他的灵魂。但过了一刻,一阵雷火却将治人者与被治者都击死了;因为宙斯忍耐不住见一个凡人乃欲违抗"运命"的判决而行。

阿波罗见他儿子的死亡,便大怒不已,为了要复仇,他到了伊特那(Itno),射死了制造雷火的独眼巨人们。宙斯为了责罚他的这个擅杀,命令将他逐出天国一年,在这一年中,他要为一个凡人服役。因此,阿波罗便到了人间,和斐莱(Pherae)地方的国王阿德墨托斯同住,做了他的牧人;国王款待他很好。至于他如何报答国王的恩义,将在本书中叙述赫克里斯的历险时见到。但阿波罗满了一年的刑期时,他的父宙斯乃与他重和,允许他要求一个愿望,以为重新的爱感的表记。于是阿波罗便为他的爱子求得了一个神奇的恩典,即亚斯克里辟士的肉体和灵魂都升到了天上,进入神宫之中,饮了仙液,得预与不朽的诸神之列。宙斯立刻答应了他的要求,因为他也不是不曾想到亚斯克里辟士所给予受苦的世人的福利的。所有俄林波斯山上的天神们都欢迎这位新神的进入。

亚斯克里辟士在世时,曾生了两个儿子,一个是甫达里洛士(Podalirius),一个是马卡翁(Machaon);他的医术也曾传授于他们兄弟。

这两位英雄在后来也大得名,他们乃是希腊围攻特洛亚(Troy)城时的名医。他们的后人,住在柯斯(Cos)岛上,世世以医为业。在亚斯克里辟士成了神之后,他又生了一个女儿名为海琪亚(Hygieia),一个男孩子,名为特里斯福洛士(Telesphorus)——那就是"痊病者"。这两个孩子和他们父亲同在后人所建的在厄庇道洛斯的庙中受崇拜。千年过去了,病者,盲者,跛者,无不来求这个神医的医治;他们祷求祭献了以后,便睡在庙中的廊前一夜;亚斯克里辟士对于虔心祷求的人,往往在梦中指示他们应该如何医治之法。

二　忘恩的伊克西翁

国王菲里琪士后来为人所杀而死,他的儿子伊克西翁(Ixion)继之而为拉庇泰人的王。这位幼王并不比他的父亲好多少;他比较机警,所以每矫饰多端,以文其过,而菲里琪士则一往直前,公开无忌的犯罪。伊克西翁即位不久,便要找一个妻。他向福克斯的国王狄奥尼士(Deioneus)求娶他的女儿为后。这位公主,名为狄娃,异常的美貌,有了不少的求婚者,所以她父亲要有很多的聘金方才肯嫁了她。伊克西翁满口答应的愿意偿付此款;狄奥尼士便将女儿嫁给了他;狄娃也很愿意,因为她的新郎,外表很清俊,不如他内心的险恶。但当结婚以后,伊克西翁带了妻回家,却不肯如约将聘金送给她父亲;而当狄奥尼士遣了使臣们来要索此款时,他反讥骂他们,空手让他们回去。于是福克斯王亲自到了拉克里亚,因为他想:"我的女婿至少会尊敬我的。"诚然的,伊克西翁异常恭顺的接待他,一见面便求他原谅他将使臣们打发回去之罪;他说道:"这些人,既不将你的签字给我看,又不示我以从你那里来的符记;因此我不敢将五百块的黄金委托了他们带回去。"狄奥尼士热切的问道:"你的意思是要将黄金来偿付聘款么?"伊克西翁答道:"正是,国王;这便是我所以迟延的原因,因为我不能立刻便聚集了那么多的黄金。但现在全数已齐了,放在我的宝库;我们今天先宴饮一顿,明天同去看这些金子。"狄奥尼士听了这一席话,心中快乐异常,他喜爱黄金比之一切别的财货俱甚,所以,那一夜,他们便一同宴乐,欢畅异常。但当大众都沉沉入睡之时,伊克西翁却在他苑中一座塔门之前掘下了一个陷阱,以炽炭满塞其中,其上复以柳条,柳条上则洒以泥土。第二天,他领了狄奥尼士到这个地方,指着塔门,要他进去,因为黄金放在门内。这不幸的国王一足正踏在表面看来与平地无异的陷阱上,浮土崩落了下来,他大叫了一声,也随之而落入陷阱了;炽焰熊熊的火炭很快的便取去了他的性命。

据说,伊克西翁乃是第一个用欺诈来暗杀他的亲戚的人。如果他以为他自己那么有权力,能够逃免了那么残酷的一个罪恶时,他不久便要自审其误了。全部拉庇泰人都起来反抗这位谋杀者。妻,友,从人都恐惧的逃避了他;即使最下等的奴隶,也不敢和这么狠毒的人呼吸同一的空气。因此,他乃不得不逃出了国外,并不是逃避了被杀——祭师和先知曾预言过,什么人敢于动手杀他,便要为他血罪的死毒所传染——却是因为每一个男人,女人,孩子到处都远避了他,如恐传染一样。伊克西翁从这城到那城的旅游了许久,要寻一位国王为他洗清了他的血罪,这是当时国王们的习惯。但他却发现,当他说出他是谁时,却没有一个人肯让他进入门内。无论他到什么地方去,似乎他的未之前闻的犯罪的消息已经先他而至。每个地方的人,见了他的憔悴的脸时,无不疑心的问道:"你的名字不是伊克西翁么?"如果他承认了,他们便轰的一声将大门关上,如果他否认着,他们便以饮食与之。

有一天,这位罪人饥饿不堪,心中懊丧的走到一座山上,这山高处有一所宙斯神坛。他成为一个乞求者,坐在神坛之前,以他的有过恶的手,抱了神坛。他叫道:"乞求者的神呀,请你接收我,洗清了我的血罪,因为没有别的人愿意这么办! 但如果你也不愿意,则我将留住在这里,直到我饿死在你的神坛前。我想,与其这样不生不死,断了一切同属的活着,还不如死了的好。在人间,是没有一个人能怜恤那么大的一个罪人的。唉,神与人的父呀,你也和他们一样么?"

宙斯为怜恤的心所动,神奇的应答了他的悲哭。他自己到了这座山中来,抱了这位半饿死的流人在他的怀中,领了他到了天上的金庭。这位乞求者,不能得之于人间国王那里的,这时却在天上为神之王所洗罪了。他和俄林波斯的诸神同桌饮食,宙斯对他说道:"你要记住,伊克西翁,只要一个人肯忏悔,天神没有不肯原谅他的。人间亦当是如此,不过他们的方法不是我们的,他们的思想也不是我们的思想而已。"但伊克西翁却真不忏悔着呢，就在这时，他已在默念着一个新的罪过了。在宙斯的右手，坐着他的神后。当伊克西翁望着她的美姿时，最可怕的欲望便占据了他的心中。这位狂人，从流亡饥饿之余，被抬举做了天神们的客人，与他们同享不朽之福，心中却反憾然若有所不足，除非他能窃据了宙斯的婚床。他为这种无法无天的希望所狂，以为神后赫拉格外的喜爱他，且在她媚然的微笑中，看出更多的恩惠来。他焦急的等候着一个机会，要和她独谈。当这个机会到了时，他便勇敢的说出他的意思，这位女神一听，便既愤且羞的逃到了她的深闺。她立刻便向宙斯控诉他带上了天来的凡人所加于他的侮辱。她叫道："你不断的诱引着人间的妇女，失信于我，这不已足够了么？为什么我还要从一个凡妇的儿子那里，受到更坏的一场侮辱呢？为了你自己是一个不忠实的丈夫，所以也要我成了一个不忠实的妻子么？我很相信，你是庇护着你的匪徒的，否则你的雷火早已击倒他了。"宙斯答道："我的太太，总保你有个心满意足之时，你的仇更要报复得甚些呢。这人所加于我的侮辱比你更甚，因为我是他的主人，还称他为友；所以将因他的不知感恩，而悬示于世界。但我要先试出他的穷形尽相的丑态，则他之犯过，不仅见之于意念，也见之于行为中。"

那一夜，伊克西翁正梦着赫拉时，忽然的醒了过来，看见赫拉——他以为是真的——站在他床边；她微笑低语着说，她之所以拒却他，为的是惧怕宙斯，现在他是熟睡着了。伊克西翁满足的抱了她在怀间，有一会儿，浴在无比的愉快之中；然后他觉得形似赫拉的那个形体在他的怀抱中消失了，她冷笑了一声，消失于空气中。她不是别的，乃是宙斯差来诱试他的云，这云幻变了赫拉的形状。突然的四面都是笑声，天神们的轻蔑的脸，在朦胧的晨光中显得很白，都在望着他所睡的地方。伊克西翁在他们的致伤的凶视之下扭挣着，双手掩了眼，但在来得及掩蔽之前，他却遇到了宙斯的眼光。那一道锐光，表示出不可言说的憎恶，直贯入犯罪者的灵魂；这时，他才知道，他所做的是何等事，且他又失去了一切。失望如洪流似的卷过了他，当他神智恢复时，他已经不再置身于天上了。在达达洛斯（Tartarus）的幽暗的空中，挂着一具巨大的四辐轮，为狂风所吹而转动不息，一个人四肢伸长的被缚在轮上，有如女郎们行施爱咒时所用的魔鸟。当大轮转动时,他的悲哀的声音便从风中传出:"啊,世人呀,你们要以善意而不要以恶行来偿报你们的恩人呀! 否则你们也要同样的来到这个痛楚的所在了。记住伊克西翁,啊,你们住在世上的人! 快逃避了罪恶中的罪恶——忘恩负义。"这乃是宙斯所给予那个忘恩的国王的运命。

三 马耳珀萨的结婚

当菲里琪士还在底萨莱为王时,他的三位勇猛的同宗,散到外边去求幸福,他们到了西方的埃托利亚(Aetolia),每个人都以刀剑夺得了一个国王。其中的二人,欧厄诺斯(Euenus)和时斯蒂士(Thestius),乃是战神阿瑞斯和底萨莱的一位公主生的,第三个人,俄纽斯(Oeneus)乃是他们母亲的兄弟之子。他们这三个人,皆以他们儿女们的奇遇,而驰名于希腊。先是国王欧厄诺斯和他的女儿马耳珀萨(Marpessa)。

这位欧厄诺斯真是言不愧实的战神的儿子;他勇猛无畏,一往直前,喜爱暴力,易于愤怒,爱争战过于爱宴会。他的独生子乃是一个女儿,这使他很悲苦;但他的女儿马耳珀萨长得异常的秀美高贵,他的凶猛之心一见了她也就温热和平了。他立意不使她离开了他,在他老年时当作一个儿子;所以如一个少年勇士似的训练着这位女郎,禁阻她去想到爱情或结婚,因为这些东西不是为她而设的。但马耳珀萨的美貌,乃是一个不能遮掩的光明,竟引来了那么多的王子到她父亲宫中来求婚,他不敢公然的全体拒绝了他们,生怕结果他们要联合起来推翻了他,所以他设想了一个计策,将他们全都毁灭了。这个计策诚是一个巧计:他宣言,他要将他的女儿给了那位能够和他赛车而得胜的求婚者;但因为奖品太好了,所以比赛失败的人须死在国王的矛下。欧厄诺斯有两匹马,一匹是棕色的,一匹是栗色的,都是他父亲战神从他自己的马厩中选出给他的,他知道凡间的马匹是决不能与他们比疾的。不久之后,便一连的死了二个四个王子,全都是有技能的御车者,且带着著名的马匹而来;他们都为了要求得马耳珀萨为妻而失了性命。这些人,在他们比赛失败的当儿,欧厄诺斯便以一支发无不中的矛从他车上抛过去而杀死了他们;他斩下了每个人的头颅，成列的悬挂在战神的庙前，以为后来的警戒。每一次举行车赛时，马耳珀萨都装饰成新娘的样子坐在比赛的终点，等候着有幸福的新郎。她看见那些勇猛的求婚者一个个流血而死，俱漠然无动于中；因为她从少儿便见惯了血，心肠冷硬，既不知爱情，也不知怜恤。但当二十四位王子陆续的死去之后，却又有了一个求婚者来到他父亲的宫中，一个从远远的南方米西尼亚来的少年。当马耳珀萨看见了这位御车者进入了赛道时，不知名的情感竟没溢了她；她什么都感觉得朦朦胧胧的，只是觉得不忍看见他也如别的比赛者们同样的死亡。号声一响，两部车子便电驰风行的沿了长长的沙路飞奔着；少年的马匹，毛色是雪白的，神骏异常，别具威风，它们和战神的马匹各不相让的竞争，如雷似的沿了外边的一条车路奔着。它们那时是占了上风；但她的心冷凝了，因为她父亲惯用的方法是这样：控着他的马匹直到了最后的时候；他说，正当他们幻想自己得胜了之时而突然的战胜了他们，诚是一件难能可贵的游戏。白色的马现在更近于她了……口沫四溅着……一阵云似的尘土掩蔽了国王的车子……现在，国王就要冲突而前，以占胜着了……他的矛尖闪闪有光……马耳珀萨紧闭了双眼，不忍看见底下发生的事了。突然的，如在一个梦中，她觉得她自己为人所举，暴急的抱了前去……她睁开了她的眼……与那位不认识的少年的眼相遇了，他一手紧抱了她在胸前，一手御车疾驰而去。"这是永远不会有的事，"她想道，"我在做梦呢！"一个如狮吼的喊声起于他们之后；她回头一望，看见欧厄诺斯愤怒的驱车追来，执着他的矛。"唉，王子，"她叫道，"我们是失败了；你以什么机缘竟胜过了我的父亲，我不知道。但现在他一定要追上杀了你了，那些马匹乃是战神的马种，比任何世上的马还跑得快些。"少年笑道："但似乎并不会比普赛顿的马匹更快。不，不要怕，最亲爱的女郎，欧厄诺斯永远不会追过我们一矛之隔的。这便是他所信守着的契约么？幸得我逃出了他的奸计之外。"他说着，拉了马缰一下，那些白马昂着头，快乐的奔向前去；现在它们似乎是在飞，不是在奔驰；它们的疾蹄似乎很少踏在尘土之上；当马耳珀萨再回头一望时，她父亲的车子已在远远的平原之上如一个黑点了。他们这样的到了欧厄诺斯国境之边的李柯马斯河（Lycormas）；河水正在泛溢，奔流而下，势不可御，因为秋雨已经开始了。但那对于普赛顿的马匹有何关系呢？他们飞奔而过洪流之上，连马蹄也不沾湿！当欧厄诺斯追到了边界时，被追的车子已经失去了踪影；现在，他的马匹疲乏不堪，站在河岸上不动，虽然他怒骂着，猛鞭着，都不能强迫它们向前。"死吧，那么，"他最后叫道，"为了你们这两次竟卖了我！"他将矛刺进了两匹马颈。然后，他愤怒得发狂了，自己投身于洪流之中；黄色汹涌的水便冲扫了他，永远的蔽掩在他的头上。溺死他的河流，自此不再被人称为李柯马斯，却由当地的人改名为欧厄诺斯河；后来他们还在河边建了一墓，葬了那两匹名马。

但马耳珀萨和少年仍向南行，直到了黄昏；然后，他将至今未倦的马匹停于水溻溻的溪边的绿草地上；这个地方异常的幽静，却有一个小庙，就在附近，供过客们憩息。少年迅疾的解下了马匹，放它们到草地上去。"让我们今夜就憩在此地吧，我的美人。"他说道："我带了食物来，我们吃了夜饭之后，可到前面的庙中过宿。"他们遂坐下来吃东西；但马耳珀萨仍然觉得不安，因为自从她听见这两匹神马乃是普赛顿的之后，她的心中突然觉得，他们的御者当是一个乔装的神，而不是一个人。他问她什么事那么颓唐丧气；她说道："这因为，我还不知道你的姓名；我也怕听见它。我的心一见了你时，便已飞驰出去了；如果你是现在的这样的人时，我可以成为一个快乐的妻。但妇人如和一位不朽的神结合时，她会有什么结果呢？"于是少年快乐的笑哈哈的握了她的手，说道："不，我的心，我并不是什么天神，却是和你一模一样的泥土；我的名字是伊达斯（Idas），米西尼亚国王亚弗莱士（Aphareus）乃是我的父亲，他见我因普赛顿的帮助而赢得的可爱的新妇，一定会很快乐的欢迎她的。我们现在已在他的国境的边界了，马耳珀萨，明天便是我们的结婚之日。"马耳珀萨说道："那很使我高兴，虽然我直到了今日，还没有想到要结婚。因为我的父亲，你也许已知道，将我抚养长大，全和别的女郎们不同；在此时之前，我除了战争和打猎之外，一点别的事也不注意。但请你告诉我，伊达斯，你怎样会得到普赛顿的马匹的？当你告诉我这些马匹乃是普赛顿时，我便想道：'这个人诚然是一个天神，也许竟是普赛顿他自己呢。'"

于是依达斯就告诉她，如何的普赛顿从古代起对于他家便特别的看顾了；如何的欧厄诺斯举行车赛的消息传到了米西尼亚，他渴想一试冒险的比赛，自思欲得这位天神的帮助；如何当他在海滨祈祷着时，普赛顿从波涛中出来，站在他面前，手中执着两匹马的勒缰，两匹骏马，随在其后；他说道："你用了这两匹马准可赛胜了欧厄诺斯，虽然他的马匹乃是战神的马种。但要注意他的诡计；当你一到了目的地，立刻便要将奖品取得了，逃命而去。"依达斯说完了这故事，他又说着爱情的话，两人称心称意的交谈着，便在庙内躺下熟睡。

东方刚刚发现鱼肚白时，伊达斯为一个惊喊的声音所惊；他跳了起来，看见一个长大金发的少年，正要劫抱了马耳珀萨出门外。依达斯拔出刀去救她；他在庙门外几步路的地方，追上了他们，他恶狠狠的吩咐这劫人者放下他的女人，否则死。但劫人者冷笑了一声，回过脸来——看呀，他的脸乃是一个天神的俊美的脸；朝阳的初升也比不上这金脸更光明；他身上穿的那么美丽的衣服，凡间是从未见过的。他站在那里，臂间抱着全身颤抖着的女郎，轻蔑的对着他的诧异的敌人微笑。依达斯见了他肩上负的闪闪发光的弓与箭袋，立刻认识了他是谁；但一点也不怕，他叫道："放下了那位女郎，阿波罗，因为她是我的正式的妻。立刻放下了她，我说，否则，你将后悔了，虽然你是一个神。我已得胜了，我将保护着她。嘎，对于像你这样的夜劫者，有二十个我也要抵抗着。"阿波罗愤怒的说道："不要误会了我，伊达斯。马耳珀萨是我合法的获得物，因为她是我在我的庙中发见的。走开吧，你这傻少年，你要想想，我并不欲在得了你的新妇之外，再取去你的生命，以报这场侮辱。"

"神圣的宙斯鉴之，你或者将两件同时取去了，否则你一件也取不去！"伊达斯喊着，执着刀向他冲去。如思想一样的快，这位天神将马耳珀萨放下在他身后，挽了弓，放上一支箭在弦上。伊达斯看见有翼的死亡在等候着，但他也看见了他的爱情，便不顾一切的冲过去。正在这时，雷声轰的一响，电光掣盲人目，一个雷火正打在他和阿波罗之间的地上。伊达斯有一会儿眩惑而蠢蠢的站着，然后他注意到有一个人站在他身边；一个戴冠的高贵的身材，他的足下，匍匐着一只鸷鹰。伊达斯为之大惊，因为他晓得，这不是别人，乃是宙斯他自己。

于是神之王宙斯对阿波罗说道："在这样的一个案件之中，乃以你的神力和一个凡人的腕力相敌，是对的么？你使俄林波斯山的神人在凡人之前成为暴力和不正直的代名词，乃是一件小事么？那我不能忍受,所以且让这位女郎自己选择她到底要谁,你或伊达斯;如果你的求婚得了她的同意,她便是你的了,但如果不然的话,我却要你使他们俩平安的走去,对于他们二人都不要怀恨。"

宙斯这样的说着,点着头,他的黑色的神发,在他的尊严的头上波动着,而地土也为之撼动。然后他自回天上去了,伊达斯和马耳珀萨不再看见他。

现在,阿波罗放下了他的弓,以比他自己的金琴的乐声还要谐耳合律的语声,向马耳珀萨求婚,要她和他同住,做了他的情人。他诉说,嫁了一个神之后,她将多少的快乐;她将如何的不知劳作或痛苦,永不会因丈夫或儿子之丧亡而哭泣,终身安舒快活的过日子;她将住着比任何人间的王后都要宏丽,美好的房屋,穿着戴着连赫拉自己见了也要妒忌的衣服珠宝。他说出他的热情的爱,立誓永不背她。于是,当然的,那女郎红了脸,叹息着,那祈求的声音那么温柔,那针对着她的眼光的视线那么甜蜜。但当阿波罗停止了话,她却毫不踌躇的答道:"所有这一切都不能诱惑了我,当我想到以后的光阴时。你现在看我美貌可取的年华,便爱上我,但你,永远年轻的,却会当我的年华已逝,气血已衰,白发杂生的时候也仍爱着我么?那时,我不是独自孤寂的住着么?或者,更坏的,看见时间所不能萎老的你从它所给予我的不可爱的变化中逃避了去?不,我是一个凡间的妇人,我还是找一位和我一同老去的男人吧。他的朦胧的老眼将看不见我额前的皱纹,他的跛足将和我的足一同走下人生旅途的斜坡。如果我们俩一同担受忧愁痛苦,那有什么关系呢?至于说到快乐,在丈夫与儿子的爱情之外,你所允许的快乐更于何有呢?啊,但愿运命允许我过一个妇人的真实的美好生活!现在,取了我,伊达斯,我将我自己给了你。"

当马耳珀萨伸出双手给她的人间的爱人时,阿波罗转身匆匆的走开去,一个朦胧的余憾的阴影笼罩在他的不朽的前额。

四　墨勒阿格洛斯的行猎

我们现在要讲到战神的另一个儿子的事,这人乃是欧厄诺斯的兄弟时斯蒂士,他也在埃托利亚地方,以铁腕占得了一个王位。时斯蒂士打战时的勇敢,不下于他的哥哥,但他的性格却没有欧厄诺斯那么野蛮;有一件事,他比他哥哥更为幸福:他生了四个雄健的男孩子,两个女孩子;这两个女孩子,全都嫁给了王家,大女儿阿尔泰亚(Althaea)嫁了他的表弟俄纽斯,卡吕冬(Calydon)的国王;小女儿名为勒达,是一个人间的美女,嫁给了很远的斯巴达王丁达洛士(Tyndareus),因他的勇敢善战而在许多的求婚者中选着了他。勒达的故事,已有另篇叙述,这里,只说阿尔泰亚和她儿子的事。

没有一个姊妹有如美丽的阿尔泰亚那么挚爱着她的兄弟们,从小起她便和他们一同游戏,却并不喜悦那使温柔的勒达喜悦的恬静的消遣;她长成到待嫁的女郎的年龄,还和他们在一处,勒马投矛,不下于他们。所以当她嫁到卡吕冬去时,阿尔泰亚其初很悲戚,为的是失去她的兄弟。国王俄纽斯却是一位和善可爱的丈夫,一年以后,她生了一个儿子,便有了新的快乐的曙光了。在生产的那一夜,阿尔泰亚正躺在她的房里,半睡半梦的,新生的婴孩则静睡于她身边,她突然的警觉到有三个不认识的妇人,正环坐在火炉之前,她们的脸色映在火光之中格外显得苍白,却是镇定冷酷,有如一个石雕的史芬克丝(Sphinx)的脸。三个妇人彼此相貌极肖,显然是三个姊妹。每个人都手执一具黄金的纺纱竿,其中的一个用只黄金的纺具从她的纺纱竿上纺着羊毛。阿尔泰亚沉默的惊诧的望着他们,因为她忽然想到,这三位妇人。必定是那三位"运命"女神,有权力主宰着生与死的时间。但她忽听其中的一个说道:"你为新生婴孩纺的生命线长不长,克罗托(Clotho)?"纺者答道:"不,阿特洛波斯(Atropos),这线是很短的,你可以看得出;看,我已放毕了,他在世上的日子不过二十有四年。"听见了这一席话,母亲口中惊喊了一声;她抱了新生的婴孩在胸前,悲切的恳求着。"可怕的女神们呀,"她说道:"请你们可怜这个小小的人儿!取了我的生命来代替他的。我要祝福你们。我会承受任何痛苦,我此刻就可以死去,只要他不在他青春正盛之时死去。"她还要说下去,但啜泣使她哽咽得说不出话来。克罗托徐徐的答道:"你不知道,阿尔泰亚,你所求的是什么,也不知道向谁而求。你所看见的我们,只是无感情的'必要'之主管者,'必要'乃是一切东西中的最强者,且是从世界的基础上来的。然而因为我们不曾不为母爱的神力所感动,这个愿望,我们必须给了你,即将你儿子的生命交给了你自己去保管。"尊严的"运命"说完了话，便在火炉中取起了一支熊熊的木柴，将柴上的火焰踏灭了；她将这支木柴交给了阿尔泰亚，说道："当这根木柴不被烧却之时，你的儿子便活在世上，康健多福；但当火焰将它消灭了去时，那么，他的生命也将死去了。我们吩咐你，名他为墨勒阿格洛斯（Meleager），因为将有一天，你会说先知的'运命'所定的名字是不错的。"当她听毕了这些话时，阿尔泰亚不自禁的沉沉入睡了，直到了第二天早晨才醒；她醒来后的第一个念头，便是她不过梦见了那些灰色的纺织者，但在她的被上却放着那支灼黑的木柴。她将这支木柴放在她的枕下，不和任何人说及此事，但以后便将它放在一个铁箱中，这箱中原来是放着她的最心爱的珍宝的，将这箱锁得很坚固。当婴孩应该命名之时，国王俄纽斯便问她要给他什么名字，她说道，"可名他为墨勒阿格洛斯。"国王道："那是一个不好的名字，因为此字之意是'杜罗洛士围猎的人'（He of the Dolorous Hunting）。将我们的孩子名了此名，是暗示着在行猎时有不幸的事——死亡——要发生的，据我所知。"阿尔泰亚快活的笑道："不用怕。"然后她告诉她丈夫，"运命"女神曾在她的梦中出现，吩咐以此命名这个婴孩，且给她以祝辞，祝他能活到老年。但她却要独守着她的秘密，唯恐人知，所以并没有告诉他以魔柴之事。这孩子遂名为墨勒阿格洛斯。过了几年，他便长成为一个美丽勇健的少年，没有一件事曾使他伤心过，什么事都可见出他的好运，特别是在打猎之时。当墨勒阿格洛斯二十三岁时，他父母觉得，这恰是他应该结婚的年龄了，他们为他选中的新妇乃是他的年轻的表姊妹克丽亚巴特拉（Cleopatra），伊达斯和马耳珀萨的女儿。婚礼在收获的时候举行，那一年恰好是异常的丰收，国王俄纽斯将第一次收获的大宴举行得非比寻常的宏丽，在一切天神们的祭坛上都献上祭礼，只遗下了一个。不知为何，他竟忘记了将第一次的收获的一份献给了阿耳忒弥斯，野物的女主。这位女神因此怀恨在心，要想乘机报复。到了第二年的春天，她愤怒的招致恐怖于卡吕冬的全境；因为她将一只未之前见的最凶猛的野猪从山上直赶下来，践踏了山谷中的谷苗，连根掘翻了葡萄园与橄榄园，直到使一切都荒芜不堪，猎网陷阱，到处张着，掘着，都一无所用，所有的农民都惧怕这个怪物，因为在它愤怒时，如有不幸的人在田野中与它相遇，便总是逃脱不了的。然而它却很少在白天出现；它的破坏的工作，全在晚上办的，在太阳东升之前，它便退到山穴中去。

　　现在，墨勒阿格洛斯决意要为本国扫除了这个大害。他得了他父亲的允许之后，便宣布要举行大猎，差遣使者四出邀请英雄们前来。许多的英雄们和国王的儿子们都会集于俄纽斯的宫中，都要跃跃的一试好身手。有一个住在卡吕冬的先知也来了，他对墨勒阿格洛斯警告着，劝他不要猎捉这只野猪，因为它乃是阿耳忒弥斯的复仇使者；于是他乃泄露出国王俄纽斯如何的触怒了这位女神。当国王听见了这一席话时，他心里很忧闷，他的同伴老人们中的一人说道："那么，最好还是去祭献阿耳忒弥斯，恳求她取去了她的疫物，不要让我们的太子从事于这次的大猎，生怕有害于他。"但王后阿尔泰亚知道她儿子具有一个魔幻的生命，便轻蔑的讥笑他们；墨勒阿格洛斯也不注意这个警告，因为他在这个世上，除了不名誉之外，不怕别物。他想，既已招集了那么多的人来，忽而又取消了这次大猎，实在是可羞的事。因为当时生存的英雄之花都已聚合在俄纽斯大厅中了：伊达斯从米西尼亚来，还领了他兄弟林叩斯同来，在凡人之间，他的眼光最为锐利；从斯巴达，来了勒达的一对双生子，和他们母亲一样的美貌，二人的相肖，竟使没人能认别得出；从埃癸娜（Aegina）的远岛上，来了好王爱考士（Aeacus）的儿子们，大盾的太莱蒙（Telamon）和命中注定可得一个不朽的女神为妻的珀琉斯（Peleus）；从阿耳戈斯来了安菲阿剌俄斯（Amphiaraus），最勇的武士，最好的先知；还有菲莱的阿德墨托斯，伊克西翁的儿子辟里助士（Pirithous），以及许多别的底萨莱地方的王子；从埃托利亚则来了战神之子狄里亚士（Dryas），及阿尔泰亚的两位兄弟；最后来了巨伟无伦的安开俄斯，他是从亚卡地（Arcady）的山谷中来的；和他同来的还有一个人，这个人初见他是一位高大美貌的少年，穿着猎衣，挂着弓箭，手牵两只猎狗，但走近了一看，这位来者的温柔而圆润的身体，以及长长的发辫，却表示出她是一个女人。她回答国王俄纽斯的有礼的问语，自说是阿塔兰忒（Atalanta），亚卡地人依苏士（Iasus）的女儿。于是英雄们的眼光，全都倾注到这位女郎的身上；他们早已听见过她是一位著名的女猎者及她的迅疾无比的足步；他们中的许多人都当她为一位值得同行的伙伴而欢迎她。但阿尔泰亚的兄弟，托克苏士（Toxeus）及柏里克西卜士（Plexippus），却是性情暴躁，恃力好强的人，他们见到阿塔兰忒也加入这次大猎，便高声反对，以为让一位弱女参与这次大猎，是有损于武士的尊严的。他们还冒冒失失的要阿塔兰忒回家去纺织，为的是纺纱竿乃是唯一的适合于妇人之手的武器；如她那么样和男人们相竞乃是不贞的行为。墨勒阿格洛斯心中不平，也高声的说道："请你们不要多说了，舅舅，否则，我们和你们断绝了亲戚的关系了，你们怎么敢将不贞一辞加之于这位处女时代的纯结的花朵上面去呢？谁不知道，这位依苏士的处女，为了爱惜贞洁而曾拒绝过不少的求婚者呢？但实际的原因乃是，你是妒忌着她的名满希腊的勇于行猎的声誉。现在，对着阿瑞斯，我们种族的祖先，我立誓，阿塔兰忒将和我同行打猎，否则我便完全不参预。"其余的英雄们都叫道："你说得好，墨勒阿格洛斯！她要和我们同去的！"时斯蒂士的两个骄傲的儿子看见大众一心，便只好恶狠狠的也答应了。

最使好客的俄纽斯高兴的，莫过于他的贵客们在此暇时和他休息宴饮着了，因为他们之中，有许多是从远途跋涉而来的；于是他大宴了他们九天。在第十天的清晨，他们全体都带领了从人，牵了猎犬，出发到山中去了。当他们出发在途中时，一个牧羊人跑来告诉他们以野猪的最近行踪，指引他们到了山下的一座围有森林的水泽边；这个地方，它是常去的。他们看见了它的巨大的足迹，但不久，这足迹到了丛莽边又不见了；有好几个时辰，人和犬都找不到它。但快近中午时，柏里克西卜士窥见一个大黑堆，不动的匍匐在泥泽的高苇之中；他高喊了一声，投了他的矛，但因为过于热心，却失去了他的目标。这支矛飞过苇草，刺在一株树干上了。野猪惊跳了起来，以它的小眼向四面张望着，猎者和猎狗都飞奔到那个所在来。但一见了那样可怕的负嵎顽抗的怪物时，大家都停步不前了，除了一个人——亚卡地人阿塔兰忒。她轻捷的偷偷的挽了弓，正当它低了头，利刃似的双牙，闪闪有光的奔了出来时，她的箭射中了这只怪物的腰胁之间。它中了箭，盲撞而前，将少年的首领希里士（Hyleus）腹股之间，猛刺了一下，在他能躲了他的奔途之前，希里士便重伤而死；这野猪还猛转而前，直向安菲阿剌俄斯奔去。但这位阿耳戈斯的先知却送了一箭，射瞎了这只狂兽的一眼；然后墨勒阿格洛斯窥得正正确确的投了他的矛，这支矛深陷在它的颈肩相接之处，它便倒在地上死了。全体英雄们如雷的欢呼着，山林也都回应着他们的喜喊之声。

墨勒阿格洛斯立刻吩咐他的从人取出刀来,将兽尸剥割了;剥了皮之后,他便将温热的野猪皮放在阿塔兰忒足下,对她说道:"亚卡地的女郎,这个掳获物是你的,不是我的,因为你射出了野猪的第一次血。"阿尔泰亚的两位兄弟对此大为不平,立誓说,根据一切畋猎的规则,那奖品应该是杀死了兽的人取得的;但他如果不要争他的权利,则柏里克西卜士是第二个应该取得此皮的人,因为他是第一个看见此兽而惊起了它的人。托克苏士也叫道:"亚卡地人不将夸口的说道,他们的一个女郎乃从埃托利亚和所有北方最好的武士中带走了这次著名大猎的掳获物么?敢对阿瑞斯立誓,他们永不会那么说!"于是他抢着了猪皮,同时将阿塔兰忒推开一边去。墨勒阿格洛斯愤怒的跳起来,又将这皮从他手中夺去。柏里克西卜士拦住他的路,冷笑道:"回来,孩子,这不是给你的异邦的爱情之光的玩物。去寻找别一张皮给她吧,因为这张皮是要张在阿尔泰亚的大厅中的,不管你愿意不愿意。你这败子,辱没了你的家人的人,你竟劫夺了我们家中的光荣以取悦于前面乳脸的淫妇么?"墨勒阿格洛斯并不答言,执起他的矛来,用全力插进柏里克西卜士的胸前,矛尖竟刺出他的两肩之间,他不曾呻吟一声的倒地死了。他的唇边仍扭曲着冷笑。所有看的人都惊怖了,沉默的站立在那里不言不动;几可听见风吹叶动之声。但墨勒阿格洛斯一足踏在死人的胸上,拔出了他的矛。托克苏士如野狼似的咆吼着向他冲去,他们的短矛交叉着,闪闪发光的相猛触了一下,然后墨勒阿格洛斯的矛尖直贯进托克苏士的脸部,那么深的刺过他的骨,他的脑,他也倒身在柏里克西卜士的尸身上死了。墨勒阿格洛斯又拔出他的矛,这矛已两次沾染着亲人的血了;然后死者的从人们彼此微语,拔出刀来,但当他脸上神威凛然的以灼灼愤怒的眼光注视他们时,他们却退缩不前了。他正像战欲正狂时的阿瑞斯一样的站着。但当他的其余的伙伴,惊诧的站立着不动时,阿塔兰忒却走近了他身边,她的手温柔的放在他的臂上,望着他的脸。墨勒阿格洛斯的眼光在她的忧戚而怜恤的视线之下低垂了,他开始如一片狂风中之枯叶似的颤抖着,离开了她,掷下了血污的矛,叫道:"唉,母亲,母亲,母亲,我所做的是什么事?……"

正当她的儿子这样的在苦闷中呼唤着她时,王后阿尔泰亚和她的宫女们坐在宫门之前,等候大猎的消息;因为墨勒阿格洛斯答应她，当野猪一死，立刻便差了一个人骑匹快马来报告她。正在那时，她看见一位使者如飞的在平原上飞驰而来，当这位骑者驰近了时，他大声的庆祝着王后，愿她快乐的听见她儿子的胜利，因为在他的矛下，卡吕冬的恐怖已被杀死了。"我一看见野猪倒地死了，"他说道，"立刻便纵身上马，如我们的太子在事前所吩咐的；现在，王后，快点预备好去欢迎他，因为他不久便要带了他的胜利品归来了。"然后王后和她的宫女们都欢呼大叫起来，这欢呼之声，惊动了老年俄纽斯，他也带了全宫的人都到了宫门口。阿尔泰亚重赏了报信的人，匆匆的去监督他们预备一次大宴去了；国王下令预备要祭献宙斯、阿瑞斯及阿耳忒弥斯；宫中忙乱得如一只蜂窝似的。

但当快乐达到顶点时，托克苏士和柏里克西卜士的尸身，放在树枝粗粗编就的架上抬来了，抬的人是死者的从人们；他们在阿尔泰亚的亲眼之下，抬进了天井。只有这些人进宫来，因为其余的俄纽斯的英雄客人们，尊重他们的悲悼的主人，不进丧事之家，而各自直接的离开了卡吕冬而归。至于墨勒阿格洛斯呢，他却和他的从人们逗留在途中，他自己不忍带了他所做的事的消息回家。所以当阿尔泰亚看见躺在尸架上的她的两位兄弟的尸身及他们身上所受的重伤时，她叫道："什么祸事发生了？我的儿子哪里去了？唉，如果他还活着，一定会对于杀了这两位舅舅的人报了血仇的！不管这些杀人者是谁，我诅咒他们。"从人们彼此相视以目，不敢开口说话；然后其中的一人说道："王后，墨勒阿格洛斯还活着呢；但他怎么能够对于他自己报仇呢？"国王俄纽斯站在旁边，听了这话，高声呻吟着；但镇定的阿尔泰亚却答道："不要吞吞吐吐说着谜语，朋友，你可以说墨勒阿格洛斯杀死了我的一个兄弟……偶然失手误会……但不会是两个……不，不，这怎么能够呢？……将全部的事都说出来，快一点！"当那位从人将经过的事说着时，她凝定的站着不动，低头望着死者，仿佛是不闻一语。当他停止了时，老国王扬声而哭，说道："唉，我的儿子！你命名为墨勒阿格洛斯真是不差，因为你的这次打猎使你和我都毁了，成了你自己母亲的同属的血仇了！是的，你也将你的致命的矛刺进她的胸中了！"所有他的侍臣们，阿尔泰亚的宫女们全都扬声大哭，但她却不落一滴泪，不发一言，吻着死者的额，极快的走进房子里去了。俄纽斯挥手阻止侍女不要跟她进去，因为他想："她是那么骄傲的一位妇人，她是要走进房里号哭，而不欲为人所见呢。"然后他命令从人抬起了尸身，将他们放在大厅中，一面则预备着他们的葬礼。他缓缓的跟了尸架进厅，刚刚跨进门限时，突然的一阵火光从火炉中直冲上屋顶。国王半炫目的看见他的妻跪在炉石之旁，她的脸，发，颈全染上了火光，炉中的木柴熊熊的烧着，一只空的油瓶放在她身边，她正在吹火焰向一支松木的木柴。这柴投于火炉的一边，已经半灼焦了，当这支木柴徐徐的燃着了时，她以一种饥饿的热切心凝望着它，看来很可怕。"愿天神们可怜你，王后，"俄纽斯叫道，"这个悲苦使你的头脑发狂了么？你在那里做什么？啊，如果不小心看着，这火将烧了我们的家呢！"阿尔泰亚站起身来，以窒闷的怪声说道："烧了我们的家？"她又说道："唉，为什么不！当家已毁了之时……而它的遗址，不是我兄弟们的火葬堆么？……唉，时斯蒂士的儿子们，我将这样的一支火炬燃了它，全个世界都将谈论到，你们的姊妹是如何的给你们以死后的风光！……看呀，俄纽斯，看着这支烧灼着的木柴……看呀，这心变红了，如心中的血液……我要告诉你为何如此么？……因为这乃是墨勒阿格洛斯的心……这是他，我腹中生出的孩子，躺在那边烧着呢！"恐怖着的国王叫道："不许说不吉利的话！现在我知道你真的发狂了。但听我说，阿尔泰亚，虽然你的损失极可悲痛，却并不是如你所想象的，我们悲哀着托克苏士和柏里克西卜士，却并不悲哀我们的儿子，不，不，他活在世上呢！我们至今尚有这一点安慰，你听见了没有？我说，墨勒阿格洛斯活着呢。"

　　"不要说这话，我的父亲！"他身后一个微弱的声音说道，"因为我要死了……死了。"俄纽斯回过头去，看见墨勒阿格洛斯死似的苍白，头部及四肢都无力的垂着，他的两个奴隶扶掖着他。他们半扶着，半抬着他到了一个床上，以枕头撑住他。忧闷的父亲擦着他冰冷的手，唤起来振作他的精神，焦切的问他奴隶以他伤在何处，因为没有一点伤痕可见。没有受伤，他们答道，他们的少主归来时还是健全活泼的，当他走近宫门时，却突然的疲倒了，有如为致命的疾病所中。同时，你们都将以为阿尔泰亚看不见也听不见她身边所发生的事；因为她既不走近她的儿子，也并不回头望他，只是专心的看守着那根木柴；现在这根柴几乎要烧尽了，它的火低弱了下来。但当他们抬住了墨勒阿格洛斯的头，将酒强灌入他口唇中时，木柴闪闪的又生一阵火焰；然后，她回过头来，走近了，说道："不要灌，不要灌，不要扰他，他快要去了。"墨勒阿格洛斯听了她的话，抬了无神的眼，低语道："唉，母亲呀，你不能救我么？这真是死亡这无感觉的昏迷么？……真的……我觉得生命如一阵波涛似的涟涟的离我而去了……那么年轻便死了……唉，什么残酷的天神竟使我不及时的夭死了？"

于是阿尔泰亚说道："我的儿子，并不是什么天神害了你的生命，乃是我自己。你的生命在我的保管之中，神圣的'运命'女神，在你出生的那一夜，到了我房里来，从火炉中取出一根柴来交给我，说道，你将活着，直到这根柴的烧毁，柴烧完了，你也便死了。我保护这根柴，如我的眼中瞳仁一样，直到了今天。但现在，这根柴却在前面火炉中烧灼着了，因为我觉得，在你对于生你的母亲做下了那事之后，你活在世上是没有什么好处的。孩子，你不知道，你如活在世上，我必要憎恨你，你是我的骨的骨，我的肉的肉么？是的，我还可以生别一个孩子，但兄弟们则不能再有了，他们躺在他们的血中，他们的伤痕，可怜的可怜的说不出话来的嘴，对我喊着复仇呢……唉，我怎么忍心不听从他们的呼喊呢？墨勒阿格洛斯，我的爱儿，这是唯一的路……现在取了你的母亲的宽恕。"

他低声说道："原谅我，母亲，有如我的原谅……"他说了这话，他的灵魂便逝去了，那根放在火炉中的柴也只留下了一堆的灰……

如此的终止了著名的伟大的卡吕冬野猪的会猎；这只野猪的死，牺牲了四位勇敢的英雄；不，竟是一天之内，将俄纽斯的全家弄得荒芜毁破了呢。因为阿尔泰亚吻了且闭上了她的死子之眼时，便很镇静的走出了大厅，自闭在她的房内；一小时以后，宫女们毁门进去，将一个新的噩耗报告她时，却发见她已用她的衣带自己吊死了。宫女们所要报的噩耗，乃是墨勒阿格洛斯的未婚妻，那时正到阿耳忒弥斯的神庙中，为他祈求着，当她归家看见他已经死了时，便也以短刀刺入心中自杀了。她在这里，证明了她是马耳珀萨的真正的女儿，她是把爱情看得便是生命的。

当国王俄纽斯和他的百姓们一同举哀了好几天后，城中的领袖和长老们便来恳切的劝他另娶一个妻，俾得生子传代，因为他所留下的孩子只是一个九岁大的女孩子，名为狄妮拉（Deianeira）的。于是俄纽斯答应了他们，为了百姓们之故，生怕他死后无嗣，他们将要争夺流血。他派了使臣到阿耳戈斯的一个国王希波诺士（Hipponous）那里，求得他的女儿辟里波亚（Periboea）为妻。她为他生了一个儿子，名为底特士（Tydeus）。俄纽斯年纪虽老，还活着看见底特士成了一个很有力，很勇敢的少年。但天神们仿佛还不倦的要伤这个不幸的国王之心，底特士到了二十岁的年头上，为了斗口，杀死了一个有力领袖的少子，不得不离开了卡吕冬。他到了阿耳戈斯，他母亲的祖国，国王阿德刺斯托斯（Adrastus）很优待他，命他为主将之一，还给他一个他亲生的女儿为妻。至于俄纽斯呢，他的运命注定，在极老的时候，还要忍受别的忧苦，而最后乃在异邦，为人所杀。这些故事，我们将在下文"七雄攻打底比斯"一节中述及。

第四部　底比斯的建立者

一　卡德摩斯

古时，菲尼西亚（Phoenicia）棕树之国，有一位国王，名为阿革诺耳（Agenor）；他有三个儿子，一个女儿，女儿名欧罗巴（Europa），是全部东方的最美丽的公主。她父亲爱她，比爱她兄弟们都更深。有一天，她到海边牧场游戏，为神之王宙斯所见，他化了一只牛，将欧罗巴负在背上，奔入海中而去。

国王阿革诺耳听见了他女儿的这个消息，悲愤得几乎发狂了；他比失去他眼中的瞳仁，比失去他任何的儿子都难过些。他对三个儿子说道："负了欧罗巴而去的，当然不是一只牛，一定是什么坏的会幻化的魔物，变了牛来欺骗她的。现在，你们三人中的一个，必须去寻找这个魔物，杀了它，将你的姊妹领回家，否则我便要悲戚的到我坟中去了。"

最少的儿子卡德摩斯是最爱他的姊姊的，且具有无畏的精神，便回答他父亲说，他要出去寻找姊姊。

"那么，你去吧，"国王说道，"但你要记住，你若寻找不到我的失去的人儿，你便可以不必再回到菲尼西亚来。"

于是卡德摩斯渡过了海，到了许多的岛屿上去寻找，又到了希腊大陆上来；他在那里旅行了一年，但关于欧罗巴的消息却一点也得不到。然后他听见了得尔福地方阿波罗神示的名望，便跑到得尔福去问神，他在受了灵感的女巫口中答道："不要再去寻找了，菲尼西亚的王子，因为你的命运中注定不能找到她，你只要知道欧罗巴的情人便是宙斯他自己便够了，他已命她做了一个城邑林林的一个地方的王后了，她住在那里很安逸，很快乐。至于你呢，你将定居于希腊，在此发展你的事业。现在你到辟松（Python）山谷中去，你将看见有一只红牛独自在路上走着，你跟随了它，直到它躺在地上休息着时为止，而它所休息的地方，你可以为你建立了一个城邑。"

卡德摩斯信任天神的话，和他的从人们离开了神庙而去；那只红牛领他走过山，走过溪，后来到了一个有林木的山谷中，有两道溪水在此会流着。一道低山，正在两水会流处耸出地面，它便躺在此山的绿草芊芊的巅上。这个地方极为肥美，但是异常的幽静。卡德摩斯心中诧异着，除了几个仆人之外，更没有别的人来帮助他，怎么能建立一座城呢。然而他的信仰并不失堕，他决意先建了一个神坛供着雅典娜，那位他家中的保护神，且将那只红牛杀了祭她，于是他命令他的从人们到山脚森林中去斫木，而他自己则斩草除砾，预备立坛。现在，那座森林乃是战神阿瑞斯的圣地，他吩咐一条龙在那里看守着；这龙是它的同类中最可怕的一只。从人们一进了林，这龙便捉住了他们，一转眼之间，它便吞下了两个惊喊着的可怜虫。其余的人逃命去报告他们的主人，叫他赶快逃走。但他并不为动，拔了刀冲向林中去，在这只恶兽冲跳起来之前，一刀便斩下它的头来。就在这个时候，他看见一个女郎站在他面前，身上穿着明亮亮的一身盔甲，臂上挂着一面黄金的盾，手执一支长矛，他知道这女神乃是雅典娜她自己。"英雄，"她说道，"你做了一件勇敢的事了，你将以你的勇力获得一个奇异的东西。取了龙齿，将它们四散开去，如农夫之播种一样。"当卡德摩斯这样的做去时，看见一群武装的人从地上生出来，愤猛的彼此相杀，最后全都被杀而死，只剩下五个最强的人。然后女神高挥着她的矛，那五个人立刻落下了刀，站住不动了。"这五个人，卡德摩斯，"她说道，"在有力的龙子之中，乃是最有力的，你已经可以看得出，他们将被称为史巴底（Sparti），即'播种'之意。且将是你的新邑的第一批的人民，由他们，将建设了一个猛勇的种族，在后来有名于世。"雅典娜这样的说着便走开了。卡德摩斯因史巴底的帮助，在山顶上建立了一所坚城，从那个时候起，这城被称为卡德米亚（Cadmeia）。

但战神阿瑞斯因为守林龙的被杀，心中异常的愤怒，但又不敢公然的去伤害在雅典娜保护之下的一个人；他便在宙斯和一切神道们之前，苦苦的控诉那个杀了他的仆人，以血沾染了他的圣林的凡人。雅典娜站了起来，为卡德摩斯辩护。她和战神之间，辩论得异常激烈，互相的责骂着，几乎便要拔刀而斗，假如宙斯不命令他们停止发言，将这件事交给了其余众神判决。众神们公议的结果，是卡德摩斯犯了杀人罪。阿瑞斯要求处他以死刑；但宙斯说道："那人不该死，因为我看出他对于我们的虔敬，及他的灵魂的正直；并且，他并不知道他杀龙的那个地方乃是圣地。所以我现在宣判：他要在那个地方，为阿瑞斯建立了一所神庙，在那里做一个'天年'的奴隶。"现在，一个"天年"（Olympianyear）在凡人计算起来，乃是八年；在这八年之中，卡德摩斯便在阿瑞斯庙中执役为斫柴汲水的人。他勤勤恳恳的执事，且一无过失可寻，所有的天神们都深爱着他，连战神他自己也变了憎心而为爱心；所以当八年之期届满之时，他们乃以从未施之凡人的光荣，赐给了这位菲尼西亚的王子。因为战神和阿佛洛狄忒将他们的女儿，美丽的哈耳摩尼亚（Harmonia），给了他为妻；当卡德米亚城中举行婚礼时，所有的神道们都来赴宴，而神圣的穆斯们（Muses）则扬声合唱着结婚歌。

此后许多年，卡德摩斯成了他的好运道的代名词；无论在和平或在战争之时，无论他所做的什么事，无一不往顺利；当他的财富与权力一天天的增加时，人民归依于他的也一天天的更多了；在他的城堡之下，便建立了一个人口繁多的市镇。到了他的中年，他便统治着一个在希腊半岛算得很大的国家。但古语有之，一个人从天神们手中得到一个好处，他必定也要从他们手中受到两个坏处。卡德摩斯的最后，便恰合于此语。他和哈耳摩尼亚生了三个女儿，而这三个女儿在他晚年却招致了他不少的悲苦。他的一家为了天神狄俄倪索斯（Dionysus）的愤怒，弄得流离四散，惨苦不堪。他的两个大女儿亚格芙（Agave）和伊诺的故事，一个在叙述狄俄倪索斯的故事时讲到；另一个伊诺，则为阿塔马斯之妻，上文也已叙到了。第三个女儿奥托诺厄（Autonoe）和她的两个姊姊一样，也得到了狂疾。她疯狂的走了许多的路，经山过水，穿城走国。最后遇到一个圣先知，一个阿波罗的儿子，他医好了她的病，爱她的美貌娶了她为妻。这个先知是阿里斯泰俄斯（Aristaeus），猎女库瑞涅为阿波罗生的。阿波罗给他以医治之方，又给他以预言之力，后来，在他死后，他为多数人所崇拜，视之若一个天神。奥托诺厄快快活活的过了好几年,她的心安逸了,以为只有她一个逃出了像她姊姊们所陷入的悲运之外。但这悲运终于降临到她身上了,因为她的独子亚克托安(Actaeon),一个爱打猎的美貌少年,有一天,无意的遇见了处女神阿耳忒弥斯,她在一个树木环拱的幽静的溪流中沐浴;因为他太勇敢的看着这位赤裸裸的女神,为她所觉,他便受到了一个可怕的责罚,立刻变成了一只鹿,被他自己的猎犬撕碎分裂而死。当他母亲听见了这个消息时,她因悲哀而自杀了。但卡德摩斯和哈耳摩尼亚终于在历尽艰苦之后,得到了不朽的生命,快乐的过着日子。

二 安菲翁与谢助士

当卡德摩斯死去了时,并没有留下子嗣,他的国家便落在史巴底种中的一个有力的领袖倪克透斯(Nycteus)手中。新王心中所郁郁不欢的,乃是他的独生子却是一个女儿。这位公主名为安提俄珀(Antiope),她在早年的时候,便被他许给了他的兄弟吕科斯(Lycus);这是依据于古代的遗风,一个有继承的女儿一定要嫁给最近支的亲属。但在他们还没有成礼之时,安提俄珀已有了一位神道的爱人;她是那么美貌,诸神之王一见便爱上了她,幻变了一个萨蒂尔,经绿阴之下,与她结合了。不久以后,这位女郎逃出了宫,生怕她的秘密不能保守着时,她父亲会重重的怒她。她独自的逃到了史克安(Sycyon)城,城中的国王依波甫士(Epopeus)一见了这位可爱的逃人,便向她求婚。安提俄珀没有别的办法,只好答应了他。但国王倪克透斯听见了他女儿的经过时,他心中十分的悲戚,竟气愤而死。他临终的时候,要吕科斯报复安提俄珀所给他们家族的耻辱。于是吕科斯向史克安王宣战,在一次大战之中,打败了他,他也被杀了。吕科斯攻陷了史克安城,掳回了安提俄珀。在归途中,安提俄珀生产下两个儿子,吕科斯愤愤的将这一对孪生子抛于路旁,任他们生死。但有一个牧羊人,远远的望着,他怜恤这两个孩子,便拾回带给他的妻抚养;她如己子似的爱他们,他们长成了壮大的少年,他们的假父母名之为安菲翁(Amphion)及谢助士(Zethus)。

同时,他们的不幸的母亲则被囚于一所狱室之中,只给她以水及面包。每一天，她都在看守着她的吕科斯的妻狄耳刻（dirce）的残酷的手中，受到新的痛苦的待遇。因为这个妇人由妒忌而对于安提俄珀格外的憎恶；她很知道，吕科斯之所以娶她，完全是因为他对于聘妻的失望，她也相信，他至今仍爱着她；所以她便自告奋勇，担负了看守之责，不断的虐待着她。但宙斯并没有忘记了安提俄珀；因他的神力，她最后逃出了狱室，被他暗中领到和善的牧羊人所住的地方来，她将自己的姓名与她的双生儿子说了，母子方才相识。他们听到她所诉说的苦况时，少年们的心便如火的燃烧，他们执刀在手，冲到吕科斯的家中去，以他自己的炉石杀死了他。但对于他的残酷的王后，他们则用了一个更酷的刑罚；他们将她缚于一只牛的尾上，她便被狂奔的牛所拖而死。他们将她的遗骸抛入阿瑞斯的圣林中，此后这座林便被称为"狄克"。

国王倪克透斯在位时，待人以诚，治下以宽，但吕科斯继于其后，则一反其所为，欲以铁腕镇压一切；所以人们对他的感情很坏，当安菲翁及谢助士杀了他时，他们并不起来反抗，反而欢迎他们，以他们为杀害专制魔王者，为他们的外祖父的正当的承继者。但吕科斯在外邦却有了不少的朋友与同盟，他们现在汹汹的谈着要为他复仇。安提俄珀的儿子们看见，知道如不强国精兵以御外侮，他们是不能久据这个国家的。于是他们在一处商议着。谢助士在二人之中，性情较强，且更为好战，主张立刻集起了一个大军，半为市民，半为亡命之徒及强盗——在这时，这些人是极多的——预备去和敌人宣战。但安菲翁虽是勇敢，却不爱战争；他的喜悦，乃是如乡民似的过着和平生活，如牧羊人似的驱着牛羊，而在一切东西之外，特别爱的是琴，现在，他向他兄弟提出了第二个办法。"当现在还有一个较好的办法之时，我们为什么要招进外国的兵士，"他说道，"以坐食我们的粮食，或使我们自己的人民执刀握枪呢？我们且去建筑了一所大城，环于卡德米亚山的四周，将市镇包围于城内。那么，如果有战事发生时，人民便可带了他们的家人，货财，牛羊进了这座坚城中来了。"

谢助士笑着答道："你乃是一个梦想者，哥哥，好像一切的歌者知道弹琴比国事还清楚。要建筑这样的一座坚城，非数年不办，即使我们的人民们都精于泥水匠的工作，其实，他们却一点也不会。不，你的计划一点也没有用的，除非，是真的，你的意思是要请了库克罗普斯(Cyclopes 独眼的巨人)来为你建筑此城,有如他们所传说的,库克罗普斯们为柏洛托士建筑了底林斯城一样。"

"我对此并不曾仔细的想过。"安菲翁说道,当下便郁郁的到他的羊栏中去了。在路上,他遇见了一位客人,一个牧羊人,脸色红红而快乐,微微的唱着;这个客人问他为何那么沮丧。安菲翁将这事的经过都告诉了他,因为他心中很悲苦。然后,他叹了一口气,说道:"这是一件很好的事,只是,你看,我没有力量去做。"

"我并不以为不能做,"客人沉静的答道,"当人们有了正当的帮助者,他们做过比此更艰难的工作。说到帮助者,刚才谢助士不是和你说起过库史罗普斯们来么?"

安菲翁听见了这话,惊得呆了,因为他并不曾将他兄弟的讥笑的话对这客人说过。"你知道那话么?"他嗫嚅的说道,"那么……你是……一定不是现在的样子的人了。"

"一个机灵的猜度,"牧羊人笑道,"但也错了一半,安菲翁,因为我是真正的一个牧羊人,如一切牧羊人所共知的。否则,你们大家为什么都要将你们的头生羊带到我的祭坛上来呢?"

于是安菲翁知道这位神乃是赫耳墨斯,为牧羊人所亲敬的,使羊群滋生繁育的,他便快乐而恭敬的祝福着神。"也祝福你,美丽的安提俄珀的儿子,"赫耳墨斯答道,"不,你和我之间不如说是兄弟吧。因为你要知道,宙斯乃是你的父亲,虽然你的孪生兄弟谢助士乃是国王依波甫士所生的。现在,兄弟,我在我的衣中,有一件东西给你;取了这把琴去,这乃是我自己制成的,正像我在儿童时代,用一只龟壳所制而给了阿波罗的那只琴一样。但这琴中却具有魔力,对于建筑者特别有魔力。所以你自己去掘了那座城的基础,将筑成的石块运到那个地方来,然后弹奏着此琴,且看看有什么事发生。"赫耳墨斯说完了话,快乐的笑了一声,便走去了。

安菲翁是一个牧羊人,如他的假父一样,而谢助士则为一个农人,他颇以此自傲。他说,掘地,播种,收获,乃是一个强壮的人所宜的工作,可以练强了手臂,预备打仗;至于牧羊呢,完全是一个儿童的工作;因为他蔑视牧羊人们为游惰的人,所以他也不曾想到他们的神。当安菲翁告诉他以赫耳墨斯的吩咐时,他并不想急急的实现它。"美亚(Maia)的儿子是管着羊栏和牧场的,"他说道,"但他却不是城邑的保卫者，如其他更伟大的天神们一样。他怎么会知道建筑塔呢？然而，随你的心意做去吧，我的哥哥。因为我爱你，不忍拂你的意。我们俩之间从没有不和过，我相信，将来也永不会有。"

于是安菲翁以人民的帮助，筑好了一座巨城的基础，将卡德米亚和山下的市镇都包围于这道城中，四周都有敌楼，开了七个城门；在城圈中，他建了一所赫耳墨斯的庙。无数的石块，从附近的山中打下，在近于城门之处，堆成了七八堆。当这些事告毕时，安菲翁当着所有人民的面前，杀了一只羊在新祭坛上献给赫耳墨斯。祭过之后，他便执了他的琴，开始弹奏着。然后一个奇迹出现了；一块块的巨石自己飞于空中，成千成万的，使午日都为之无光；然后，当安菲翁心中急跳着弹奏下去时，它们降落下来，一块叠一块，一行加一行的，自己放置好。在他所打的城基之上，一座巨伟的城墙，敌楼城门俱全皆备的站在那里。

这便是底比斯的七门的坚城建筑的经过。底比斯之名乃是安菲翁给了这座新城，用以光荣他兄弟的妻底比（Thebe），美人国中的美人。有的人又说，底比乃是此地一条大河阿索波斯（Asopus）的女儿，她深得神王宙斯的欢心，宙斯答应她说，她将成了一个城邑的王后，这个城邑将使她的名望在后来大著于世。

邻近乡村中的人民都高高兴兴的住到这底比斯的坚城中来；无论新的国民或老的国民都自称为底比斯人，以代了他们从前所自称的卡德米亚人；安菲翁和谢助士统治了这座城许多年，和平而且发达。但从得尔福来的一个神示却告诉这两位兄弟国王们说，为了他们对于狄耳刻所做的事，王权将不久住于他们的家中；因为天神们虽爱正义，却不爱那些过度复仇的人。果如阿波罗所预言的，不幸的事一一实现了。其初，谢助士看见他的独生子在童年夭逝了；因这个损失而碎了心，他自己不久也死了；立刻，因了他所娶的妻的过度的傲慢，同一的运命，来得更为悲惨，罩住了安菲翁。

这位傲慢的王后乃是尼俄柏（Niobe），她的父亲是李狄亚（Lydia）国王唐太洛士（Tantalus）。她的美名，播于远近，远近的国王都拥挤的到她父亲建于西辟洛斯（Sipylus）山上的宏丽的宫中来求婚。安菲翁也杂于其间，以他的赫耳墨斯所给的琴的魔力赢得了她的心。尼俄柏嫁了他之后，为丈夫生了七个儿子，七个女儿，全都如太阳般的美貌;不幸她在得意忘形之际,乃自夸以为没有一位女神生有可以与她的相比的儿女。"他们以为勒托在母亲们中是最有福气,最有光荣的一个,"她说道,"但她的光荣和我的比起来又将怎样呢? 她只有两个孩子;尼俄柏却有了两倍的七个,每一个儿女都可和阿波罗及阿耳忒弥斯并美。"温柔的勒托听见了这一席话;她乔装为一个老妇人到了王后的宫中来,劝告她不要说那种侮蔑天神的话,否则那两位孪生的天神们便要为他们母亲复仇了。但尼俄柏答道:"不准多说,老婆子,不管你是谁,你走吧! 否则,我将因你的侮辱而驱出你于底比斯了。"老妇人立地不见了踪影,从孩子们在那里游戏着的天井中惊叫着可怜的呼声:"唉,母亲呀,救我! 唉,箭呀,箭呀! 母亲,救命呀,我们死了!"尼俄柏飞奔前去,看见在一阵从天上射来的箭雨之下,她的孩子们已经死了,或快要死了,狼藉的倒在天井中。仅有一个,她最小的一个女儿,她来得及救了她,将她紧搂在胸前。这个孩子的名字是克绿丽丝(Chloris),她长大了,成为一个妻,还成为一个母亲,但从那时受了惊吓以后,她的脸色便永远的白如云石。阿波罗和阿耳忒弥斯是那么迅快,那么凶狠的报复了他们亲爱的母亲的仇辱。安菲翁受了这一场的大悲奇痛之后,便郁郁的死去了。然后尼俄柏回到她自己的祖国;她在那里夜以继日的悲泣着她的孩子们,不受别人的安慰。最后,宙斯怜恤着她,将她变成了一块岩石。这岩石至今尚可在西辟洛斯山上见到。它的形状很像一个坐着的妇人,它的脸上永流着清泉,这道清泉便是伤心的母亲尼俄柏的眼泪。

三 国王俄狄浦斯

安菲翁和谢助士相继的死后,底比斯的百姓们便大会在一处,要选举一位国王。他们选举了拉卜达考士(Labdacus)的儿子拉伊俄斯(Laius),因为他是卡德摩斯的亲支。拉卜达考士的父亲是波里杜洛士(Polydorus),波里杜洛士则为卡德摩斯的一个私生子。当倪克透斯占了底比斯时,波里杜洛士还是一个小孩;他被他母亲的宗人秘密的抚养成人,生怕亲王知道了卡德摩斯有后,要来害他;拉卜达考士生出不久便成了孤儿,他也和他的父亲一样,并不显露出他真实的身世。神道们对于卡德摩斯家的愤怒似尚未消,因为拉卜达考士也死得很早，只留下一个儿子拉伊俄斯，他们种姓中的唯一的后嗣。当拉伊俄斯成人时，他便到世界上去求幸福，住在厄利斯的伟大国王辟洛甫士（Pelopus）那里，为他的侍从与朋友，直等了底比斯人想到了他的家世的古代光荣，迎接他回去为国王。他做了几年的国王，国内很平安，娶了首领墨诺叩斯（Menoeceus）的女儿伊俄卡斯忒（Jocasta）为妻。

但在他即位的第一年时，拉伊俄斯到得尔福，参预阿波罗的大祭时，这位天神却借了女祭师的口来警告他："你要注意呀，国王！千万不要生育孩子，因为你的第一子将要杀死了你。"于是拉伊俄斯心中很不安宁的回到了家；他有一个时期，谨慎的服从了神示，但渐渐的他又忽视了这警告，如一个只顾今天，不问明天的人一样的生活着。直到伊俄卡斯忒产了一个儿子时，国王方才记忆起神巫的话；他不敢自己下手杀死了那个孩子，却立意要害死了他，他将一根皮带穿过了他的足跟，将他交给了一个亲信的仆人，命令他将这婴孩抛在近城的喀泰戎（Cithaeron）山上去。他这么办，并不能将天神们所注定的他的运命更改了，因为那位仆人为怜恤之心所动，将这孩子给了他所认识的一位牧牛人，这人住在喀泰戎山的别一边，在底比斯的国境以外，现在，这位牧牛人乃是柯林斯王波里卜士（Polybus）的属下的子民；他将这婴孩带给了他的王后，他想，王后为了怜恤之故，也许会抚养他；而王后因为自己久没有生子，一看见了这位婴儿，便异常的喜爱他。因她的亲切的看护，这孩子长大了，他的足伤也痊愈了，但因为他的足伤的余迹，他便被命名为俄狄浦斯（Oedipus），那便是"伤足"之意。

俄狄浦斯长成为一个壮美的孩子，聪慧异常，远超于他的年龄。国王波里卜士因为别无所出，又深喜着他，便也高兴地将他的妻的养子作为他的儿子及继承者。但有一天，俄狄浦斯在柯林斯赴一次宴会，和他的一个同席者相争，这人便怒言，说他并不是国王波里卜士的亲生子，乃是一个无名的拾得者。这位少年，从小便称呼国王及王后为父亲母亲的，听了这话，大为愤怒。他追问他们以前的事，从他们隐隐约约的不能直言的答语中，他知道他的身世一定是有秘密在着的。"我不要这样隐隐藏藏的，"他叫道，"因为你们不肯告诉我真话，我便要到得尔福的天神那里去，求他的指明。"他不听他们的劝告,立刻便从那个地方出发,独自的步行而去。当他访问着阿波罗的神巫时,他给他的答语是:"俄狄浦斯,人类中的最可怜者,如果你不出生于世,乃是最好的事,因为你的运命注定你要杀死你的父亲,娶了你的母亲。"这席怖厉异常的话,直震撼了俄狄浦斯的心肺;他迷乱的逃出了神庙,不知道,也不晓得能到哪里去。

当他神智清楚了时,他已离开了得尔福很远了,他现在正在一个山道中,这条山道是四条大路的交叉点;十字路的石碑上指示给他,其中有一条路是到柯林斯去的。"前面是我所要走的路了,那么,"俄狄浦斯说道,他向前走了几步;然后,他反省了一下。"不,不!"他叫道,"我不敢,我必定不要回家。我再踏足到柯林斯——在我父母还生存于世之时——如果我不去,那么,神语便永远不会实现的了!现在,我看出,一个聪明的人,预先为神所警告,便可以战胜了运命,虽然愚人们是不加抵抗的向他们的既定的结果而去。我只要避开了柯林斯,在别的城中得到了一个新居,那个可怕的预言,于我又有什么效力呢!"俄狄浦斯转身而去,心中带着新的希望;他又去看指路牌,选定了一条向上山的路走去。这条路,他在指路牌上看出,是通到底比斯城去的。他走了不多路,便遇到一个人坐在骡车中,有五个奴隶步行跟随着他。那里的路很窄,奴隶们高声大喊的要俄狄浦斯让道给他们主人通过;这人正疾驰着骡车而前,当他经过俄狄浦斯身边时,以他的马鞭当这位少年的脸上打下去,叫道:"站开去,一只农人的狗!"俄狄浦斯至此愤火中烧,再也忍耐不住,便一跳上了车。这车疾转而前时,他如电的迅疾,拔出他的刀来,当胸刺进坐车的人身中,他便跌倒在路上死去了。奴隶们都飞奔而逃,但俄狄浦斯愤火未熄,复追了上去,将他们一个个的杀死,只逃去了一个。于是他又向前而去。但杀了人之后,他又想最好不要到底比斯,于是他又转身到山中去,在那里,有几个牧羊人款待他很殷勤。

杀人的消息在那辽远的山地似乎传布得很慢,因为几个月过去了,在山中人里,没有一个人谈起这一件惨死的事的,这使他们的客人,俄狄浦斯格外的诧异。因为他知道,就他的衣服与用具看来,他所杀死的那个人一定是一个大人物。当最后牧羊人们告诉他说,他们听见了一个奇异的消息,这个消息,并不是他所希求听到的,却是关于一个在底比斯为害着的可怕的怪物;据他们说,这个怪物的身体是一个狮子，身上长着两个鹰翼，头部和胸部却是一个美女，她以人的声音说话，自名为史芬克丝，那便是"绞死者"，她以此自名并不是没有理由的。因为她既不捕捉羊群，也不杀死肥牛，却只伤害童子与少年人；她出其不意的向他们扑去，以她的铁爪绞死了他们之后，便啜食其血。为恐怖心所中的底比斯人已和这个史芬克丝订立了一约；她居住于近城的一个岩石上，她要求他们每月送出一个少年为她的牺牲，除非他能够回答得出她所问的一个谜语。"猜猜我的谜语看，"她说道，"猜中了我便离开你。"但从不曾有一个人猜得出来，所以底比斯人每月都要付出一个可怕的贡物；这个被牺牲的人，则也每月拈阄一次为定。因为，在他们看来，这个方法，总比史芬克丝每天出来攫捉他们的孩子要好得多了。"假如我是底比斯王的话，"俄狄浦斯听完了这个故事叫道，"我便或者猜中了这个谜语，或者我自己代百姓们去死。我想，不管现在是谁坐在卡德摩斯留下的王位上，他一定是一个怯弱的人，否则他一定不会让他的人民们中的花儿像那样的惨死了的。"于是牧羊人中的一个说道："不，底比斯国王新死了不久，听说是在一次争吵中为人所杀死的。全篇故事的顶点还有呢：因为他的妻的兄弟，现在的摄政者，曾布告大众知悉说，如果有人猜中了克芬史丝的谜语，他便可以得了此国，且王后也将下嫁给他，作为酬报。"

"谜语是什么呢？"俄狄浦斯热心的问道。但这却是牧羊人们所不能答复的，他们只听见人说这个谜语乃非人力所能懂得的。俄狄浦斯微微的笑着，但并不多说。第二天他和他的和善的主人们告辞，说道，他要世上成功立名，这正是其时了。他在那里住了许久，一句关于他身世的话都不说出，如他来时一样，他去时仍然是一个不知姓名的人。

不多几天之后，一个少年的旅客，出现于七门的底比斯；他的衣袍之上，旅尘黯然，他的双鞋也都为尘土所厚沾，然而在他的说话与态度上却有些尊严气象。当城中市场正人满的时候，他进了城，在全体市民之前，他宣言，他是俄狄浦斯，一个柯林斯人，他是来求得布告中所许的给与能猜得出史芬克丝之谜的人的奖赏的。有几个底比斯的长老心怜这旅客的年轻，警告他说，他此举不过是枉送性命而已。"你要失败的，我的儿子，"其中的一人说道，"有如所有别的人一样的失败而死于这怪物的爪下。"但俄狄浦斯不是能被空言所吓退的；所以颤颤抖抖的公民们便领了他到了史芬克丝的危岩上。有翼的母狮女郎坐在危岩的顶上，她闻见了杂乱的足声，扬起了她的头，在她的美而残酷的脸上现出了一个微笑。她看见了俄狄浦斯，开始舔舔她的红唇，啧啧有声，仿佛一只猫看见了牛乳一样。但他一点也不怕，坐在她上头的一块岩石上，说道："可怕的女郎，底比斯的恐怖，对我说出你的谜来吧，我如果能够，便猜出它来。"史芬克丝以她的冷酷光亮的双眼望了他很久很久，然后唱了起来，她的歌声是最甜美的音乐：

> 那只动物的名字是什么，
> 他的身体是一成不变的，
> 但他的足，他所用以走路的，
> 却初而为四，继而为二，终而为三？

她凶狠的笑着，俄狄浦斯则低了眼望在地上，沉默的思想了几分钟。突然的他抬起眼来，大声叫道："那只动物便是人！这是人，当他是婴孩之时，他四肢匍匐在地上走着；然后两只脚直立而行；最后在他老年之时，则三只脚蹒跚而前；这第三只脚乃是他的杖。我猜到了这谜没有，啊，史芬克丝？"

史芬克丝一句话也不回答他，只是锐叫了一声，头下脚上的跌倒岩下而死。她的命运注定，如果有凡人猜得出她的谜语的话，她的死期便到了。

自从由柯林斯来的旅客，猜破了史芬克丝的谜，除去了底比斯的大害以后，匆匆的已经过了二十年了，当时，在一个很早的早晨，一大群的人集合卡德摩斯的古宫门前。老年人和少年人都在那里；妇人们也在那里，已嫁的与未嫁的；他们全都似为悲哀所袭击，大部分的人如哭亡人似的穿上了黑衣。群众之中扬出哭叫之声，不时的有人大叫道："俄狄浦斯！聪明的俄狄浦斯！你不能救护我们么，唉，我们的国王？"正在这时，宫门大开了，一位高大戴冠的人出现于宫门口，群众一见了他，立刻沉沉默默的一声俱无。他便是俄狄浦斯；他伸出了手中所执的王杖，叫他们静静的听着，然后他说道："我并不是从睡梦之中听了你们的呼唤才走出来的，我的百姓们，我昨夜已经整夜的焦急的思虑着你们的痛苦了，这痛苦在我看来，是如我自己的一样的。真的，假如我能够在到处火葬堆都一一发光，哀哭者在底比斯街道上不断的走着的时候还沉甜的熟睡着，则我诚不值得当国王之名了！只有天神们才知道他们为什么以那么重大的瘟疾打击我们的城市，几使没有一家的人中，不曾有一个死者；这诚然不是用人力或人智所阻止得住的疫病。所以，市民们，我已经差遣了我妻的兄弟克瑞翁去问得尔福的神巫去了；如果我不算错，他今天一定会回到这里来了，带来了阿波罗的答语。你们要很明白，神道所指示的话，凡能解救你们的，我一定将热心的执行着。"

俄狄浦斯这样的说了不久，一个白发的老人，身穿宙斯祭师的服色，快活的叫道："看呀，克瑞翁回来了！带了好消息来了！因为我看见他的头上戴着一顶阿波罗的神圣的树的花冠——一个他已经从神巫那里得到了一个满意的答复的表记。"

这位祭师的话似乎是对的；过了一会，克瑞翁便从激动的群众中匆匆的走过，高声的对国王说道："好消息，我的国王，妹夫！假如我们将杀害了国王拉伊俄斯的凶手驱逐出境或置之于死地，这场疫病立刻便可停止。因为，这乃是他的愤怒的鬼魂，太久不曾得复仇，送来了这场疾病给底比斯人。这乃是我从神道那里带了来的答复。"

"你所告诉于我的便是这话么？"俄狄浦斯叫道，大大的诧异着，"我知道，真的，拉伊俄斯是被人所杀；但如我所知的，他的被杀乃在远离了家去旅行之时。你刚才怎么说他的谋杀者乃住在我们之中呢？"

"这是阿波罗的神示那么说的，"克瑞翁答道，"否则我也不会相信它；因为，拉伊俄斯，如你所已听人说过的，正在外面旅行时，有一群大盗袭击他而将他杀死。现在，谁会相信，这些强盗中的任何人，虽然永远不曾被追迹过，乃敢住在我们国中呢？"

"那也是一件怪事，"俄狄浦斯插嘴说道，"一位底比斯的国王在大道上被人杀害了，那些人似乎是从没有地方而来的，然后，又从此消声匿迹不再为人所见！因为，无疑的，你们必要上天下地的去寻找他们呢？"

"至于说到这一层呢"，克瑞翁说道，"你必须记住，当史芬克丝肆虐的时候,这场暗杀的大事与之相比也不过是一件细小的事情。俗语说道:'我的衬衣很近,但我的皮肤更近。'我们底比斯人那时比之去报复我们的被杀害的国王,更着急的注意于救我们的孩子们出于那怪物之口。然后,你来了——我们的天遣的救主,我们又在快乐之中忘记了其余的事了。"

"借了天神们的帮助,"俄狄浦斯严肃的说道,"我现在要第二次救全底比斯了。我不要一刻安息,除非我找到了,判罚了这些杀人者;这是我的责任,不仅是为了国王,也是为了拉伊俄斯的继承者——不,是继承了他的王位。我对于他是在一个儿子的地位上的,要如我为我自己的父亲报仇般的为他去复仇。听我说,那么,你们全体的底比斯人!如果你们之中,有人知道是谁杀死了拉伊俄斯的,或因恐惧或因爱好而那么久的保守着这个秘密未曾宣布的,让他偷偷的到我这里来,将经过的事全都告诉我;他不要害怕不敢承认出他所知道的事,因为我对着所有的天神们立誓,决不加害于他。仅不过他必须离开了底比斯;但他去时,将一点也没有伤损,带了他的妻子,牛羊以及一切是他的东西同去。"

"一个公正而慈悲的判决!"当国王停顿着之时,宙斯的老祭师说道,"那个人,如果他在这里的话,秘密的保守着杀人犯的秘密而不说出来的话,他也是免不了血罪的。"

于是俄狄浦斯更严厉的说道:"知道这件事的真相的人必须最后说了出来。但你们要注意我的话,市民们,如果你们之中有一个人,他知道而不说的,则我将对着神道们及你们全体之前,宣判他为国家的叛徒,公众的敌人,一个杀人犯。是的,因为在这个人的秘密之上,悬挂着我们全体的性命;一个人的沉默不言,害了我们以及我们的孩子们死于瘟疾,而拉伊俄斯的血也沾在他的头上,因为他要骗了他的灵魂使他不得复仇。所以我将唤了受害的死者的诅咒以加于他的身上;我如欺了你们,底比斯人,同样的对待着这些谋杀者以及任何保守了那个秘密的人,那就也要同样受到诅咒了。让这样的人一个人被拒绝了水火及圣典,让没有人和他说话,和他相见,也不救他,任他饥渴而死;凡是杀死他的人在法律上并不犯罪,有如他致死了一只祭神的牺牲一样。但至于做这个行为的人呢,但愿他悲惨的死去;如果我有意的在我屋宇之下保护着他,则我所说的诅咒,将一一的降临于我的头上。"

这一席严峻的话说后，大众默默无言，深沉的寂寞罩于他们这一大群人的身上。这寂寞为宙斯的祭师所破。"代表了全体的人民，"他恳切的说道，"我答复道，便是这么办吧！"群众营营的表示同意；但有的人则叫道："阿波罗知道一切事，为什么不问他是谁谋杀了国王拉伊俄斯呢？"

"不，"祭师说道，"阿波罗假如要将他的姓名披露出来时，他早已会向克瑞翁披露的了。再去问他以他显然不欲披露的问题是不会有什么好处的。但在我们人民当中却有一位著名的阿波罗的祭师；先知特里西亚士（Teiresias）；他也许会知道我们所要知道的事。假如国王下了命令的话，便可去叫了他来。"

"有价值的祭师，"俄狄浦斯叫道，"你所说的话正和克瑞翁这一刻在我耳朵边所说的话一模一样；我将立刻派人去请了特里西亚士来；同时，请你领导了百姓们到宙斯的神坛中去，向他祷求着；在我们的痛苦之中会发生出快乐的结局来。"

于是祭师和人民们都去了，国王在命令了一个从人之后，便进了宫内，等候着先知的来临。

这位特里西亚士是一切底比斯人所深敬的人，不仅是为了他有先知之技，预言之术，还因为诸神们给他以世人无比的长寿。他是卡德摩斯的朋友和从人，当狄俄倪索斯到底比斯来时，他已经是一位老年人了；他是第一个欢迎那位天神之来临的，他曾再三的警告过愚蠢的彭透斯（Pentheus），叫他不要和那位天神争斗而无效；自从那时以后，三代的人已经过去了，然而特里西亚士却仍然身体健康，神识不衰。这乃是雅典娜在他少年时所给予他的一个伤害的补偿。因为，他不幸的在无意之中看见这位处女神在一个森林四绕的池水中沐浴；她那时又惊又怒，叫道："但愿胆敢看见雅典娜的裸体的人的双眼永远的盲了！"当她立刻知道特里西亚士之触犯她并不是有意的之时，她已经没有法子去改正她所说的运命了；所以为了补偿他，她便从宙斯那里得到了一个异常的长寿给他，又从阿波罗那里，为他求得了预言先知之术；且还给他以她自己的不少的智慧。

俄狄浦斯在他的大厅中不安的来回走着，不久，便听见先知的熟悉的足步之声，他匆匆的到天井中迎接他。特里西亚士站在那里，倚在一个少年童子的臂上，这童子是他的领路者，又是他的仆人；他的皱纹纵横的脸上表现出极深刻的忧乱；他似乎和国王的使者在争辩着，使者很恭敬的请他前进。"不，让我回去吧，"俄狄浦斯听他这样的说，"你的主人招了我来是不好的；我服从了他而来是更坏；让我归家去吧！"

"现在是怎么一会事，可敬的先知，"俄狄浦斯问道，迎上了他，"我相信你的意思是不拒绝我们，以你的神所给予的圣力，在这样危急的时候来帮助我们吧？"

"唉！"特里西亚士答道，"枉自有了先知之术而没有能力以变更了先知的祸事，又有什么益处呢？国王，让我走了吧！我不能，我不敢说出你向我问的实在情形。"

"那么你知道谁杀了拉伊俄斯的吧？"俄狄浦斯叫道，当下先知低下了头。"什么，这乃是一个叛逆，"他更激动的说下去，"叛逆我，你的国王，叛逆底比斯，你的祖国，如果你知道了那个足以除去了这场可怖的瘟疫的秘密而不立刻说出来。说呀，我要你！不，我以你的受苦的同胞们的名义恳求着你！……怎么，你默默的不言……你摇头，转了开去？最卑鄙的人，你要使我们全都毁亡了么？唉，如果你的心肠不是如石般的硬，你一定不会不为你祖国的悲苦所感动的！"

"为什么这样的激动呢，俄狄浦斯？"先知恬静的答道，"凡是神所先定的事，一定会发生的，不管我披露或不披露出来。我告诉你，我不愿意说出来。现在，你那么愤怒着，你是能够统治别人的，但却控制不了你自己的暴怒的情绪。"

"我没有愤怒的理由么，"国王恶狠狠的答道，"对于你这样的可恶的忍心？但愤怒，老人家，并不能遮蔽了我的判断力；我读出你的沉默的意义了，我将说出来，因为你很聪明的不说出来。听我说，那么，我说你乃是我们所要寻找的那个人；这乃是你设谋杀害了拉伊俄斯。啊，假如你不是一个盲人，你一定是下手杀了他的那个人！"

先知的苍白的脸听了这几句话变得通红了；他从头到足的颤抖着，举起了他所执的手杖，仿佛要击下去，但极力自制住了。"竟是这样说么？"他镇定的说道，"那么……我吩咐你，啊，国王，遵照着你所宣言的，从这一刻起便不再和任何底比斯人说话……因为你乃是那个以他的罪恶沾染了底比斯的人。"

"当着我的脸说这话么?"诧异的国王暴怒如雷的叫道,"不逞的凶徒,你知道你是对谁说着话么?"

"对着违反了我的意志强迫要我说话的人,"先知者并不畏惧的答道,"所以,请你恕我直言无隐。"

"再说得明白些,"俄狄浦斯叫道,"你已经说得太多了;然而不够;因为你的意思我不能明白得出。"

然后特里西亚士伸出他的手,指着国王道:"你乃是那个人。"他又严肃的说道:"即你吩咐我们去寻找的人。"

"你敢……你敢……"俄狄浦斯嗫嚅的说道,为愤怒所窒住,"但你将不会说那话两次……而活着!"

"不要恐吓我,"先知答道,"我不怕你能对我做什么事,因为'真实'乃是真正的避难所。"

"啊!"国王冷笑道,"对于别人是,但不是对于你。因为,他怎么会知道'真实'呢,他是盲于目也盲于心的人?"

"如何的可怜呀!"特里西亚士咿唔道,"从你唇间说出的那种谩骂;不久你便要听见全底比斯人对着你那么谩骂着了!"

但俄狄浦斯听见了那话并不以它为意;他皱着眉站在那里,静静的思想了一会;突然他异常镇定的说道:"告诉我,这是你还是克瑞翁创造出这一席话来呢?"

如果他希望斗然的惊着特里西亚士而使他自认出来时,他便失望了;老人家并不迟疑的答道:"这不是克瑞翁,这乃是你自己制出了你的悲运。"

"唉,"国王说道,"你看,财富与王权是如何的为妒眼所忌呀!想想看,为了求得这些东西,求得这个城市作为一个赠品赠给了我的王位,那个可信托的克瑞翁,我最初的一个朋友,也要设计危害我了……唉,竟用了巧诈的魔术者以求得那个结果!竟用了一个欺人的巫士!他的眼是仅只锐于见财,而在预言的术上则如石似的盲!啊,特里西亚士,你怎么证明你自己是一个先知呢?当那四足的怪女为害于此地时,你给过他们以什么帮助呢?然而她的谜却不是给一个偶然经过的旅客猜的,乃是给一个精于先知,大众所需要的人猜的。但你能由鸟语或神示中猜出它来么?不,这乃是我,一个旅客,没有学过这些的俄狄浦斯,以我自己的聪明,不是以巫术,猜中了它,而使史芬克丝的害永绝了。你所要推翻的乃是这样的一个人么？当克瑞翁坐上去时，你希望最亲近的站于王位之旁么？要想，你们俩将深悔这个计谋；假如不是因为你的年老发白，你便将受到深悔的痛楚，俾你知道你的所谓智慧是有如何的价值了。"

年老的先知听了这话，再也忍耐不住了，他严厉的答道："你虽是一个国王，我却有一个自由人的权利，因被诬蔑，不得不回答你；因为我不是你的一个奴隶，乃是阿波罗的。我也不是克瑞翁的跟随者，我不以任何人为主人或保护者。我说，那么——因为你责骂我以我的盲目——你有眼睛的人，乃不能看见你所要遇到的悲运，也不知道你所住的是什么地方，所同居的是什么家属。怎么，你乃竟不知道你是什么人的儿子么？……你乃正是你所最亲近的人——生的与死的——所憎恶的；时候到了时，你父亲与你母亲的诅咒将驱逐你出了这个国家……而你的眼睛，现在是那么尖利的，那时也将永远的黑暗，不再见一物了……现在俄狄浦斯侵我和克瑞翁以侮辱之语……这些侮辱之语正是你所要从生者或此后的生者中的最卑鄙的人听到的。"

"这真是不可忍了！"俄狄浦斯凶猛的叫道，"你到地狱中去吧！走，我说！不要再玷污了我的宫门口了！"

"但要不是为了你的执意的命令，我也并不曾走近宫门。"先知庄重的答道。

"我要是知道你所说的是如何无意识的蠢话，我便要让你留在家中了。"国王叫道。

"你认为我是一个愚人，"特里西亚士徐言道，"但你的父母们却不以我为愚。"

"我的父母？"俄狄浦斯诧异的说道，"但他们从不曾见到过你……不要走，特里西亚士……你醒了我心中的一个旧疑了……告诉我，我是谁生的？"

"这一天生了……即杀了你。"先知严重的答道。

"呸！你说的都是些谜语！"俄狄浦斯不耐烦的叫道。

"为什么不呢，对于那么善于猜谜的一个大家？"先知道，"不，我还要给你更多的谜去猜。听我说，我不顾你的不高兴，我知道你没有力量来损我头上的一根发，你所要找的人……杀害了拉伊俄斯的凶手……那个人是在这里；大众都知道他是一个异邦的人，而不久他便要终于被人知道他乃是一个底比斯人所生的了。他发见了这时，将不再有快乐。因为他因此要被流放出去——一个盲人，以他的手杖探路而行，虽然他现在是有眼走路——一个乞丐，虽然他现在是富裕着。他将被证明是他自己孩子们的兄弟；而他的妻便是生他的她；他是他父亲的杀害者，结婚床的侵占者……走进去，俄狄浦斯，细细的去想这些话，如果它们的真相不久再不大白，你便真可以称我为一个虚伪的预言者了……现在你领了我回家，童子；我在这里的使命已经告毕了。"

这样的说着后，特里西亚士便被他的年轻奴隶所领着走了。国王凝望着他的背影好一会儿，好像是一个失了知觉的人，然后以匆匆的忙乱的足步，走进宫中。

在他们交谈着时，去迎接特里西亚士的使者，一位年老忠心的从人，默默忧闷的站在旁边；他正要跟随了他的主人进去时，忽然有一个声音在天井门口喊他。他转身一望，看见克瑞翁和三四个底比斯的长老们同来，便匆匆的迎上他们。王后的兄弟乃是一位坦白无隐的人，他现在是苍白而忧闷着；当下他热切的问这位老人道："朋友，你能告诉我和这些长老们，我刚才所听见的可怕的消息是不是真实的？我从一个人那里听来的，他当特里西亚士离开这里时，和他谈话而听得了它。国王似乎责我……我……以诡计危害他！什么，我乃被戴上奸臣之名么？不可忍的耻辱！毋宁我死，长老们，比之不名誉的生于你们之中！"

"忍耐些，高贵的克瑞翁，"一个长老说道，"国王是在暴怒之下无心说出的，决不会是有意的这样说。"

"但他说了这话没有？"克瑞翁对老年的从人说道，"他曾说过我暗中买嘱先知假造一篇谎话的话么？"

"他说过这话，"老人不愿意的答道，"他具有何意，我不知道。"

"当他这样的责备着我时，他还有智慧意识在着么？"克瑞翁又问道。

"我不能说，"老人道，"主人所做的事乃藏之于仆人的眼外的。但我的主人到这里来了……"

正当他说时，俄狄浦斯走过天井，向他们走来；恶意的望着克瑞翁。"呵,你!"他叫道,"什么事使你到这里来？这是什么铜脸的无忌惮者,乃在正被探出为要设计谋害你的国王抢劫他的王冠之时而进了我的宫门中来！现在,我何处表现出是一个怯人或愚者,竟使你想起欲以奸谋而不以武力制服我呢？"

"这是不公平的事,国王,"克瑞翁镇定的答道,"有没有听我自己辩护之时,你没有权力责备我,判罚我。听,在你判决之前……"

"不,不!"国王中止他道,"你是个良好的演说家……但我却是一位坏的听讲者……当我事前知道说话者是一个坏人时。"

"那么,让我听听,至少,"克瑞翁说道,"你所责我的是什么事。"

"好的,"俄狄浦斯答道,"你不曾劝我去请了那个倨傲的先知来么？"

"是我劝你的,"克瑞翁说道,"而我还以为我之劝你是很对的。"

"而这个特里西亚士,"国王说道,"当国王拉伊俄斯被杀时……他也在底比斯行道么？"

"当然的,"克瑞翁说道,"也如现在一样的为人所敬重。但你为什么问我你所已确知的事情？"

"我有别的事要问你,"俄狄浦斯说道,"在那个时候,特里西亚士有什么说……说到我么？"

"据我所知是没有……他为什么说呢？"克瑞翁答道,愈加的迷惑了。

"我问的意思是,"国王答道,"那么伟大的一个圣人乃不能发见了杀人者。"

"至于那件事,"克瑞翁说道,"我一点也不知道；在我所能悟知的事件之外,我常是守着沉默。"

"啊!"俄狄浦斯说道,"但有一件事你是知道的,且是聪明的去说出来；即你不唆使他的话,特里西亚士将不会以杀拉伊俄斯之罪加于我的身上。"

"他责备着你么？"克瑞翁叫道,显然的吃惊着,"这是我第一次听见的话；那便是你可相信于我的。最后,我知道了你的盘问的出发点了……在平常的公道上,俄狄浦斯,你现在必须回答我的问题了。说,那么,我的姊妹不是你的婚妻么,你不是以国王夫君的名义统治着人民么,而她也和你有着同样的权力统治着底比斯,他们也敬重她为他们本国的合法的王后么？”

"这都是不错的，"俄狄浦斯说道，"但对于目的一点也没有关系。"

"不，听我说，"克瑞翁道，"我不是王后的兄弟，国王的妻舅，因此之故，而在国中占了第三个位置，享受着王家的一切光荣与权利么？我不是为底比斯的一切人民所媚爱看顾，因为他们知道得到我的欢心便是确切的得到你们欢心的护照么？啊，我有了一切国王的一切利益，只除了名字，却无其受害之处！你能想到，我乃是一个那么愚蠢的人，要以我的自由快乐的现状——即使我能够——去换一顶王冠的重担么？我谢谢天神们，我还不至于那么颠倒，在生平竟看重财富过于名誉！至于包藏奸谋呢……请你派人到得尔福去问，我是不是忠实的将阿波罗的神示报告给你？请你细察了全般事件之后，如果你能证明我和那位先知通谋，则你尽管置我于死地；不仅是由于你的判决，而且是由于我的。但不要仅以嫌疑便判我以罪；你想一想看，一个人失去了一个有价值的朋友，便是失去了如生命本身一样贵重的东西。"

于是底比斯长老中的一人说道："啊，国王！克瑞翁说得不错；仓卒间的判断是罕有可信的。"

"但仓卒间有叛变是必要镇伏的，"俄狄浦斯答道，"我将在这里将这位奸臣结果了去。"

"你的意思不是说要驱逐我出境么？"克瑞翁叫道，脸色白了。

"还过于此呢。"国王恶狠狠的答道，"死，不是放逐，乃是我所要给你的刑罚；你便要成为犯了妒忌之罪的一切人的一个警告。"

"什么都不能使你听取理由么？"克瑞翁热烈的说道，"我乃无审判的便被定罪了么？唉，你必定丧心发狂了！"

"你将知道我还留有充分的智力以保护我自己呢！"俄狄浦斯恶狠狠的望着他说道。

"那么，这也是你的责任来保护我，"克瑞翁开始道。但国王凶狠的阻止了他："并不是，因为你是一个奸人，我的责任是对于国家……"

"对于国家，你乃是一个专制者，"克瑞翁叫道，"国家，果然的！仿佛这国家全都是你的，而我在国中一点也没有地位或权利似的！"

现在,他们俩互骂之后,正将继以相扑,一个城中的长老壮起胆走向前去。"忍一忍,贵人们,"他和解他们道,"王后来得恰好,有了她的居间调停,你们间的和平便可恢复了。"

　　伊俄卡斯忒仍是一位美人,仪表极为尊严;她匆匆的向她的丈夫和兄弟走近,脸上满现着不悦与惊骇。"不幸的男人们,"她说道,"我在室内偶听到的这种无忌惮的舌战,是什么意思呢? 在公共的灾祸之中,你们仍执著于私斗,你们不羞么? 俄狄浦斯,我的主,和我一同进屋;你,克瑞翁,回家去吧! 我求你们两不要在这样一个时候张大细小的悲苦。"

　　"我的姊姊,"克瑞翁答道,"你的这位丈夫刚才判决了我的死刑。"

　　"我主持这个判决,我的王后,"俄狄浦斯说道,"因为我侦察出他对于我的生命有一个危害的计划。"

　　"我要永不会发达,"克瑞翁叫道,"我要被人咒骂以死,如果我有一点对于你所加于我身上的罪存了心。"

　　"啊,我相信他,俄狄浦斯!"伊俄卡斯忒说道,"为了天神们之故,尊重他的誓言;尊重我,尊重这些好百姓们,他们将为他辩护。"

　　"不错,国王,"一个长老说道,"我们全体请你不要一无证据的判决了一个人;他以前并没有过错,而现在又以一个严厉可怕的誓咒以证明他的无辜。"

　　"你们看,"俄狄浦斯说道,"你们是要求着我自己的死或放逐呢。"

　　"不,对着天神们的领袖太阳立誓,"长老叫道,"如果有这样一个思想经过我的心上,我便死了也是违抗神人的。但我的心已为我们受苦的国家流着血了。唉,你还要在许多底比斯人所受的苦难之上再加上一个么?"

　　"够了,"国王忧郁的答道,"让这个人去吧,虽然这要失了我的生命,或我的国。你的可怜的请求感动了我,并不是他的。他将被人深恶,无论他到什么地方去。"

　　"你才是可憎恶的,"克瑞翁答道,"即在宽怜中,即在你的愤怒中,也是不可忍受的。这种性质正是,制成它们自己的更坏的瘟疫。"

　　"走开我的眼外! 走,在我给你以不幸的事之前!"国王气愤的说道,跳向前去,但伊俄卡斯忒握住了他的臂,一面尊严的对着长老们做一个暗号,命他们领了她的兄弟走开去。他们匆匆的服从了,克瑞翁也不抵抗;他最后恶狠狠的望着俄狄浦斯一下,便转身经由门口出去了。

"现在我们是两个人了,我的主,"伊俄卡斯忒答道,"请你告诉我这场争辩是怎么发生的。"

"你的意志对于我便是法律,王后,"国王答道,"你必要知道,那么,这是克瑞翁开始了的,因为他宣言我是杀了拉伊俄斯的人。"

"这是可能的么?"王后叫道,"但是为什么会使他想象着这样一件事呢?他是从他自己心中造出的呢,还是得之于谣传?"

"那我不知道,"俄狄浦斯说道,"因为他并不当着我的脸说着,但他却如一个有心计的狡徒一样,派遣了一个先知来实现他的使命。唉,这是一个机诈异常的诡计,但我侦破了它!我记得,克瑞翁如何恳切的求我招了特里西亚士来。当那位老东西,假装作受了灵感,责备着我时,我立刻便看出,克瑞翁是和他勾通着的了。"

"不,俄狄浦斯,你错怪了他,"王后温和的说道,"我确信只有特里西亚士一人乃是你的咒诅者。你对于他所说的话,一点也不要注意,因为在凡人之中,是没有真正的预言术的。听我说,我将以几句话对你证明!一个神示从前曾给了拉伊俄斯——我迟疑的说,是阿波罗自己说出的,但至少是出之于他的祭师——这神示说,如果他生了一个儿子,这个儿子便要杀死了他。但他却并不死在他儿子之手,却死在十字路之上,据说,是为强盗所杀!我生出来的孩子,他活不了三天,因为拉伊俄斯生怕神示的实现,便缚住了他的足,将他抛在一个寂寞的山上了。所以你看,阿波罗并不曾实现了他的话。我的可怜的孩子,远在他父亲被杀之前死了,而拉伊俄斯之死,却在异邦人的手中遇到。那么,不要去注意特里西亚士和他的预言,天神当他愿意时,他自己会使真相大白。但神示与预言却是个虚假不经的空幻。"

国王听了他的妻的话后,似乎不仅不得到安慰,反而更加忧闷。当他听着时,他的双眉更结紧了,他竟惊跳了一下;当她说完话时,他深深的叹了一口气说道:"唉,我的王后,当你说到拉伊俄斯的被杀是在十字路上时,一个可怕的疑惧捉住我了!我在以前从不曾听见过这话；真的，也从不曾听见过这场祸事在什么地方发生。这十字路是在什么地方呢，伊俄卡斯忒？"

"在福克亚山（Phocian）的一个山道中，"她答道，"在我们的国土与得尔福之间……但什么东西使你痛苦，我的主？你颤抖着……你的脸白了……"

"没有什么事，"他不耐烦的答道，"告诉我，这是多少年前的事了……你的丈夫……被人所杀？"

"怎么，你不是和我一样的知道，"伊俄卡斯忒说道，"这事的发生，恰在你到底比斯来之前。"

"唉，"国王忧郁的说道，"那么……那时拉伊俄斯大约有多少年纪呢？他是什么一个样子？对我细说一遍。"

"他是一个高大身材的人，他是头发中刚刚杂有些许白发，"伊俄卡斯忒说道，"他的脸和身材很像你……"

"不幸的我呀，"国王呻唔道，"我一点也不知道，我乃召唤下那些诅咒于我自己的头上！"

伊俄卡斯忒一半闻到他的呻吟，她惊骇而迷乱的叫道："丈夫，什么事扰苦着你？你为什么那么脸色难看，谈得那么奇怪？"

"我的心中疑惧着先知……的话是不错的，"他嗫嚅的说道，"但为了求正确，我必须还要知道一件事……拉伊俄斯那次出去旅行时带了多少从人去呢……人数多不多？"

"只带了五个奴隶去，"伊俄卡斯忒答道，"他们都是步行，而他则立在一辆骡车上。杀人犯也杀死了奴隶们，只逃了一个，他将这个可怕的消息带回家来。"

俄狄浦斯发出一声呻吟。"这是如日光一样的明白，现在，"他说道，"然而……我还有一线的希望。那逃去了的奴隶……他仍在你家中么？如果他在，让我立刻和他一谈。"

"他仍在我家中使用，"王后说道，"但不在这里。因为离这件谋杀案不久，我记得，就在你出现于底比斯而救了我们的那一天，他来求我给他以管理山中我的羊群的责任。他说，他不忍一刻再住在底比斯了。我能明白他，他是我丈夫最忠心的仆人，不欲再事一个新主人；所以我答应了他的请求。实在的，他的忠心值得更大的酬报。我想，他此后便不再踏足于底比斯城中。"

"但你能现在去唤了他来，立刻，飞快的么？"俄狄浦斯焦急的说道。

　　"如果你要这样，好的，"伊俄卡斯忒答道，"我几时曾拒绝过你的愿望呢？但我可以问你一句话么？我亲爱的主，你要叫了这个人来做什么，且为何这样的怪忧愁着？我，你的妻，不是有一个权利可以知道什么事使你忧苦得那么厉害么？"

　　"你有一切的权利，"俄狄浦斯温和的答道，"而你将听到这一切的经过。你早已知道我为什么离开了我在柯林斯的家；一个同伴怎样喝醉了酒，引起了关于我的出生父母的一个疑问，我便到得尔福去问神示以求解决。你也已知道，阿波罗所给的答语了；我因此立意不再见柯林斯，生怕我要犯了不可说的罪过。仅有一件事我不曾告诉过你的——这一件事我没有告诉过一个人——那便是现在使我充满了恐惧的事。"于是他便描叙着他在到底比斯去的大道上和骑在骡车上的一个旅客相争斗的事。"我现在是很明白的相信，"他说道，"那个旅客便是拉伊俄斯，因为你的话和我的话处处都相合——只除了一件。你说，拉伊俄斯乃是被一群人所袭击而杀死了的，而我那时则只有一个人。一切都悬于你的牧羊人的证明；如果他，一个目睹你丈夫之死的人，证实了你的话，那么，他便也证明了我的无辜了。"

　　"那么一切都好了，"伊俄卡斯忒答道，"因为不仅是我一个，即全城的人民也都听见他说，不是一个人，乃是好几个人，杀了拉伊俄斯和他的从人们。我要立刻派人招了他来，而你将从他自己的口中说出这件事的经过来。同时，我的主，你要高兴些，抛去了这些忧闷；因为，在我自己一方面，既已看出我的儿子要杀了我丈夫的预言的完全虚伪，我便不再相信任何神示，也不再相信说预言的人了。"她便握住了俄狄浦斯的手，领他进了宫。

　　这是午后休息的时候，底比斯的市场为日光所蒸热，寂无人声，也不见一个人影儿在那里。仅在一座庙廊的阴凉之下，有一群尊严的老人坐在那里，低声而悲戚的谈着。他们乃是那些城中的长老们，跟随了克瑞翁进宫去的，他们也陪送了他回家；现在，因为心中太苦闷了，不能入睡，便在谈论着克瑞翁和国王那么怖人的一次会见的事。正当他们谈话时，有一个穿着旅行衣服的客人走过了市场，四面的望着，仿佛他不知向何方而去才好的样子；他是一个风霜满脸的白发老人，但他的步履还是强健的。"到什么地方去，朋友？"一个长老招呼着他。

"先生，"新入城的人说道，向他走去，"我找国王俄狄浦斯。请你们好意指导我到他的宫中去，或者告诉我在什么地方可以找到他，因为我的使命是极为重要的。"

长老们上下仔细的打量了他一番，他们低微的互语着，然后，刚才发言的那个人说道："你可以在国王的宫中找到他，王宫就在左近，我们自己要领了你到宫中去。我们可以知道你的使命的性质么？"

"我谢谢你们，好先生们，"旅客答道，"但我没有时候闲谈了。如果你们领我到了宫中，你们立刻便可听见我的消息了。"

于是长老们站了起来，竭力的疾走着，在前领路；当他们进了天井时，他们遇见了王后和她的宫女们带了花圈和盛着香的篮子走了出来。

"城中的父老们，"伊俄卡斯忒向他们说道，"你们在我正要带了祭物到我们的神的庙中去的路上遇到我了。因为俄狄浦斯乃为灵魂的痛苦所捉住，他竟不能够如一个有意识的人一样，以过去的事去证明现在的事了；我因为无法劝谏他，便决心在这个时候去求天神们的帮助，特别是求阿波罗的帮助，他是最接近的关切于此事的。你们要鼓励我，我知道，尊敬的父老们；因为看见国家的掌舵人那么受苦，我们大家都是十分的着急着的。"

在长老们能回答之前，那位旅客走向前去，叫道："你从此以后将有大福了，啊，王后！因为你是，我知道，俄狄浦斯的妻。"

"你称呼得我不错，客人。"王后温和的说道，"我问你的好。但请你说，你从什么地方来，你带了什么消息来？"

"我是从柯林斯来的，"那人说道，"带了好消息来给你的丈夫，王后。好消息，我说，虽然他听见了未免要有些忧愁。柯林斯人要举他为他们的国王，因为年老的波里卜士死了。"

"这诚是一个大消息！"伊俄卡斯忒大喜的叫道；她就回头对她的宫女们说道："快跑！你们当中的一个，请国王立刻到我这里来。哈，得尔福的神示，你现在在哪里？你预言俄狄浦斯所要杀害的人，他现在是死了！驱了俄狄浦斯离家的恐怖乃被证明是一无根据的了！"

当他匆匆而来时，她带着胜利的微笑，迎接着她的丈夫；她对他说道："听听这个旅客来报告你的话，俄狄浦斯！看阿波罗的高超的神示是如何的有价值！他从柯林斯为你带了消息来，说你的父亲波里卜士已经不在人世了。"

"波里卜士死了！"国王叫道，"你这消息确切么，朋友？"

"凡任何人看见他下葬的都能说它是确切的。"柯林斯的使者答道。

"他是疾病而死的，还是死于奸谋？"国王焦急的问道。

"他是得病而死的，"使者说道，"我不能告诉你他得的是什么病，但在他那么大的年龄上，什么病都很容易使他致死。"

俄狄浦斯深深的叹了一口气，如释重负，转身对王后说道："啊，妻呀！此后谁更能相信从得尔福预言的神坛中说出来的话呢？他警告我说，我的命中注定要为一个杀父之子？因为我父亲躺在他的墓中，并不是出于我之手。除非，实在的，因了我的离家，悲伤了他的心而促使了他的死。在这一层，我是要负责任的……"

"不，我的主，"伊俄卡斯忒插嘴说道，"那个预言也如一切其余使你那么痛苦的预言一样，皆是虚伪不可信的。我告诉你，他们都是一点也不足轻重的。现在，你也许可以相信我的话了吧。"

"是的，你是不错的。"国王说道，"我是为恐惧所颠倒了。但我仍然不能十分安心……因为，你知道，伊俄卡斯忒，那预言的一半尚未实现了呢。谢谢天神们，我乃不是我父亲的凶手，也永不会是的；但我们还不知道我究竟是不是注定要娶了我的母亲。这个恐惧，当她还活在世上之时，一定永不会停止的扰苦我的。"

"为什么那么不必要的自扰着呢？"伊俄卡斯忒开始道。但那位柯林斯人却以挚切的注意听着国王的最后的一句话，他叫道："求你的原谅，王后，但让我问国王俄狄浦斯一句话：他所怕娶的妇人是谁？"

"怎么，柯林斯的王后墨洛珀（Merope）；还有别人？"俄狄浦斯说道，诧异的望着他。

"啊"，柯林斯人说道，"现在，你能重说一遍——相信我，我很有理由要问——你刚才所说的神示乃是在得尔福给了你的么？"

"当然的，"俄狄浦斯答道，"天神在他的女祭师的口中预言说，我要杀了我自己的父亲，娶了我自己的母亲。那便是我为什么这许多年不回到柯林斯去的原因。我现在的这个国土诚然是繁华，但却失去了人生最甜蜜的事：和亲爱的父母们相见。"

"那便是你永不回到我们那里去的原因么？"柯林斯人出神的说道，"唔，我很高兴，我乃是一个指派来接你最后回家的使者……"

"不要再说那话了，"俄狄浦斯阻止了他说道，"且让柯林斯人去选举他们所欲举的人做国王吧；当我母亲还在世上时，我永不进他们的城。"

"这是我要说出来的时候了，那么，"使者说道，"使你免除了一个无因的恐怖。除了我，知道你的过去的人——虽然你不知道我——之外，谁还能，我的儿子，做这事呢？谁还能更相宜的到这里来迎接你归去为王呢？现在听我的话：你对于波里卜士是一点血滴的关系也没有的。"

"你说的是什么话？"俄狄浦斯如被焦雷所击的叫道，"波里卡士乃不是我的父亲？"

"和我一样的不是，"使者镇定的答道，"我知道，因为我带了你，一个新生的婴孩，到他宫中去。他娶亲很久，尚未有子，所以抚养你作为己子。"

"那么谁是我的真正父亲呢？"俄狄浦斯说道，以迷乱之眼望着他。

"我至今还不知道是谁，"使者说道，"因为你是完全碰巧到我手中来的；那时，我是波里卜士的牧羊人，在喀泰戎山上为他牧养群羊。将你给我的人——他也是一个牧羊人——他并不告诉我以你的父母及身世。但不管他们是谁，总是狠心肠的人，因为他们不仅抛弃了你，且以野蛮的手段伤残着你；你的两个脚跟是以皮带穿缝在一处的，可怪的是，你并不曾因此残废终生。那便是你如何的得名之故——由于你足上的伤痕……"

"唉，我少时的残酷的待遇呀！"俄狄浦斯叫道，"那是谁的工作呢——我父亲的，或是我母亲的？"

"不，我不能说，"使者说道，"将你给了我的牧羊人他或许可以知道……"

"是的，是的。"俄狄浦斯发热病似的插嘴说道，"告诉我这个人……他是谁？"

"一个牧羊人,我已告诉过你了,"使者答道,"我忘记了他的名字,但他乃是国王拉伊俄斯的家仆,那时拉伊俄斯正为底比斯王。"

"拉伊俄斯的家仆?"国王叫道,"他现在在什么地方? 我必须找到他……他还活在世上么?"

"你自己的市民们一定更知道这事,"柯林斯人说道,"至于我呢,我以后便不再看见他了。"

国王急忙转身向着一群长老们。"你们中的任何人,"他叫道,"知道这位异邦人所说的人么? 或者他现在是如何的了?"

"我想,"长老之一过了一会说道,"他必须是服役于拉伊俄斯那么长久的老牧羊人;现在他正为王后看羊。但他自己也许能确实的告诉你。"

"你听见那话了么,伊俄卡斯忒?"国王说道,因激动而战栗着,"就是我们派人去找他来的那个人! 你怎么说,这个异邦人说的是不是他?"

但伊俄卡斯忒以凝定的看不见东西的双眼注视着前方,有如一个魂不守舍的妇人,她的脸如死人似的雪白。长老们一心注意于听他们谈话,并不注意到这,但他们现在却惊骇的凝望着她。至于俄狄浦斯呢,他专心的注意于此事,使他并不觉得他妻的震惊的容色;她微声的答道:"他所说的话有何干系呢? ……不要管他……回忆起这些事是没有用处的。"

"但我必须,我要回忆起他们,"俄狄浦斯叫道,"在我没有解决了这个疑谜,发现了我的真正父母之前,我不休息。"

"不要,看在天神们的面上,"伊俄卡斯忒恳求的说道,"如果你爱你的生命,便不要再问下去了……我已经受苦够了……"

"不,高兴些,"他冷淡的答道,"即使我被证明是一个奴生之母所生的奴生之子,也不能辱没了你。"

"唉,我求你不要再问了,"王后以痛楚的声音说道,"相信我,这是为了你自己的好处,我求着你……"

"不是别一个字,"俄狄浦斯说道,"你所称为我的好处者乃是这许多时候我所受的损害,如果你指的是我的虚伪的相信我为国王波里卜士之子。但我现在将要知道那真相了……"

"唉,不幸的人,"王后叫道,"你永不要知道它!"

"啊!"俄狄浦斯冷傲的说道,"这很容易看出你为何不要我知道。"他便转向伊俄卡斯忒的宫女们说道,"走进去,你们的一个,"他命令着,"去看看牧羊人来了没有? 如果来了,立刻带他到这里来。至于你们这里的王后呢,让她享受着她的高贵的门第吧!"

　　"唉,唉,为了你,你这最可怜的人!"伊俄卡斯忒哭道,"我现在不再有什么话和你说了,也永不将再有什么!"她说了这话便飞跑进宫,后面跟着她的受惊的宫女们。

　　长老们彼此以忧戚的眼光相视着,他们之中的首领便说出他们共同的思想:"俄狄浦斯,什么事使王后那么伤心痛楚的立刻离开了去呢? 她并不回答你的问话。我怕,我怕在她的沉默之中将有噩耗发生。"

　　"随她去吧,我管不了!"国王说道,"我是绝对的一心要想知道我的身世,不管它是如何的卑贱。至于她呢,因为是一个妇人,她是充满了虚荣心的,觉得嫁了一个低下阶级的人为妻是可羞的事。但我却以我自己为'幸运'之子,当它使我兴顺时,我永不会置于不名誉之地。是的,'幸运'乃是我的母亲,而我的宗人乃是'时间'与'季节',它们有时贬黜我,有时又抬高了我! 这样便是我,自从出生以来,我也永不要变更了我的性质,而怕去追寻出我的祖先来!"

　　"但愿你不是如此。"长老的首领恳切的答道,"我们毋宁忖度——因为那些事曾经发生过——在喀泰戎的山谷中,有一个德律阿德将你生出来,一个天神的拥抱的结果。啊,谁知道究竟是踯躅山中的潘(Pan)或是阿波罗或是库勒涅山(Cyllene)的主人,或是巴克科斯(Bacchus)——他们都是爱在他的山地上和水仙们玩着的——乃是俄狄浦斯的父亲呢!"

　　正当他这样说着时,一个风霜满脸的老人,身上穿着羊皮外衣,由宫中走了出来。俄狄浦斯的眼一见了他便叫道:"长老们,这里终于来了那个牧羊人了;除非我,从不曾看到他的,是错了! 但你们必须很早的便知道他……这是不是他?"

　　"唏,不是别人,"长老的首领说道,"我们很知道他,因为拉伊俄斯没有更忠心的仆人了。"

　　"而你认识他么,柯林斯的客人?"俄狄浦斯说道。

　　"啊,"使者飞快的瞬了一眼之后说道,"这正是我所说的人,国王。"

"到我这里来，老人家，"俄狄浦斯对着新走进来的人招呼道，"望着我的脸，回答我所要问你的话。你从前是拉伊俄斯的一个仆人么？"

"我是的，"牧羊人说道，"不是一个买来的奴隶。"他加上去骄傲的说道，"而是生在他家，养在他家的。"

"当你服侍他时，做着什么工作呢？"国王问道，

"我的大半生都是牧养着他的羊群，"牧养人答道，"或者在喀泰戎山上，或者在邻近的低地上。"

"现在看着立在这里的这个人，"俄狄浦斯呼吸急促的指着那个柯林斯人说道，"你记得从前曾看见过他没有？"

牧羊人看了一会，摇摇头。"在这个时候，我不能说。"他答道。

"不足为怪，国王，"使者说道，"然而我立刻便要使他清清楚楚的忆起我来！怎么，我的老朋友，你和我在喀泰戎山上不是邻居了三季么？你那时看守着两群羊，我则看守着一群，从春天起，直到了冬天将近之时。然后，每一年，我们将羊群赶下了山中的牧场，你赶了你的羊群到国王拉伊俄斯的厩中，而我则驱了我的向柯林斯而去。来，我说的这些话是不是实有其事！"

"你是对的，"牧羊人答道，"我现在想起你了，虽然我们已久不见面。"

"那么，很好，"使者说道，以满意的眼光望着俄狄浦斯，"你还记得，在从前的那些时候，你给了我一个婴孩，要我当作己子抚养大的事么？"

"怎么现在……你为何谈起了那件事？"牧羊人大惊的叫道。

"因为，好朋友，那个孩子现在站在你面前呢！"使者说道，指着国王。

"地狱捉住了你！"牧羊人恶狠狠的说道，"你不停止了你的舌头么？"

"不，不要骂他，老人家，"国王阻止道，"这是你，应该重重的受责备。"

"犯了什么罪，我的高贵的主人？"被贬责的牧羊人说道。

"为了你不回答他关于那个孩子的问题。"俄狄浦斯说道。

"不……他无意识的谈着……完全是废话。"牧羊人嗫嚅的说道，显然心中不安着。

"你是倔强着呢，我看出来了，"俄狄浦斯恶狠狠的说道，"但我将迫出你的真话来。"他转向大开着的宫门。"走进来！"他叫道，"叫我的卫士来！"立刻有四个雄赳赳的矛手走下了宫廊的石阶到了国王的前面停步了，"带了那个奴隶去，将他放在拷问台上。"他开始道。但牧羊人恐怖的叫道：

"不，不！赦了我，主人！……看在我神们的面上，不要拷打我！我是那么老而可怜！……我要说出……你所要知道的是什么事呢？"

"你曾把一个婴孩给这个站在这里的人，如他所说的么？"国王问道。

"我给过他的，"牧羊人呻吟道，"我但愿那一天便死了去！"

"你今天要死了，"俄狄浦斯答道，"如果你隐匿了你所不得不披露出来的事。这个孩子是你自己的么？或者他是怎样到了你手中的？"

"他不是我自己的，"牧羊人说道，"他是有……人给了我的。"

"什么人给了你的？"俄狄浦斯威吓道，"再迟疑吞吐一会，拷打便要迫你张开你的嘴了！我再问你一回：这孩子是谁家生的？"

"你不要问我，"老人叫道，扭着他的双手，"唉，主人呀！以天神们的名字，我恳求你不要问我那件事！"

"如果我问你两次，"俄狄浦斯说道，脸上凶狠冷酷，"你便是一个死人了。"

"我听见……我听见人家说……"牧羊人畏缩的呻唔道，"那婴孩是属于……拉伊俄斯家的。"

"你的意思是说，属于他的家仆之一的呢，还是属于他的同宗的？"俄狄浦斯严厉的问道。

牧羊人望了他的冷酷的脸一下，然后带着一种镇定的失望说道："据人家说，他是拉伊俄斯自己的孩子；在宫中的她——你的妻——最知道那件事。因为是她将婴孩给了我，要我杀死了他。"

"她……母亲……有那个心肠……"俄狄浦斯断断续续的微语道。

"唔，因为她怕那预言说，"牧羊人又说下去，"那孩子运命中是注定了要杀死他的父亲的，然而我，为了怜恤他之故，却将他给了站在这里的这个柯林斯人；我想如果他被带到了国外去，拉伊俄斯将会很安全的。但他却保存了他。唉，为了什么一个运命，国王！如果他说的话是真的，你乃是他所拾到的人，那么，你真是坐在一个恶星之下的人了！"

"唉，唉！"国王痛楚的叫道，"现在一切都明白了！唉，白日的光明呀！现在俄狄浦斯是最后的看见它了！俄狄浦斯那个错生于世的人，那个乱伦的人，那个杀父的人！"他举起了他的右手，作势告别，回转身，走进宫中，有如一个醉人似的蹒跚的走着。重厚的铜门嘭的一声在他后面关上了，门内有铁条的相触声；然后一切在宫廷中的人都沉默不言，寂然无声。

国王离开之后，眼见这个惨剧的人们有好一会儿默默无言，也不走动，完全为恐怖所袭击着。从柯林斯来的使者是第一个首先有点恢复他自己的人。"再会，老朋友，"他对牧羊人低语道，"这不是我留住的地方。我必须走了。"

"我要送你到城门口，那么，"牧羊人也低声的答他，"因为我必须寻到克瑞翁，他应该立刻知道这经过的一切。"两个老仆人便一同偷偷的走开了。国王的卫队看见他们走了，也互相的低语着，由宫中的一个边门中走出去了。他们武装的步履声，惊醒了年老的长老们；他们围绕着天井中间的神坛，恳挚而低声的祈祷着。但他们仍然将焦急的双眼凝注在几扇紧闭着的宫门上，仿佛是希望着，又惧怕着，看见这门的打开。不久，跟着铁闩落下的喀哒的声音，大门开了……大开了……国王的管家，脸上又悲又怖的飞跑了出来。

"什么事？发生了什么不幸的事？"长老们叫道，当他看见了他们而停步时。

"唉，我人民中的光荣领袖们呀！"那人叫道，"这是你们所必要听见的事……必要看见的事！……你们爱这个拉卜达考士的故家的人们，你们将如何的悲哀！因为，我想，即倾尽了依史脱河（Ister）或菲昔司河的水也不能洗清了它所沾染的污点；罪恶无意的顽执的弥满于这里……不久便要披露出来了……但最可悲的是不幸乃是自己造出来的！"

"我们已经听到这一家的可怖的秘密了，"一个长老颤声的说道，

"你所能说的还有什么更坏的事？"

"只要说一句话"，管家答道，"尊贵的伊俄卡斯忒死了！"

"唉，不幸的王后！这是可能的么？"老人们叫道，"但她怎么死的……被什么突然的打击致死的？"

"被她自己的手。"管家答道；他们全都恐怖地叹着气。"唉，这真是听得可怕，"他又继续下去，"但你们还没有见到更可怕的情况，你们还没有看见如我所见的事呢！……先生们，你们不是问我们的可怜的王后是如何死法的么？……我要简洁的告诉你们……以及其他的事……当她如你们所见的那么悲苦异常的进了宫内，她一直飞奔的进她的房间，双手扯着她的头发。在我们能够劝阻她之前，她已将房门闭上，且加了闩；我们全都听见她在房内哀哀的哭着……唤着一个久已死去的名字——拉伊俄斯。悲哭着她的两次的结婚，而她乃两次的可悲；生了杀她丈夫的儿子，还生了她儿子的孩子们……这些乃是我们仆人们恐怖的站在房门外所窃听到的，但关于她的最后的时刻的事，则没有一个人知道。因为那里俄狄浦斯如一个狂人似的奔进宫来，愤愤的奔来奔去，喊我们给他取一柄刀来……去带了她，他的妻，然而又非他的妻，他孩子们的母亲，又是他自己的母亲。我们并不听他的话，你们当可以知道，但我们尽力所能的避开了他。即杀了我们，也没有一个人肯告诉他我们的王后是在什么地方的。但在他的疯狂中，仿佛有神道们指导着他一样，俄狄浦斯直奔她的门口，恐怖的大叫着；他打破了门，找落了门闩，跳进房内去……我们从门外偷看进去，看见王后已用她的衣带自缢而死！……俄狄浦斯见了那个景象，如一只野兽似的咆吼着；然后他抱了她在臂间，解开了绳结，将她放在地上；但她已经是死了。然后——唉，好不可怕！——他扯下别着她袍子的两只胸针……一手执了一只，直向眼珠刺进，刺了又刺，他的双颊上，红血如川流似的滚流而下……一边大叫说，这些坏眼睛再也不要看见他的苦况，他的悲惨的家庭，也不再引他误入迷途了，除了在黑暗中！我离开这两个人，丈夫与妻，他们乃陷在同一的运命之中。他们从前的运命是那么快乐；但现在，在一天之内，悲哀，发狂，死亡，盲目，一切有名的悲运都碰上了他们！"

他说完了话，哭着，有一会儿，没有一个人说话的声音可听得见；然后，长老们的首领以低而颤动的声音说道："但……宫内的那位受苦者……现在在他的暴风狂雨的痛楚中已经平静了下去么！"

"不，"管家说道，"他喊求着有人带领他向前，给全体底比斯人看看弑父者，看看……我不敢重述他的不圣洁的话了……他叫着，他必须立刻离开了此地，不再住在这里，实行他口中所说出的诅咒。力量与指辨方向之力，他都没有，否则……但看呀，开门了！这是他……现在，底比斯人，你们将看见一幕逆伦的……然而却是最可悲悯的事了。"

真的，当俄狄浦斯由门内走出时，那些长老们无不震撼着悲悯与恐怖。俄狄浦斯摸索而前，他的血流未止，极为可怕的双眼，空望着他们。他们震骇着，避开了这看不见的视线，扬起了他们的声音，唱着一支断断续续的反抗运命之神的悲苦而带责备的合唱歌。"是你们么？是你们么？"俄狄浦斯啜泣道，伸出他的可怜的双手来，"是的，我知道你们的声音，朋友们……我还不是完全被人所弃呢……你们是仍然忠心于……盲目的人的。"

"唉，唉，你怎么敢下了这可怕的毒手？"长老们哭道，"与其活着而没有眼睛，你还不如死了好些！什么天神促使你下手的呢？"

"阿波罗！这是阿波罗，朋友们！"俄狄浦斯呻吟道，"他已完成了毁灭我的工作。但刺我的乃是我自己的手，不是别人的；不要使有人说这事办得不对。因为我假如带了灼灼的双眼到了地狱中去，我怎么忍受得住看见我的父亲和我的可怜的母亲呢……我所做的对于他的罪过真是死有余辜的！或者，你们想，我的孩子们在我的眼中能成为甜蜜的东西么，当我已知道了他们是谁以后？唉，永不，永不！也不忍再见这城与此堡，那些天神们的神像了。从这个地方，从此以后，我乃是一个被我自己所判定的流徒的人了。是的，我叮嘱一切的人都弃开了这无神的，龌龊的可怜人，对于天神们以及对于拉伊俄斯的一家都是不洁的。我这样的为众所不齿的人乃能正视着这里的人民么？愿我有能力也闭上了听觉之源，我便要将这个可怜的身体完全囚禁住了，不仅盲，而且聋；因为当心灵住在外界的诸恶的疆外时，这是如何的甜蜜呀！……啊，你，喀泰戎，你为何接受了，而并不在那时杀死了我？唉，波里卜士！唉，柯林斯！以及我误认为是我的故家的宫厅，你们抚养着我是如何的外善而内恶啊！唉，寂寞而多林的山谷，三条路的交叉点，从这些手中饮了我父亲的血的，你们还有点记得我以及我所做的事么……那么……以后……唉,婚娶婚娶!娶了给生命于我的人,然后……重新……给了我的孩子们……生出不自然的,可鄙的果子……但够了,将可羞的行为说了出来也是可羞的……你们长老们,我对着天神们求你们,立刻将我逐出了底比斯以外,或者杀了我,或者将我抛入海中,使你们不再看见我的所在!来,朋友们,请你们取了一个那么可怜的人的手。啊,你们不要惊退,生怕我要沾染你们!"

俄狄浦斯这样的说着,盲然的伸出他的手来。长老们哭了起来,满心怜他,然而却十分迷乱的退回了,但他们的首领突然的叫道:"看呀,克瑞翁来得恰好;这乃是他,要来措置你的请求的;唉,俄狄浦斯,现在只有他一个人独自留下来代替你管理此国了!"

"唉!我呀,我将对他说什么呢?"俄狄浦斯咿唔道,"我曾那么卑鄙的错待过他,还希望求他对我有什么忠心呢?"

一阵急促的履声向盲人走去……一个窒塞的呼叫,然后克瑞翁的声音严正而怜悯的说:"俄狄浦斯,我不是来讥笑你的,也不是来责备你过去的损害的,也不是来看你的这个可怕的天地都所不忍见的样子的……包扎住了他的眼睛,你们中的一个人,带他进宫内去。虔敬的心要求着家庭的惨剧仅能为宗人们所见。"

有的家仆,现在聚集在廊上的,匆匆的服从了克瑞翁的话。俄狄浦斯听任他们用纱布将他的双眼包扎上了,但当他们要引他进屋时,他却转身背着他们,说道:"看在天神们的脸上,克瑞翁,这是违反于我的所想的;你对那么残虐你的人却那么怜恤着。请你允许我一个请求!立刻将我抛出这个国土而放到任何荒芜之地去,在那里,我不再和任何人见面。"

"我假如不欲先问问阿波罗我们要怎么办,"克瑞翁说道,"我便不必等你请求时已经那么办了。"

"但阿波罗已经表示……他的意向了,"俄狄浦斯说道,"即杀父的人和犯了罪的人须要投出此土之外。"

"这诚然是他的命令的意旨,"克瑞翁答道,"但我们现在的时候,最后还要再去问问他的意思。因为他的话的不错,你现在已经能证明了。"

"我一切都听了你,"俄狄浦斯服从的说道,"将我自己完全放在你手中。葬了……躺在宫内的她……无论在你所欲的什么地方；你是她的最亲的人，这是你的权利。至于我呢，不要让这个祖国称我为一个同居者！请让我住到山中去，住在喀泰戎……我的喀泰戎，我的父母本要以它为我的墓地的，我要死在他们俩所计划的地方。然而我很知道既不是疾病也不是任何伤害会结果了我，因为除了一个奇异而可怖的运命等候着我以外，我便永不会从迫近于死境之中救出来的。然而，让我的运命随了它的自然之路走去吧……克瑞翁，不要叫我想起了我的儿子们；他们成了人，他们终不会有缺食之虞的，随他们住到哪里去都好。但，唉！我的两个可怜的女孩子们……她们是娇生爱养惯了的，爱什么有什么……我所想念着的便是她们。唉，让我再抱她们在我怀中一次吧！让我将我们的悲苦，哭一个痛快吧！……来，公主，来，一个高尚门第中的高尚的人，请你允许我这个……因为仅要摸索她们一下，也可使我觉得，我还是有着她们……有如这些眼睛还能够看见一样。"盲人说到这里，停了一会，似乎是专心的静听着；然后以断续颤抖的声音说着。"我所幻想的是什么？"他说道，"这是能够的么？告诉我，无论什么人，看在天面上……我听见了我孩子们的哭声，这是能够的么？……克瑞翁竟怜恤的将我所最爱的孩子们带到我面前来么？……我说的话是对的么？"

"是的，"克瑞翁答道，"因为是我叫人将孩子们领了来，知道他们到了你的面前，会使你高兴些，如你平常时候所做的一样。"

"现在，愿天神们赐福给你，"俄狄浦斯叫道，"愿你的保护神领导到比我胜过许多的更好的路上去！……你们在哪里，你们在哪里，我的孩子们？到这里来，来……你们的父亲现在是用了这两只手来看你们了……这两只手供给他当作眼睛之用，那眼睛从前是那么锐亮的。"

他这样的说着，伸出他的双手。一个老年的乳母领了两个美发的小女孩子向他走来；没有一个站在那里的人不落下泪来的。见到那个可怜的情况的人很不少，因为除了国王的从人和克瑞翁的从人之外，还有一群市民们这时也聚集到宫中天井里来。然后俄狄浦斯紧抱了孩子们在他的胸前，吻着她们，开始对她们哀哀的哭着说道："唉，唉，我的爱儿们呀！你们的运命是如何的不幸啊！你们在这个底比斯人民的手中将忍受着何样的轻蔑呢！从每一次的人民们的集会中,从每一次的神道们的祭典中,你们将被赶了开去,哭着再送回家来,不得参与圣典……当你们到了结婚年龄时,什么男人心里会不看重这样的一个父亲的女儿们所受的诟骂呢?……哪一个人会娶了以诟骂与羞耻为妆奁的新妇呢?没有人,唉,我的孩子们!但很可明白的,你们都要长为处女以老死……唉,墨诺叩斯的儿子呀,这些女孩子们现在除了你之外便没有父母了!因为生他们的我们,都已死了,两个都死了!所以,请求你,不要让你自己的亲属流离失所,无家无夫,以求乞为生;不要使他们的运命和我的一样的悲惨,请你可怜他们……看,他们是那么年轻,那么幼小……那么完全孤独,除非你和他们友善着。允许我,说你愿意,高尚的克瑞翁,将你的手给我,以此为定。"克瑞翁默默不言的给了他以手。"这很好,"俄狄浦斯说道,叹了一口气,如释重负,"现在,亲爱的孩子们,在我们分别之前,我很愿意给你们以许多指示,假如你们能够明白它们,但我将以叮嘱你们祷告以代之。常常的祷告着,你们将寻到家庭与有一个比你们父亲的较好的一生的运命。"他那么说着,又吻着孩子们,扬起他的声音,哭着;她们也哭着,紧靠着他。

然后克瑞翁和气的说道:"这些眼泪已经流够了,俄狄浦斯,因为还有许多事要办呢。现在进宫中去吧。"

"虽然不愿,我也必须服从,"俄狄浦斯说道,"但有一个条件,即你要遣送我到流放的地方去。"

"你仅只要向我要求天神们所能给予的东西。"克瑞翁答道。

"但我在天神们之前已为他们所憎见的了。"俄狄浦斯说道。

"就因为此故,你不久便将如你所愿的以偿了。"克瑞翁说道。

"你真的这样想么?"俄狄浦斯异常恳切的问道。

"我所并不那么想的事,"克瑞翁说道,"我并不肯费话说到它们。"

"那么,引了我去吧!"俄狄浦斯说道;但当克瑞翁给了一个命令,一个仆人温和的将两个女孩子从他臂间抱去时,他便严峻的叫道:"不,不,不要将她们从我那里抱去了……至少留下我的女孩子们给我!"

但克瑞翁冷冷的答道:"不要想占有一切的东西,俄狄浦斯,因为你一时所有的东西,不能和你一同过到你的生命的终了。"

盲目的国王沉默无言的低下头去。他的两个卫士领着他，不抵抗的进了宫。当那位悲剧的人物不见了时，长老们的首领转身向着惊喘未定的群众说："看呀，你们底比斯人！这位俄狄浦斯，他曾猜出了声名远扬的谜语，且是那么有力的一个人……他，每一个市都妒忌着他的发达的人……看呀，他是沉没入如何忧戚的一个大海中呀！这里很可以看出古人的一句话来：它吩咐我们注意到结局之日，不要称呼一个世人为快乐的，除非他无损无伤的到了生命的终途。"

四　俄狄浦斯在科罗诺斯

"盲老人的孩子，安提戈涅（Antigone），我们现在到了什么国家或什么人的城邑了？谁要布施今天的少少的食物给飘流者俄狄浦斯呢？他要的很少，所得到的更少，然而这已经够满足的了。因为三个主儿——时间，我的苦难和我身内的一个高贵种族的精神，已训练得我懂得忍耐了。但，我的女儿，附近有什么座椅可见么，扶我坐到那里去罢；我们坐在那里等着知道现在我们到了什么地方。"

他，这样说着的人，是一位高大白发的老人，背部为年龄所弯曲；就他的背囊与粗服上看来，似是一位乞丐；他的深陷的眼皮是合上了，他的脸部虽蕴蓄百忧，却有着盲者的恬静的容色。他一只手挂着他的行杖，一只手扶在他所称为安提戈涅的肩上。她是一位年及十八岁的女孩子，她的破碎的旅尘满身的衣饰，遮掩不住她的柔嫩与美丽。她温和的回答那老人道："我的爸爸，我想我远远的看见一个城邑的雉堞了，但我们所站的地方却是圣地，这是一见即知的，全都为桂树、葡萄树与橄榄树所荫蔽……听呀，夜莺们成群的在啭唱着呢！但靠近却是一道矮的石墙，围住了一片参天的古林……你可以休息在那里，爸爸……来，请你坐在这个粗制的凳上……就你那么老的年纪说，今天的路已经走得太多了。"

安提戈涅说着，便半引半扶的带她父亲坐到圣林的石墙上去；当她仔细的请他坐在一个大平石上时，俄狄浦斯呻唔道："唔，这倒不错，孩子，我就坐在这里罢！但你要看守着盲人的呢！"

"好爸爸，我这一次该知道如何办的了，"她亲切的说道，"但我要不要离开你一会儿，去找出这是什么地方么？我所知道的是，我们已到了雅典国土上了……"

"我们所遇到的过路者都曾这样的告诉过我们，"俄狄浦斯说道，"但没有什么用处。是的，去，女儿，去问问这村是什么名字，当然，如果这里有居人。"

"是的，爸爸。"安提戈涅说道，"我不必离开你了……一个人走过那边了……现在他已看见我们，匆匆的走近来了。现在，对他说话，如你心中所欲说的，因为他已站在你面前了。"

"不相识的人，"俄狄浦斯开始道，"你听见这位女郎说的吧；她有她自己的眼，也为我作眼睛。你来的恰恰及时给我以指示。"

"但你在再说下去之前，"新来的人截住他，"且先从那个座位上站起来，因为你践踏到任何人都不该踏足的所在了。"

"你怎么称呼这个地方呢？它是哪位神道的圣地呢？"俄狄浦斯很感动的说道。

"这是禁地，"不相识的人答道，"因此没有人住着或走进去；因为那是那位可怕的女神们，黑暗的女儿们，所住着的。"

"我要称呼她们以什么大圣名才对呢？"俄狄浦斯颤声的说道。

"那是无所不见的欧墨尼得斯（Eumenides），这里的人这样的称呼着她们。"不相识的人说道，"别的地方，也许她们另有别的圣名。"

"现在，愿她们宽恩的接受她们的乞求者，"俄狄浦斯说道，"我不能再往前走的了；因为我从这个表记知道我的时候已经快要到了。"

"我不明白你，老人。"不相识的人说道，有点惊诧的望着他，"但为的是我不敢自己来移动着你，我要即刻走去，看看我们的村人们应该判断着怎么办才好。"

"看在天神们的爱上，朋友，"俄狄浦斯叫道，"不要傲慢的回答我，虽然我是可怜的流浪者；但告诉我，我来到了什么地方？"

"我决不至傲慢你的，"不相识的人说道，"我愿意告诉你所要知道的事。围绕于我们四面的都是圣地，是威严的普赛顿的所有物，还有神圣的取火者普罗密修斯，那位底但的。至于附近的农田则属于骑士科罗诺斯（Colonus）；他们便以他的名字为名；不仅我们的村镇，即住在这里的人民也是以这位英雄的名字为名的。"

"你们之上有一位国王么？"俄狄浦斯问道，"或者是许多人统治着的？"

"我们是属于雅典的，"科罗诺斯人说道，"而雅典王提修士便是我们的国王。如果你有眼睛，你便可以看见前面的城邑；这城建在平原的一座山上，离此不到几里远。"

"我请求你，"俄狄浦斯说道，"叫人去请国王到我这里来吧！告诉他，他所要帮助我的不过一些，而他所得的则至多。"

"怎么，一位盲人还能帮助人家什么呢？"惊诧的村人叫道。

"不，照我的话做去吧，朋友！"俄狄浦斯说道，"因为我要告诉提修士的，乃是我幻想所澈见的。"

"那么，不相识者，"那人说道，"为了你的好处，你听着我的话吧。因为这是可以看得出的，除了运道之外，你是一切都高贵的。当我前去将这事告诉我的村人们之时，你就坐在你现在所坐的地方。我的意思是指在科罗诺斯的，不是指在雅典的。因为他们必要判决你究竟是住在这里或要离了开去。"

他匆匆的由来路走出林地去了。

"这位不相识者已经离开我们走了么，我的孩子？"俄狄浦斯沉默了一会问道。

"是的，爸爸。"安提戈涅说道，"你能自由的说话了，只有我们俩在着。"

于是俄狄浦斯回身对着阴惨惨的林地，伸出他的双手，这样的祷求着道："啊！尊贵的神道们，形象可怖的，因为我在你们的这个地方觅到了我的第一个休息地，请你们不要苛刻的对待我，并对待阿波罗。因为他，当他预示那一次的灾祸时，已说到我的经过许多年后的一个休息的所在；当我的旅程的终了，我要坐在尊敬的神道们神坛上，成为一位客人与乞求者。我在那里要终止了我的不幸的一生，并且在那个地方，我要对那些接待我这一个客人的人们给了不少福佑，但对于那些遣送我——不，驱逐我出于他们之中的——则给他们以祸患。因此，阿波罗还允许我要给我们一个明确的表征——或地震，或雷声，或从宙斯那里来的电光——啊，女神们！依据于他的话，现在就给我直接痛快的了结了生命吧！如果我在你们的眼中不觉得太可鄙夷了，我乃是隶属于人类的受最深且多的苦楚中一个奴隶……来，原始的'黑暗'的温柔的女儿们！来，你以处女神之名为名的伟大的雅典，诸城邑中名誉最光荣的！请你们怜恤俄狄浦斯的这个可怜的将死的幽灵，这个他曾是……其人的阴影……"

他还在喃喃的祷求着，但安提戈涅却在他耳朵边微语道："不要响，爸爸！有几个老年人向这里走来了，也许是神坛的看守人呢。"

"我要沉默不言了，"他低声答道，"你且藏我在圣林中的不远之处，让我可以知道他们谈话的倾向；因为谨慎的行动仅能出于前知。"

他的女儿沉默的捷快的服从了他的话。当村中长老们到达了圣林的入口处时，他们迷惑的四面望着，因为那边并不曾看见有什么不相识的盲人。因此，他们开始在四面窥寻着，但因为安提戈涅能够从她的埋伏处看得见他们，所以便能很从容的躲开了那道石墙。他们彼此以高锐的声音激动的叫道："看呀！……这能是谁？……他藏到什么地方去了！他偷躲到什么地方去了？那个凡人中的最大胆者？看，好好的看着……到处的寻找他，一个流浪者，那老人！嗳，一个流浪者，且是一个异乡人，否则他决不会走近这座无人敢踏进去的不可抗的处女们的圣林中去的……我们不敢称她们之名，连走过她们的门口，也要沉沉默默的，眼光他望的……仅在现在，我们才听见人报告说，有一个人到那里去，不为恐惧所中。然而，兄弟们，我寻遍了四周的地方了，却终于找不到他躲避的所在。"

长老们疲倦失意的正要重集在圣林的入口处时，忽有一个声音招呼着他们道："看，我便是你们所要找的他。"俄狄浦斯便从一道密林之后走了出来，安提戈涅站在他的身边。

"嘎！嘎！"他们叫了起来，睁大了两眼，望着那个流离颠沛的身体，"他是那么难看，那么难听！"

"请你们不要视我为不法的人，我请求你们。"俄狄浦斯开始道，"但……"

"啊，保护人类的宙斯呀！"一个长老叫道，"这位老人是谁呢？"

"不是一位运道很妙的人，啊，科罗诺斯的统治者们！"俄狄浦斯说道，"我是表示得太明白了；我借了别人的眼走路，从光荣而跌落到低微。"

"唉，你生来便是那么无眼可视的么？"长老怜恤的说道，"你的生活似是艰苦而长久的。但如果我能够拦阻它，你将不会因闯入圣地而被诅咒于你身上的……你现在已经踏在圣地上了。前面咯咯的流着一道清泉的沉寂的草谷，要注意它，你这个不幸的异乡人！从那里走出来,我说,如果你有点留心我的警告;离开了禁止人们涉足的圣地,到大众都能立足的地方来和我们说话吧!不到那时,不必开嘴!"

"现在我们该怎么办才好呢,我的孩子?"俄狄浦斯咿唔道。

"爸爸,我们还是服从了他们村人的话罢!"安提戈涅答道。

"把你的手给我,那么,"俄狄浦斯说道,"引我出了圣地……但,啊,朋友们!请你们不要因为我信托了你们之中一人之言,变换了位置而虐待着我。"

于是那位说话的长老答道:"我是其余的人的领袖,代表了他们允许你,老人,决没有人会违反你的意志而迫你离开的。但你还要向前来些……领他再向前进,女郎……还要向前些……好了,让他坐这里,坐在这块低岩上。"

安提戈涅极其温柔的领导她父亲到长老所指定的地方去;俄狄浦斯为长途的旅行所疲苦,呻吟的走着,疲倦的沉坐在那块岩石上。

"现在你可以休息一会儿了,可怜的受难者。"科罗诺斯的领袖说道,"说,你是什么人,你怎么会如此受苦的?我们渴要知道你的祖国……"

"我是一个被逐的人,朋友们!"俄狄浦斯说道,"但至于其余的事呢……不,不,不要有人问我是谁!"

"为什么不呢?"领袖问道,"告诉出来,我要你。"

"我是……一个不祥之物。"俄狄浦斯呻吟道,"女儿,我必须怎么说呢?……唉,唉!我现在怎么样了,我的孩子?"

"全都告诉了他们吧,"安提戈涅恬静的说道,"因为现在不能再退缩了。"

"是的,我要说了,因为没有地方给我躲藏的了。"俄狄浦斯说道,"听呀,那么,长老们;你们听见过拉伊俄斯的儿子……啊,我!……属于拉卜达考士家的。"许多惊惶的呼声中止了他的话,但他仍然说下去,"那个不幸的俄狄浦斯么?"

"你便是他么?"长老们众口同声的惊叫道。

"我便是那个不幸的人,"他说道,"但不要让那个惊了你们。"但他们全都叫喊出来:"走开,走开!你离开这里!从我们土地上走开去!"他悲哀的答道:"你们竟是这样的守着你们的允诺的话的么?不相识者们?"

"天神们对于破坏了一个以欺诈赢得的允诺是不会见罪的。"领袖严峻的答道，"起来，立刻从我们的边界走出去，否则你便要携带些疫疾于我们的国中了。"

于是安提戈涅说道："啊，心胸可敬的不相识者们！若你们不欲听我老年的不知而犯了罪恶的老父的话，那么，请你们可怜我这个不幸的女子，她为他而乞求着，让他在他的忧苦之时，能在你们的手中得到怜恤！唉，看，朋友们，我的双膝跪下乞求着……望着你们，而你们，以没有瞎的双眼望着我……不，它们望着你们的呢……真诚的，尽了一个女儿的能力。啊，给我们以怜恤吧，因为我们的运命正悬于你们身上，有如悬于天神们的身上一样！请你们给我以这个希望不到的宽恩……我对着你们所有亲爱的人请求着它……对着妻与子，对着每一个亲人，对着你们的神道！"

她跪在他们面前，长老们望着她，她的愁容的脸仰着，她的恳求的眼光一会儿注在这个人身上，一会儿注在那个人身上。他们心上不能没有感动；他们的领袖温和的答道："俄狄浦斯的孩子，在你们的困厄中，我们必定怜恤你也怜恤他。但我们是敬畏天神的人，我们不能，也不敢在此外再对你多说一句话。"

"什么偿报，那么，"俄狄浦斯说道，"使雅典的光荣与名望到处都喧言着，如果谣传说的是那么无根，说它是最敬重神道们的，是被压迫的异乡人的避难所与住宅呢？难道我所见的却是这样：你们对我，其初不容居憩，其后则要驱逐，仅为了我的名字之故么？因为这个衰弱之躯不会惊吓了你们的；我想再者，那些行为也不至惊了你们；我与其说是做了这些事，不如说是受其害者。是的，我的心上很明白的！其实，即使我知道我所做的事，然而以怨报怨，有什么罪过呢？但在实际上，我却不自知的走上了运命注定的路；而它错待了我的，则是有意的要致我于死。所以，朋友们，我以神道们之名，恳求你们依据于你们所许诺的，援助我，保护我。不要表面上装出敬重神道的样子，而行为上却视他们如无物。你们想着，他们的眼乃注在敬神者与不敬神者的身上的，那些亵渎神灵的人从不曾逃出过他们的报仇的。唉，不要以渎神的行为沾黑了雅典的名誉！也不要鄙夷我这眼盲不见的人在你们之前；因为，你们要知道，我到你们这里来时，是已经净超了罪过，与神复和了的，要携带福佑给你们国人……但关于这事,当你们的国王来时,他将会听到的。这时,请不要做卑鄙的事!"

"你的话,老先生,必须要给我以暂停的机会,"领袖说道,"因为你所说的话诚然是很雄辩的。但我们要留一切给我们的国王去判断,他不久便要到这里来了;因为那个人带信给我们说你来此的,已前去恭请国王去了。"

"但你们以为他,会为了一个盲目的异乡人的请求而走来的么?"俄狄浦斯焦急的说道。

"啊!"领袖答道,"提修士会猜得出——虽然我们不能够——那位盲目的异乡人是谁的;那一定会使他很快的来到此地的。因为此地离开底比斯虽然很远,你的奇怪而多故的历史乃是他和我们举邑所共知的。"

"愿他在一个幸运的时候走来,为了他自己,也为了雅典,且也为了我;因为一个良好的人永远是他自己的朋友。"俄狄浦斯说道。

这时,安提戈涅已经站了起来,专心一意的双眼凝望着她父亲和她来时走的那条林路。"我看见的是谁呢?"她忽然的叫道,"啊,爸爸! 我不知道怎么去想……"

"什么事,你看见了什么,安提戈涅?"盲人问道。

"一个妇人骑着马很快的向此路走来,"她说道,"骑着一匹西西里小驹;她头上戴着一顶底萨莱的遮阳的女帽……这能够的么? 不,这不是的……啊! 我,我怎样的在'是'与'否'之间摇动着呀……然而这的确是她,没有别人! 她走近了,她以她的光明的微笑来招呼着我们了;是的,是的,是我自己的伊斯墨涅(Ismene)!"

"你怎么说?"俄狄浦斯叫道,"你的妹妹到这里来了么?"

"好爸爸,真的是她来了。"安提戈涅说道,"这里,站在你的身边,她自己会回答你呢!"她转身拥抱着那位美发的女郎;她从她的马上跳了下来,将马缰抛给了一位骑马的从人,张开双臂向她奔去。

伊斯墨涅,比安提戈涅小一二岁,面貌很像她,却有些不同;她与安提戈涅身材相类,却较为温柔婀娜。当她抱着姊姊,又抱着父亲时,双眼不断落着泪。"啊,最亲爱的人儿们呀!"她哭道,"好不容易的才找到你们呀,而现在见了你们却禁不住要哭了!"

"我的孩子,我又觉到你的爱情的接触了么?"俄狄浦斯说道,握着她的手，"告诉我，你为何而来……是为了舍不下亲爱的人么？"

"这为的是我对于你的关心，爸爸。"伊斯墨涅答道，"我和我的一个亲信的仆人一同出发，来告诉你些消息。"

"你们两位兄弟近况如何，孩子？"俄狄浦斯问道，"他们怎样生活着？"

"他们称心称意的活着；但现在他们什么都不如意了。"伊斯墨涅答道。

"啊！"俄狄浦斯叫道，"这两个人是如何的逼肖埃及人的样子呀！在埃及，男人们坐在家中织布，而他们的妻孥却到外边来作工挣钱做日用。因为他们，啊，女孩子们！他们应该为我做苦工，然而却留在家中，像女人似的；至于你们呢，却代替了他们而负着我的担子。她在这里，我的安提戈涅，自从她由孩子到了处女时代，全都偕同我在飘流着，仍然引导着老人经过林地荒野；饥饿，足疲，她都走着向前，冒着多少次的狂风暴雨，晒着多少天的骄阳炎日，仿佛是一个无家之人，以此为她父亲求得每日的粮食……而你，伊斯墨涅，不为一个底比斯人所知的，前一次已找到了我，告诉以阿波罗关于这个顽躯的神示……好孩子，这第二次你带来的是什么消息呢？"

"爸爸，"伊斯墨涅说道，"我能告诉你我所遇到的许多危险与困厄，当我在寻找你们到这样之时。但我不说，为的是提起了它们，便像重受了一次苦厄似的。我所带来的消息乃是关于你的两个不幸的儿子的，他们直到不久以前还平安的住在底比斯。但现在，啊！一个不和的凶恶的精灵却捉住了他们二人了；这精灵不知为哪一位神道所送来，且为他们自己的凶狠的性情所养育着的。他们现在为了争王位而掀起战争了。因为厄忒俄克勒斯（Eteocles）篡夺了他哥哥的权力，驱逐他出国去，使波里尼克斯（Polynices）——据流言所云——到了阿耳戈斯，在那里，他娶了国王的女儿为妻，现在正召集了一阵联盟军以侵略我们的国邑。这些并不是无根的谣言，爸爸，却是绝真极确的事。我看不出天神们怎么样的要表现出他们对于你的受苦的怜恤心来。"

"那么，你有什么希望，"俄狄浦斯说道，"望着神道会眷顾着我，或给我以任何帮助呢？"

"大大的希望，"伊斯墨涅说道，"因为我听见了从得尔福来的关于你的神示;但让我先说出我的故事,你便可以明白了。当我的兄弟们开始仇视着之时,底比斯人派人去问阿波罗,他给他们以回答道:假如他们愿意发达,他们须携你回家去,不论生与死,因为他们的力量与安全只靠在你一人身上。"

"在我身上?"俄狄浦斯悲苦的叫道,"难道我是他们的争夺物,不论现在是活着或是死了都好么?"

"是的,因为从前把你践踏在下的天神们,现在又将你抬高了。"伊斯墨涅答道,"所以,我必须预先警告你,这时,克瑞翁他自己正在路上,要求带你到……底比斯的边界上,那边界,你是不能越过的。"

"我不明白你。"她父亲说道,"你得更明白些,孩子。底比斯人如此对待我是什么意思呢?"

"他们将派人在边界之前监守着你,"她答道,"因为,虽然你的出现将是他们反抗一切敌人的安全保障,然而他们却不欲使你住于他们之中。"

"但至少,当我死了时,他们总要埋我骨于底比斯的土地上了吧?"俄狄浦斯渴望的说道。

"不,那亲人的血液的污点,不允许那么办。啊,我的爸爸!"伊斯墨涅叹道。

"那么,他们将永不会把我放在他们权力之内的。"他叫道,"但告诉我,你的兄弟们也听见这个神示了么?"

"啊,两个人都听见的,他们都很相信着。"伊斯墨涅说道。

"难道这两个恶徒,"俄狄浦斯叫道,"虽然他们知道我可以合法的复回我的家中,竟牺牲了一切亲子之情,徒以保着王位为念,竟允许把我当作囚人禁囚着么?"

"这些话听来真难过,"伊斯墨涅哭着说道,"但我必须承认他们是实在的。"

"那么,但愿天神们永不要减轻了他们之间的前定的仇视,"俄狄浦斯说道,"但愿我有权力指挥着我的两个儿子现在的对垒中的战争……至于这个程度,他,现在握着王杖与王位的,将不再住在底比斯之内,他新近被逐出国的,也将永不再得回家!"

听了这些话,他的两个女儿高声的哭了起来,而科罗诺斯的长老们禁不住喃喃的表示他们的不赞成。然后，盲人热情的说道："听着，你们雅典人，请你们为那两人及我下一判语。你们知道，当我，生育了他们的父亲，不幸被逐出国时，他们不认着我，拒绝给我以援助；不，且由他们之手，我乃被宣告为一个不法者而被逐出去……他们将要说，也许，底比斯国家之逐我，不是由于我自己的要求么？不然的，朋友们；在那些最初的可怕的时候，当我的唯一意念只欲在当时当地被视作一个谋杀者而由众人投石以杀死我时，原没有要一个人帮助我以成全我的愿望；这是过了很久之后，当我的痛苦已是平息了下去，我看出我的狂心的受罚已超出我的罪孽所该受的了；这乃是在那个时候，国家判决我以永久的放逐。那时，我的两个男孩子该当扶翼着我……但他们并不；他们并不说一言半语来把他们的父亲从一个逐人与一个乞丐的运命之中救出……而这两个，她们虽是女孩子，却用尽了她们的小小的能力以看顾着我；我靠着她们求得供养，保护，以及所有的孝顺的看护……但他们的兄弟们却选择了别一方面；即坐在王位上，执着王杖，俨然做了底比斯的国王。啊，让他们坐下去吧！但他们将永不能有我为其同盟，卡德摩斯族在他们统治之下，将不会有好处的。那是我十分的确知的；不仅由于这个最近的神示中表示出，且也由于阿波罗在好久以前对我说的话。所以，且任底比斯人派遣了克瑞翁，或任何有爵有力的别的领袖们来寻求我；因为如果你们朋友们肯维护我，和你们的神圣的保护神在一起，则你们将为你们的国家得到一个有力的援救，而我的敌人们便将有了困厄与苦恼了。"

长老们深深的注意的听着这些话，当下他们在一处商议了一会之后，他们的领袖便说道："你是值得怜恤的，啊，俄狄浦斯，以及你的这些女儿们！且更因了你宣言你自己为我们国家的救主，我们很愿为了你的福利而指点着你。"

"那么，请你就说吧，我的好友。"俄狄浦斯答道，"请你们指点着我，有如对于一个立刻便会遵从你的吩咐的人。"

"那么，且对于你最初走近的那些神道们——你且践踏上她们的土地的——赎罪吧！"领袖说道。

"以什么仪式？"俄狄浦斯问道，"教导我，朋友们，我该怎么办去。"

"第一，"领袖说道，"你必须用洁净的手，从那边涓涓不息的圣泉上带了水去奠祭，在水中掺和了蜜——但不是酒——放在染画的钵中；这钵正像我们捧在手中的，是出于一个有技能的艺术家之手。先用雪白的羊毛，缠绕着钵的口与柄，然后面向东方倾注出祭水来；每一钵倾注三次，到了第三次时，将钵中所有全都倾出无余。然而，你必须三次放了九枝橄榄树枝于那个所在，向左与右，这样祷求着道……"

"啊，请你教导我那祷辞，那是最要紧的事。"

"但愿那些我们名之为仁慈的神的，以仁慈的心接受乞求者以救他。"长老尊严的背诵道，"用这几句话祷求着，让和你同在着的人也为了你之故而同声祷着；不许高声，只许轻声的慢慢的恳求着；然后离了开去。留神你走时不要回头望着！如果你听从了我的话办好这些事，我便将勇勇敢敢的站在你身边；否则，异乡的客人，我真要为你颤栗不安了。"

于是俄狄浦斯努力要从他岩石的座位上站起来，但为疲倦所胜，他又沉坐了下去，说道："我不能往前走了，我的孩子们。两个衰弱之点拖我下去：缺乏力气与我的盲目。让我们当中的一个去为我办好了这些祭礼吧；因为我想，一个人去祭献比一千个人要有益，如果爱情灵激着他。快去办成了这事——但不要两个人都离开了我，因为我没有指导是一无帮助的。"

"我要去办这件事，爸爸，"伊斯墨涅说道，"不过，我还要知道要在什么地方祭神。"

"在这个圣林之前，女士，"一个长老答道，"我要指示你那个地方，供给你以所有祭时应用的东西。"

"那么，让我们走吧！"伊斯墨涅说道，"安提戈涅，看望着我们的爸爸，等我回来……"

这个时候，太阳已向西走，虽然长昼的炎夏还不曾到了近暮之时。一阵凉风从海上吹来，吹过桂树与橄榄树，树叶簌簌的作响；一时，没有别的声音来打破这里的沉寂。因为俄狄浦斯将他的灰色的头靠在安提戈涅的肩上，已经入睡了。科罗诺斯的长老们则沉思的不动的环绕他们而坐着，等候着事变。大约半小时过去了，有一位少年人，穿着华服，快步跑着而来；当长老们站起来迎接他，对他致敬时，他以一种姿势回答他们；然后他以他的锐利的黑眼凝望着甜睡的流浪者与他身边的女郎。"提修士在这里了，我的爸爸。"安提戈涅微语道，她知道这个少年人必定是谁。盲人听了这话，坐了起来，屈身向前，以一种可怜的专心听着。提修士立刻开言，以一个国王对于他的同等的人说话的尊重的敬意说着："我认识你，不仅为了以前关于你盲了眼的不幸的报告，啊，拉伊俄斯的儿子，也为了我新近才知道的事；因为你的衣服与你的受苦的仪容，已很明白的表示出你是谁。我以心感的同情，问你，不幸的俄狄浦斯，你为何到我国中与我这里来求庇护，你和你的这位为你经理一切的不幸的女郎？请说；因为你所要说出的忧愁，我也碰巧知道。我也是养育在他处，像你一样的，我，更甚的，且曾在一个异国战胜了所遇的许多危险；所以，我对于一个像你一样的异乡人，从不曾转脸背向过的。在我的权力之内，我总能极力的帮助他一切。因为我很知道我乃是一个男人，同你并不两样，不能称明天为我自己的。"

于是俄狄浦斯说道："提修士，你的表白得如此简明的高贵，允许我回答你几句话。因为我是谁，祖先是谁，从何国而来，这你都已知道的了；所以，除了我要告诉你以我所欲求于你的以外，并无别事……你要知道，那么，我之来此，乃是给你以这具可怜的身体的。在外表上看来这是一件无用的礼物，然而实际上却比任何式样的美物还要有福利，是的，它将带给你和你的国家大大的福利；但那个福利究竟是什么，则你必须等候着它来才明白。"

"那是什么时候呢？"提修士诧异的问道。

"当我死了时，你要给我以埋葬。"俄狄浦斯答道。

"那么，你所要求于我者乃是最后的葬礼了。"提修士说道，"这诚然是一件小小的要求；但除了那未来之事以外，告诉我，现在我还有什么可以为你效力的。"

"现在以及以后你所能为我置备的事，全在我刚才所说的一件事上。"俄狄浦斯说道，"但记住，我所要求于你的这并不是一件轻小容易的事，这是一场战斗。因为我的孩子们，啊，国王，计划着要运载我回到那边去……"

"我想，如果你是愿意的话，他们为什么不该呢？"提修士插嘴说道。

"不，当我愿意时，"俄狄浦斯说道，"他们倒不愿我在前了。"

"但是，愚人呀！"提修士叫道，"愤怒在窘迫中是无所用的。"

"等你听完了我的故事以后，你再责备我吧，现在请不要如此。"俄狄浦斯庄严的说道。少年国王坦白的说道：

"我没有知道便说出来，是我错了。请你告诉我所有的事。"

"啊，提修士，我所受到的是一难又一难；每一难都比以前更奇怪，更可怖。"俄狄浦斯重重的叹息道。

"那么，你所要传述的，是你家中的旧愁古恨了？"国王问道。

"并不是的，因为那个故事每个希腊人的口中也已熟悉的了。"俄狄浦斯悲痛的答道，"我所要说的乃是以后的事……看，冠于我不幸之上的乃是我被我自己的儿子们所驱逐而成为一个逐人，而现在，他们又寻求着要得到我，仅仅因为阿波罗曾显示出，我这个弱躯，不论死与活，假如在哪个地方休息下去时，将成为那个地方的堡垒。但因为一个弑逆之罪还负在我的身上，他们的意思却只想带我到底比斯国土的边境，将我囚禁在那里。所以，现在，埃勾斯的爱子，请接受我入于你的国土，你自此以后将见到俄狄浦斯于你国土上并不是无益的人，除非天神们欺骗了我。"

于是科罗诺斯的领袖开口说道："我的国王，这些，以及相类的允诺，乃是此人从开头便许下我们的。"

提修士十分的感动，答道："谁能拒绝了一个奉献的友谊呢，他不仅为一个齿高的老人，自由住于我们市民的家庭的，且还是我们的神道们的一位乞求者，且还要付最富裕的贡品于雅典及我的？我注意到这一切，我并不推却他的要求，我允许他进入我们的国家中。所以，如果我们的这位客人高兴住在科罗诺斯，我便留下他给你们看顾了，好长老们。但你如果愿意和我同住在雅典，俄狄浦斯，你也可以那么办；随你的意思选择着吧。"

"啊，宙斯，请降临祝福于这些人的身上！"俄狄浦斯恳切的说道，"如果上天允许我的话，提修士，我要和你同去；就是这个地方，我的运命注定要战胜那些抛逐我出国的人们的。是的，国王，胜利乃是我刚才所要赠给雅典的，如果你实践了你的允诺。"

"请不要疑惑，"提修士答道，"因为我永不会卖掉了你的。"

"我不欲缚你以一个誓语，"俄狄浦斯说道，"仿佛你是一个下流人似的。"

"如果你这么办，"国王说道，"你所得的也不过如从我一句话上所得的一样。"

"我知道的，提修士，"俄狄浦斯答道，"但尚有一件事扰恼着我：许多人不久就要来带我离开这里……"

"不要怕，这些好百姓们将对付着他们的，"提修士回答道，眼望着长老们，"现在，暂且告别了一会儿……"

"不，不，"俄狄浦斯叫道，"注意你不要离开我呀！"

"这不是你来教导我的责任，老人家！"国王有点不悦的说道。

"但是恐惧迫得我说话，"俄狄浦斯说道，"你不知道他们如何的说着恐吓的话……"

"我知道这，"提修士插嘴说道，"在我拒绝他时，没有一个人活着能带了你离开去。至于恐吓呢，你所怕的人们也许说是关于捕捉你的夸大的话。但在他们与你之间，我想，他们是隔着一个不能跨越的大海的。不，请你快快活活的，不要怕，如果你不相信我，则请你信托遣你到这里来的阿波罗！然而我很知道，即在我不在时，我的名字也足已保障你不受任何的危害了。"提修士这样的说着，便沿了到科罗诺斯的路走去了。

于是长老们环集于他们的新客的四周，劝他放胆，不必害怕；为了更要鼓励着他，他们开始说到雅典的光荣与他们自己的村镇的事；他们说着这两者如何的俱为大神们所福佑，如何的为了宙斯及雅典娜的恩赐，橄榄树乃繁殖于此土，与地上的他处绝不相同，他们的光荣与他们的财富永不堕落。他们还说，他们的地方乃是雅典全土最可爱，最为人所喜的所在，其名乃取之于它的保护英雄，战士科罗诺斯。但当他们正这样的谈着时，安提戈涅凝望着他们的来路，突然的叫道："啊，如此高夸的国土，证明你们所说的光荣的事是否真实的时候已到了！爸爸，我看见克瑞翁带着从人匆匆的往此路而来了。"

"和善的长老们，"俄狄浦斯叫道，"我专望着你们的保护呢……"

"放心，你们是受着保护的，"长老的领袖答道，"虽然我是老了，而我国家的国力正在它的顶点呢。"他和他的同伴们勇敢的面迎那个底比斯亲王；他走来了，跟随在他身边的乃是矛兵组成的亲卫队。然而克瑞翁由他们的容色已知其来意不善，便假装恭顺的对他们说道：

"高贵的雅典的公民,我看出你们见我突然而至都有点觉得惊骇;但请你们信托我,你们完全没有原因值得恐怖或以粗语接待我。因为我不想用暴力……不,我自己已是一个老年人了,而且十分的知道我所到的一个国家,乃是希腊全土中最强盛的一个国家! 但,你们见我虽已如此年老,我却旅尘仆仆的奔走于道路上,到了这里,要劝这个人和我一同回到底比斯去;我做这事是受了市民们一般的愿望所委托的,因为没有人有如我,他的亲人,对于他的受苦感到更深的悲戚的……来,那么,啊,多苦多患的俄狄浦斯,回到你的家中去吧! 你们看,现在在召请你回去的乃是——卡德摩斯族。在其中我自己是最主张着的一人,假如我的心不为了你的不幸而痛楚,则我真要是一个最坏的坏人了,老人! 唉,我乃看见你在如此的情状之中……远远的离开了家,成了一个流浪者,为穷苦所打击……除了这个不幸的女郎之外,别无从者;我真不该! 我不曾想到她也要到了这个地步……随了你而乞求着……虽然在她的青春,却不曾结婚,一个为偶至的蹂躏者预备好的牺牲。我真不幸,为什么我要说出这件可怖的事呢? 这个对于我与你以及我们全家的侮辱呢? ……然而彰彰在众目中的事却是无可讳言的……但你,俄狄浦斯,为了敬爱我们前代的诸神之故,你且答应我重回你的城邑和你的家,以掩盖了这个不名誉吧! 给雅典以如你意的感谢的赞赏,这是值得当之无愧的,但养育你至老年的城邑却有更高的呼声要你崇敬。"

克瑞翁如此的说着,科罗诺斯的长老们不是没有为他假装的对于他那受难的宗人的亲切之情所动;但俄狄浦斯却憎厌的答道:"你这无顾忌的作恶者,你总是以雄健的辩论织出些机警的罗网的,你如今又要以此再陷我于痛楚之中么? 看,当我为悲哀所狂时,想要离开底比斯,你却拒绝我以此慈惠;但当我哺啜够了殷忧,家庭的生活渐觉得于我有味时,你却又驱逐我出国去;啊,那时,我们的宗亲之谊在你是觉得很轻的! 现在你看见我为这个城邑及它全人民所爱护,你却又来推我离开这里,以和善的话来遮盖你的残酷。但这些市民会知道你的卑鄙的,我要告诉他们以这:你不是来迎接我回我的家庭,乃是要我住底比斯的边界,因此它的城邑便可永远的保其没有雅典军的侵入了。不,克瑞翁,你将有的不是我而是别的——即那复仇的精灵;它为我之故而生,要永远打扰彼土;而我的两儿子将承继了我的那么多的土地，即足以供他们为他们的……死床之用。什么，我不比你更知道底比斯的事么？无可诧怪的，你知我得到了更确的神示……阿波罗，是的，且从宙斯他自己，阿波罗的主儿！……现在，去！我知道你虽然不相信我所说的话，你却不再能指令我要住在何处的了。选择之权在我，而我选的却是这个雅典之国。"

当被逐的底比斯王这样的说着时，克瑞翁很艰难的抑下了他的愤怒，勉强装出安然的态度答道："不幸的人，难道你在老年还存着凶暴的脾气么？这脾气永是你的累害。这些无根的狂野的诅咒所害的不是别人而是你自己……我以这些可敬重的雅典人为证，我是如何忍耐的听受着他们。但如果我得到了你时，我要请你报答你的朋友以和平的条件……"

"你怎么能够这么办，"俄狄浦斯嘲傲的说道，"难道不顾虑我的在这里的同盟者们么？"

"如果我失败了，"克瑞翁答道，恶意的看着他，"我仍然也能刺伤你的心的，你有两个女儿；其一，我刚才中途截住了她，已派人遣她开去加以禁视的了；还有一个，我现在也要将她带去。"他做了一个信号，他的两个卫队便捉住了安提戈涅，在被惊的长老们能够动弹一指之前，拖她离开了她父亲的身边。但当女郎高声锐叫着时，俄狄浦斯也高叫道："救人呀！救人呀！不要弃了我，啊，朋友们！"他们跑向前去，挥舞他们的手杖，叫道："走开去，底比斯的不相识者，留下那位女郎！……这场侮辱是什么意思？……留下她来，人们，否则，你们便要灭亡了！"

"带她到前面去，卫士们，在约定集合的地方，会合了我们其余的人等候着我。"克瑞翁命令道；不顾安提戈涅如何的挣扎，她很迅速的被带去了。她沿途悲戚的唤着她父亲的名字，使人听着异常凄楚可怜；但尤其可怜的却是看见俄狄浦斯颤抖抖的一对瘦弱的手要拖住她而扑了一个空，眼泪从他盲目之中滚流下来，一边却在哭叫道："你在哪里，孩子？……把你的手给我……我要紧紧的抱住你……唉，可怜的我呀，她已不在这里了……她去了，我最爱的人，我的唯一的安慰者！"

但克瑞翁讥笑的答道："啊，从此以后，你必须自己团团转的摸索着走了，再也没有那些女儿的挂杖们来扶掖着你了。那是你对于你的国家及好意者的顽强的倨傲所得到的胜利……称心如意的享乐吧!"他说了这话,便转身要走;但科罗诺斯的长老们拦阻着他的去路,他们的领袖勇敢的说道:"止步,不相识者,在那两位女郎没有送还我们之前,我们不能让你走开去。"

"你们敢来动我一下。"克瑞翁叫道,拔出他的刀来,"因为你们激怒我至此,雅典人,你们要有更好的报复的原因了。我不仅带走了那两个女郎,且还要把他们在这里的父亲也带去!"

"啊,无耻的恶徒!"俄狄浦斯叫道,"你已劫夺去了为我的眼与视的女儿,而现在又要施强暴于我身上了么? 对于这,我愿全知全见的太阳也给你和你的子孙们以如我一样的老年!"

"你们听见他诅咒着我么,老人们?"克瑞翁说道,愤怒得颤抖着,"现在,那么,我不再能忍耐得住了,我要亲自捉了他去。"

他将长老们推开一边,捉住了俄狄浦斯的肩部,粗暴的拉他立了起来,开始要拖他走去。

现在,长老们,年老衰弱,且无武器,在克瑞翁的刀前退却了;但他们却以全身力量喊叫起来,以期有所救助:"到这里来,救人,你们人民们! ……这里来,啊,首领们! 救人,到这里来救人!"连树林也反响着他们的呼声。在克瑞翁能够督促他的呻吟着的囚人前进若干步之前,援兵已经来了:提修士执刀在手,带了一队从人,冲进林中空地上来。

"谁在呼救? 这里发生了什么事?"他一边走着,一边叫着;俄狄浦斯啜泣的答道:"啊,最好的朋友! ——因为我认得了你的声音——我残虐的为这个人所酷待,你看……"

"吓,那个不相识者是谁?"提修士说道,他的锐眼钉在克瑞翁身上,克瑞翁放松了俄狄浦斯,挑战的站在那里。"你且平平心气,拉伊俄斯的儿子,告诉我他做了什么事,使你们全都那么高声的大喊着,使得我飞奔而至;虽然我正在祭献海神,科罗诺斯之主,在附近地方他的祭坛上。"

但俄狄浦斯只能喘息的说道:"这人是克瑞翁……他把我的两个女儿都拖离我的身边……且把她们押去囚禁着。"

"你怎么说?"少年国王厉声的叫道。

"这是众人亲眼所见的事,我的国王。"长老的领袖说道;然后他简单的告诉国王安提戈涅和她的妹妹如何的被捉而去。提修士的为人是，当他的直接的心决定了所有举动之时，是不欲费时多谈的；他听着他们的话，不附加一句，然后对他的从人们说道："快点回到祭坛上去，你们中的一个；吩咐所有的市民们都聚合在一处。无论步马，快快的到'商人的十字路'上去。他们似乎最有可能在女郎们被送到底比斯去的大路上截留住了他们。现在，快点，带了我的命令而去！"然后，当一个捷足的奴隶向科罗诺斯去时，提修士便回身向克瑞翁说道："谁敢触着这个人；如果我的愤怒对待他如他所该受的话，他将不能逃出我的手中而没有损伤。谢谢我的忍耐力，克瑞翁，我现在只留下你为质，直到那两位女郎安全无伤的带了回来为止；因为你已做下一件最辱及你的祖先和你的国家的行为了……嗳，你将一个在一个友邦保护之下的乞求者们捉去，不是从底比斯学来的吧！你难道以为我的城中所有的人都不过是些妇人们或懦夫们，而且视我如无物，乃敢加我们以如此的一种侮辱么？我只叮嘱你这一次，将俄狄浦斯的女儿们送还给他，并且须立刻办到，否则你要注意，你将耗你的余生于雅典，当作一个强迫的居民了。"

"埃勾斯的儿子，"克瑞翁答道，"我从不曾想到要加你或你的城市以侮辱，而我的这个行动也不曾触犯了谁。因为我很明白，你是不会接受一个不洁的人，且是一位弑逆者的；我知道你们是以正直聪明著称的，一定会禁止如此的逐人居住于你们城市之中；否则，我决不会试为这个捕捉的了。不，即使如此，我也不会用强力的，全为的是他诅咒我和我的一家，我才生了气的。那么，实在的，我才想以怨报怨；因为一个人的精神并不与他的身体同老，只有死亡才能使它硬结受损害。但现在在我一方面，有的只是正义而不是强力。我且服从于你的意旨，国王，如你所欲的办着……我是一个老人，且是独自一个……然而还没有到那么衰老，有一天相遇了而不偿报你的！"

"啊，无耻的人！"俄狄浦斯叫道，在提修士能够开口答复他之前，"这是我还是你自己，你想想看，为你刚才那么利口滑辞的说着的侮骂的话所秽蔑的？杀人……结婚……困厄……这些都是你说来斥骂我的，然而你却十分明白的知道，我在这一切事中，只不过是神道们的无知的工具而已，他们似乎是对于我族蕴着旧恨的。是的，此外你更不能有可责的事加在我的身上了，除了我无知的犯下了的罪过之外，我从不曾违背践踏了什么；而这些罪过，却不是出于我的故意，而是出于上天的神力之所为的。我父亲的精灵，假如他能够听见，能够回答的话，他一定要声明我对于他是无罪的！但，啊，你这硬心肠的恶徒！你迫着我说到她的婚姻，她却是你自己的姊妹，你不自羞么？我要说的，因为你的嘴那么亵渎神道的乱说着！我乃是她的儿子，她的儿子……呜，好不可怜！……而我们一点都不知道；而她，我的母亲，生了好几个我的孩子……"

盲人战栗的停止了一会；长老们且怜且怖的喃喃着；然后他又对克瑞翁说道，悲楚的冷嘲着："但你，实在的，却不信托于公理，只是逞着你的滔滔雄辩，说着不论可说或不可说的话。你乃很想这样谤诽我，而媚谀提修士，恭维雅典人。然而你在你的颂赞中却忽略了一件事：在地球上没有一个城市是比这个雅典更敬重神道们的，因此，你便拖捉着我这个老年的乞求者，有如你之拖捉去了我的女儿们。因此之故，我现在招致住在这里的女神们，以祷语求她们。来援救我，保护我；你便会知道守卫这个城市的人们乃是何等样子的人。"

于是国王提修士说道："话已说得很够了。领我前去，克瑞翁，前到你刚才送了女郎们去的地方，如果她们这时还在那里，我便带了她们回来；虽然我们的市民们这时或者已经找到了她们，救了出来，别无余事可做。但我要警告你，你不要以为机诈巧辩会有济于事的；我不是那么简单的人，会相信你背后没有什么兵力而敢如此的横行无忌；因此，我已筹有办法了。你想我如何……或者你以为我的预防是不必要的么？"

"你所说的话，无论什么，在这里，我找不出错处来……"克瑞翁恨恨的答道，"当我回到家中时，我便将知道怎办。"

"走，随你如何的恐吓着吧"提修士道，"但你，俄狄浦斯，安安静静的在这里等着；因为，信托我，我要送你的女儿们重回到你身边来，否则，便死于这场竞斗中。让长老们陪伴着你一会儿。"

"但愿神福降临于你身上，啊，提修士！"俄狄浦斯叫道，"为了你的高贵的心胸，也为了你对我表示的正直的好意！……"

一点钟刚刚过去，虽然在这一点钟中，在悬悬的思念着的俄狄浦斯看来，每一分都成了一点钟。科罗诺斯的长老们在这时候，尽力的用有希望的话语来安慰他；这时他们突然快乐的喊了起来："啊，旅游的朋友，我们的预言果然不是虚伪的！看呀，这里来了你的两个女儿们，我们的国王和她们同来！"

"她们在哪里，在哪里？……这是可能的么？"盲人颤声说道，站了起来，伸出他的双臂；于是安提戈涅立即投身于这双臂中，叫道："啊，爸爸，爸爸！但愿有天神能够允许你见见这位人中的最高尚者，他带回我们给你了！"

"我的孩子……你们两个都在这里么？"俄狄浦斯说道，快活得哭出泪来，"伊斯墨涅也在么？……走近来，走近来；让我觉到你的手臂在抱着我，我的亲亲，那是，我想我是再也不能感觉到的了！……嗳，我复有了我的最爱的人了！现在，我即死了，也不至于是完全不快乐的了，为的是她们在我的身边……那么，靠着我，一个人一边的手；你们且憩息一会，定了喘；告诉我，简简单单的，所有经过的事。"

安提戈涅说道："爸爸，在这里的这个人乃是我们的救主；你该从他那里听到他的功绩，我便是那么简单的答复你。"于是她回过她的庄重而温柔的眼光在提修士的身上，他正站在旁边。

"啊，朋友！"俄狄浦斯说道，"请你不要诧异，如果这个想望不到的我的孩子们的归来的快乐，使我喋喋多言！也不要以为我是不知感恩者；因为我很知道，这乃是你的工作，你独自的工作——你从他们的困厄之中救了我们出来——但愿天神们如我所祷求的报偿你和你的市民们！拿过你的手来，国王，使我可以握住他，吻你的颊……如果那不是轻举妄动的话。然而，我说的是什么话？我那样的一个不幸者，怎么会愿你来接触一个那么深染着许多罪恶的人呢？不，不，我不望着它，也忍受不住它；因为除了与悲戚相习的人外，没有人能有力气分担我的担负的……所以，歌颂你，提修士，在这个时候；自此以后，请你都如今日似的保卫我。"

提修士以和善的声音答道："真的，我对于你见你的孩子们归来后的快乐，因此说话不免絮絮之处，并不觉得可怪，且也并不怪你先和他们谈着，然后及我。你什么也不曾触犯了我，我是想要以行为，而不欲以言辞使我的生活光荣的。为了证明那一层，我对于你的誓言不曾反悔了一点，老先生；我带了你的孩子们安全无伤的和我回来。但关于那场争斗是如何得胜的话，则我又何必多说呢？这一切你都将有暇从你的两位女郎那边听得。说得够了；现在要注意到别的事了，这是当我到这里来时有人报告我的。他说道，有一个人，不是从底比斯来，却是你的宗亲，曾突然的出现在普赛顿的神坛上；当我为你求神援助时，他也在那坛上祭神；现在，他成为一个乞求者而坐在那里。"

"他是从什么地方来的呢？"俄狄浦斯愁眉的说道，"他为什么要做一个乞求者而乞求着呢？这一定是有着重大的原由的；否则，他不会取了那个乞求者的座位的。"

"据我所知道的，"提修士说道，"他所希望的乃是，要求允许和你说话，然后安安静静的自行走去。"

"但是他会是谁呢，这位乞求者？"俄狄浦斯固执的说道。

"请你想一会儿，"提修士徐徐的说道，"你不是有一位宗人住在阿耳戈斯么？也许是他愿意来和你说话。"

"不要再说第二句话，最爱的朋友，"俄狄浦斯叫道，"我已十分的明白你指的是谁；不，不要为他请求，你这是不值得的。"

"但是，"提修士说道，"既不知道这个人是谁，他更不曾做过什么事值得我的责让。"

"他是我的儿子，啊，国王！"俄狄浦斯叫道，"我的不孝的儿子；在所有活在世上的人们中，那个人的声音是为我耳所最憎闻的。"

"但实在的，"提修士说道，"你听听他的恳求也是无害的，因为你可以自由的拒绝或允许他。我看不出为什么这要使你痛苦；再者，我还要你注意，生怕你会触怒了那位神道，因为这个人是自置于他的保护之下的。"

于是安提戈涅说道："我的爸爸！我虽年轻，请你不要拒绝我的话；请你允许他来对你谈话；请你俯允伊斯墨涅和我能够再见到我们的兄弟！因为他所要施用的，乃为劝说，并非强力；那么，听他说说又有什么害处呢？……你既生了他；所以，他如不那么鄙下的不敬的错待过你，你不能够合法的在他的身上报仇的。啊，爸爸！啊，请你记住，你自己是如何的受到父母的苦处！请你回想到过去的事，你便要明白。我知道，恶意的愤怒是要收获如何的恶果的；你得到这，不只是很少的证明……为此而盲了双眼！来，请你听听提修士和我的话！那些以公理求人的人会恳求得很久的；并且，一个人也不该接受了好与坏而以同一的东西偿报人家。"

"我的孩子，"俄狄浦斯说道，"你以你的话赢得的这个快乐在我是悲楚的……不管如何，我且从了你的意思吧。不过，朋友，如果那人到这里来了，请你不要让人用强力主宰了我。"

"我不需说第二次，老人家。"提修士答道，"我不夸口；但你放心，当任何神道还照应着我之时，你是安全的。"

他说了这话，便离开他们向科罗诺斯走去。现在，他说起的那个乞求者正在附近等候着，正在圣林的外边；所以不到几分钟之后，安提戈涅便柔和的叫道："他来了，我的爸爸……没有一个跟从的人……眼泪从他的眼中涌出。看，波里尼克斯是在我们这里了。"

这位少年望着他的父亲时，真心诚意的悲戚的哭着；他以真挚的感情叫道："唉，我呀，我要怎么办才好呢？我将先为我自己的不幸的运命而哭呢，还是先为我的老年的爸爸的不幸的运命而哭呢？唉，姊妹们……看他这个样子……一位流落异乡的逐客，身穿百结的破衣，无目的眼眶，头发乱蓬蓬的在风中飘着……更有甚的是，他所携的那个为了充饥用的装着碎屑的食物的口袋！我真是个坏人！他所受的苦楚我知道得太迟了；我自认自己为一个最坏的最不孝的儿子……从我自己口中说出……但因为宙斯他自己，在他的所有工作与行事中，都有'怜恤'在他之旁，我愿他也会和你同在着，唉，我的爸爸；因为这些罪孽，都还可以纠补……即，我有那意志，我不能更违反你以增重我的罪，我的罪过已经犯得过顶了。"

恳求的话停止了，深沉的寂静继之而来；因为俄狄浦斯坐在那里沉思不言；他的脸避开了，坚硬的有如化成了石。于是波里尼克斯又说道："你为什么不发一言呢，爸爸？至少说一二句话……不要避开了我！你没有回答给我么？难道你不说一句话的矫慢的驱开我么？或者连你如何发怒的原因也不告诉我么？……唉，我们的姊妹们，请求你们劝劝爸爸不要这样无怜恤的，残忍的沉默着吧！请他不要把我——那位神道的乞求者——不名誉的驱开这里，连一句回答也没有。"

"你自己告诉他有什么事使你到这里来，不幸的人。"安提戈涅答道，"多说了话，一个人会一时触了快乐的弦，一时触了愤怒的或怜恤的弦；且如其真相的对于无声者给出一道声音来。"

"你说得不错，"波里尼克斯说道，"我现在要直说无隐的了；先招呼了雅典王举我于他的神坛上的那位神道来援助我，使我到这里来出入都得安全；啊，不相识者们，我要求你们实践了这誓言，也要求着在这里的我的爸爸和姊妹们……现在，爸爸，让我告诉你我所以来到这里的原因……厄忒俄克勒斯，我的弟弟，把我驱逐出国门以外，篡夺了你的王位；这王位，我是为你长子所应该享有的；因为虽然在他一方面并没有正义，他又不是一位较好的人，却赢得了市民们的帮忙。我很相信，其原因乃由于你的诅咒；从先知那里，我也听得了同样的话。现在，当我避居阿耳戈斯时，国王阿德剌斯托斯以他的女儿给我为妻；而他和所有他国中最著名的武士们都隆重的与我订盟，率领了他们的七大队人马以攻底比斯。我愿为我的正当的战争而战死，否则，便要驱逐出错待我的人们于彼土之外……唔，我的使命在你看来以为如何呢？我带了乞求者的祷请与我同来，我的爸爸；不仅我一人，但还带有七个领袖的乞求与我同来，他们现在都驻扎在底比斯的平原上。其中，有安菲阿剌俄斯，最好的武士与最好的先知；有埃托利亚人底特士（Tydeus）；有卡巴尼士（Capaneus），他夸言要烧底比斯为平地；有阿耳卡狄亚人巴特诺柏士（Parthenopaeus），他乃是远近闻名的捷足者阿塔兰忒之子。共凡六位英雄，都是我的同盟军；我自己乃是第七位领袖，统率着无畏的阿耳戈斯军。我们七人全向你乞求，我的爸爸，请你看你的孩子们的分上，看你自己国土的分上，当我领军报复劫夺了我的家与国的兄弟的仇恨时，消歇了你对于我的愤怒。因为，如果神示说的不错，则胜利将属于有你在他们那一边的军队。所以，现在，以我们的圣泉的名义，以我族的神道们的名义，我求你听我的话，答应了我。请你想想看，我和你都是乞丐，依靠了别人的好意而得居住在异乡的，为一个共同的运命所联合；而他则在底比斯为王，安享荣华，讥笑着我们两个。但你如果帮助着我的计划，我便要很容易的不久推倒了他；这样，仍请你回到你自己的家中，我自己也是如此。请你允诺了下来，我将实现了那句夸言；但如果没有了你同在，则我将不能从我的这次战役中生存归去了。"

他的父亲仍然守着沉默；于是科罗诺斯的领袖说道："为了他，送了这个人到你面前的他之故，俄狄浦斯，请你在你叫他走路之前，且给他你自己以为最好的任何答语吧。"

俄狄浦斯乃说道："你们现在看，科罗诺斯的长老们，如果不是提修士送他到这里求我的答复，则他将永远不会听见我的声音的。但现在，这个请求我已答应了他了，在他离开之前……嗳，他如听见了这一席话，他便将毕生引以为戚的！静听着，那么，你恶徒，你，当你握占着你兄弟现在所占有底比斯的王座与王杖时，你却驱逐出你自己的父亲于国门之外，使我身上穿着这个破碎的衣服，你现在见了也会哭了起来的……如今却堕入与我相同的命运中了。至今才哭泣，已是太迟的了！当我生时，我必须忍受这个无家可归的求乞为生的运命；而我永远记得，这一切乃全是你所赐给我的。是的，如果我不生了这两个女儿，则即你现在给了我所有的救济，我早已在现在之前死去了；这些女郎们乃是我的救主，我的看护者……在她们的尽孝的行为上，她们是男人，不是女人；但你和你的兄弟都是同党而不是我的儿子。所以天神的眼正射在你身上……还没有到时候呢，实在的，当你们的军队前去攻打底比斯之时，你们不久便可看见以后的事。因为，你将永不能攻下这座坚城的；不，在那时之前，你将沾染了血罪，倒地而死……你的兄弟也将是如此。这乃是我从前对于你们兄弟二人所说的诅咒；现在我也还这样的说着……你将从此学得敬重父母，也不因父亲盲了双目便弃他不顾；这两个站在此地的女郎便不是这样的！而我的诅咒将及于你的乞求与你的对于底比斯王位的权利，如果'公理'真的如古人所知，终古不变的坐在宙斯的右手的话！……去吧，你这恶人中的最恶者，带了我的这个诅咒在你头上：你永不会攻略下你的祖国，也不得复回阿耳戈斯的低原，却要死在一个亲人的一击之下，且杀死驱逐你出国的他。我祷求着这，我呼唤着可怕的'底但的黑暗'，拉伊俄斯已住在那里的，给你一个新家；我呼唤着这个所在的女神们，还呼唤着'毁灭的精灵'，他曾种下致死的憎恨于你们二人的胸中的。去，带着这个回答在你耳中；去，去对全底比斯人对你这信赖的联盟军宣言着，俄狄浦斯所给予他的儿子们是什么一份遗产！"

盲人这样的说着，他的热情飙发，其神情听着可怕，见着可惧。他说完了话，便疲倦的沉坐在他的座位上，以他的外衣遮蔽了他的低垂的头。于是波里尼克斯扬声而哭，他这样的说道："不幸的我！我这一场的跋涉是徒然的了，我也要为了我的同伴们而悲哀！唉，我们从阿耳戈斯出发具有什么鹄的呢……那个鹄的我真不敢对我的任何同伴提及……不，也不能指挥他们回军而退的了……但我必须沉默的去迎着这个命运……唉，我的姊妹们，你们是听见了我们硬心肠的父亲的祷告的，如果他的诅咒实现了，而你们，有什么机会，得回底比斯的话——请你们看在上天的份上，你们不要辱没了我；给我以一个坟墓与一场葬礼！为了此，在你们以孝亲而得的颂赞之上，将更加以对于一个兄弟尽了友谊的同样的颂赞了。"

"波里尼克斯，"安提戈涅叫道，"允许我一件事，我请求你。"

"请你说出来，最爱的安提戈涅。"少年回答道。

"率领你的军队回到阿耳戈斯去，"她说道，"快快的回去；不要毁亡了你自己和你的母邑！"

"太迟了，"她兄弟阴郁的答道，"现在退缩了回去，要永远使我不名誉的。没有一个武士肯再在这样的一个首领之下出征。"

"唉，兄弟！"她说道，"但现在谁还敢随着你同去，当他们听见了我们爸爸所预示的结果之后？"

"不，"波里尼克斯说道，"他们不会从我口中听到它的；一个好将军自己保守着坏消息。"当下，姊妹们抱住了他，哭着。"让我走吧，亲爱的人！"他说道，"因为我必须循了我父亲的复仇之神预备给我走的运命之路走去；如果你们将来办了我所求于你们的那些最后的事务，但愿你们两位前途平安无险，以宙斯为指导者。当我活着时，你们是不能为我尽一点力的，那么，当我死了时，让我得着你们的看顾吧。来，放开了我，姊妹们！别了，因为你们将不再见到我的活着的脸了。"

他这样说着，轻轻的从女郎们的手臂中脱离了去，吻着她们各人的前额，喃喃的念着一个祷语，道是，天神们应该从万恶百凶之下，保存着那么天真的人物；然后他匆匆的走去，不再回头望一望……

当他们的兄弟已经去了时，安提戈涅和伊斯墨涅便坐下来哭泣着；但现在俄狄浦斯的脸部不复为大衣所遮蔽着了，这张脸色，使她们惊得立刻沉默收声。他们在他脸上所见到的并不是愤怒之色，因为盲人在对他儿子尽量发挥其愤咒的热情之后，这含怒蕴恨的情绪已不再存留于脸上的了；这乃是一种说不出的表情，直使女郎们的心胸为之冷结，她们觉得她们的父亲突然的离开她们远了远了；虽然他仍然紧靠在她们身边，然已到她们所未知的一个世界中去了。科罗诺斯的长老们现在也同样的惊骇着，所以，他们不敢去惊动他，只是低声的互谈着。后来，晚晴的天空上，突然起了一劈的雷声，这使他们全部高声的唤着宙斯的名字。然后，俄狄浦斯叫道："我的孩子，我的孩子，如果这样有什么人可差遣的话，让他去请了那位良善的提修士来，因为这一阵宙斯的雷声将领导我到地府中去……看，又是一阵！请什么人去，我求你们，快快的去邀请了国王来……嗳！女儿们，我预言的不可抵抗的结局现在到了……而这阵雷声乃是预定的符记……听呀，它又来警告我了！……唉，提修士在哪里？你能及时的在我还未死，还有知觉之前来到这里么？以便我偿报他我所允诺的福利。"

当他说时，天上渐渐的为雨云所乌暗；现在，雷声不断的轰着，宙斯接着又送来一阵大雹；科罗诺斯的长老们高声而快疾的祷告着，请求雷神怜恤他们与他们的土地；假如他们曾因接待了一个被诅咒的，为罪过所玷秽的人而触犯了神怒，则也请他原谅了他们。但同时，他们当中的一人却尽力飞奔到普赛顿的神坛上，他想，提修士大约会在那里，完成他的中断的祭礼的；果然，他在那里寻见了国王。他为一阵来去极快的雷电所感动，立刻便听从了他的急招而去。当他重复站在他的盲目的客人身边时，提修士便问道："有什么新的事发生了，拉伊俄斯的儿子，使你要求我到你面前来呢？如一个人所能猜想的，是否为了那位天神刚才送来的雷雹么？"

"嗳，国王！"俄狄浦斯说道，"你来得正好，天赐你的好运，我正等候着你；因为，现在我的生命正悬在呼吸之际，我渴欲在我死之前，偿还了我的对于你及你的国家的债务。看，神道们已带给我以正确的预定的表记……一劈又一劈的雷声……不可见的手抛投着密接的电光！"

"你的话不由得我不信，"提修士答道，"因为在底比斯与雅典之间的战争的事件上，我已经发见你的预言是正确的……这事我还以为不可能的呢，直到我听到克瑞翁的恫吓方才相信它。请说，那么，现在必须做什么事呢？"

俄狄浦斯说道："我要披露出，埃勾斯的儿子，一个将在你的国土上成为无穷的珍宝。现在，就在现在，不要人扶掖或引导的，我将领路到那个我注定要死的所在。但你永不要对任何人宣示出那个躲避着的所在,那么,那个地方将为你竖立一道防障,比之许多的堡垒或比之无数的同盟军的矛兵都还坚固难克。但为的是要去接触在禁咒之下的东西,所以不能说出口来;当你独自一人到了那个地方时,你将会知道它们;因为我不能对你的任何百姓们显示他们,也不能对我那么挚爱的孩子们说出来。不,仅有你一个人须保守着那秘密,当你的结局近了时,你可将它传给你的继承者,让它同样的一代国王传给别一代国王。如此的,你便可以使你的雅典永不会罹到龙的种子①的祸害的了②……但现在,为了神示的催促,让我们到前面那个地方去吧,不必再逗留在这里了。"

俄狄浦斯这样的说着,站了起来;他以迅快的坚定的步伐向前走去,仿佛是一个能够清清楚楚看见前面的路途的人一样,所有的人都觉得诧异。当他走着时,盲人回转身来,以手招着他们说道:"跟我来,啊,我的孩子们! 这样的,因为现在我是可诧怪的反成了你们的领导者……正如你们在从前是我的领导者一样。向前走……不要碰到我……让我自己去找到那个神圣的坟地,那个地方是我注定了要埋葬在彼的。这里来,来! 这里来! 因为这条路乃是指路者赫耳墨斯在引着我前去的;还有珀耳塞福涅(Persephone),灵魂的皇后……啊,光明呀! 你对我乃是黑暗,你的光线这许多年来我都不曾见到的,但现在我却感觉到,最后一次的感觉到你了! 是的,现在我要结束了我的生命而到地府中去了。但你,我最好的朋友,我愿你,你的百姓们,以及你的此土都快乐而有福;请你在你的荣华灿烂时代记住我这个死者,这会永给你以好处的。"

于是俄狄浦斯迅疾的经过阴暗的树林走去;他的女儿和提修士诧异的跟随在后面。远远的也跟上了两三个村人,他们是当提修士离开了普赛顿的神坛时便已跟从着他的。但科罗诺斯的长老们则坐在原处没有动弹,他们过于为这些奇事所惊诧着;不久,他们的领袖便扬声的祷着道:"如果颂赞那不可见的女神,与你,夜间的神们的王是合法的话,我们求你,爱杜尼士,爱杜尼士,使那位客人,没有一点

---

① 龙的种子,即指龙齿所种生出的武士们的后裔,也即指底比斯人。

② 后来,雅典果然不曾受过底比斯的侵略;且雅典人在提修士领导之下,还曾攻下了底比斯(见 Apollodorus Ⅲ,Ⅶ,Ⅰ),真的应了俄狄浦斯的预言。

痛楚的，无悲运的到达了那些死者所居的尼脱（Nether）平原。加于他身上的许多祸患，都不是他自己的罪过，但现在为了酬报他，愿有一位正直的神提升了他！……听着我们，地下的女神们；你，形状可怕的不可克制的三头犬，不驯的地府的守者，请你给这个客人以安全的经过，而到达了死者之原！听我的祷辞，啊，死亡，不醒的睡眠的给予者！……"

现在，太阳已经西沉，森林的全部都为黑暗所罩；但在林中空地上，尚有余光足以使老人们彼此见到脸容。天上的云片都已去净了，黄昏星在澄然无渣的天空上熠熠发光。无风的恬静，弥漫于地上与海上；在静悄悄的林中，连一片树叶都不颤动。你会想到，一株株的树木，也都在等候着，静听着；它们活而警醒，是围绕着人们的等候者，如他们似的提着呼吸在盼望着……最后，急步的声音冲破了沉寂的静悄；长老们匆匆的站了起来，看见跟随了俄狄浦斯之后前去的一个村人正在面前。那个人的脸色在他开口说话之前，已告诉他们他所带来的是什么消息了；他庄严的说道："村人们，我只要最简洁的告诉你们几句我的总结的消息——俄狄浦斯已经死了！但说到他的死去的情状，却不是一言片语所能说尽的。"

"告诉我们，全都告诉我们，"长老们叫道。"他真的去了么，那个忧愁的人？但怎样的……为一个上天降临的与没有痛苦的运命所打击呢？"

"嗳，你们正说着那如此的值得奇怪的一点上了，"使者答道，"但静听着，你们将听到那个故事的全部。你们是亲自看见那位盲人如何的由这里走向前去，不要他的女儿们扶掖着，却反引了我们前去……好，他一直走到前面的深穴，所谓门限（The Threshold）的那里，在那里有铜阶引下地球的最低暗的根柢去。他停留在那里，靠近于大铜钵边；这钵，提修士从前为纪念他的朋友辟里助士而放在那里的，那时，他们两人曾一同由那个铜阶走下地府去。他站立在那个纪念物与脱里克亚岩（Thorician Rock）——那空中的梨树与石筑的坟墓的中间；然后他坐了下来，脱了尘土满身的衣服，叫他的女儿们过去，他吩咐她们从一道泉中取水来给他洗濯，倾注出祭水来。女郎们便从邻近的我们的绿夫人，得墨忒耳的山上取了水来；为他沐浴过之后，替他穿上了一件白色的袍，是如一个死者预备穿了下葬似的。但他们从什么地方得来此衣，我却不明白。这一切都如他的心意办好了以后，尼脱的宙斯却在地中响着雷声；受惊的女郎们跪下抱着她们父亲的膝盖，哀哀的哭泣着，捶着她们的胸。但当俄狄浦斯听见她们的突然的哀啼时，他便举臂环抱了她们，说道：'嗳，孩子们，这一天你们的爸爸要离开你们了！因为关于我的事件已经告终了，你们不再要担负着看顾我的这一个重担了。我很知道，我的孩子们……然而一句话却可使这一切的苦役为之轻松……因为爱情，超出于一切你们所能得之于他人的爱情，乃是我所报偿于你们的，现在你们是成了孤儿到底了。'父与女如此的同声哭了起来，紧紧的拥抱着。但当他们哭够了，他们的哭声不再有了时，有了一时的沉默；然后突然的听见有一个人的声音唤着他的名字，于是站在旁边的所有的人全都恐怖得连头上的头发都直竖了起来。因为天神一次又一次的唤他，以各种的声调：'啊，啊，俄狄浦斯，为什么延迟我们的路程？你已经逗留得太久了。'现在，他知道这是天神在召唤着他，他便叮嘱国王提修士走了近来——因为当他的女儿们和他在一处时，我们全都站得远些——当提修士走到他的身边时，他说道：'啊，朋友！我请你，给我站在这里的孩子们以你的右手——拿了它，我的女儿们！……用以保证你将永不抛弃了她们，且做一切有关于她们的福利的事。'提修士安详的答应了下来。于是俄狄浦斯拥抱了他的女儿们，说道：'我的孩子们，你们必须高贵的硬着你们的心肠，离开这个所在，也不必想听见或看见你们的眼与耳所不能看见听见的，不，快点离开了我这里，除了提修士以外，别的人都不要留在这里参与在这里的神秘的扮演。'他这样的说着，我们全都听见；我们下泪悲哭着跟随了女郎们退了开去。但我们走了一小段路……我们回头望去，啊……我说的那个人却不见踪影了，只有国王一人在着……他以手遮蔽着双眼，仿佛刚见过为凡人之眼所太晕眩的幻象。过了一会儿，我们看见他弯下身去，吻着大地……然后站了起来，伸出他的双臂向天，头高仰着……以祷辞颂赞尼脱的与俄林波斯的诸神们……但那个人以什么样子的运命死了过去，却没有一个凡人能够说出，只除了提修士一人。既不是宙斯的雷火送终了他，也不是什么海上的飓风卷扫了他去；但或者是什么神遣的卫士带了他到那边去吧，或者是尼脱世界自己开了接受他进去，轻轻的迎了他去，一点没有痛苦的吧！因为俄狄浦斯是不在哭声疾病及痛苦之中送了终的；他的过去却是神秘而奇怪的，超出于任何凡人的。"①

当科罗诺斯的长老们听见了这些消息时，他们沉默了一会，心上充满了崇敬的畏惧；然后，他们中之一人问道："现在她们那两个孤女如何了呢？"

"由于她们自己的请求，"村人答道，"我们的国王快要遣送她们回到底比斯的故家去了。她们的第一个要求，是求指示她们父亲的坟墓。对于这，提修士极其温和的拒绝了！他说道，雅典的未来全悬在他的保守这个秘密不露。他要求女郎们留居在这里，允许养育她们，如她们自己的兄弟们之所能的一样。但一说起兄弟的这个名词，安提戈涅的脸色变白了，她说道：'啊，国王，送我和我的妹妹回到古老的底比斯去吧！为的是有一个我所摆脱不开的工作，正等待着我去做，虽然这个工作是装载着绝大的危险的。'美丽的公主如此的说着，我们的主提修士遂允许了她；但她心上所想做的究竟是什么样的工作，我们全体却都还不明白。"

五　七雄攻打底比斯

许多的名王在古代的名马之区，阿耳戈斯，统治着，或以智雄，或以力显；但在他们之中，最聪明最有力乃是阿德剌斯托斯，且又是爱民如子。他的第三代的祖先乃是比亚士，大先知者墨兰浦斯的兄弟；这两位兄弟如何会到阿耳戈斯来为王的故事，上文已经说到过。现在，这两位亲爱异常的兄弟们，终生共治，一无违言；但在他们死后，他们的儿子们便因互争王权而战斗着。在这两家之中，发生了长久的仇视与战争；有时这一家胜了，有时那一家胜了。最后，阿德剌斯托斯继了他父亲太洛斯而即王位；但他为王不久，便为墨兰浦斯家的子孙，他的宗人安菲阿剌俄斯所逐而退出国外。他偕了家人在阿耳戈斯国境之外的西克安（Sicyon）城中避难，因为这城的国王波里卜士乃是他的岳父。他到了西克安不久，波里卜士便得病而死，因为他

---

① 俄狄浦斯的坟墓后来为人所知，乃在欧墨尼得斯们的区域之内，在 Acropolis 与 Arespagus 之间（见 Pausanias，Ⅰ，28，7）。

没有儿子，他便留下他的国家给了他女儿的丈夫。于是阿德剌斯托斯统治着西克安，在那里统治了三年，都平安无事；但他的心仍在于他的本土，他的一念便是要得回他父亲的王位。但他不敢开始宣战，因为西克安的人民比之阿耳戈斯是少得很多；并且，他也惧怕着安菲阿剌俄斯，他的势力之及于人民者既深且巨，因为他不仅是一个有名的勇士，而且还是一个预言者与先知，传袭了墨兰浦斯的特技。但运命却注定着，安菲阿剌俄斯不失败于战争，却失败于一个妇人之手。

因为阿德剌斯托斯有一个美貌的妹妹，金发的依丽菲尔（Eriphyle）；安菲阿剌俄斯从他们孩提同在一处游戏着时便爱上了她。这位女郎和她哥哥一同逃到西克安去；当安菲阿剌俄斯见不到她时，他的生活便完全陷入于郁郁不乐之境。过了三年之后，他为渴念所迷住，便差了一个使者向阿德剌斯托斯说道："给我依丽菲尔为妻，我们之间和平相见吧！因为我预备要将阿耳戈斯的一半给了你作为她的聘礼。"

但阿德剌斯托斯对使者说道："请我的宗人自己到西克安来，我们可以对面谈着这件事。我要做他的保人，在你面前立下重誓，担保他来去概不受害。"

因为聪明的国王心中自念着："如果安菲阿剌俄斯一看见我的妹妹，他一定会付给我所要求的任何聘礼，却决不愿意失去了她，她现在比之她离开阿耳戈斯时更美丽十倍了。"

事情竟如所料的发生，安菲阿剌俄斯一听见使者之言，便立刻亲自赶到西克安来；国王亲亲热热的迎接他，而依丽菲尔也已得到她哥哥的授意，站在旁边，微微的笑着。从那时起，他便紧紧的被捉住在她美丽的强固的罗网中了。当阿德剌斯托斯提出了聘礼的名目时，他也并不拒绝的答应了下来；这聘礼是，不仅平分阿耳戈斯，且还要给他以阿耳戈斯的王位，作为这个婚姻的条件。于是兄妹俩彼此互瞬了一下，她脸色变得玫瑰红色的说道："你将允许我一个要求么，我的将来的夫主？"

"一千个，我心中的小姐。"快乐的情人叫道。

"不，我只要一个。"依丽菲尔答道，"而这个要求，我也要向我哥哥求允诺。如果你和他将来再发生冲突时，那么，让我来居间调解。立誓，国王们，说你们要这么办！说，你们在争辩不决之时，一定要由我来判断！因为我虽是一个柔弱无知的妇人，我想，你们将不能在一个同样的深爱着且有着同样的责任于你们两人之外选到一个更可靠的公断人。啊，我的主人们，不要拒绝！你们想，我是一个妻，又是一个妹妹，假如你们之间发生了什么不幸的仇视，我便要如何的可怜呀！无论谁得了胜利，我都必要忍受到一切失败的痛苦。"

"你说得很好，我的妹妹，"阿德剌斯托斯叫道，"如果我们的宗人肯这样的立了约，我也将高兴的照办着的。"

"我不要求更好的东西了，"安菲阿剌俄斯说道，"我要歌颂天神们，依丽菲尔；为了他们竟使你有了这个好念头，这个约将带了永久的和平给阿耳戈斯。来，阿德剌斯托斯，让我们以最庄重的方式立下了此约吧。"

在西克安有一座圣林与祭坛，是预备祭献低等的女神们用的；这些女神们，各地的人称呼不同，而西克安人及雅典人则名之为欧墨尼得斯，那便是"和善的神们"之意。她们具有不可侵犯的神力，她们对于流血者及破约者的复仇之力是最厉害的。现在国王引了安菲阿剌俄斯到了这个地方去；他们如仪的一同立着约；他们杀了一只黑羊，将它分为四块，他们每个人都站在两块祭羊之间，宣言道："如我之献了这只牺牲给欧墨尼得斯们一样，如果我破了誓约，我也要这样的献了我自己给她们；如它的血之倾注在地上，它的身体之离切成片；如果我不实践我对我的宗人所立的信约，我也要成了这个样子的。"

安菲阿剌俄斯立了此约，永不曾想到这个立约之事，乃是阿德剌斯托斯暗示给依丽菲尔提出的，乃是他的计策之一。但安菲阿剌俄斯原是一个先知，他怎么会不知道他们的计策呢？原来，这位安菲阿剌俄斯，他虽具有过人的智慧，却有一个孩提的心；他自己一无心计，他便也梦想不到他人会设计对付他。并且，爱神已将他作为己有；那位爱神如要制伏什么人，他便先使他盲了目。所以，那一天，安菲阿剌俄斯娶了依丽菲尔之后，便回到阿耳戈斯去成为人中的最快乐的人，和他同归的乃是他的想望了那么长久的新娘；为了她之故，他甘愿退下他的王位。

十年过去了，阿耳戈斯和她的王家一点也没有乌云来蔽盖他们的发展。国王阿德剌斯托斯从种种的证据中，知道了安菲阿剌俄斯具有神给的预言未来的权力，及他灵魂中的忠实；于是他竟完全信托了他,无事不和他商议。他们之间也没有一点不幸的阴影发生。他们俩对于过去的仇视已都忘记了;或者记起了时,也只微笑置之。至于依丽菲尔呢,她已是两个小儿子的快乐的母亲了,她在其初所给她丈夫的伪爱,现在已是真正的了;她是那么的温柔爱顾。阿德剌斯托斯也生了几个孩子;他的妻,在西克安时已为他生了二女,在他们回到阿耳戈斯不久,又为他生了一子。

现在,他的两个女儿已经长成为美丽的女郎了,国王开始想要将她们嫁了出去;他差人到得尔福去问神,他应该将她们嫁给了什么样的人。天神由他的女祭师口中答复他道:"让阿德剌斯托斯嫁一个女儿给一只狮,嫁一个女儿给一只熊。"国王一点也不明白神意,所以他便到安菲阿剌俄斯那里去。"这是什么意思?"他说道,"阿波罗要我将一只狮和一只熊作为我的女婿。他讥笑着我么,你想?"

"不,"先知者答道,"如果你今天傍晚,在太阳下山之后到城门边去,你便可看见他所说的狮和熊了,且愿意将你的女儿们嫁给了他们。"

于是阿德剌斯托斯在黄昏时便到了城门边,城门已经因夜晚而闭上了,且已加之以锁。正当他走到时,城门外忽然发生扭打争吵的大声,他命他城上的看守者望下去,告诉他是什么事。"下面有两个武装的人,"看守者叫道,"他们已经拔刀相斗着了。"于是阿德剌斯托斯吩咐他们开了城门,飞快的走了出去,将他的拄杖隔于两位斗者之间,说道:"不许打,先生们,不管你们是谁! 你们要知道,我是这里的国王,在我的城门前不欲有争吵之事发生。"两位旅客见了他的容色与声音的严肃有威,便将刀纳入鞘中。他问他们是谁,为什么在此争吵着。一个说道:"阿耳戈斯的国王,我立刻便要告诉你以我的姓名及使命。至于争斗呢,是这个人开始了的,不是我,因为我见你的城门已经闭上了,我便倒身在城洞中睡着,以待天明;然后这个人来了——我从不曾认识他——以他的足踢我,要我让给他好的睡位。我是一个国王之子,肯那么驯顺的屈服于这个侮辱之下么? 不,对着阿瑞斯立誓!"

"我要你知道,国王之子,"别一个人叫道,"我的身世也并不低下于你,且还要比你高明些,假如你敢挑着我斗,我的刀将要证明。"

"不要那么暴躁,旅客。"阿德剌斯托斯说道,"来,你们今夜一同住在我的宫中去,在酒杯之中消除了争端吧。"

两位王子都感谢着他的好意,高高兴兴的跟随了他进宫。他们一进了火光明亮的大厅中,阿德剌斯托斯便注意到,先来到了城门边的那一个人,他的盾上雕的是一只狮头,而后到的人则盾上饰着的是一只熊头。于是他明白,这两个人乃是神示中吩咐他给他们以他的女儿们为妻的;这事使他很高兴,因为这两位少年,相貌都很俊秀,且似乎也都勇猛无前。所以他竭力的张设盛宴以招待他们;当他们既醉且饱之后,他便客气的询问他们的姓名及身世。"我的名字是底特士,"执了狮盾的人说道,"虽然你不认识我,国王阿德剌斯托斯,我却是你的世交。因为卡吕冬国王俄纽斯乃是我的父亲,我们两家是很老的老朋友了,至少是他这样的告诉了我的。他吩咐我到阿耳戈斯来求庇护,因为我误杀了一个人,不得不逃出了祖国。"

"你真是可敬的俄纽斯的儿子么?他乃是我父亲的及我自己的朋友。"阿德剌斯托斯叫道,"现在格外的欢迎,底特士;将我的房子当作了你的,我请你。不要以你的流放为戚戚,因为在阿耳戈斯,你将找到了一个新家;且在我,你将找到了第二个父亲,如果你愿意。怎么,现在我想起来了,你的母亲乃是一个阿耳戈斯的人,所以你已经是半个市民了……但现在,我的别一位客人,我很想知道你的姓名和历史。"

"我的名字是波里尼克斯,"执着熊头盾的少年答道,"我父亲是一个国王,他以他的智慧,有力,光荣……而现在,唉,则以他的不幸……著名于全希腊……他乃是底比斯的俄狄浦斯。关于他的事,我不必多说……突然的降临于他身上的不幸是人人都知道的。但这乃是我所以到阿耳戈斯来的原因:当俄狄浦斯从底比斯流放出去时,他的王位落于他的两个儿子之手,我自己和厄忒俄克勒斯;我们并不分国而治,我们同意彼此轮流为王,一个人为王一年。我是长子,做了第一年的王,然后依约将王位交给了厄忒俄克勒斯;但当一年届满了时,他却不肯退位而去,卑鄙的欺诈了我。他说,他将维持他所已得的,并且还恐吓我说,如果我不立刻离开底比斯,他便要置我于死地。我除了逃走之外还有什么别的办法呢?……我的恶弟占据了我们的家和财产,王家的卫队在他的指挥之下,市民们也帮着他,说起来他们真是可羞呀!你看,国王,我,一个被流放的人,一个漫游者,他的唯一的希望乃在求人伸雪他的不平，所以我到了阿耳戈斯来，求你和你的人民们的帮助；因为我很可确定，凡帮助着我打仗的一定可以得到胜利，天神们是在他们的一边的。"

"高贵的波里尼克斯，"阿德剌斯托斯说道，"我也欢迎你住在我家中，为了你自己，也为了你的自卡德摩斯一脉相传的伟大的祖先。你诚然是太为你的弟弟所欺负了；而我也很愿意看见你的不平得以大白；但要和七城的底比斯这座坚城相战争，则是一件非常危险的工作。在我的意中，有一个较好的路给你走，这我也曾对底特士暗示过……但现在让我明白的对你们俩披露了吧，王子们！我生有两个女儿，在这个多美女的国中实在不能算得美；她们有了富裕的妆奁，原不怕没有求婚的人，但我没有看见两个人比之你们俩更高兴使我将女儿给了你们为妻的。因为我看出你们乃是你们名家的真正后裔，而你们之到了这里来，我想，也不是没有神道们的指示的。所以，如果你们答应留居在阿耳戈斯的话，则你，波里尼克斯，娶了我的大女儿奥琪亚（Argeia）；而你，勇敢的底特士，将有了她的妹妹狄辟尔（Deipyle）为妻。"

那两位流离在外的人当然是答应了下来，且颇以突然而来的佳运自喜。第二天早晨，那两对夫妇便举行了婚礼；礼仪甚为绚烂隆重，有七天工夫，阿德剌斯托斯都款待一切来人以盛宴。他的女婿在阿耳戈斯和他们的年轻的妻快快活活同住了一年。

但波里尼克斯含蓄着对于他兄弟的死仇，不报仇是一天也不得安逸着的。直到了后来，他以许多次祈请，且允许功成后分给以许多的掳获物，最后乃得到了阿德剌斯托斯的允许，和底比斯人宣战。不过，至少要先得到安菲阿剌俄斯及其他阿耳戈斯的领袖们的愿意。于是阿德剌斯托斯召集了首领们来会议，将这件事情提出来讨论。当波里尼克斯说明他的战争的原因后，每个首领便都依据着当时的风俗，依次的说出他的意见。其余的首领们，以勇敢的底特士为首，都主张宣战；但安菲阿剌俄斯等到大众都说完了时，他却站起来说道："啊，国王与阿耳戈斯的首领们，你们要小心，不要加入这个人的争斗之中，否则你们便要将放置于他身上的咒诅带到我们身上及我们的城市中来了。此咒诅，即他父亲俄狄浦斯所说出来的。是的，波里尼克斯，你忘记了么，当盲目而可怜的老人被逐放出底比斯国土时，他咒诅着你和你的弟弟，因为你们用了最不人道的方法，不肯去帮助他？"

"我们能够做什么呢？"波里尼克斯说道，心中十分的抱愧，"得尔福的神道命令说，他要被流放出去。"

"但神道并不要他无人帮助的孤独的走去，从这一家到那一家的乞求着他的面包。"先知严肃的答道，"神道也并不是说，他自己的孩子们应该在他的最需要之时离开了他。所以不要推在神道身上去，所要责备的乃是你的硬心肠。你们，阿耳戈斯人，我现在及时的警告你们：谁为波里尼克斯而战的，不是去和血与肉作战，乃是去和黑暗而可怕的势力作战———一个被侮辱的父亲的咒诅。"

安菲阿剌俄斯这样的说了，便转身离开了会场；他们全都沉默不言的坐着一会，诧怪于他的言语。但那时底特士说道："同伴们，先知们信托着符记与兆头，但让我们战士们且信托着我们的刀。至于俄狄浦斯的咒诅，波里尼克斯为什么怕他比怕厄忒俄克勒斯还甚些？这似乎，他们俩都要同样的遭遇到它；但仅以关于我们现在的事件而论，则波里尼克斯的一方面是对的，而他弟弟一方面则为一个篡位者。在我，那已经是足够忍受的了，任何爱护正义以及要以力量得名的人也该是如此。所以到底比斯去，我说！"

"说得好，勇敢的底特士！"所有的首领们都叫道，他们又生了勇气，"到底比斯去，到底比斯去！"

但阿德剌斯托斯说道："不能没有安菲阿剌俄斯，朋友们；因为你们知道他在人民间的名望，既以先知著称，又以战士著称；除非他和我们的军队同去，否则，他们便将以为胜利是未必可望的了。"

"唉，国王，这句话毁了我了，"波里尼克斯叫道，"因为你将永不能劝了他去。"

"你放心吧，孩子，"国王答道，"我知道怎么的对付他。和我同到他家里去，你就将要知道。"他解散这个会议，吩咐他们召集人马，以备争战。

当他们同到先知家中去时，阿德剌斯托斯便告诉波里尼克斯以他们从前所订的约，以及怎样的安菲阿剌俄斯必定会退步而向底比斯进行的，只要依丽菲尔说出那句话来。"我们要先到我妹妹那里去，"他说道，"告诉她所必定要说的话，其余的事便容易办了。"

但在这里，国王却错了。当时依丽菲尔正在她房中纺织着，听他们说明了来意之后，她只是冷冷的答道："你不要看的我太准了，我的哥哥，你忘记了安菲阿剌俄斯对于我是成了比你自己更为亲爱的人了。如果他在这件事上拒绝了你，他一定是有很充足的理由的；而我，是一个服从他的妻，当然看得他判断的比你的更为中肯了。"

　　因此，阿德剌斯托斯虽在他的时代中算为最善于辩论的国王，却找不出话来表白他的惊骇与愤怒，便走出她的房间与她的家。但波里尼克斯却逗留未去，因为有一闪的念头经过他的心上，即他的妻关于依丽菲尔说过的话，说她宁愿将她的眼睛来换哈耳摩尼亚的项链。原来这个无价的项链，乃是天上的工匠赫淮斯托斯造来当哈耳摩尼亚嫁了卡德摩斯时，作为送给她的一件结婚礼物的。自此以后，此物便成了底比斯王家的镇库之宝；一代一代的王后都戴着这串无价的珠宝；直到了后来，不幸的伊俄卡斯忒乃将此物给了她的最大的爱子，他便将此宝随身带了阿耳戈斯来。他想，和这样的一件历代相传的宝物相离诚然是很可惜的，但如果依丽菲尔是那么喜爱它，则她会将因要了它而出卖了她的丈夫的呢。只有这么一着，他，波里尼克斯才能恢复了底比斯的王位。很谨慎的，他渐渐的和她商量着这件买卖；他更很忍耐的碰着她的拒绝。他仍然是恳求着，依丽菲尔仍然是静听着，摇着头。但他能看出她有点摇动——患得患失的。"夫人，"他说道，"奥琪亚过一会便会将项链带来给你。你不必对她说什么话；如果她归来时没有带了项链同回……那我便明白了。"

　　"但……一个人都不必知道……"依丽菲尔咿唔道，眼光不敢正视。

　　"没有一个人会知道，"波里尼克斯说道，"除非我的妻；她不会说出来的，为了我，也为了她自己之故。"他说了话便匆匆的走了，心里很得意……在夜色未落之前，全城已传遍那个好消息了，即安菲阿剌俄斯起初反对和底比斯宣战，现在已被国王阿德剌斯托斯的雄辩所说服而改变了他的态度了。

　　在第三天后的早晨，一个巨大而雄健的军队经过阿耳戈斯的街道而出发了。这个大军分为七队，为七位首领们所率领。老年人，妇人们及小孩子们都挤在门口及庙阶上看着他们通过，天空中充满了大叫与祷告他们的胜利及平安归来之声。第一个是国王，穿了一身绚烂的盔甲而来；他带着一面矛，矛上是金光闪闪的明星环拥一个新月；他骑在他的著名黑马阿里翁（Arion）上；这匹马是全希腊的马中的最快者，相传是马之主普赛顿所喂养的。他们看见继于他后面的每一位首领，都各在他的盾上加以新的图饰，表示着他们的心意。妇人们见了这些图饰便欢呼着，但老人们则摇着头，低声祷告。波里尼克斯的盾上表现出一个妇人，身穿华服，头戴金冠，用手领着一个武装的人；在妇人的头上，刻着"正义"二字，从她的口中又发出这几个字："我将带了这个人回家。"底特士的盾上则饰着一个裸体的人，执着一支熊熊的火炬，写着："我要烧了那座城。"后面来的是倨傲的卡巴尼士，古代阿耳戈斯王家的后人；在他的盾上，表现着一个武士在攀登一座城墙，上面写道："即战神他自己也打退我不了。"

在他后面来的是一个少年首领，他的图案最使无思想的观者喜欢；因为这乃是底比斯的古代的恐怖，即有翼的史芬克丝，她的爪下攫着两个男孩子而高飞在天空。"聪明的图意！"有人叫道，"有如那个可怕的处女之致害于底比斯，愿你也将如此！啊，一位处女之子！"他乃是名播远近的亚卡地的女郎阿塔兰忒之子，因为这个少年首领之名是巴特诺柏士，那便是"处女之子"；虽然他还是极年轻的少年，他已经是一个渴于求名的人了。他一听见阿德剌斯托斯要带领了一支大军去攻打底比斯，他便率领了他的亚卡地的一支军队，经过了阿耳戈斯的边界，自来请愿加入大军，国王自然是很欢迎这样的一个同盟军。

阿德剌斯托斯的兄弟米克斯托士（Mecisteus）乃是第六军的领袖；但群众并不注意到他或他的盾饰；他们是那么热心要看看安菲阿剌俄斯的，他乃是第七军的最后的领袖，他所选的图饰一定要表现出或凶或吉的重要的预兆来。但当这位先知坐在他的车中经过他们时，失望的微语蜂起了，因为他所执的盾乃是空白无饰的。

现在阿德剌斯托斯及他同宗的妻子们都聚集在城门口和他们告别。依丽菲尔立在众人之中，双手各携着一个儿子，当安菲阿剌俄斯走近了时，她的灰白的脸上表现出一个微笑来，祝着他的顺利。但他并不注意的望着她，却叫了他的大儿子上车来，这个儿子已经是十岁了；他将手臂抱了他的头颈，低声的对他说道："阿尔克迈翁（Alcmaeon），你已不是很小了，当可留心并记住你父亲的最后吩咐。现在，听着……你看见前面的那个妇人，对我们微笑着的么？"

"我的母亲么，父亲？"小孩子诧异的问道。

"啊！"先知说道，"她是你的母亲……但你必须不要那么想！因为她是一个奸贼，孩子……她卖了她丈夫的性命以求得一串珠宝的玩物……你有一天会明白这事的经过的。记住，你听见了我的死耗时，乃是她送我上死路去的；是的，很明白的……因为我已经警告过她，如果我到底比斯去，便要有所不利！……所以，我要求你，我的孩子，因为你是高兴而且亲爱的，当你成了人之时，你要对着我的谋杀者复仇，否则你父亲便要咒诅着你了。再会，我心中的孩子……我再告诉你一声——记住！"

于是安菲阿剌俄斯温和的拥抱了他的孩子；将他抱了下车之后，他便也跟了其余的出发的队伍之后走了。

当七位英雄们到了阿耳戈斯的边境时，他们集合了队伍，因为依据了风俗，在他们踏足于敌人之地以前，要先祭过宙斯，恳求给他们以进行顺利的吉兆。但神之王显然是警告他们回去；他并不轰然的响着雷，反而下了一阵大雨，将祭坛的火都打熄了。牺牲是一只小牛，当被领到祭坛时，它凶猛的挣扎着；当它的肚皮剖开了时，又找不到它的肝；总之，这一场祭礼没有一丝的佳兆可见。但七个首领之中，除了安菲阿剌俄斯之外，都是不可救药的硬心肠的；他们全都觉得，与其不名誉的退却而回，还不如死了的好。所以他们便拔军前进。第二天正午时，到了一个深的草谷中；他们又在那里停留了下来，他们自己和他们的马匹都要喝水。

但他们找不到一滴的水，因为谷中的小溪都为仲夏的太阳所晒干。七位首领们便同去寻找一个清泉。不久，他们看见一位老妇人坐在一片草地上，有一个孩子在她足边游戏着；他们问她什么地方可以得水。"离此不远有一道清泉，先生们，"老妇人说道，"我要指给你们看，假如你们跟了我来。"她站了起来，领了他们经过草地，留下小孩子任他在地上游戏。但正当他们到了泉边时，他们听见背后有惊叫之声；老妇人叫道："这是我的孩子！唉，他一定是遇到什么不幸了，我是完了！"她转身而跑，七雄也跟了她去——但他们到得太迟了；小孩子已死在花草之中，一个蛇的齿印现在他的臂上，表示他是如何致命的。他的老乳母投身于他所卧的地上，哭着，扯着她的白发。"唉,天呀!"她哭道,"我乃活着看见了这一天! ……唉,不幸的我! 现在我的主人一定会杀死我了,因为我不曾照顾着他的儿子!"

于是安菲阿剌俄斯说道:"安心些,老人家,因为这过失是我们的,不是你的;我们知道你为了替我们做事,不会受害。告诉我们,你的主人是谁,这是什么地方?"

"这是尼米亚(Nemea)谷,"老妇人答道,"我的主人吕枯耳戈斯(Lycurgus)乃是邻近此谷的克洛那(Cleonae)城的国王。"

"你是谁呢,请问?"阿德剌斯托斯说道,"虽然你似乎是一个奴隶,然而你的容貌与口音都似是一个高尚阶级中的人。"

"我从前是一个王后,"老妇人答道,倨傲的抬起了她的头;"也许你们武士们,曾听见过我的名字——楞诺斯的希璧西辟尔。"

"什么,"阿德剌斯托斯叫道,"你真的是那位岛后,曾款待伊阿宋和他的同伴的么? 那么,为什么会遭受到不幸而到了这里来?"

"我要告诉你们,"希璧西辟尔说道,"当我和其余的楞诺斯岛上的妇人们设计要报复我们的男人们时,我们立誓要将每一个男人都杀死。然而我却秘密的赦了我的父亲,国王助亚士,藏他在一个大箱之中,我使人将这箱抛入了海中:正如天神们之所欲,这箱子在别一个岛上碰岸了,他们的人救上了老人家;他和他们同住了几年,一点也不让人知道他的消息。同时我做了楞诺斯的女王,心中不疑的以为助亚士已经死了;但他尚活在世上的消息终于传到了这个岛上。当我属下的妇人们听见了这个消息,她们便捉住我,将我缚了,说我破坏了她们的信约,为了我的奸诈,应该置之于死地。但有的人则说道:'我们且不要杀她吧,因为我们已经有了足够的血在我们头上了;我们不如卖她为奴。'那似乎是最好的方法,她们将我用铁链锁上了,等到第二只商船到了楞诺斯时,她们将我卖给了它的船主。他带我到了柯林斯的奴隶市场上去,吕枯耳戈斯便在那里买了我去,当作他的妻的一个女仆……我陷在奴隶丛中已经有许多年,现在,不幸的我,又要因这个过失而如一个奴隶似的死去了!"

"不,不要怕那事,"阿德剌斯托斯说道,"我们将使吕枯耳戈斯允诺以你为无辜,否则他便要和我们及我们的全部大军相见以兵戎了。来,引了我们到城中去……我的人们会抬了这个不幸的孩子回去,我自己将带了这个坏消息给他的父亲。"

"我们也要同去。"其余的六位英雄们说道，于是他们也同去了；克洛那的人民们，悲哀而诧异的看见他们国王的小儿子的尸身被抬过他们的城门，后面还跟随着许多外邦的武士们。那一天，在吕枯耳戈斯的家中及他的城中，到处都听见悲哭之声。

　　阿德剌斯托斯并不忘记为希璧西辟尔祈祷；但他一开口，国王吕枯耳戈斯便要求他不要再说下去，因为那位不忠的女仆是该死的。于是安菲阿剌俄斯说道："留心，国王，你不能损及此妇的一发；因我已知道，你孩子的夭死，乃是神道们所指示的，当作给我及我的同伴们看的一个表记，表示我们领军去攻打底比斯时要得到什么运命。"吕枯耳戈斯听了这话，他怕了，他早已听人说过，安菲阿剌俄斯是一个如何伟大的先知；他立刻答应好好的看待着希璧西辟尔以终她的天年。于是他请求七位英雄们留居这里一时，看他举行他的儿子的葬礼；安菲阿剌俄斯说道："是的，国王，这是我们应该对于他的无辜的鬼魂表示羞愧的，为了我们之故，他那么早便夭死了。葬了这孩子在尼米亚谷中，即他的死地；我们将致献祭礼，在他坟上举行竞技，如对于一个英雄；这个竞技会将每年举行一次。我预言尼米亚的竞技后来要成名；希腊的少年之花都将到这里来参预，他们将被当作人们所称为四个'神圣竞技'之一。这种的光荣，吕枯耳戈斯，乃是神之王允给你孩子于死后的。但他生的时候，名为奥菲特士（Opheltes），死后却要改名为奥契莫洛士（Archemorus），那便是'悲运的先驱者'之意，因为是他先走上我和这些人以及一切我们军中的最勇敢者们所不久便要走的黑暗的路。"

　　于是七雄们便和他们的军队们在尼米亚住了三天，为奥契莫洛士举行葬后竞技。每一项比赛的得胜者都冠以洋芫荽的花冠，因为这草乃是用在关于死者的祭礼中的；从此以后，尼米亚的竞技会的习惯，便一直相沿下去。

　　同时，阿耳戈斯人前来攻打的消息，已经传到了底比斯；厄忒俄克勒斯和贵族们及仆人们都在匆匆忙忙的预备着守城之具，兵器和军备立刻的预备好了，每一个城门都强固的守卫着了。乡村中的人民，携了老少，带了牛羊家具，蜂拥的进了城。国王和大地主们则由领地上带进来无穷无尽的牛羊，无穷无尽的装载着米谷油类及酒的车辆。厄忒俄克勒斯又下了命令，将所有的妇女及孩子们都住到城中的高山古堡中去,这山上有的是底比斯最神圣的祭坛及古时卡德摩斯他自己建筑的宫殿。

正在底比斯人这样的匆匆忙忙的预备着战守时,城墙上的守望者看见从西方扬起了一阵尘灰,向城而来;这尘灰来得更近了,他们能够更清楚的更清楚的看见在尘灰之下闪耀着一长排的盔顶与矛尖;愈高的愈高的可听见号筒中吹着尖锐的战号;马蹄之声如雷的响,军人们的足声踏地为震。警号立刻便发了出来;市民们飞奔上城,去看阿耳戈斯的军队。他们军容威猛可怕,分为七营,在伊斯米纳士河的对岸扎住了营,离城只有半里路。但他们并不扑向前去攻城,他们的军号吹着讲和的调子;一位孤身的武士,由一位使者引导着,渡过了浅水——现在是仲夏,河水正低浅着——向城而进。当他们到了称为柏洛底特门之前时,使者高声要求着底比斯王厄忒俄克勒斯允许来者安全进城,要与他谈判和平条件。他并说明来者是底特士,俄纽斯的儿子,他带了阿耳戈斯诸领袖的和平条件而来。依着厄忒俄克勒斯的本意,他与这仇人是无和平条件可讲的;但为了克瑞翁及城中父老们的力劝,他便允许了使者的安全出入,并誓言他要代表底比斯人来研究底特士以阿耳戈斯人的名义来与他们讲和的条件。于是底特士将这个消息交给使者带给阿德剌斯托斯,而他自己便进了城。厄忒俄克勒斯极隆敬的欢迎他入宫,并大设宴会款待他,请了底比斯的领袖长老们作陪。但当他们既醉且饱之后,国王便请底特士说说阿耳戈斯人的和平条件。于是勇敢的底特士高声回答道:"和平的条件,只有一个,厄忒俄克勒斯——即您,还了您兄弟波里尼克斯的国家,放弃了您所不应得的权利。这件事办到了,我们,他的联盟军,便将不损及一草一木的收兵而去;但如果你强迫着我们开战,则别希望什么怜恤;因为我们将用刀攻下了这座城,焚烧了它,毁它为平地,于是将没有人说,这乃是'底比斯城'了。"

国王被这一席话激怒得双眼射出凶光来,他说道:"俄纽斯的儿子,如果你不是以使者与宾客的双层神圣,我便将因你带了这样的一个消息给我而使你愁悔了!将我的答语带回去给遣你来的人们,这答语说道:我吩咐他们尽力的做他们最坏的事吧!且还告诉那个可诅咒的奸贼波里尼克斯:他乃敢引导了联盟的敌人来攻打他的祖国,我和所有真正的底比斯人都唾弃他。"

于是聚会在这里的领袖们全都站了起来,喊道:"说得不错!国王厄忒俄克勒斯万岁!杀掉了他的奸恶的兄弟,那人要使神圣的底比斯毁亡了!武装起来,武装起来,底比斯人!……我们不战胜便战死!"

"啊,你们是这样的热烈的要赴敌么?"底特士说道,狠狠的盯在他们的虎视眈眈的脸上。"听我说!我站在这里,并不是奸人,却是一个真诚的清白的人;我向你们全体挑战,和我一对一的用大刀及盾牌相斗。我以阿耳戈斯人的名义,而你们则为了底比斯人;如果这场决斗,哪一方面得胜,希望便是将来大战时的得胜者!底比斯人,为了你们的礼仪,你们要接受了我的挑战;为的是,我如果默默的走回去而不偿付款待我的欢迎的盛宴的代价,我是很不愿意的。"

俄纽斯的大胆无畏的儿子这样的说着,听他话的人都称赞他,有九个领袖,一个继一个的与他为刀戏,但他全部斗胜了他们。于是他恭恭敬敬的与他们告辞,出城而去;因为现在天色近暮,黑暗快要到了。厄忒俄克勒斯望着他的领袖们一个个为底特士所败时,他心上生了一条恶计;他派遣了二十个矛兵,埋伏在到伊斯米纳士河去的路上,要中途杀害了勇敢的底特士。但他独自一人,在他们之中突围而出,杀死了九个人,而使其余的人都逃走了;他身无一伤的回到阿耳戈斯人的营中来。阿德剌斯托斯和七人中的其余的首领们都鄙夷的听着底特士诉说底比斯人如何的破坏了神圣的和约之礼;当他更进一步的报告了厄忒俄克勒斯的答语时,他们便决定要在第二天清晨攻城。

那一夜,厄忒俄克勒斯几乎没有睡着;他清晨极早的便起身,正在预备盔甲时,忽听见宫廷前面有一阵惊喊与呼哭的混杂的声音。他跑了出去,看见底比斯的妇人们蜂聚在宫门前阶石上,有如受惊的羊群,忧苦的绞扭着拍打着她们的手。她们一见了他,格外的响叫起来道:"什么都完了,什么都完了,啊,国王!阿耳戈斯人来攻击我们了!……我们全都要被劫夺,被杀害,被遗弃了!……帮助我们吧,底比斯的诸神呀!……救救我们吧,宙斯和雅典娜呀!"

"闭嘴,你们这些不可容忍的东西,"国王大喊道,"你们怎么敢在这里扬起了这种不祥的,恶兆的喊叫呢?这已足够夺去了维护你们的男人们的勇气了!但愿天神们不曾创造过女人——你们是无思想，无打算的扰苦人的东西——但愿天神们设法没有你们也能生出男人来，我想，那一定会是一个较好的世界了。怎么，当攻战尚未开始时，你们便高喊着危害的到来，难道你们不觉自羞么？"

"请你原谅我们，主呀！"一个老年的妇人说道，在他眼光所射之下抖战着，"但我们很有理由在恐怖——阿耳戈斯人成千成万的现在已到了城下了！"

"哈！"厄忒俄克勒斯叫道，"那么我必须到城墙上去了。到神庙中去，妇人们，去为底比斯而祷告着——但要清醒的，宁静的，因为天神是不喜欢喧哗的乞诉与悲哭的。"

正在这时，他的一位仆从，飞奔的跑进宫廷，叫道："国王在哪里？"

"在这里。"厄忒俄克勒斯从廊上走了下来，"城墙上现有什么事呢？阿耳戈斯迫近了没有？这些妇人这样的说着，但我没有听见战争的声响。"

"唉，主人！他们已将全城围得水泄不通。"仆从说道，"他们的军队分为七队而来，每一队在我们的一个城门之前驻扎住了。但他们现在还不攻城，他们的领袖们正在柏洛底特门之前开着军事会议；在柏洛底特门驻扎的乃是良好的先知安菲阿剌俄斯。"

"你称呼他得不错，"厄忒俄克勒斯说道，"他是一位良好的先知，且是一位压根儿的好人——但很可怜，这样的一位好人却甘与恶徒们联合在一处！他们说，他乃是阿耳戈斯最好的战士，但他将遇到他的敌手了，守住柏洛底特门的人是彼里克里曼尼士（Periclymenus）……现在，告诉我，阿德剌斯托斯和米克斯托士在什么地方作战呢？"

仆从答道："阿德剌斯托斯在荷莫洛门（Homoloid），他的兄弟在奥且安门。"

"好，"厄忒俄克勒斯说道，"他们将遇到亚斯太考士（Astacus）的两位勇猛的儿子去欢迎他们了，这便是伊斯马洛斯（Ismarus）与李特士（Leades）。底特士扎在何处呢？"

"在克里尼特门前。"仆从答道，"在这门看守着的是亚斯太考士的第三子。但愿天神们在底特士的刀下保全了他——那个勇猛的将士，具有狮子般的力气，我们昨夜已受过他的教训了！"

"而米兰尼卜士（Melaneppus）他具有一只野牛的力气呢。"国王说道，"如果他不离开了他的守岗，底特士便要不比往常，他将要好好地受到苦处呢。但亚斯太考士的第四子看守着依里克特兰（Electran）门，他要遇到谁呢？"

"一位少年的阿耳卡狄亚的领袖，他是和阿德剌斯托斯同来的，"仆从说道，"我们的间谍报告道，他们称他为巴特诺柏士。"

"我听人说起过这位年轻人，"厄忒俄克勒斯说道，"大家说起他来，都很表示敬意；他们说道，他还是很娇美呢。但我想，阿耳卡狄亚的妇人们将不再见到他，也别想盼望他归去了……谁来攻打奥琪极安门（Ogygian）呢？"

"那是凶猛的卡巴尼士（Capaneus），"仆从说道，"一个不怕天，不怕人的人，我亲耳听见他在城门前喊着渎神的夸语，还看见他盾上的符记，那是一位惯于架梯而上城墙的武士，即阿瑞斯自己来阻挡他，他也要与之相抗。"

"但愿上帝惊慑这位亵渎神灵的人，"国王叫道，"他们最恨的莫过于不逊的傲慢了。因为我并不疑心神道们是会忽视了那么亵渎的举动而无所显示的。但现在我必须到我自己守望着的希卜西斯丹（Hypsistan）门去了……告诉我，阿耳戈斯首领中，谁是担任攻打此门的？"

"我的主人，"仆从嗫嚅的说道，"我除了一人以外，已尽将他们的名字说出了……这一人你最好躲着他……"

"你说的是我的兄弟！"厄忒俄克勒斯叫道，"现在，以一切神道为证，你竟带给我好消息了！波里尼克斯如果死在我的而不死在他人的刀头，乃是我所最希望的事，不愿以全世界易之的。"

底比斯的妇人们听见了这话，不禁恐怖的惊喊着。一位老态龙钟的婆子，从厄忒俄克勒斯孩子时便知道他的脾气的，投身于他的足下。"神道们禁止这事！"她哭道，"不要到希卜西斯丹门去，我的王，为了你自己之故……为了所有爱你的人之故！唉唉！……听见过比这个更可怕的事么，一母所生的兄弟竟面对面的决一死战么？"

其余的妇人们也都跪了下来，哭着求他不要以此非天道的决斗去激怒他们的神道们，否则他们便要完全弃了底比斯不顾了；但愿他去守护别的城门。但他却严峻的答道："闭嘴，喧扰的傻瓜们，否则我便要当你们作那个凶恶的奸人的同党，为他的安全而战栗着的了。

至于神道们呢,我却不管我是如何的抗违着他们;因为这许多年来他们是始终的十二分的憎厌着我这一族的人的。"厄忒俄克勒斯这样的说着,走到希卜西斯丹门去了。

同时,七雄们正在开着最后的会议;在攻城之前,对宙斯,胜利之神,祭献牺牲,祷求他给他们以吉兆。但当他们请安菲阿剌俄斯照常的为他们显示神兆,他却望着神坛,说道:"为什么你们求符兆的人们,屡屡的渎求着神道呢?他已经显示给你们不少兆头而你们却毫不注意。难道他是一位凡人,会反悔他自己的话语的么?不然的,他的是,便是是,他的非,便是非,永远是如此的。所以他对于祭献,并没有显示什么兆头,无论是好的或是坏的。"

于是阿德剌斯托斯求他至少要从他自己先知的心上说几句鼓励的话,俾首领们在他们攻打之前,可以激励军士们。

"不要请求他,阿德剌斯托斯,"底特士叫道,"他不是喜欢不断的预言着不吉利的话的么,看他现在如何的对我们钉视着!我警告着,他心灵的眼,已看见我们七人全都被杀在这座城墙之下了。"

"倒不是全体,"先知如梦的说道,他的眼光逐一的望着他的同伴们,"我看见一个人逃生而去……飞快的逃去……追者紧跟在他后边……但他逃过了他们……他,只有他,回归到低地的阿耳戈斯去。"

"凶兆的预言者,"阿德剌斯托斯愤怒的叫道,"不要再说了!我知道你的占卜除了捣乱以外无他事,正如底特士所言的。"

但先知却转眼注视到柏洛底特门,复说下去:我看见别一支军队前来攻城……在一个较远的后来……一支阿耳戈斯军,但不是我们……啊,孩子,在你的身上照耀着你先人的精神呢!我清清楚楚的看见阿尔克迈翁盾饰,斑蛇,在他们的前锋中,冲进前面的城门……在我们第一次围城之师消灭了之后,战主,即阿德剌斯托斯,现在可以得到较好的兆头了。然而关于他自己的家庭,他的幸福却相反了;当阿耳戈斯军,得神之眷,大胜而归时,这是他一人,葬了死在战场上的一子的。"

安菲阿剌俄斯在他的幻视中这样的说着;他的同伴们,除了一人之外,全都敬畏的听着他的受灵感而说的话。但凶猛的卡巴尼士叫道:"我们为什么闲懒的站在这里,静听着这位喋喋多言的先知的话,有如一群的孩子们听着一个老太婆说的故事而受着惊吓呢?我要到战阵上去了，不再听这些话了；为的是我要攻下这城，即宙斯他自己也阻不了我。"

于是全日的战斗之声卷扫于底比斯城的四周；杀戮很惨，七门之前各有勇敢的事迹可记。每个人都极勇猛，而底特士尤为多建功绩；依里克特兰门的守卫者们在他刀下像稻草在镰刀之下一样的偃倒。后来他与底比斯人中的最强者米兰尼卜士当面的遇到了，然后开始了一场大决斗，围城者与被围者全都在热烈的抗争中停住了，却去凝望着他们。最后，几乎同时的，米兰卜尼士的刀刺进了勇敢的底特士的胸前，总有一手深，而底特士也斫中了这位底比斯人的头盔，直斫透他的头颅；他们一同跌倒在一大片的血水中去。现在，天神们正从他们的金屋中往下望着这场大战；当雅典娜看见底特士跌下时——他是尊敬她超过一切的俄林波斯山的神道们的——她便取了仙丹在手，飞奔的到他身边去，要想救这位垂死的人于长生不老之境。但底特士在将死的苦楚中，却用齿咬住米兰尼卜士的头颅，撕着他的肉，有如一只饿狼。这位女神见了那样情形，她便憎恶的转眼他向，留下他任他生死。七雄中的第一人便如此的死了。

继底特士之后而死亡的是卡巴尼士，他并非死于凡人之手。因为，据着他的夸言，他突然的由一张梯上爬到了城墙，迫近于奥琪极安门；他一手各执一个火炬，迫守卫者退回，而跳到一座附近的神庙顶上，将这庙宇燃着了。但正在这时，宙斯却投下雷霆于卡巴尼士身上，而他便从城堞上倒跌了下去，成了一具焦尸。如此的便是一个终生违抗天神们的人的结局。当灰白了脸的探子报告阿德剌斯托斯以底特士和卡巴尼士的死耗时，他和他部下的人的膝部都因忧闷而松懈了。

然而他仍旧勇敢的战斗着，虽然一个探子继一个探子的带来了其余各城门下的不幸的消息；他的兄弟米克斯托士被杀死了……巴特诺柏士呼吸着最后的一息……安菲阿剌俄斯两次的被击退于柏洛底特门前，损失得不轻。大战依然一时一时的继续着，到了最后，近乎黄昏，一个流言如野火似的传遍阿耳戈斯的军中，说是波里尼克斯在与他兄弟决斗时自己被杀了。原来，这一天，最热烈最惊人的战斗却发生于兄弟两人之间。希卜西斯丹门外的两军默默的望着他们两人在决斗。他们两人走到城门前的一块空地，面对面的相遇着了。

其初波里尼克斯向赫拉祷告着——她是阿耳戈斯的女神——而厄忒俄克勒斯也继续求着金盾的雅典娜——她的神庙正坐落在离此不远的地方。然后，他们屈身而进，各以盾牌掩护己身，各执矛在手，一面生怕敌人乘其疏忽要投中他，一面也欲觑个机会投中他的敌人。但过了一会，国王厄忒俄克勒斯足蹈在一块石上，他的腿部露出了，波里尼克斯立刻捉住了这个机会，投了矛去，刺中他的皮肤。阿耳戈斯人见了这，高声大喊起来。但他正这样投矛时，他的肩部也露出盾牌之外，国王厄忒俄克勒斯也给他以胸部的一伤；于是底比斯人也欢声大作。但他在投击时，他的矛断了，假如他不拾起一块大石，也打折了波里尼克斯的矛杆时，他便要遇到厄运了。现在，他们两人仍是势均力敌，因为各都失去了矛。于是他们各拔出刀来，走得更近了。但厄忒俄克勒斯使用了他在底萨莱学来的一个狡计；他先抽回左足，仿佛要退出战场，然后突然的疾进其右足；于是斜面的斫了下去，刚刚斫中了波里尼克斯的身体。但正当他以为已杀死了他，放下刀在地上，要去掠夺他的衣甲时，波里尼克斯却一息尚存，尽力举起了刀，虽力弱不强，却已给国王以致命伤。于是他们二个人全都躺在平原上死去了。这场恶斗，使观战的人全都屏息无言。直到了他们都死去时，方才营营的活动着。底比斯人将国王厄忒俄克勒斯的尸体抬进了城去。

于是宙斯降临神灾于阿耳戈斯军，即最勇敢的人也抵抗不住了；他们全都丧心失志而飞奔逃回。底比斯人大开各城门，追逐他们之后者好几里路；他们并不要俘虏，一见人便不怜恤的斫杀。国王阿德剌斯托斯见一切都已完了，便跨上他的骏马阿里翁，也飞快的逃走了；底比斯的马队紧紧的追在他们后边；但那匹骏马比风还快的带了它的骑者经山过溪的安全的到达了阿耳戈斯。但那一队雄健的大军所剩的已寥寥无几，在围攻底比斯城的七雄之中，只有他一个人是得以生归故土的。

现在，当全城都闻着哀哭之声时——没有一家不哭着被杀的父子或兄弟的——国王不禁懊悔的想念到安菲阿剌俄斯，他对着百姓们叫道："唉，我怎样的恋念着我军中的珍宝，武士与先知之中的最好者！但无疑的，他也是死亡了，如他所预言的……被一支底比斯的矛所刺中。"

于是一个逃回来的阿耳戈斯人回答道："唉，国王，我们的先知，羊群中的牧者，诚然是被取去而离开我们了，但并非如你之所想象的；因为，这似乎宙斯不愿意将这样好的一个佳士的结局会逢到不名誉。我乃是安菲阿剌俄斯率领前去攻城的一人，亲眼看见他如一只猛狮似的在苦斗着，直到了天神们的灾祸降临于我军；然后他高声叫道，时候到了，他吩咐他的车夫柏拉顿（Platon）下车来，他自己带转了马匹，和其余的人一同逃走了。柏洛底特门的守卫者，骑了马追在他后边，几乎追上了他；但正在底比斯人要投掷他的矛时——啊，天呀，凡人之眼所见的乃是何等样子的景象呀！——坚实的土地在先知的车下裂开了，他和他的车马全都陷到这深阱中去了，而大地复合于他的头上。这是一个可怕的运命，但至少这个运命却救了那位神似的英雄以……背部……受了致命伤的不名誉！"

于是阿德剌斯托斯和所有的百姓们全都扬声哭着安菲阿剌俄斯，他们以为他们竟不能够带回这位聪明有力英雄的尸身，安葬于他们之中，在他的祖墓之内。国王派遣一位使者带了富厚的赎款到底比斯人那里去，要求讲和，并求他们允许阿耳戈斯人到战场上来埋葬他们的死者；而他自己偕同城中的父老们及一群奴隶们，跟随着到了底比斯的边界。现在使者带回话来说胜利者不仅不高兴，且还悲哀着；因为厄忒俄克勒斯在杀死波里尼克斯的当儿，也被他当心一刀所刺死。他们的舅父克瑞翁乃是现在的国王，却也沉浸在他自己的悲哀中；因为他的幼子墨诺叩斯为了救全底比斯之故自杀而死了。因为，当战事正酣胜负未分之际，盲目的先知者特里西亚士对克瑞翁显示道，如果他献他的儿子给天神们当作牺牲，则底比斯人便会得胜。父亲惊恐的拒绝了，并吩咐特里西亚士不许泄露这个秘密，如他说出来，则必须被杀。但那位光荣的少年，窃听了他们的谈论，不说一句话的走到神庙之中，完成了这个祭礼，他自己既是一个牺牲又是一个祭师。自此以后，底比斯人对墨诺叩斯敬祭若神明，当他为他的国家的救主。使者还报告道，克瑞翁其初夸傲的拒绝了他的请求，说道，犬与鹰将成为被杀的阿耳戈斯人的葬土；但底比斯的长老们却力劝他不要那么样的侮辱神与人的法律，以免带来了天神们的愤怒于此邑。他只好听从了他们的话，但他却有一个条件，即阿耳戈斯人必须仅仅埋葬了他们自己的死者，至于波里尼克斯的尸体却要留给他们的国人自己来处置。

于是阿德剌斯托斯和他的一队人卸除武装而进，身上穿着阿耳戈斯居丧者所穿的白袍。他们走到战场上，对于普通的兵士们，他们掘穴随地入葬，但对于首领们及著名的将士们，他们则建筑了七个火葬堆，每一堆建在一个城门之前。焚烧了尸体之后，他们便以酒浇熄了火焰，将尸骨的余烬安置在染画的土缶中，依着当时的风俗，带回去埋在他们自己的土地中①。

但卡巴尼士的妻依纹妮（Evaene），却偷偷的跟随他们到了底比斯来，抱着一个大决心。当他的为雷火所灼的尸体被放在火葬堆上时，她冲向前去，跳进火焰中，抱着她已死的丈夫这样的死了。因为卡巴尼士，虽无法无天的，他的手反抗着每一个而每个人的手也反抗着他，却为一个妇人所深爱。阿耳戈斯人混合他们的尸灰于一缶中，这土缶便埋在底比斯古代诸王的葬地中。

巴特诺柏士的尸体躺在依里克特兰门之外被寻到；但他并不浸在凝固的污血之中，像其余的诸将士们，因为好心的人们曾洗净了他，沐之以油膏，预备下葬，且弄直了四肢，于是这位少年死时便也如生时一样的美丽。在近旁，城门的阴影之中，站着一群女郎们，以怜恤的眼光望着他。"底比斯的女郎们，"阿德剌斯托斯说道，当他看见了她们，"你们能告诉我你们市民之中，谁对于一个被杀的战士尽了这种可敬的工作？"

"这乃是我和我的在这里的同伴们做的，啊，国王！"一位女郎谦抑的答道，她长身玉立，美丽多姿，头发金黄，有如其余的一切底比斯的女郎们，"当我们出城去阅看死者时，我们一见那位美丽的少年首领倒在尘土与血污之中，我们的心怜恤的感动了。于是有人告诉我们说，他乃是巴特诺柏士，阿塔兰式的孩子，为了那朵处女花之故，我们便要埋了他了。你们不来，她的儿子也不会为鸶鸟所啄食的。"

阿德剌斯托斯说道："你们的举动很高尚，你们的话也很高尚；现在我才证实了那句俗语，就是说，底比斯的自由人所生的女郎们乃是

---

① 据 Apollodorus 的《The Library》，阿德剌斯托斯是逃到雅典去，成为一个乞求者要求他们葬了死者。雅典人在他们国王提修士领导之下，攻下了底比斯，给死者于他们的亲人去埋葬（Ⅲ，Ⅷ，1）。此事又见 Pausanias（13，9，2，）及 Euripides 的戏曲乞求者（The Suppliants）。Apollodorus 的话，即全根据 Euripides 的，其说与本文全异。

具有女郎的温柔与男子的勇敢的。但愿天神们酬报你们每个人以像巴特诺柏士般的一位新郎……一切都一样,只除了运命要强似他。"

他说了这话,便要转身走开,但女郎们说道:"如果不打扰你的话,国王阿德剌斯托斯,有一件事我们可要问你一声。我们到现在还不知道光明无疵的阿塔兰忒竟结了婚而生有一子;她怎么会放弃了她处女的光荣的呀? 她所嫁的是一位凡人呢,还是一位神道?"

阿德剌斯托斯答道:"亲爱的女郎们,我将高兴的告诉你们以你们所要知道的事。许多王子,都是勇猛的少年们,都向那位女猎人求婚,但她不愿嫁给任何人,她太爱她在阿耳卡狄亚山峰上的自由生活了,蔑视着爱神的快活。为了要躲避他们的打扰,阿塔兰忒挑这些求婚者们一个个的与她竞走,立誓要嫁给胜过她的人。但即使希腊最好的跑者,她也很容易的胜过他们,她的捷足直似一鹿。但最后,阿耳卡狄亚人墨拉尼翁(Milanion)却因爱神的帮助而胜了她。爱神给他金苹果,抛在地上,使她中途停留去拾起它们,因此,他竟先达到了目的地。于是这位不驯的处女便违反其本愿的成为一位新娘。但她既成了新娘却也爱着结婚的约束;据阿耳卡狄亚的传言,没有一对夫妇有墨拉尼翁和阿塔兰忒那么彼此互爱着的。唉,当我们将这尸灰送到他们家中,他们见了这独子的唯一遗体时,将要如何的悲戚着呢!"

于是阿德剌斯托斯与底比斯女郎们告辞而去,女郎们哭着进城,为了美丽的巴特诺柏士,也为了他的母亲而哭。但据阿耳卡狄亚的传说,墨拉尼翁与阿塔兰忒在他们儿子加入阿德剌斯托斯军中时已经离开了人群;原来他们已过了人生的光荣期,他们便自天神们请求恢复他们的已失的精力,立即被变成了一对狮子;他们至今还在阿耳卡狄亚山中呢。不管这传说的真伪如何,至今无人知其葬地却是真实的事。

七雄攻打底比斯的故事遂终止于此。

六　安提戈涅

太阳还不曾升上天来,但已经有了一点微细有如在猫儿眼中心的火焰一般,拖抹在银色的东方。绕着底比斯的林地中,百鸟的歌声已开始喧唱；牛群在露水莹莹的草场上哞哞的叫着，青烟的旋线从村镇的屋顶上袅袅上升，表示许多家庭在那么早便已醒了过来活动着。只有卡德摩斯的宫廷堡垒里似乎还在熟睡，连一个守卒的足声也没有在空旷沉寂的宫廷中作响；即如有一二守卒在岗位上，也不曾呼问。两个穿着黑袍的人形在朦胧的微光中，偷偷的走出大门而去。他们停留在前面的空地上，四周顾望着，似乎生怕被人觉察到；然后其中的一个低声的说道："没有一个人在附近……我们可以自由的说话……伊斯墨涅，我自己的爱妹，你知道一个恶事，我们传袭之于俄狄浦斯的，宙斯乃在我们俩身上完成了么？苦楚，破产，羞耻，不名誉，这些，在每一种形式上我看见降临到我们身上来。现在，冠于这一切之上的，如谣传所说的，是总领袖宣告给全底比斯人知道的一场告白。说，你听见这件事了没有？……或者你不知道……我们的一位亲爱的人乃受到对待一位仇敌似的责罚了么？"

"我什么也没有听人说过，安提戈涅。"伊斯墨涅柔声答道，"自从昨天的消息，关于我们的亲爱的两兄弟的以外，并无别事使我伤心的了……因了他们致命的决斗，我们同时失去了两位兄弟。因为阿耳戈斯军队已在昨夜逃走了，我正不知道这消息带给我的是得还是失。"

"但是我知道得很明白，"安提戈涅叹道，"这便是我所以带你到宫门以外来的原因——在宫墙以内连墙也是有耳朵的！——告诉你这些话，这些话必须不给一个人窃听去。"

"这是什么话呢？"伊斯墨涅焦急的说道，"一定是不幸的事，我能从你紧结的眉头上看得出。"

她姊姊愤怒的答道："是的，克瑞翁不曾命令把我们的一位兄弟光荣的举葬，对于其他这一位却连坟墓也不肯给他预备。据说，厄忒俄克勒斯所受到的乃是所有应有的一切典礼，比下界任何人都更光荣些；但对于波里尼克斯的不幸的尸身——他们这样说——则由克瑞翁下令说，没有人能够埋了他或悲哭着他；他是既不许人举丧，也不许人下葬的留给鸷鸟们啄食。如果这报告正确的话，则是克瑞翁有意的说给我和你听的命令了……我说，给我听……而且不久他便要到这里来以清楚的话来宣布给不曾听见这话的人听了。他并不视此为一件小事，他说，任何人违抗了这个命令，便将如一个奸臣似的受公众抛石击死。唔……你听完了我的话了；不久便要看出你究竟是一位王家所出的真正的血统还是一个不肖的女儿的了。"

"但是即使事情是如此的话，我可怜的姊姊，"伊斯墨涅嗫嚅的说道，"我怎么能够做什么事去帮助或阻止它呢？"

安提戈涅说道："你只要分担一部分的危险的工作，帮助我从尸身所躺的地方将它抬了起来……"

"那么，你的意思是说要埋葬了他了。"伊斯墨涅叫道，"然而这事乃是底比斯人的全体，一个也不除外，所被命令禁止的呢。"

"我诚然要葬了我的兄弟……与你的……即使你不愿意。"安提戈涅安静的答道，"我永远是不肯不忠于他的。"

"唉，鲁莽的女郎，你乃欲违抗克瑞翁的命令么？"伊斯墨涅说道。

"不，他没有权力阻止我做我自己的事。"安提戈涅答道。

"唉！"伊斯墨涅叹道，"想想，姊姊，我们的父亲如何的毁亡，为人所憎，没有好名誉……他因为恐怖于他自己寻找的罪恶布露了，便以自手弄瞎了自己；然后，她，同时是妻，又是母的，又以一条绳自缢而死；最后，我们那两位不幸的兄弟们又在同一天彼此杀伤而死。现在只剩下我们两人了……请想想看，如果我们违抗了我们的王的合法命令，我们便要得到完全的毁灭了！不，我们必须想想看：第一，我们是妇人女子们，生来便要服从于男人们的；第二，我们是隶属于更强者的，所以我们在这件事上必须服从其命令，即有更悲戚的事发生，也要服从的。所以，我，宁可请求死者的原谅——因为我的行动是受着束缚的——而不能违抗了有权力者；去干涉人事，这是毫无意识的。"

安提戈涅冷冷的鄙夷的说道："我不请求你的帮忙，即使你愿意帮助我，我现在也不要你了。不，你管你的事，如你的意做去吧，但我是要葬了已死的那个人；为了做那件事，我乐意去死。我要和他一同的永憩着，亲近于我所亲近的人，神圣于我所犯的罪过；因为我取悦于生者的时候是很短促的，但对于那些已死的人，我却与他们永久同在的。但你且随你的意去违背在神目中所视为宝贵的法律吧。"

"我并非违背那些法律，"伊斯墨涅叫道，"但我是没有能力去违背国家的法令的。"

"那句遁辞足够给你应用的了，"安提戈涅答道，"至于我呢，我却要去将泥土堆积于我的最亲爱的兄弟身上的。"

"唉，我真代你担心呀，不幸的姊姊！"伊斯墨涅说道，哭了起来，"我竟为你怕得颤抖了！"

"不必为我害怕，且顾全着你自己的安全吧！"安提戈涅转眼向着她说道。伊斯墨涅将一只颤抖着的手握住了她的手臂。"至少，"她恳求道，"不必告诉一个人你所要做的事……守着秘密……我也守着。"

"啊，我么？不管他。"安提戈涅悲戚的答道，抽开了她的手臂，"你将永为人所憎恶的……当这事布露出来时……如果你并不宣布我的行为给大众知道的话。"

"唉，残酷呀！"伊斯墨涅哭道，"你对于冷酷的泥土具有热心肠，对于你活着的姊妹却没有。"

"我是凭了所应做的事而忠诚的布置去的。"安提戈涅说道。

"说，你要布置此事的，"她妹妹说道，"如果你有权力——但你却没有。"

"好，那么，当我发见我自己没有能力时，我将立刻放弃了它。"安提戈涅说道，带着一个人逗着孩子玩的口气。

"不，一个人如知道那件事是不可能的话，她便不应该去做。"伊斯墨涅聪明的摇着她美丽的头颅。

但安提戈涅却再也忍耐不住了。"再说一句那样的话，"她叫道，"则不仅我憎恨你，连死者波里尼克斯的憎怒也要降于你身上了，正如你所最该受的。但且抛开我和我的愚行不管吧！让我去接受这个可怖的运命吧！我如果不名誉的死去了，那是要比受到任何痛楚都可怖些的。"

"如果你已下了决心，那么，走你的吧！"伊斯墨涅啜泣道，"不过，你要明白，无论你如何的做错，你是为你所爱的人们所深爱着的。"

她这样的说着，便退入宫中去了；但安提戈涅却以快捷的无声的步履，疾走到她所选定的目的地，并不回顾后边……

太阳已经升在天上了，底比斯的灰色城墙浴在绚烂的金光中，一群老年人，穿着富丽的衣饰，聚集在卫城的门口。他们转身向着东方，扬声唱念着一首赞歌，以颂太阳神；然后，他们以同样的歌声唱念着他们的感谢辞，以谢对阿耳戈斯侵略者的胜利。当这些老年人尚在唱念着时,铁饰的两扇大门大开了,一位似乎是他们的领袖者叫道:"看呀,墨诺叩斯的父亲克瑞翁来了,天运使他成了底比斯王;他有什么隐秘的思想,要召集这次特别的长老会议呢?"

当他说着时,克瑞翁走了出来,身穿绚烂的大红王袍,后随两个矛兵。长老们对新王行礼,新王严峻的颔了一下,于是他对他们演说道:"长老们,我们国家的船,前几时陷在风浪滔天的危境中,现在幸赖神佑,复得平稳的行驶于水波不兴的顺风之海上。你们将我从百姓中选出,托以国事,我知道你们是始终不渝的忠心于拉伊俄斯家的。他家的王座,现在,为我,克瑞翁所有,为的我是那两位恶星所照的兄弟们的最近的亲族。一个人的性格到了他登极就位之时,方才能完全的为人所知。以我想来,如果他为了惧怕公众的检举而默默不办一事,并不为了国家的福利而下令行法,则这块试金石恰足以证明他是一块下等的金属而已。但他如果只顾国家的福利,而忘记了友情私谊,则他便可显出他的纯全的人格来了。为的是,我——有宙斯为证,他眼见一切事件的经过——如果看见危险迫害着底比斯市民们,将决不沉默不言的,也永远不以底比斯的仇敌作为我的朋友。大众要知道,我们的安全是系之于良好的船只,即我们的国家之上的;只有她一帆风顺的前去,我们才能各自相安。这乃是我统治国家的原则。为了此故,我现在发布了这个关于俄狄浦斯二子的命令:即,厄忒俄克勒斯为防卫祖国而光荣的战死,我们应以对待最光荣的死者的葬礼来埋葬了他;但他的哥哥波里尼克斯,那个归来的逐客,系欲以刀以火,毁坏了他的祖邑,毁倒了他的神庙……他要使他自己的国人们或者被杀戮,或者被俘虏……关于他,我现在对大众宣言,国人们不许有一人哀悼他,埋葬他;让他暴尸在市,为人昭戒,且为野犬鸷鸟的食物。我的意思是这样的:我不许犯奸作恶的人高蹈于正义之上,只有对于祖国有爱护之心者,则不论他的或生或死,都将在我手上受到光荣。"

于是长老们中的一个服从的答道:"这乃是你的愿望,啊,克瑞翁,墨诺叩斯的父亲!当然你有权力如你所欲的做去,无论是对于死者或对于我们还活着的人。"

"那么,请注意,"克瑞翁说道,"你们便是我命令的保卫者了。"

"不,那是年纪轻些的人的工作。"长老答道,带着被损害的尊严的气色。

"你们误会了，"克瑞翁很快的说道，"我并不是说的看守尸身……那是已有人在看守着了……但要留心防着有人违抗这个命令。"

"违抗这个命令？"长老叫道，"决不会有人这么办的，我想。没有人是那么愚蠢的不爱生而爱死的。"

"正如你所说的，死乃是其罚，"克瑞翁答道，"然而难免有人会贪赂而蹈险的……有不少人是为了贪欲而自趋灭亡的。"

在那个时候，一个王家卫队的卫士，从市上走了前来。他的那么可怪的行动竟引起了许多站在门前的人们的注意，每个人的眼光都注在他身上。他一会儿紧跑几步，一会儿又放慢了足步，一会儿站在那里若死者，仿佛有一只不可见的手拉他回去，然后又匆匆的前进，又逗留不前；他的简朴的圆脸上，表示着恐怖与迷惑，而又滑稽的装作镇定。一见到克瑞翁，那人的恐怖似乎更增加了，他团团的转着，似乎要逃走；但他勉强努力的自制着，跑到克瑞翁面前，跪下一膝，喃喃的说道："我的国王，我并不说，我是飞快的跑来的；不，因为我一边走，一边自思自想，时时使我逗留住了。因为我的心老是这样反复的想着：'傻子，你为什么跑向前去就死？'但又想道：'傻子，你为什么逗留不前呢？如果克瑞翁从别人那里听见这个消息，你还不是一个死么？'我如此自思自想着，为了逗留迟疑，而将短程变作长途。但最后这个决心战胜了，我要到你那里去，虽然我的消息不佳，我却要将它告诉出来。我有了一个安慰的念头：听天由命的做去而已。"

"唔，什么事使你这样的不安？"克瑞翁半带着笑的问道。

"第一，先对你说说我自己。"卫士恳挚的说道，"我并不曾做那件事，我不曾见那个做这事的人，如果我遇到什么责罚，那是不公平的。"

"吓，尽管那样的自己辩护着么？"国王说道，"那么你一定有很可异的事要诉述的了。说出来，你不能够说么？那么，去吧！"

"这事……是……这样的，"那卫士好容易才嗫嚅的说道，"前面的尸身……有人新近把他葬了……在洒了干土在尸身之上，献给他以祭礼之后……然后又逃去了。"

"你怎么说？"克瑞翁愤怒的叫道，"什么人胆敢做下此事来？"

"我不知道，"卫士战栗的说道，"这一定是在天色微明，我们卫士们换班之时；当太阳升在天上时，我们便看见如我刚才告诉你的情形了。死者的尸体已看不见，并不是埋葬了，却是薄薄的铺盖上一层泥土，那似乎是避去污秽的人做的事。因为古老相传，凡走过暴露未葬的尸身之前而不抛掷一握泥土于尸上者，污秽便会黏附于他们身上……我们这样的看见他躺在那里，没有野兽或狗走近尸身的样子，也不曾撕咬去他的尸肉。四周的土地都是干燥而坚固的，没有一毫的人迹车辙可见，也不曾有锹铲掘土的痕迹；做这事的人不曾留下一点的踪迹……然后我们之中互相抱怨着，责骂着，每个卫士都诅咒他的同伴，后来，我们几乎要打起来了。每个人都被怀疑，却没有一个人有犯罪的确证，为的是每个人都自辩无辜。我们全都要执握热铁在手或走过火中，对神道们立誓，我们并不曾做这事，且也不知道是什么人做的……最后，互相指责是找不出一点根儿来的，便有一人提议说，我们必须将这事报告给你，不能隐瞒下去。我们听了这话，全都怕得低头不言。但此外别无办法，只好听从了他的话。我们拈阄以定谁是要去报告这消息的；这是不幸的我得了这个奖品，所以我便到了这里来，我想，我一定是不会被欢迎或愿见的；为的是每个人都憎恶那个带了不幸的消息而来的人。"

当卫士喃喃的仔细的形容下去时，克瑞翁双眉紧皱的站在那里，似乎坠入深思之中，并不注意到他；当这事叙述完毕时，他还沉默不作一声。然后那位长老们的领袖以受惊的颤声说道："啊，国王！我开头便暗自觉得，我们所听到的这件事一定是神道们所做的。"

但克瑞翁恶狠狠的转脸望着他。"闭嘴！"他叫道，"否则，你将使我更愤急了，且表示你的愚蠢与年龄俱增。因为你所说的话，听了使人不可忍受。难道天神们会注意到前面的尸体么？难道他们覆被了他——他是来焚烧他们的神庙与祭物，使他们的国土烧成平地，且破坏了它的法律的——用以酬报一位应受福报的人么？或者，你曾见过天神们保佑过恶人们么？这是不然的。不，但底比斯中颇有几个人因了这道命令而咿唔的反对着，或暗自摇头以为不然的；他们并不听从我的约束，有如忠的臣民们。我很明白，这乃是这些人们，他们贿赂了卫士们去做这事的。啊，人们之中，最根深柢固的最恶毒的东西莫过于金钱的了！金钱毁灭了城邑，金钱使人丧家失侣，金钱诱引了诚实的人；金钱乃是一切罪恶的教师，一切渎神的行动的来源。但他们为了贿赂之故而做了这事，他们或迟或早总要受到刑罚的。现在，我誓言，我告诉你，狡徒，如果你们不将办了这场葬事的人捉住带到我的面前来，你们全体仅仅得到死罪还是太轻的刑罚呢，我将先把你们缚住大拇指吊了起来，直到痛苦绞扭出你们的秘密来！啊，你们要知道，不义之财，很少能使得者受益的。"

可怜的卫士还想答复几句话，但克瑞翁截住他道："啊，你真是一个生来多话的东西，很少见到的！"

"那也许是的，但我其实不曾做了这事。"那人抗言道。

"是你做的，"国王叫道，"你以性命易货财……你怎么说？无辜被疑是很可怖的事么？不错，还要雄辞强辩！但你们如不将犯罪者带来给我，你们便将因贪了这不义之财而得到苦的果子了。"

他这样的说着，回转头便走进宫中去。卫士眼送他进去，双眼显着狡光。"但愿犯罪者会捉得到。"他咿唔道，"但无论捉到与否——那完全靠的是机会——你将不再见我到这里来了。我想，要活下去是很不容易的事，只有神们看得见我的！"他飞奔的走了去，有如逃命一样……

一小时过去了，但城中长老们还逗留在宫门左近，讨论着这件奇异的事件，忽见那位卫士又走了来，还带了一个俘囚；他们一见到他所带来的俘囚，便惊骇得大叫起来。原来她便是——安提戈涅。

"她来了！"卫士叫道，"犯下此罪的人来了！我们在她行葬礼时当场捉住了她！啊，克瑞翁在哪里？"

"什么事？"国王说着，出现于宫门口，"吓，什么事又使你到这里来？"

卫士现在是神色洋洋的对着他。"国王，"他说道，"自从你以严刑的话威吓我之后，我已立誓不闻此事，不瞒你说，为的是一个人虽没有做这事，却自己辩护不了。但突然的不期而遇的快乐却使我破誓复到这里来；我带了这位小姐同来，她在行葬礼时当场被捉。这场差使现在是用不着拈阄的了，这差使除我之外，没有人有福气担任的了。现在你自己收下了她，国王，由你自去问她吧；但至于我呢，我有权利永远不再过问这件不幸的事件了。"

他放开了并不抵抗的俘囚的手臂，退回了几步，满足的微笑着以待国王的叱退。但国王凝望着安提戈涅的美丽而低垂的脸，仿佛不能相信他的眼睛；他又严峻的命令卫士向前，说道："你们在什么地方，怎样的捉住了这位女郎的？注意你的回答，能不说一句谎么？"

"我看见她葬了你下令禁人埋葬的尸体，"卫士答道，带着一种决然的胜利的神色，"如果这话还不够明白，我真不知更要怎么说了。"

"但她怎样被你们看见的，怎样当场被捉的？让我听听一切经过的事。"克瑞翁说道：

卫士便仔仔细细的说出这个故事来。他说道："这事是如此发生的；当我和我的同伴们回到原来的岗位上，心上重压着你的威吓的话时，我们勤勤恳恳的先将尸体上的泥土都扫去了，让尸身仍完全暴露出来，然后我们坐在一个小丘的顶上看守着。我们全都不懈的向尸身望着，但当太阳很高的升在天上时，炎热渐渐的增高了，我们看见一阵旋风，卷起了一堆尘土，弥漫于平原之上，使森林为之失色，连天空也都黄澄澄的。于是我们全都闭上了眼，以避这天神送来的疫疾；但当大风过去时，我们却看见了这位女郎。当她看见尸身仍然赤裸在风日中时，她便尖声的喊叫起来，有如一只母鸟飞回空巢之中，看见她的小鸟们已被人取去一样。她那么沉痛的悲哭着，又诅咒着做这事的人。然后她拾了一握的泥土，洒在尸上，三次从精工铸造的铜瓶中倾出祭酒于尸体上。我们看见了这，立刻便冲了前去，捉住了我们的俘囚。她一点也不惊惶，也并不想否认我们所加于她的罪名，这使我们又喜又觉得难受。喜的是我们自此可以脱然无累，难受的是使一位朋友受了殃。但比起我自己的安全来，这些思想当然较轻。"

克瑞翁转身对着安提戈涅。"听呀，你！"他粗暴的说道，"你低眼望着地上的人，他所控告你的罪名，你是承认，还是否认？"

安提戈涅抬起了头，面对面的望着他。"我做了这事，"她安详的说道，"我并不想否认这事。"

"那么，朋友，你是脱离了一件重责了，你去吧！"克瑞翁对卫士说道，卫士就飞奔而去。然后他以恶狠狠的声调向安提戈涅说道："现在，你告诉我，只要回答一句话：你究竟知道不知道，我曾对公众布告过，不许人去葬了前面的尸体的事么？"

"是的，我知道的，"安提戈涅说道，"这已是大众俱知的事了，我为何不知？"

"然而你难道竟敢违抗着那个命令么?"国王严峻的问道。

"不错的,"安提戈涅答道,"为的是,这命令并不是宙斯加之于我身上的,也不是与尼脱神道们同在着的'正义'在人类中定下了的这种法律。我也没有想到,你的命令乃有那么严重的性质;一个凡人乃能不顾及天神们的没有写下且不能违抗的命令。因为这命令并不是今天或昨天的,乃是从远古传下来的;没有人知道这些命令从什么时候起才为人所知。我并不因惧怕任何人之故而破坏了上天的法律,俾受天罚。是的,因为我知道……我很明白……我总有一天要死的,即使你不判决我死刑。如果我在我天年告终之前死去,我却以此为得。因为像我这样百忧俱集于一身的人,死了岂不比活着更好么?所以,在我看来,这个运命的来临,是并不可悲的;但如果让我的母亲的儿子暴露不葬,这才是苦楚无涯的事。我现在什么也不感得。如果由你的判断中,以为我做得愚蠢,那我乃是一个偶然的愚人,可以以愚蠢之罪,弹劾着我。"

俄狄浦斯的女儿这样的说着时,底比斯的长老们心上激动着过去的回忆;当她的话说完了时,一位长老求恕似的说道:"这位女郎表示出她乃是一位勇猛的父亲的真正后嗣……不知道怎样来驯服于不幸。"

"记住这话,我的朋友,"克瑞翁质问似的望着他,"这乃是傲慢的精神,常使人坠落于深阱之中;在火炉中打出的最硬的铁,常足证明其为最易折的;我常见有火性的马匹,为了小事而折足。她,站在这里的,却是明知故犯的违抗了已经公布的法律;更进一步,却加上了第二层的侮辱……她夸耀称赞她的罪恶。现在,当然的,如果她一点不受损害的得到了胜利,则她是一个男子汉,而我不成其为一个大丈夫了。不,她虽是我姊姊的孩子,或者是比任何崇拜我家庭中的宙斯的人们都更亲近的亲族,她和她的妹妹都将逃不出一个可怕的运命。她们都将死,她们这一对;因为我断定其他的一个对于这场葬事也是一定有关。去,去召了她来! 我刚才不是还看见她在家中疯狂似的丧神失智着的么?"当他的从人服从他领命匆匆到宫内去时,国王又忧戚的继言道,"更甚者,被感化的奸谋,乃在事前自己泄露出来。可憎的是——但我所尤憎的乃是,一个可恶的罪人乃欲自己赞扬其罪恶。"

于是安提戈涅说道:"除了捉住我杀了之后,你更有什么可做的?"

"诚然,没有他事了,"克瑞翁答道,"如果我得了这,我便得了一切了。"

"那么你为什么迟迟不执行呢?"她说道,"我一点也不承认你的理论——天神们禁止我承认过! ——我的运命注定只能反抗着你。然而,讲到光荣呢,我除了对于我同胞兄弟尽了丧葬之礼以外,我还有更伟大的光荣么? 在这里的这些人,将赞许这个行为,而惧怕将不会锁住了他们的唇的。但专制有权利可以如所欲的言动着,幸福则未必如此。"

"我告诉你,"克瑞翁叫道,"你的意见是不会有人赞成的:没有一个市民会抱着同一见解的。你强断他们与你相赞同,你不自羞么? 你说是为你的兄弟尽了责任,然而为反抗责任而战死的不也是你的兄弟么? 然而你却已经做了一件在他眼中所视为不敬的事了。"

"死者将不会证实那句话的。"安提戈涅温柔的答道。

"啊!"克瑞翁答道,"如果你将那个违神不敬的人与他同等看待,他便将如此的想着的。"

安提戈涅说道:"死的人不是他的奴隶,乃是他的兄弟……"

"那一个劫夺这个国土,"国王截住她的话,"而他则为维护国家而战死。你以为他的正直的灵魂愿意要与那恶徒受同等的葬礼么?"

"谁能够说?"安提戈涅如梦的答道,"也许在阴府中,我的行为是被视为无过失的。"

"不要这样希望着,"克瑞翁说道,"因为他们在人间敌视着,在阴府中仍将互相敌视。你的兄弟们,诚然的,至今还彼此相仇不解;你帮助了其中的一个,便要反对其他的一个了。"

"我的性质不是参加于憎恶,而是参加于爱恋。"女郎神容静定的说道。

国王愤怒的望着她,因为他的最后的投矛又失去了鹄的。这位女郎一点也不注意到他的恐吓,且也并不留心于全底比斯人的不赞同;她所有的思想全都萦注在她已故的亲族身上,她不久便要与他们相见了。如果连厄忒俄勒克斯的愤怒的精灵会与她相遇的这个结局,她都不怕,那么别的便更没有可怕的了。"去,那么,到阴府中去!"他叫道,"因为你是为了爱,那么你爱地府中人去吧! 当我活着时,没有一个女人能够主宰着我。"

在这个时候,两个家人领了伊斯墨涅出来;她一边走,一边哭;她的可喜爱的脸上红红的,且满是泪痕。长老们咿唔的发出怜恤之声,但克瑞翁的愤怒却欢迎一个新的泄流。他狠狠的转向惊颤的女郎叫道:"哈,你们阴险的人! 我养育你们在我家中,你们却私自啜吸我的血液。是的,我不意的养着两个有毒的女奸贼在家中! 来,现在告诉我,你承认你自己对于这次的葬事有份呢还是拒绝的说一无知道?"

伊斯墨涅向她望了一眼,仿佛在这尊严的当儿,聚集着勇气;她答道:"我说有罪……如果她允许……我自认与她同谋。"

"不,正义不许这样,"安提戈涅叫道,"你并没有参预此事,这是我独自的行动。"

"但现在你是在困难中,我很想站在你的一边。"伊斯墨涅说道,"唉,姊姊呀! 不要以为我是不值得和你同死的,不值得昭度死者的。"

"不必与我分享这个运命,"安提戈涅冷冷的答道,"也不必将与你本来不相闻问的事当作了自己作的。我去死,这已足够了。"

"当你去了时,我活着还有什么趣味呢?"伊斯墨涅哭道。

"去问问克瑞翁看,"安提戈涅说道,"因为他是完全看顾着你的。"

"唉,你这样的伤害我有什么用呢?"她妹妹泣道,号咷的大哭起来。

"不,现在,"安提戈涅更温和的说道,"如果我讽嘲着你,那是具着沉重的心肠的。但记住,你必须求活,而我则求死。那么鼓着勇气活下去吧,此外,你不能帮助我什么了。因为我已经是死了,我要与死人为伍了。"

"我宣言,"国王叫道,"两个女子之中,一个证明现在是无意识的,正如其余的一个是终生如此的。"

"是的,啊,国王,各自各的理性,各该受其苦难!"伊斯墨涅振作精神说道。

"那么,"克瑞翁答道,"你似乎要与一个犯奸作恶者同受其罪的了。"

"我怎么能不呢……没有她我怎么能活下去呢?"伊斯墨涅叫道,重新又哭了起来。

"不要再多说了,"克瑞翁严厉的说道,"她的日子是完结了。"

"你要杀了她么?"伊斯墨涅惊叫道,"不,不,你不能够……你忘记了……她是你儿子的未婚妻呢。"

"并不缺乏别的田地给他耕种,"国王说道,"我厌憎我的儿子和一位恶妇结婚。"

安提戈涅听了这话,叹了一口气,咿唔道:"唉,海蒙(Haemon),我的最爱的,你的父亲如何的使你受到不名誉呀!"长老们十分的受感动;因为全底比斯人都知道俄狄浦斯的女儿与克瑞翁的儿子之间的爱情,是如何的深挚纯洁,而他们的订婚,也大受公众的欢迎,为的是可以联合旧的王族与新的王族而为一。

"国王,"长老们中的一人说道,"你能把你的儿子的爱妻夺去了么?"

"这是死亡,不是我,破坏了这个婚姻。"克瑞翁恶笑的说道,"但我们是徒费着时间。奴隶们,领了这两个人进宫;你们要好好的监视着她们。哈哈,从今以后,她们必须要学做妇人们,不再称心如意的轻举妄动的了;因为当阴府的大门在她们之前隐约着时,即勇敢者也要逃走的。"

女郎们沉默的,无抵抗的被引进宫中去;克瑞翁正要跟着她们进去时,一位华服的少年,由门口跑了出来,愁容的与他相遇。克瑞翁的脸色一见了他,便堆上了和善的微笑。"我的儿子,"他说道,"你不和你父亲生气么?因为,我想,你已知道,新妇的运命已经决定了。"

"父亲,我是你自己的,"海蒙驯服的说道,"我要由你的智慧指导着而行……我觉得没有婚姻比之你所正式措置的为更可宝贵。"

"唔,说得不错。"国王答道,"永远要这样的服从,要将你父亲的意志放在一切东西之上。为了这样的目的,人人才都祷求着孝子贤孙在家庭中长大,所以他们的孩子们,对于他们父亲的仇敌则也敌视之,对于他所敬重的朋友则也敬重之。但如果一个人生了不孝的孩子,则他便将如负重担,且为仇人讥笑的了。那么,我的儿子,你可不能在关于妇人的事件上,让愉乐推翻了你的判断力。你要知道,谁娶了一个恶妇为妻,则爱他的人都将寒心的了。唉,刺人的创痕,有比一个虚伪的爱人更深的么？来，那么，憎厌的离开了那女郎，有如她是你的狠敌深仇，且让她到地府中去找一个新郎吧。因为，我是当场捉住了她单独的公然的反抗命令的行为的；对于底比斯人，我不表示我是一位说谎的人——不，我要杀死了她……所以现在让她称心称意的高喊着血族的宙斯吧；这不能感动我，因这我如果维护了我自己族中的不法者，我将如何能够执法以绳于他人之后呢？他，能够在家庭中维持正义的，也将能在国中维持着正义。我没有好话对于，例如，违反法律的，侮慢他们的，给命令于他们的统治者的。不，凡是国家赋予权力给他的人，不管是谁，人必须服从于他，不论事之大小与是非；我很确定，一个人能够如此服从着的，一定可证其为一位良好的统治者，或一个忠心的人民，且在战争时，也将是个忠实勇敢的同伴……但无政府的状况却是一切疫疾中的最可致死者。这足以毁亡了国家，灭绝了家庭，丧失了联合的军队；至于大多数发达光荣的人，则都是为了服从威权之故。所以我们必须维护我们的组织，无论如何不许我们为一个妇人所败。假如为需要所必须的话，则为男子所差遣尤胜于被称为妇人的奴隶！"

"如非年龄夺我以判断力，你所说的话倒有些智慧。"一个长老叫道；这时国王停止了一会，眼望着他的儿子，希望他的回答。

"父亲，"少年驯顺的开始说道，"神道们植理性于人的心中，理性是比之珍宝尤为可宝贵的；虽然我没有技巧，也没意向要和你辩论的理性，然而……也许在人会说出刚刚相反的真相来。且让如此吧，为了你的利益之故，而去注意公共的意见，这乃是我天然的责任；因为没有一个市民敢于在你面前说出违抗你的话来，但我却有私下的机会听见全底比斯人如何为那位女郎而悲伤。他们说道：'一切妇人中，她最不该受到这样的一个运命；她却为了要做一件最光荣的行为而死于一个可羞的死亡中了。她不忍见她自己的兄弟在战场上暴露不葬，为鹰犬所食，她就不该得到黄金似的荣誉以为她的报酬么？'百姓们这样秘密的微语着……但我，父亲，视地上之物，没有一件是比你的福利更为可贵的；因为孩子们所戴的珍宝有比之父亲的佳誉更为炫耀夺人的么？或者，一个父亲所戴的珍宝，有比之他的孩子们的荣誉更可贵的么？我求你，那么，不要让一个坚固的思路为你心上独一的所有物；换言之，即以为你的话一定是对的，而没有别的路可走。

因为，如果一个人想象着只有他一个人是聪明的，心思与雄辩都是无人可比匹的，那么，请他仔细的看看内心，他便将发现不过是空空洞洞的而已。不，一个人，即使他是一个圣人，学得了教训之后，知过而改，也并不是一件不名誉的事。正如在一个急湍所冲击的河岸上，与河水相俯仰的树，并不会损折了一枝一干，然而它们的倔强的同类，却连枝连根都被冲扫而去！唉，请你不必发怒，求你变变你的性情。因为，我虽然年纪很轻，如果我胆敢说一句格言的话，我便要说这个：人们如果本能的具有全能的智慧，那是最好的事；但如果人们没有这样的全能的智慧呢——绝少人是这样的具有全能的智慧的——则他去访问清楚，正确，以学得它们，也是不错的。"

长老们静听着海蒙的说话，频频点头。当他说完了时，一个人说道："啊，国王！如果太子说了一二句有理的话，你该听从了他，而他也要听从了你；我们觉得两方面的话都很有理。"

"什么，到了我年纪的一个人乃被在他年纪的孩子所教训么?"克瑞翁轻蔑的叫道。

"假如那教训是不对的话，当然不，"海蒙说道，"但如果我是年纪轻，那么你正该想想我的说话，不该讲到我的年纪。"

"真的，是屈伏于不法者的一个应有的行为。"他父亲冷笑道。

"我决不是那样的，"海蒙严肃的答道，"我对于恶人决不表示敬重。"

"那个女郎不是浸染了罪恶的么?"国王叫道。

"那是我们全底比斯人众口一辞所否认的。"他的儿子答道。

"底比斯乃指导我的政策的么?"克瑞翁说道，"每一个地方都不是这样的么，国家乃是属于国王的！"

"如果国家属于一个人，则此国家并非国家了，"海蒙说道，"如果你施展你的专制手段，最好选择一块沙漠无人之区。"

克瑞翁睁视他一会儿，然后哀感的不经意的说道，"这个人似乎是那个妇人的同党了！"

"如果你是一个妇人——是的！"海蒙答道，不再能够自制了，"因为我的一个目的正恰恰的是要为你服务。"

现在他们父子俩的语锋如刀刺似的一往一来："你恶徒，乃敢公然的与你父亲相抗争么?"

"嗳！为的是我看到你对于正义有违反之处。"

"什么，乃为的是维持我的国王的威权么？"

"当你把神道们的特权践踏在足下之时，你便不再握有王权了。"

"啊，龌龊的东西，比之一个妇人女子还柔弱的！"

"但，至少，不要那么软弱的降服于不名誉之前。"

"然而你的所有的废话都只为了那个妇人之故而已。"

"不，这都是为了你和我，且为了尼脱神道们。"

"你这为妇人女子所束缚住的奴隶，不要想欺哄我。"

"如果你不是我的父亲，我便要加你以不智的称号了。"

"你将要悔悟去这样教我以智慧——为了你自己不智之故。"

"什么，只许你一个说话，别人都不敢回答一句么？"

"我说话是有目的的——那个妇人永不会成为你的新妇……在这世界上。"

"她必须死，那么……她死了，还要连带的……死了别个人。"

"那么……你竟益无顾忌的拿话来恐吓我么？"

"假如这是反抗无用的决心的一种恐吓！"

"无用，你说的么？"克瑞翁叫道，因愤怒而颤栗了，"现在，我对天立誓，你要好好的偿付这场无礼的蔑辱的代价……嘎，里面的奴隶们！带出那个可恶的东西来！她立刻便死在此地……在她新郎的面前。"

海蒙也盛怒起来："不，不在我站在此地之时……不用梦想……你要杀死了她……你不用再想见我的脸！那么……我留下你给那些能够忍受你的狂妄的状态的朋友们。"

他这样的说着，便以匆促不规则的步伐向市上而去。

"他从我们这里飞跑的去了，啊，国王，有如一个不顾死活的人！"长老的领袖鼓勇说道，"这是一个少年人，为痛楚所中，蓄着危险思想。"

"随他做最坏的事去吧，让他去想要翻天覆地吧，我什么都不管，"克瑞翁愤怒的说道，"但他不能够救那个女郎于死亡。"

"但你不都杀死她们俩么？"长老叫道；他的同伴中立刻起了一阵咿唔之声，"不，不，那一定不可以……那位妹妹显然是没有罪的。"

克瑞翁虽专制，但他却不能不留心到他觉得全底比斯都要响应的一个抗议。"我忘记了，"他说道，"你提醒我很好。伊斯墨涅必当释放，因为她本是无罪。至于对付其他的一个，她的运命将要是这样的，我们的国内不要沾染到血罪了。因为我要将她带到城外的荒区中去，你们都知道，那个地方乃是在岩石中掘成的葬穴。有的穴还没有葬人……安提戈涅将被幽埋于一个岩穴之中，放一点食物给她，依着旧俗，以避免公共的不洁。那么她的血可以不沾染在我们的底比斯了。她在那个坟中，唤着地府之神，她的唯一的神，她可以成功……我很知道……脱避了死亡；如果不然，她至少徐徐的得到加荣于他的人民乃是徒劳无益的事的真相的知识。"克瑞翁说了这几句话，转身走进宫中，长老们来不及回答他一句话。

这些老年的底比斯人深为他们刚才所亲见亲闻的那一场争论所感动。他们那时候的人，照那时候的习俗，看见一个儿子胆敢与他父亲斗嘴，乃是远非我们所能想象的一件骇人听闻的事，这事比起一个女子的判决死刑来似乎尤为重大。所以，当他们现在营营的以悲戚之口音聚谈着时，老年人的谈资却是说到爱神的不可抗的权力，竟会驱使了他的俘虏破坏了神圣的父子之道。但当他们正喋喋着这事时，安提戈涅被她的刽子手们领了出来；长老们看见了这个景象，禁不住流下泪来。她注意的望着他们，说道，"看我，我祖国的市民们，现在正出发到我最后的途程上去了……我最后一次的看见太阳的辉煌的金光，那将不再使我快乐的了。至于地府之神呢，那对一切人说再会的，将领导我到了阿克龙（Acheron）的河岸上；或者那结婚之歌为我而唱着……不，这是阿克龙自己，我必须嫁给的。"

公主脸上的神色与语音使长老们由怜恤一变而为诧怪。"光荣的，为人所赞颂的人，"他们叫道，"你到'死谷'去了，你不死于病，也不亡于刀兵，但你将活活的自己摇拖的走下了地府，这是凡人所不曾前闻的。"

"还有呢，"安提戈涅奇怪的微笑着，说道，"我知道那个菲里琪亚妇人（Phrygia），唐太洛士的女儿，那位曾在我们城中住过一时的……她是如何可怜的死在最高的西辟洛斯……如何的，像纠绕着的长春藤一样，那石质突长于她的肉体上。据人说，她仍是终年站在那里，为雨雪所飘洒；岩石仍为她的河流似的眼泪所湿……上帝现在也如对待她一样的使我入睡了。"

这位女郎这时想到的乃是她的岩穴的葬坟，所以她比她自己于为岩石所包身的尼俄柏；但无论谁看见她站在那里，那么镇定安详，那么云石似的苍白，几乎也要幻想使菲里琪亚皇后变成一尊石像的变化也已降临于她身上了。然而，在那个面具之下，她的内心却渴望着从那些老年人那里听到一句人类的同情语，他们都是从她幼少时便都认识她的。

　　"但尼俄柏是神圣的，你知道，且她也是神道们所出，"长老的领袖申斥的说道，"至于我们呢，全都是凡人所生的。然而，一个妇人的运命乃与女神们相匹敌，乃其伟大的光荣，不论当她还活着时，及以后当她死时。"

　　"不幸的我呀，我是被讥嘲着了！"安提戈涅叫道，"现在，敢对着我们古代的诸神而言，你们乃不能忍耐到我走开去以后么……你们乃必须当着我的脸唾斥我么？啊，狄耳刻之嗣！啊，乘着辉煌之车的底比斯的区域，你，至少，要证明如何的在一切朋友之中，无一个为我悲伤者，我乃竟受到被幽于一个不自然的坟墓的幽穴之中的责罚……可怜的我……我乃不能在地上或地下找到一个家……找到一个活友或死友！"

　　"因了你的造次的举动，"长老的领袖叹道，"你自己投身与正义的高座相撞了，我的孩子……而重重的跌了下来。但在我心上却想起来，在这场不幸中，你付的是……你父亲的罪恶的代价。"

　　"唉，你触到了我最悲痛的疑惧了，"安提戈涅答道，"重新挑动了三重的悲苦，对于我父，并对于我出于拉卜达考士名族中所有的不幸……唉，因了什么可怕的婚姻，我乃生于不幸之中呢？我父，我母，他们俩是如何的关系呢……而你，啊，我的兄弟，也是因结婚而不幸的；假如你没有得到阿耳戈斯的联盟，你便不会战死，且也不会因你之死而致我陷入不幸的结局的了。"

　　"一个敬神的行为，决然值得敬重，"长老的领袖说道谈德的说道，"但对权威恣肆讥嘲，乃是没有一个王者所能容忍的。你自是的性格使你受苦了。"

　　女郎听了这话，深叹了一口气，转身背他。"没有人哭泣，没有朋友，没有结婚歌，"她呻唔道，"我，可怜的受难者，被引导到这条为我预备好的路上去了。我是不幸的，我不再见可祝福的煌耀的'日灯'

了；然而没有一个朋友悲哭我的运命……没有人为我而流泪……”

“如果歌声与哭声能够有利益于将死的人时，”克瑞翁粗暴的声音插了上来，“那么，它们便要永无终止之日了吧？……带了她去，我说，飞快的！把墓穴闭上了，如我所吩咐你们的……然后让她独自闭在那里，或死，或活埋，如她所最喜欢的。我们的手是不沾染到这个女郎的血的；但不管如何，她将不再住在世间上了。”

于是安提戈涅说道，她的凝定无泪的双眼望着前面，她仿佛在一场清醒的梦境中，“啊，坟墓！啊，新屋！啊，永久闭我于中的幽室，我由那里前去遇见我自己的亲人！……是的，所有已经去了的一群人，珀耳塞福涅欢迎他们住于死之域中。在他们之中，我是最后走下那边去的，且是最不幸的；在我生命还未活完时，我便成了一个罪人而死……然而我还蓄着希望，我希望我的前来，将为你们所喜，啊，我的父亲母亲！也将为你所喜，啊，我的兄弟！……”她停顿了一下，投射半迷乱的眼光于四周的人身上，热情复又突发。“我几曾违犯了神律？”她叫道，“唉，不幸的我，为什么我该对神道们再看着，对着他们求救助，难道我的敬神的行为乃竟被视为渎神的么？……不，如果神道们真的赞同我的判罚，则我将在第二个世界中知道我是有罪的。但如果判罚我的他是罪人的话，我愿他也会有他所不公平的加之我身上的苦痛的运命！”

她的卫队们看见她的脸仿佛是一个天使的脸，当她说话时便退向后去，有如受惊的人。克瑞翁自己怒容的静听到她热情的话已经沉默了，然后凶狠的命令他们执行其职务，不要再迟延下去了，不然，他们便要后悔他们的迟延了。因此，他们虽然不愿，却不得不紧围了安提戈涅，要捉住她；但她挥退了他们，她自己在他们中间走着，走向绝命处。当她走着时，她这样的说道：“啊，我祖先们在底比斯土地上的城市！啊，神道们，我族中的祖先们！看呀，现在，就在现在，我被领到那边，一刻也不迟延了！看着我，啊，长老们，底比斯的统治者！……看着你们旧王家的最后公主……看看我，由于谁的手，为了酬报依附于圣德而所受的罚。”

俄狄浦斯的女儿这样的最后一次从她王家的古旧的不幸的宫殿走开去，这古宫站在那里已见到了那么多的悲剧，但没有一个人比之它自己更充满着怜恤与恐怖的。底比斯的长老们看见她离开了时，心上也有点这种感觉。但他们没有决心去对克瑞翁说话。他微笑的站在那里，像一尊胜利的嫉憎的石像。老年人只是回想起一些高贵的人物受到残酷的幽囚的例子以自慰；他们想到美丽的达那厄，想到特莱克人吕枯耳戈斯，他被幽禁，因为狄俄倪索斯为他的不敬神，使他疯狂，还有克丽亚巴特拉，菲尼士（Phieeus）的受害的妻。如此的宁静了他们的良知，当他们想起了安提戈涅的运命，虽然艰苦，却不是没有同俦的。……正当他们还在聚谈着时，一位年纪很老的盲人走了近来，穿着祭师的衣服；一个童子引导着他；国王一见到他，便叫道："什么消息，可尊敬的特里西亚士？"

"我将指点你，"那位老年人以尊严的，预言的口音说道："要你注意先知的话。"

"啊，我不是任何时候都是这样的么？"克瑞翁说道，"这是很有理由的，因为我亲见，没有一次不是得了你的指点之益的。"

"因为你服从了它们，"特里西亚士说道，"所以你以前都能措国事于平安无险之境。但听我的话，你现在正又站在幸运的刀锋上了。"

"你说这话有什么意思？我的肌肉听了这话而蠕动着了。"克瑞翁脸色变白的说道。

盲目的先知伸出他的右手，这样的答道："一切你都将明白，当你听见了我以我的技术读到的神语时。因为当我静坐在我的古老的为鸟类所飞集的占卜之座上时……我听见鸟声啾啾之中别有一个新调……它们恶狠狠的互相怒责着！……并且还在我四周急拍着它们的双翼，我知道它们正在以嘴与爪相决斗了……我受了惊，要从一坛祭牺的焰光中占卜着；但坛上的火却再也燃不起来……湿漉漉的水点从牺牲的大腿骨上滴下来，所以它们生了烟焰，发出爆响……胆囊破裂了……肉从骨中融化了下来，有如白水，而留下裸骨……当我从在这里的这个孩子口中知道，我求火焰上的占卜没有结果……他是我的眼睛，正如我是别人的眼睛一样……这乃是因你的原故，啊，克瑞翁，我们的国家乃如此的受苦受难！因为所有我们的祭坛与我们的炉灶都为鸟与犬所食的不葬的尸体上的腐肉所玷污……那个犯了恶星的俄狄浦斯的儿子；所以神道们不再接受我们的祷辞与牺牲与祭物；即鸟类也不曾鸣叫着清晰的占兆，因为它们全都饱饮了一个被杀的人的浓血……但你，我的孩子，却要注意到这些事。做错了事，那是人人所不能免的；但聪明而有福的人却能在犯了过失之后，改正了他的错误，并不坚持己见。你还要注意，自是自执，只是被人责为顽固而已。不，偿还了死者的债务；不要激怒了那无生气的人；对于已经被杀死了的人重新再杀死他一次，那有什么勇气可言呢？……为了我对你的好意，我给你以忠告。那句话当它与他的利益有关时，即如现在，是最容易被一个人听得入耳的。"

克瑞翁对于他非常的愤怒："老年人，你们全都以我为箭垛，好像许多的弓箭手似的。请你不必再以先知的技术来诱劝我了。啊，我久已在你们之中，被买被卖的了，占卜的种族！你们已得了不少东西了；如果计算一下，贩入沙地士（Sardis）的宝金，以及印度的黄金；但那个人你总不能将他埋入一座坟中……不，虽然宙斯的大鹰要将他的腐肉带到高高的神座上去……不，我决不为了惧怕那种亵渎之故便允许他下葬……因为我很明白，对于凡人的事是不会亵渎到神明的。但那是一个不堪的事呢，老年的特里西亚士，聪明而有智的人，乃因贪婪之故，而衣被鄙意以美辞！"

"唉！"先知说道，"难道没有一个人知道，没有一个人觉得，良言忠告其价值乃远过于财宝么？"

"我想，其远过正有如愚蠢之远超于一切别的疫症之上一样。"克瑞翁答道。

"说的正对，"特里西亚士说道，"你的全身正深中着那个同一的疫症呢！"

"对于一个先知者我不欲以嘲骂回答嘲骂。"国王答道，讥笑的低垂了他的头。

"这倒不必，"特里西亚士严厉的说道，"你所能说的嘲骂，没有比说我是虚伪的预言为更甚的了。"

国王有点气馁，说道："我说的是，先知乃是一个贪财爱得的族类。"

"至于生来的专制者，"先知说道，"他才贪得不义之财呢。"

"你知道你对他说这些话的人乃是你的国王么？"克瑞翁暴躁的说道。

"我十分的明白，"特里西亚士答道，"因为那不正是我，使你成了这个国家的救主与国王么?"

"啊! 你是一位有技能的先知,那是没有疑问的,"国王说道,"不过也是一位贪得不义之财的人。"

"你要激得我说出一个秘密来了,那秘密我原要永藏在我的胸中的。"先知热情的叫道。

"说出来,"克瑞翁说道,"但请你不要使它成了有费用的预言……你要决定不能以此来交换我的决心,因为你永不会得到底比斯人所给你以换此的贿赂。"

"那么……你好好的注意着吧!"特里西亚士徐徐的说道,"在不久时候之后,你要使你的所生者之一入于坟中,以偿那个死的人;正因你竟将一个活人生送入尼特世界,但却将尼特诸神的一只船停留在这里……一具尸体,失望的,没有安葬……为此之故,迟迟报仇的毁灭者,阴府中的厄任倪斯(Erinys)以及诸神道们,正埋伏着等候你,你便将被捉入同一的错谬的辛苦中……现在注意看着,我的话是否被雇而言的! 不到几时,你家中便将响着妇人与男人的丧钟了;再者,一阵狂风暴雨似的憎恨,将扬起于诸国之中以反对你,他们将派遣战士于阿耳戈斯军中,因为犬与野兽与鹰曾成了他们的杀死者的执行丧葬者。'全都以我为箭垛。'你不是曾这样说的么? 是的,因为你激我生怒,所以对你的心垛射了这些箭,这些箭是永不会失其鹄的的。现在引我回家,孩子,他可发泄他的愤怒在比我年轻的人的身上……他要学得禁束他的舌头,在他的心胸中含蓄着较好的念头。"

当先知的高大尊严的躯干渐为众人所望不见时,这边是死似的沉寂;在每个底比斯人的眼中,他是如此的蕴着神性,当他愤怒的走开了时,已足够使他们充满疑惧了。……他去了……他与他们的国王及他们不再有所干涉了……而特里西亚士所弃的人,神道们也一定是弃之的。长老的领袖,声音颤抖的说道:"这人离开我们走了,我主,预言着可怕的事……我的头已经白了,我很知道,我对于我们这城从不曾说过一句虚伪的预言。"

"我也知道,"克瑞翁忧心忡忡的答道,"我的灵魂很不安定着呢……让步,这是一个很痛苦的事……然而,反对着,又要使我的光荣粉碎了……那又是一件痛苦的选择。"

长老为他的改易的口气所鼓励,说道:"墨诺叩斯的父亲,你该在这件事上采取了聪明的忠告。"

"那么,我应该怎么办呢?"国王说道,"说……我愿受你的指导。"

"去,从女郎的幽穴中释放出她来,"老年人恳切的答道,"葬了那具不许入葬的尸身。是的,国王,我们愿你允许,立刻就办。"

"这是艰难的,"国王呻吟道,"但我已先行了我心上的决议……我要如你所说的做去。一个人必须不与运命作无益的战争。"

"你自己去,那么,"长老的领袖催促道,"不要将这事托付给别的人。"

"我就这样的前去,"克瑞翁突然的努力的叫道,"来,来,我的全部仆人……带了锹子同去,飞跑到前面山边去!因为我的计划乃如此的转变了,我自己要释放了她,她乃是我自己所幽囚的。为的是,我一点也不疑惑,这是最好遵守着神道们的命令,直到生命的终结……"

在几分钟之内,国王与他的从者走了;但长老们仍逗留在宫门之前。他们年老力衰,且过于为他们刚才所见的景象所激动,只得耐心的在等候着安提戈涅释放的消息,不想跟随国王去救出她。同时,他们以从烦苦与黑暗的过失中释放出来便觉心地快乐的感受,对巴克科斯唱着一首愉快的赞歌;巴克科斯乃是一个底比斯的母亲所出,且是她的光荣。他们称他的许多圣名,称誉他所住的许多地方,更举出他对于底比斯的爱恋,他们祷求这位神道的来临救护这城;这城现在正陷在神道不容的悲苦的疫疾之下。是的,为的是它必须担受着它统治者的罪恶的担子……但现在克瑞翁已经懊悔了,天神们会宽恕他的,一切都会好好的……

他们的赞歌还刚刚唱完,长老们便看见克瑞翁的一个从人匆匆的向他们走来;他们望着他的脸色,便知消息有点不妙。他们提心吊胆的聚集于这个带消息来的人的四周,没有人敢开口问一句究竟发生了什么事。而他,悲苦的凝望着他们,开始说道:"唉,卡德摩斯家与安菲翁家的邻人们,在这个世界上的人,我真不敢说谁的运命是有福的或谁是无福的!幸福使卑下的人高高在上,也使高高在上的人堕落于泥途之中,一天天的变动;没有一个人敢预先对世人说,他们的前途究竟如何。因为克瑞翁曾经被三重的祝福于身上,我认为,他从侵略者手中救全了底比斯,成了此土的国王,且是高贵贤明的儿子的高傲的父亲；现在他丧失了一切了！一切，我说，因为当一个人被夺去了他的快活时，我便当他如一个死人……一具活尸。唉，尽管你家中财宝山积，如意享用，但如果缺乏快乐，则我真不愿以一具烟气绕成的花圈的影子以购其余的东西。"

"但是你的消息，你的消息呢？"长老的领袖叫道，"我王家遇到了什么不幸的事？"

"他们之中有了死亡的，"使者叫喊的说道，"生者的人乃是其致死之因。"

当他说了这话时，半开半阖着的宫门之内，传出一声窒闷的喊叫；但他和长老们都不曾注意到这。"明明白白的说出来吧，"他们颤声的要求他，"谁犯了谋杀罪？谁是被害的人？"

于是他说道："海蒙死了；他自己的手溅染了他的血，为了愤怒的反对他的父亲，因他杀害了……"

"啊，先知，那么，你的预言是如何的灵验呀！"长老的领袖呻吟道，"但是，不要作声，朋友们，……皇后欧律狄刻（Eurrydice）到这里来了……或者是偶然的，或者因为她已经窃闻到那个消息……"

克瑞翁的妻，一位美丽而温和的王后，现在出现于宫门口，后边随从着两三个宫女。"市民们，"她说道，"我正要前到雅典娜的神坛上去祷告，而可怕的重要的话，说到家中的烦恼的，达到了我的耳中……我的手从门闩上落下了，我向后仰跌在我宫女们的手臂中，晕倒不知人事。但现在告诉我那个消息，因为我将如一个习惯于愁苦的人那样听着它。"

"我要告诉你一切经过的事，亲爱的王后，如我所见的，"使者回答道，"一件事也不隐瞒着。为什么我要以谎话来安慰你呢，当这消息不久必要为人所知？静听，那么：我跟随了国王到平原的那一边，波里尼克斯的尸身，已为犬所啮食，但还躺在那里，没有人怜恤它；我们以圣水洗濯了他，恳祷着三叉路上的女神以及普路同，求他们怜恤的息怒。其次，我们将他所有遗留着的尸体放在一架新摘的树枝堆成的火葬堆上烧毁了，以他的祖国之土，堆起了一座高坟。办过了这些礼节之后，我们又向前进到女郎的岩封的石穴的地方——她的合新房与死室而为一的所在！现在我们中之一，先众人而行的一个人，从很远的地方听见了一声悲苦的喊叫，在那个不圣洁的结婚房中发出，他跑回去告诉我们的主人克瑞翁。当他快步走近了时，他不禁纷乱的发着痛楚的悲音，他呻吟着，哀叫道：'不幸的我，难道我的灵魂真的为预言所中么？难道我竟走上了我的足所从不曾践踏上去的最不幸的道路了么？……呼喊着的乃是我儿子的声音！……快，快，我的仆人！看，穴口的墙已被推倒了……从这缺口中走进去，去看看我所听见的究竟是不是海蒙的声音……或者乃是神道们所给的幻音。'我们看着，果然看见有人真的破了穴墙而潜入墓中。他移去了堆砌在穴口的两三块大石。我们害怕起来，因为那个工作是超出于单独一个人的筋力之外的，除非他是一个巨人或一个狂人。然而，既受了我们烦恼着的主人的命令，我们便走了进去，在坟穴的最远一端，我们能够看见，海蒙和他的新妇……她自己吊死了，用她的精细的面网为缢绳……他双臂抱着她的腰……站在那里，悲哀着他的失去的爱以及被埋了结婚的快乐与他父亲的残酷的工作……但他突然用力把绳结撕断了，把尸体温和的放了下来。于是，国王看见了他，可怖的呻吟着，走了进去，悲声的对他叫道：'不幸的孩子，你做的这是什么事？什么念头来到你的心上——不，什么恶运使你狂了——使你到了这里来？走开去，我的孩子，我卑辞的恳求你！'但那孩子以狂野的双眼注视着他，当他的脸唾他，不说一句话，抽出他的叉柄的刀来。他的父亲躲避了他的攻击，逃了出去……然后，为悔恨所捉住，这个不幸的人直捷的弯了他的全身的重量于刀锋上，把半段刀子刺入他的胁边……直到他失了知觉，他的失力的手还紧抱着女郎。血点滴滴的洒在她的雪白的颈上……他躺在那里，已死的新妇在他的手臂之间；他完成了他的结婚礼，可怜的孩子，虽然不在这个世界上，但却在地府之中。他是对于全人类的一个警示，在他们所得的一切罪恶之中，鲁莽乃是最坏的了。"

当使者诉说着他的故事时，王后站在那里沉默而坚定，有如一个被咒语所禁住的人。当他说完了最后的一句话时，她急忙的转身离了开去，走进宫门内不见了。"那是什么征兆，你以为？"长老的领袖不安的望着使者说道，"王后走了进去，一句话也不说。"

"这也使我惊怪，"使者答道，"但我希望的是，她不欲在公众之前，发泄她对于她孩子的悲伤，所以要进宫去，和宫女们举哀；因为那么聪明的一位王后，她是不像要做什么……不妙的事的。"

"我不能说，"长老说道，摇着他的灰白的头，"但在我的老朽的头脑中，一个不自然的沉默是并不比之号咷大哭为更是显出恶兆的。"

"啊，说得不错，"使者答道，"这是最确不过的事；沉默过度，便要含有危险。所以我如今便要进去，看看她在酸痛的心上有没有藏着不稳的念头。"

他这样的说着，迅快的走进宫去。在这时，长老们看见一个悲哀的行列走近了；克瑞翁他自己走在前头，捶打着他的胸部；他的从人们跟在后面，抬着一架尸床，上面躺着一具覆以殓衣的尸身。于是老年人都扬声哭了起来，国王也举声和着他们哭着，说道："固执己见的心真是致命的罪恶，唉！看呀，你们看见我们两个同出一脉的人，一个杀了人，一个被杀了！唉，我的孩子，你是去了——你在你的青春，便不时的夭死了——不是死于你的造次，乃是死于我的手！"

"唉，太迟了，你的眼看见了真相。"一位长老叹道。

"该受祸的我，现在我才完全知道我的不幸了，"国王答道，"但在那个时候——在那个生死呼吸的时候——我想，一定有天神从上面狠狠打了我一下，驱使我到了残酷的路上去。唉，唉，将我的快乐全毁了，践踏在足下了！唉，唉，为要给凡人们以辛苦与灾难！"

他这样的说着，跪在尸床旁边——这时抬者已将它放下了——他拥抱着覆盖的人形，苦楚的哭着……在这个时候，那位使者从宫中飞奔出来，他看见了国王，向他走去，表现一种怜恤的神色。"我的主人，"他说道，"你来了……有如一个人他的双手满了……还要家中储藏之物以补偿之；因为你带了这个装载而来，而你现在又必须见到……在你家中……的苦恼。"

"现在有什么事？"克瑞翁叫道，跳了起来。"难道还有更坏的事继于我们所得的不幸之后么？"

于是那人说道："你的妻，王后现在已死了……她真是一位真实的母亲，对于躺在这里的他……死了，凶星所照的王后，被一个新的打击所中。"

"呜，呜！"国王啜泣道，"不可抵抗的地府，你为什么迫害我以你所有的矢箭？……呜，噩耗的前驱者，你在那里喃喃些什么消息呢？唉，我，已是一个死的人了，你还再加以伤痕！你怎么说，好少年……我的王后死了么——不幸的我！再加我以不幸么？"

"你自己可以看到，"长老的领袖悲叫道，"看呀，他们打开了门……看那边，看那边！"

克瑞翁回过头去，看见欧律狄刻的哭泣着的宫女走到门口，扶着他们王后的无生气的尸体，"唉，唉！"他悲泣道，"这对不幸的眼又看见他们前面有别一个——第二个不幸了。为什么，那么，我的运命的前途还会蕴着什么给我呢？不幸的人，我拥抱了我的这个孩子回转头来，却又看见别一具尸体。唉，唉，不幸的母亲……唉，我的儿子！"

长老们将疑问的眼光射在使者的身上，但没有一个人敢于开口问问他们所要听的一切事。然后，他说道："她在前面的祭坛上，以一柄利刀自刺而死……在哀哭了墨诺叩斯——他是那么勇敢高尚的死了——然后哭她死在这里的这位孩子……她的最后一息尚存之时，她诅咒着恶运降临于你身上，她将你当作了你的两个儿子的杀害者。"

"出去，唉！"国王尖声叫道，"我的心恐怖的颤栗着了！怎么你们之中没有一个人取了他的刀来刺死我么？唉，我可怜的人，浸在不幸的暴流中了！"

"嗳，"那位使者蠢蠢的说道，"因为这位王后将你的两个孩子的死亡的责任都归之于你身上。"

"唉！我，那是我的罪过了，这该黏附于我身上，不是别人。"国王呻吟道，"我，是我，杀了你们，不幸的我，我承认了真相。"他颠踬着，为痛苦所眩晕，然后，以微弱的声音说道，"领我开去，我的仆人们，快点……领我进宫去吧……我不再能够……我不再是……"

两个亲信的仆人跳过去扶着他；他重重的依靠在他们强健的臂上，走近了门口。

"你吩咐着为你最适善的事吧！"长老的领袖咿唔道，"如果在如此的一个凶恶的境地上还有任何适善的事。当殷忧降临于我们身上时，最短的路乃是最妙的。"

于是克瑞翁重复悲伤的说道："呜，让它立刻，立刻来……快快的出现吧……那个运命，在我眼中所最爱见的，将要终止了我的日子……唉，那个冠于一切的福气！现在，现在，让它来吧，俾我可以不再见到明天的太阳！"

"那个结局是……还没有到吧！"长老严肃的答道，然后指着死去的母亲与孩子又说道："我们现在还有事要办呢……将来的事让应该注意的人注意着吧！"克瑞翁木木然的望着他。"我将我所有留下的，放在我现在的祷辞中以求着。"他说道，带着一种疲倦的淡漠。

"请你不必如此，"老底比斯人答道，"因为没有一个凡人能够从已定的不幸中占得解脱之望的。"

但克瑞翁走了进去，没有注意；他的形态现在显得是一位很年老的人了。当仆人们半领导，半抬扶的带他到宫中去，他的最后的几句话入于颤抖的听者们的耳中时，乃系出之以破碎的高声的："请你们现在领我开去……一个傻子……曾杀死了你的，唉，我的孩子……也害死了你，我的王后……为了我的该死的愚昧无知！……我不知道从哪里求得到慰安……也不知道该依靠着谁；因为全都走开去了……当我该命令葬了他时，看，又是一记运命的重击降于我的头上！"

底比斯的长老们沉默的目送着他们的国王蹒跚的走进那座他族中的不幸的古宫中去；他的从人沉默的跟随着他，抬着海蒙的尸首；大门悄悄的在他们之后闭上了。然后长老的领袖对他的同伴们说道："智慧，是比之其他一切祝福都更超过的，而隶属于神道们的事也必须是神圣不可侵犯的，骄傲的人的大言不惭总要招致极大的苦痛，且是如此的教导后来的那些人以智慧。"

十年以后，攻打底比斯的英雄们的儿子们都已长大成人，人家称之为厄庇戈诺伊（Epigoni）。他们蓄意要第二次兴师攻打底比斯以报父仇；当他们请教着神示时，神示宣说，须要以阿尔克迈翁为领袖始可得胜。阿尔克迈翁乃是武士兼先知安菲阿剌俄斯的儿子。于是阿尔克迈翁加入了这次的大战，虽然他本欲等到对他母亲报了仇之后才领军前去；因为依丽菲尔，他的母亲，这次又从波里尼克斯的儿子，赛桑特（Thersander）那里私受了一件美袍，遂极力诱劝她的儿子去加入打仗，正如这位贪婪的母亲上次私受了波里尼克斯的项链的贿赂，而极力劝说她的丈夫安菲阿剌俄斯去攻打底比斯一样。他们既选举了阿尔克迈翁为他们的领袖，遂率领大军出发与底比斯人宣战。参加这次名为厄庇戈诺伊之役的小英雄们有：安菲阿剌俄斯的儿子阿尔克迈翁及安菲洛考士（Emphilochus）二人；阿德剌斯托斯的儿子爱琪洛士（Agialeus）；底特士的儿子狄俄墨得斯（Diomedes）；巴特诺柏士的儿子柏洛马考士（Promachus）；卡巴尼士的儿子史特尼洛士（Sthenelus）；波里尼克斯的儿子赛桑特；此外还有米克斯托士的儿子欧律阿罗斯（Euryalus）；共凡八位英雄们。他们到了底比斯，先攻劫了附郭的村镇，使之成为墟野，然后，底比斯人出兵与他们对垒，双方都争斗得极为勇猛。底比斯的领军首领乃是厄忒俄克勒斯的儿子莱奥达麦士（Laodamas）。后来莱奥达麦士杀死了爱琪洛士，但不久，他自己又为阿尔克迈翁所杀。这位英雄一死，底比斯人便如群龙失首似的纷乱的飞奔进城去。但先知特里西亚士却教导着他们，一面派遣了一个使者与阿耳戈斯人讲和，一面他们自己逃命而去。他们如他所言，派遣了一个使者到敌军中去，同时却将妇孺们都载在车上，一同逃出城去。当他们于黑夜中到了名为特尔菲沙（Tilphussa）的泉源边时，特里西亚士饮了泉水，死在那里了。底比斯人在路上飘流得很远，最后乃建筑了希丝底亚城（Hestiaea），而永久定居于城中。却说阿耳戈斯人后来发觉了底比斯人已经逃走之事，便整军进城，聚集了劫掠之物，毁倒了城墙。安菲阿剌俄斯的预言果然应在此时。他们既得了胜利，便送了一部分的掳获物给得尔福的阿波罗神，还送了特里西亚士的女儿蛮托（Manto）同去；因为他们曾下誓过，如果他们攻下了底比斯，他们便要以劫掠品中的最美好的奉献给这位神道。

在攻下底比斯之后，英雄们俱各归去。阿尔克迈翁回去时，知道他母亲对于他的出征，也曾私自受过贿赂，于是他愤怒之心益烈，更决定要报仇。他根据了阿波罗给他的一个神示，杀死了他的母亲。但阿尔克迈翁为了弑害他的母亲之故，复仇女神乃来扰苦他，驱他发狂。他疯狂的到了阿耳卡狄亚他祖父俄克勒斯（Oicles）那里，又由那里到了辟沙菲士（Psophis）地方，去投靠菲琪士（Phegeus）。菲琪士为他净了血罪之后，他便娶了菲琪士的女儿亚西诺（Assinoe）为妻，以他母亲所珍藏的项链与宝袍赠给了她。但后来，为了他之故，国中大旱。神道在一个神示中吩咐他离开了这里。其初，他到卡吕冬访谒俄纽斯，为他所款待；以后，他到了赛史辟洛蒂亚（Thosprotian）人那里，为他们驱逐出国而去；最后他到了爱克洛士（Achelous）的泉源那里，被他洗净了血罪，并娶了他的女儿卡利洛厄（Callirrhoe）为妻。

他在爱克洛士以河中污泥形成了的土地上①，招致了人民来住，他自己也住在那里，成为一个市镇。但后来卡利洛厄知道了项链与宝袍的事，便渴欲取得这些东西，她说道，如果她得不到他们，她便不和他一同住着了。于是阿尔克迈翁匆匆的到了辟沙菲士去。他编造了一篇的谎话告诉他的岳父菲琪士说，据阿波罗的神示，他如果将那项链与宝袍带到得尔福奉献给了他，他的狂疾便可痊愈了。菲琪士相信了他，将这些宝物给了他。但有一个仆人却探出了他取了这些东西去是要赠给他的妻卡利洛厄的事，献殷勤的告诉了菲琪士。于是菲琪士大怒，命令他的儿子们埋伏在前途，杀死了他。当亚西诺怒责他们时，菲琪士的儿子却把她锁闭于一个箱中，携她到特其亚（Tegea），将她给了亚加辟诺（Agasenor）为奴隶，虚假的加她以杀害了她丈夫阿尔克迈翁的罪名。卡利洛厄憾于她丈夫阿尔克迈翁的早死，又自恃为宙斯所宠爱，便向宙斯要求说，她和阿尔克迈翁所生的儿子们应该立刻长大成人②，为他们的父亲报仇。那几个儿子们果然突然长大成人，便由国中出发要为他们父亲报那劫杀之仇。这时，菲琪士的两个儿子柏洛纳士（Pronous）与爱琪诺（Ageno）刚好带了项链与宝袍到得尔福去献给神道；他们进入亚加辟诺家中时，正是阿尔克迈翁的儿子安福特洛士（Amphotenus）与亚卡南（Acarnan）也到他家中来之时。仇人相见，终不得免，于是这两个人便为阿尔克迈翁的两个儿子们所杀。他们还到了辟沙菲士地方，进宫杀死了菲琪士和他的妻。他们还将辟沙菲士的人追得走投无路。这些人被追到特其亚；亏得特其亚人与阿耳戈斯人的阻挡，才得逃命而去。当他们回到家中，将这些事报告了他们的母亲后，他们便将那项链与宝袍带到得尔福，献给了神。然后他们旅行到厄珀洛斯（Epirus），招致了许多居民，定居于亚卡那尼亚（Acarnania）。

但欧里庇得斯（Euripides）却说道③，阿尔克迈翁在他发狂之时，曾生了两个孩子，他们都是特里西亚士的女儿蛮托所生的。一个是

---

　　① 关于爱克洛士河口污泥堆积而成的新地事，可参看 Horodotus Ⅱ，10，又 Pausanias，Ⅷ，24，8 以下。

　　② 参看 Ovid：Metamorphoses，Ⅸ，413 以下。

　　③ 这一段为 Apollodorus 所节引，当系见于欧里庇得斯的已逸的悲剧《阿尔克迈翁》中者。

男孩子，名安菲罗科斯（Amphilochus），一个是女孩子，名底西福涅（Tisiphone）；他带了这两个孩子到柯林斯，给柯林斯的国王克瑞翁去抚养。底西福涅长得异常的娇丽；克瑞翁的妻，生怕克瑞翁娶了她，便将她作为奴隶卖了出去。但恰好她为她父亲阿尔克迈翁所买，留她作为婢女，并不知道是自己的女儿；直到他回到柯林斯要携回他的孩子们时，才和他的儿子一并的相认团圆了。后来安菲罗科斯服从了阿波罗的神示，移民于安菲罗科斯的阿耳戈斯①。

---

① 安菲罗科斯的阿耳戈斯乃是爱托里亚（Ætolia）的一邑，位置于安卜莱海湾（the Ambracian Gulf）上。以其为安菲罗科斯所建立，故名称如此。

第五部　赫克里斯的生与死

一　赫克里斯的出生

天上的大厅中,众位神道们正坐着宴饮;赫柏(Hebe)不断的为他们倾玉液,添琼浆。阿波罗在歌唱着他和他们所爱的神之曲,他以壮烈激昂的声调,唱出神与底但们的决战,一声声若狂风走石,若海啸电掣,使每个参与此战的神道都回想起那场血战的惨怖;他又以漫长哀隽的歌声,唱出他自己与达佛涅(Daphne)的冷艳的恋爱,每一语,每一调,都若佳人裂帛,若孤雁唳空,那过去的真挚的情绪,涌发而不可复止,连诸神也都为之凄然。宙斯叹道:"我们神道们,谁还能逃出运命的掌握呢?"在欢乐飘荡于全部空气中之际,丑恶的悲与妒的小魔却又偷偷的混了进去。他,宙斯,在无意中想起了一件事,便对神后赫拉说道:"今天将有一个孩子在波修士的后裔中出生,这个孩子将成为人类之子中的最强有力者。"赫拉突然的灵机一动,已知究竟,心中不禁妒恨不已,却已有了一个狡计,表面上装着镇定的说道:"这事是否实在的?"宙斯也知自己出言不慎,泄漏了秘密,却缩不回去,只得点点头道:"不错的!"于是赫拉便悄悄的到有力的催生神厄勒堤亚(Eileithyia)那里,要求她帮忙她一件事。厄勒堤亚只得答应了。她使宙斯与阿尔克墨涅(Alcmene)之子赫克里斯本应先行出生者,却延迟了下去,而将在母腹中仅七个月的欧律斯透斯(Eurystheus)先生于世上。这两个婴孩,都是波修士的后裔。于是绝世英雄的赫克里斯只得终身在柔弱无能的欧律斯透斯的统辖指挥之下而不能自拔。

原来,波修士和安德洛墨得生了好几个儿子,其中有阿尔开俄斯

（Alcaeus）、史特尼洛士（Sthenelus）和厄勒克特律翁（Electryon）。阿尔开俄斯生了一子，名安菲特律翁（Amphitryon）。厄勒克特律翁生了一女，名阿尔克墨涅。厄勒克特律翁为密刻奈（Mycenae）地方的国王；他出征时，将国政交给了他的侄儿安菲特律翁，并将他的女儿也许嫁给了他。他叮嘱他们，须等候他归国时方可成婚。但安菲特律翁却于无意中误伤了他的叔叔厄勒克特律翁的头部；他因伤而死。于是他的别一位叔叔史特尼洛士以此为理由，驱逐了安菲特律翁出于阿耳戈斯的全境，不许逗留在境内任何地方。于是他自己便兼并了密刻奈成了密刻奈与底林斯之王。

安菲特律翁被逐出国，带了他的妻阿尔克墨涅同到底比斯；底比斯王克瑞翁为他洗净了他的血罪。安菲特律翁离了阿尔克墨涅出外征战。大神宙斯捉住了这个机会，幻化成安菲特律翁的形状，与她同床。后来，安菲特律翁征战归来，他见他的妻，并不热烈的欢迎他，很以为怪，便质问她为何如此。阿尔克墨涅说道，他前一夜已经归来和她同睡的了。安菲特律翁大惊，去问了先知特里西亚士，才知道与她同床的乃是宙斯。她自此怀着孕。

这里的密刻奈的史特尼洛士，晚年无子，他的妻也怀着孕，只有七个月；但为了神后赫拉妒忌着阿尔克墨涅，及其将生之子；却使他的儿子在七个月便出生于世，赶早在阿尔克墨涅之子赫克里斯之前出生。史特尼洛士之子，名为欧律斯透斯，后来继位为密刻奈国王。

却说阿尔克墨涅怀孕十月已足，将行生产，她的胎儿异常的沉重，她的腹部也异常的胀大，她几乎受不住这沉重的胎儿的压迫。后来，她谈起来，她的四肢还冷颤的恐怖着，思之犹有余痛。她七天七夜的痛楚不绝；她忍受不住，伸出双臂，向天哀号的祷求生产之神厄勒堤亚的降临。厄勒堤亚果然来了，但却受过赫拉的嘱托，故意延迟其产期。她坐在门前的神坛上，静听着阿尔克墨涅的呻吟，她的右足交叉在左足上，她的手指也紧捏着，这样的阻住了她的产期。她还低声的喃喃的念着咒语，那咒语乃又是阻止她的生产。她竭力的挣扎着，为痛苦所疯狂，高声的锐叫着，斥骂着不知恩的宙斯。她渴求死去，她的苦语哀音几乎连无情的岩石也都要被感动了。底比斯的看护妇们站在她的四周，也向天恳祷，以求停止了她的苦楚。她的从婢之中，有一个人，乃是平常民家出身，名格兰西丝（Galanthis），她的头发是红色的，常常忠心的服从她主妇的使令,甚为阿尔克墨涅所喜爱。这时,她见她主妇那样的苦楚,心中也甚为难过;她觉得一定是残酷的赫拉在咒禁着她了;当她在屋中走进走出时,她看见那位女神双拳紧捏着的坐在神坛上,便对她说道:"你到底是谁呢?且庆祝我们的主妇吧;阿尔克墨涅离了痛苦了;她的祷语已为神所闻,她的孩子已经生出来了。"生产女神惊得跳了起来,她的双手解开了,惶惑的伸张着。阿尔克墨涅的束缚松懈了,她生出了她的孩子。然其产期已较欧律斯透斯的产期为迟了。他们说,格兰西丝因此讥笑着那位被欺骗的女神。当她正快乐的笑着时,残酷的生产女神捉住了她的头发拖她在地;这位女仆方欲挣扎着立起身来时,她却已不能直身而立的了,她的双臂变了一只兽类的前足,她的头发还是如前的红色,然而形状却已非了,她变成了一只鼬鼠。据说,她还是忠心如昔,仍住在阿尔克墨涅的家中不去。

阿尔克墨涅同时还生了一个孩子,名为伊菲克勒斯,那是安菲特律翁的儿子。这两个孩子虽同时而生,然气质性格,在婴孩时便已不同。当他们还只八个月大时,赫拉一心还只想要杀害了那个宙斯之子赫克里斯,她送了两条巨蛇到他们的摇篮边去,这两条蛇的双眼冷光射人可怕,口中发声嘶嘶,渐渐的游上了摇篮中去。赫克里斯为它们的嘶嘶之声所惊醒,他翻起身来,一手执着一条蛇,活活的绞死了它们。但伊菲克勒斯却被吓得啼哭不止。阿尔克墨涅闻声入室,见了这个情形,也大惊的狂喊安菲特律翁来救命。等安菲特律翁仓促的入室时,那两条蛇早已是僵直不能动弹的了[①]。

赫克里斯长大了,身体魁梧,面貌姣美,且又力大无穷;他父亲请了不少的英雄们教导他的武功技艺。安菲特律翁自己教导他驱车,奥托李考士(Autolycus)教他相扑角力,优里托士(Eurytus)教他射箭,卡斯托耳教他剑术,李纳士(Linus)教他弹琴。这个李纳士乃是俄耳浦斯的一个兄弟;他来到底比斯,成了一个底比斯人。有一天,他教着赫克里斯时,稍不如意,便打了他一顿。赫克里斯为一阵愤怒所控住,立即拾起了琴,当头打着他的教师,这一下便将李纳士打死

---

① 据 Apollodorus,Ⅱ,Ⅳ,8 所引的 Pherecydes 的异说,其事乃是如此:安菲特律翁有意的将那两条蛇放入摇篮之中,为的是他要知道,那两个婴孩之中,哪个是他自己的,当他见伊菲克勒斯惊哭而逃,而赫克里斯则站住不动,他方知道伊菲克勒斯乃是他自己的骨肉。

了。当赫克里斯被当作杀人者而受审判时，他引了剌达曼托斯（Rhadamanthus）所定的一条法律；这条文说是，凡人受了非理的对待而自卫以致杀人时，其杀人为无罪。于是审判官便判决他为无罪。但安菲特律翁怕他再犯同样的罪过，便送他到牛场那里去住。他在牛场养育成人，身体力量都超越过一切人；仅看他的仪容，便知他乃是宙斯的儿子，而非凡人所生的。他身长四肘，双眼闪闪若有火光射出。他无论用弓或用标枪来投射，从不曾失过鹄的。

当他还在牛场中度过了他的第十八岁时，他首建了一次惊人的功绩。这便是，他杀了喀泰戎的狮子。那只狮子从喀泰戎潜踪而来，杀害了不少安菲特律翁与塞斯辟士（Thespius）的牛畜。塞斯辟士乃是塞斯辟（Thespiae）的国王。赫克里斯前往他国中，说他要捉住那只狮子。国王设宴款待他五十天，每一夜，当赫克里斯前去打猎时，塞斯辟士使他的一个女儿与他同床。塞斯辟士共生了五十个女孩子，他渴望要她们全有了赫克里斯生的孩子。因此，赫克里斯虽然还以为他的同床者是同一个女子，不料却是不同的五十个。他踪迹到狮子，与它奋战一场，以其勇力屈伏了它。他既杀死了这只狮子，遂剥去其皮装饰于自己身上，而戴其头颅，当作了一顶头盔。

当他由这场大猎归家时，中途遇见了依琪诺斯派遣到底比斯去收受岁贡的使者们。底比斯之所以付岁贡于依琪诺斯，其原因是如此：弥倪阿斯人的国王克里曼纳士（Clymenus），在安旦斯托斯（Onchestus）的普赛顿的一个神地内，被墨诺叩斯的一个车夫投石所伤。他伤得很重，抬回俄耳科墨诺斯（Orchomenus）时，已是奄奄一息的了。他最后的遗嘱，便是吩咐他的儿子依琪诺斯要为他报仇。于是依琪诺斯便领军与底比斯人大战。他杀死了不少的底比斯人，结果，与他们订下了一个条件，此条件系坚之以誓言者，底比斯人每年须贡献依琪诺斯一百只牛，以二十年为限。赫克里斯既在中途与这些索岁贡的使者们相遇，便十分的愤怒，设了一法去侮辱他们。他割去了他们的耳与鼻，斫下了他们的手，还告诉他们说："你们且带了这些贡品回去给依琪诺斯与弥倪阿斯人吧。"依琪诺斯受了这场的侮辱，愤怒异常，便起了一支大军，前来攻打底比斯。底比斯人汹汹而惧，但赫克里斯镇定了他们；他从雅典娜那里接受到武器，底比斯人乃以他为领袖，率军迎战。这一场大战，赫克里斯初次显出绝世的神威来。

他杀死了依琪诺斯，把弥倪阿斯人杀得大败而逃，还迫着他们每岁贡奉两倍于前的牛群给底比斯人。他的父亲安菲特律翁也战斗得极为凶猛，不幸，偶一不慎，殁于战场之上。克瑞翁深喜这战的得胜，便以他的长女墨加拉(Megara)嫁给了赫克里斯，以奖他的大功。同时，克瑞翁并将他的幼女嫁给了伊菲克勒斯。

赫克里斯威名既震于底比斯全国及其邻地，而诸神又各赠以宝物以宠爱这位人间最伟大的英雄。赫耳墨斯赠他一把宝刀，阿波罗赠一副弓箭，赫淮斯托斯赠他以一具金的胸甲，雅典娜赠他以一件外袍；而他自己则在尼米亚斫造了一根大木棒。

赫拉对于赫克里斯至今仍没有忘记了她的妒恨，她见赫克里斯愈益英勇有声，她的心上愈益妒恨。在赫克里斯战败了弥倪阿斯人不久，赫拉便咒他发了狂。他在狂疾发作之际，将他与墨加拉所生的二子，与伊菲克勒斯所有的二子都抛入火中活活的烧死。等到他清醒过来，才知道自己造下了这个过恶，于是悲伤不已，不欲留居于家。他自己出国漫游，自此成为一个流浪者。他的血罪为故友塞斯辟士所洗净，又奔波到得尔福，去叩问阿波罗，他究竟要住到什么地方去。在此时之前，赫克里斯的名字原是阿尔刻得斯(Alcides)，为了纪念他的祖父阿尔开俄斯。到了此时，阿波罗的女祭师始第一次称他为赫克里斯。自此以后，他的名字便不再易。她告诉他，神意要他住在底林斯地方，为欧律斯透斯服务十二年，为他建立着十件工作[①]。她说道："当这十件大工作完成时，你便可以住到不朽的诸神之中去了。"赫拉的恶计遂告了成功；赫克里斯遂命定的不得不为欧律斯透斯服务。

二 十二件工作

赫克里斯听见这个神示，便到底林斯去，受欧律斯透斯的命令，为他办事。欧律斯透斯历次的命令他做不可能的工作。在十二年内，他共为欧律斯透斯做了十二件伟大的工作。这十二件工作，便是

[①] 实际上却有十二件工作，为的是欧律斯透斯将其中的两件抹杀不计，故只作为十件。

无人不知的赫克里斯的十二功。

第一件工作是,欧律斯透斯命令赫克里斯去取了尼米亚的狮子的皮来。这个尼米亚狮子乃是底芬(Typhon)①所生,它的身体是铜筋铁骨的,不为任何金石所伤害。这诚是一件极不容易的极危险的工作。在他去踪迹这只不可克的狮子的途中,他来到克洛那,住在一个工人莫洛考士(Molorchus)家中过夜。他的居停正欲杀了一只牺牲以祭献宙斯,赫克里斯告诉他说,要他等候三十天;到了三十天后,如果他平安的猎获了这只狮子归来,他便将这牺牲祭了救主宙斯;如果他满三十天尚不回来,那么,他便是死亡了,他应该以此牺牲祭了他。于是,他到了尼米亚,踪迹到了那只狮子;他先向这狮射了一箭;他的箭是百发百中的。然而这狮虽中了箭,那箭却伤不了它分毫。赫克里斯知道那只东西是不可以金铁伤它的,便举起了他的巨棒,追在它的后边。狮子藏在一个洞中,许多天不肯出来。赫克里斯等候得实在不耐烦了,便用石块堵塞了此洞的一个入口,而自己则由别一个入口进洞与狮子作殊死战。狮子见他进洞来,又无路可逃,便欲拼命的扑过去。但赫克里斯早已轻捷的跳到它的身边,将手臂紧紧的箍住了它的头颈。它力无所施,爪牙无所用,铜筋铁骨更无所补;在赫克里斯的神力的紧压之下,它简直无法挣扎。如此的,这位英雄乃生生的以他的神力扼死了这只不可克的狮子。他将这只死狮,拖出洞外,掮在肩上,回到克洛那。这时恰恰是满了三十天;居停主人莫洛考士当他已死,正欲杀了牺牲以祭他的灵魂。见他一到,便大喜的同他将这牺牲献给了救主宙斯。他住了一夜,又别了莫特考士,掮狮回到密刻奈。欧律斯透斯见他那么英勇,又见到那么狞恶可怖的尼米亚狮,直惊怕得颤战不已。自此以后,他便禁止赫克里斯进城,命令他只许在城门之外陈列他的工作的掳获物;他们还相传的说道,他甚至恐怖到如此,竟铸造了一个大铜缸,埋藏在地下,以便他的躲藏。而他以后对于赫克里斯的工作的命令,都是由一位使者名柯辟里士(Copreus)代他传言的。这位柯辟里士曾因杀人之故,逃到了密刻奈;欧律斯透斯为他洗净了血罪,他便定居于此。

---

① 底芬是一只杂种的怪物,达达洛斯与"大地"所生的。他曾与宙斯争斗,且生了不少的怪物,于尼米亚狮之外,尚有齐米拉等怪物,皆为神话中著名的东西。

第二件工作,欧律斯透斯命他去做的,乃是要他杀掉了洛那(Lerna)的九头蛇(hydra)。这个怪物,生息于洛那地方的泥泽中,常出现于平原上,劫害人畜。现在,这条九头蛇似较尼米亚狮尤为可怕。它有一条粗大的身体,共长了九个头,其中八个是可死的,而当中的一头则为长生不死的。赫克里斯乘着一辆车,以伊俄拉俄斯(Iolaus)为车夫,驱马到了洛那。他停住了车马,他发见那条九头蛇在一个山上的泉边,躲在洞中不出。赫克里斯以利矛投掷它,逼它游了出来。这是那么可怕的一条怪物,竟使驾车的群马为之嘶鸣不已,跳啮不安。赫克里斯乘它出洞时,用手紧紧的捉住了它。九头蛇自己也缠绕于他的一只足上,紧紧的绕着不放。他想用巨棒来打碎它的头,但却一点也没有用处;因为当他打碎了它的一个头时,在伤处却有两个头复长了出来。一只大蟹也蹒跚的爬来帮助九头蛇,以双螯紧夹着他的足。但他一下手,便将这只大蟹打得稀烂。但大蟹为了这场功劳,赫克里斯的仇人赫拉却将它变成了一个星座,位置之于天上。他费尽了力量,却对于九头蛇一点也没有损害,它的凶焰只有更为增长。这样顽强的敌,即赫克里斯也是很少遇到的。他不得已便也招呼着伊俄拉俄斯来帮助他。他们想出了一个妙法,伊俄拉俄斯放火烧着邻近的森林,取了熊熊的火棒来,每逢赫克里斯打下一个蛇头来,他便用火棒烧灼着头颈的根部,以防止再有新头生长出来。果然的,用着此法,赫克里斯陆续的将九头蛇的八个可杀死的头都打了下来。最后,他又打下了那个不死的头,将它埋在土中,以一个巨岩镇压于其上。九头蛇的身体则为他所剖开,他将他的箭头浸于蛇血中,因此,他的箭头便恶毒异常,一着人身便是一个死。他兴冲冲的告捷归去时,欧律斯透斯却不将这场功绩计算十件工作之内,他说,为的是九头蛇的被杀死,不是由于他自己,而是由于伊俄拉俄斯的帮助。赫里克斯傲然的沉默着,并不与争。

第三件工作,欧律斯透斯命令他去做的,乃是要他去生擒了克里尼(Cerynean)的牝鹿到密刻奈来。现在,这只牝鹿住在俄诺伊(Oenoe);它是一只异常美丽的兽,具有一对歧出的黄金的长角。它是阿耳忒弥斯的圣兽,凡人不得侵犯的。赫克里斯为了不愿杀死它,也不欲使它致伤,便耗了一个全年的工夫去猎捉它。这鹿躲避于阿耳忒弥修斯(Artemisius)山中,甚为不休的追捉所苦,便由此渡过拉冬

(Ladon)河。赫克里斯乘它正渡河时，射倒了它，便负它在肩上，匆匆的经过阿耳卡狄亚回家而去。但阿耳忒弥斯和阿波罗却在中途遇见了他。她斥骂他为何要想伤害她的圣兽，并欲从他肩上将鹿夺取回来。然而赫克里斯却婉转的说明他如何的不得已而去猎捉此鹿之故，并将责任推在欧律斯透斯身上去。因此，他平息了这位女神之怒，得以将这鹿生擒回密刻奈。

　　第四件工作，欧律斯透斯吩咐赫克里斯做的，乃是，要他生擒了厄律曼托斯（Erymanthus）的野猪带回。那只野猪潜伏于厄律曼托斯山中，却时出至辟沙菲士，为患于民间。赫克里斯途经福洛以（Pholoe）时，被一个半马人肯陶洛斯（Centaurs）名叫福洛士（Pholus）的所款宴；福洛士乃是西林纳士（Silenus）和一位仙女所生的。他将煎肉放在赫克里斯之前，而他自己则吃着他的生肉。当赫克里斯要求些酒喝时，他说道："这里有是有一缸酒在着，但这缸酒却是属于半马人所公有的，我不便去开了它。"但赫克里斯说道："不用怕，有我在着呢。"他们便开了酒缸，恣意饮喝。但过不多久，那四溢的酒香，果然招致了一大群的半马人纷纷的来到福洛士的洞口；他们全都携有岩石与木杆。他们冲进洞去，要狠狠的责罚着那个盗酒的人。但赫克里斯却手执着熊熊的火炬，迫退了首先进洞来的几个人。他追了出去，他们成群而逃。赫克里斯一边放箭，一边追赶，直追到马里亚（Malea）那么远。他们到了马里亚，躲藏在著名仁心善术的半马人卡戎的洞中。卡戎被拉比斯人（Lapiths）所逐，从珀利翁山迁居到马里亚来。当众半马人俯伏于卡戎的四周，求他的救护时，赫克里斯对他们射了一箭，这箭穿过一只半马人的手臂而射到了卡戎的膝部。赫克里斯见不意中误伤了卡戎，心中大为不安。他悲戚的放下了武器，飞奔到卡戎之前，半马人们都惊惶的向后退却。但他并不注意到他们，只是跪在地上，亲自为卡戎拔出箭来，并将卡戎给他治箭伤的一种药敷了上去。但这药对于治赫克里斯的毒箭的伤却一点效力也没有；因为这箭的头是曾浸在九头蛇的血中的，其毒无比，中者永不能愈。卡戎见这伤不可治，便回到洞中去。但他膝部痛楚得不可忍受，他渴欲死去，以免此苦；然而他不能死去，因为他乃是不死的。后来，普罗密修斯不忍见他的痛苦（他是被赫克里斯将他从高加索山的危岩上释放了的），便对宙斯要求，他愿意代替卡戎而为长生不死者。

于是卡戎才得瞑目逝去，消除了他那不可暂忍的痛苦。这位圣人卡戎为许多最有名的大英雄的教师，无所不能，无所不知，而尤以医道、武术、音乐以及先知术见长，至此乃被误伤于赫克里斯之手。宙斯对于他的死，甚为悼惜，便将他位置于天空，成为一个星座，至今我们还可在晴夜的蓝空中见到这位半马人呢。却说其余的半马人见卡戎受了伤，便乘机四散而逃。赫克里斯也无心再去追他们。其中，有的走避于马里亚山的僻处，而名为优里况（Eurytion）的一个则到了福洛以去；名为涅索斯（Nessus）的一个，则到欧厄诺斯（Evanus）河去。其余的一群，则为普赛顿所接受而藏之于一个山中。但当赫克里斯向前追逐诸半马人时，福洛士却好奇心炽，从一具尸身中，拔出一支箭来，心里诧异着，为何如此小小的一支箭却能杀死了那么伟巨的一个半马人；不幸，这支箭从他手中滑落了下来，尖头着在他的足上，立刻杀死了他。所以，当赫克里斯回到福洛以时，他看见福洛士已经死了。他葬了福洛士之后，复前去猎捉野猪，他踪迹到这野猪伏在一处密林中时，便以箭驱迫了它出来。他追赶那只飞奔得喘喘一息的野猪到深雪地中去，便设法捉住了它，带它到密刻奈去。

　　第五件工作，欧律斯透斯给他做的，乃是要他在一日之内，洗刷清洁了爱琪士（Angeas）的牛房。爱琪士乃是厄利斯的国王；有的人说他是太阳的儿子，有的人则说他是普赛顿的儿子，有的人则说他是福勃士（Phorbas）的儿子；他牧养着许多群的肥牛。据说，他所畜的牛总在三百头以上，而他的牛房，则已有三十年不曾加以扫除的了；因此，积粪如山，决非凡人之力所能出清的。赫克里斯往见爱琪士，并不说明是欧律斯透斯派遣他来的，仅对他说，他愿意为他在一日之内，洗刷清洁了牛房的积粪，假如爱琪士肯给他十分之一的牛群。爱琪士听了他的话，不甚相信，但终于答应了他。赫克里斯以爱琪士的儿子斐里士（Phyleus）为证人。以后，赫克里斯在牛场的基础上开了一个缺口，再将流于附近的阿尔斐俄斯（Alpheus）河与泊涅俄斯（Peneus）河的二水，改道引入牛场之中，而在别一端，并已开有一个缺口，使河水得以从那边流出去，以此，那三十年来堆积着的牛粪乃得于一朝之内，完全洗刷得干干净净。但爱琪士在事后，却知道了赫克里斯来此扫除牛场的事，原来乃是受了欧律斯透斯的命令的。故他便食了前言，不肯给他以前说的报酬。更有甚者，且明白的说，他从前并不曾允许过他。两人以此争执不下，便请了许多人来公判。当公判者全都就座，静听两造的控诉时，赫克里斯便唤了斐里士来，为他做证人。斐里士反对他父亲的贪心，坚决的说道，爱琪士确曾许下赫克里斯以所云的报酬。爱琪士大怒，便在公判者投票公决之前，下令驱逐赫克里斯和斐里士二人全都离开了厄利斯。于是斐里士便到了杜里钦（Dulichium），住在那里；而赫克里斯则往奥里纳士（Olenus）去，往见杜克沙曼纳士（Dexamenus）。他到时，正见杜克沙曼纳士为武力所迫，不得已而将他的女儿美丝马克（Muesimache）嫁给了半马人优里况。优里况在马里亚山为赫克里斯所追后，不料却再在此处出现，为害人间。杜克沙曼纳士见赫克里斯来到，心中大喜，便要求他帮助他除去此害。赫克里斯慨然允之，于是当这位半马人优里况前来娶他的新妇时，赫克里斯便出其不意的出来杀死了他。以后他便回到密刻奈报告扫除牛场之事，但欧律斯透斯并不承认这个工作为十功之一，为的是，他是受了爱琪士之雇用而为此的。

第六件工作，欧律斯透斯命令他去做的，乃是要他驱逐去了史丁泛林（Stymphalian）的鸟群。原来，在阿耳卡狄亚的史丁泛洛斯（Stymphalus）城中，有一个湖名史林泛林湖，此湖的四周都是深林密树，风景极为幽雅。无数的鸟类，栖止于这些森林之中，为的是惧怕狼群的捕捉。这些鸟类，为数既多，绝难驱逐。当赫克里斯开始去驱开它们时，它们仍然是此去彼来，深藏密林之中，啾唧不已，而弋获无从。赫克里斯虽有拔山之力，对此群鸟，竟也一筹莫展。他几乎要承认自己是无法驱去这林中之鸟的了。但女神雅典娜却来帮助了他；她给他以铜的响板，这响板乃是天上工匠海淮斯托斯所制成给她的。赫克里斯取了这响板，跑到湖边的一个高山上。他击着这个响板，作声以惊群鸟。它们不能忍受得住那响声，便惊飞了起来，以此，赫克里斯逐一的射中了它们。

第七件工作，欧律斯透斯给赫克里斯做的，乃是命令他去带了克里特的牛来。有的人说，这头牛乃是为宙斯负了欧罗巴渡过大洋去的。但有的人则说，这头牛乃是普赛顿从海中送上了岸的。克里特王弥诺斯答应普赛顿说，凡有生物出于海中的，一定杀了来祭献给他。但这头牛长得过于肥硕可爱，弥诺斯生了悔心，便将它送到牛圈中去，而杀了别的牛来祭普赛顿，以此，这位神道大怒，便使这头牛发了狂。赫克里斯来到克里特，要捕捉此牛。他对弥诺斯说明来意，并求他的帮助，但弥诺斯却告诉他，要自己去斗此牛而捉了它。赫克里斯果然捉住了它，带它回密刻奈，给欧律斯透斯看。当他见过了此牛之后，他便放了此牛，任它自由。但此牛漫行于斯巴达及阿卡狄亚全境，经过地峡而到了雅典的马拉松（Marathon），危害居民。

第八件工作，欧律斯透斯命令他去做的，乃是要他领了狄俄墨得斯的马群到密刻奈来。狄俄墨得斯乃是特莱克人民中的皮斯东人（Bistones）的国王；皮斯东人生性狠勇好战，而狄俄墨得斯尤为顽强残忍。他是战神阿瑞斯与库瑞涅所生的儿子。他于狞恶可怖的人民之外，更蓄养着许多食人的马匹。他往往捉住过路的人以供此群马匹的粮食。于是赫克里斯招致了一群英雄们，乘船前往取马。他们到了皮斯东人所住的地方，制伏了圈人们，驱赶那一群怪马向海边而去。但皮斯东人听到这个消息，便取了兵器，在狄俄墨得斯领导之下，前来救援。赫克里斯将马群交给了亚比特洛士（Abderus）看管；亚比特洛士乃是赫耳墨斯的儿子，赫克里斯所爱的人。但那些马匹却拖他在后面，拖死了他。这时，赫克里斯正与皮斯东人大战，无暇兼顾及此。大战一场的结果，他活捉了国王狄俄墨得斯而使其余的皮斯东人逃窜而去。赫克里斯以其人之道来治其人之身，也将国王狄俄墨得斯投给了他自己所蓄养的马群，被它们吞食而死。战事既毕，赫克里斯悼念亚比特洛士不已；他在亚比特洛士坟旁，建立了一个城市，即名之为亚比特拉（Abdera），以作他的纪念。他将这些马匹赶回了密刻奈，献给国王欧律斯透斯。但欧律斯透斯见了大惊，连忙释放了它们。据说，它们奔跑到俄林波斯山上，为野兽们所毁灭①。

第九件工作，欧律斯透斯给赫克里斯去做的，乃是一件比较和平的与前不同的工作。他的女儿亚特美特（Admete）一心只想得到希波里特（Hyppolyte）的宝带，而他便顺从其意，命令赫克里斯去取了这条宝带回来。现在，希波里特乃是好战狠斗的女人国阿马宗的国王。阿马宗人居住于塞莫顿（Thermodon）河上；他们国内只养育女

①　据一位古代历史学家 Diodorus Siculus 所言，则别有异说。他说，当赫克里斯带那些马匹给欧律斯透斯时，国王将它们献给了赫拉；它们的后裔，在亚历山大大帝时还存在于世。

子,不养育男子;凡生子时,如系男子,则或杀了他,或送给别个人去养育,而她们自己只留下女子来自己养育。她们的一切教养都是男性的,不是女性的;很早便教导她们的女孩子们投矛射箭,弄棒舞枪。她们紧缚着右胸,以便投矛,却留着左边的奶房以便哺乳。现在,希波里特的阿瑞斯的宝带,乃是她为王称尊的表记。赫克里斯既奉欧律斯透斯的命令去取此带,便又招集了一班好功喜名的英雄们同去;他们同乘在一只船上,向前出发。他们的船到了帕洛斯(Paros)岛。此岛为弥诺斯的诸子所居;恰好船上有两个人上岸去,为弥诺斯的儿子们所杀害。赫克里斯大怒,遂立地前往杀死了弥诺斯的诸子,而将其余的居民紧紧的包围着;他们不得已,差一个使者与赫克里斯讲和,说,愿将他所喜的死者家中的人献上两个。于是赫克里斯解了围,取去了弥诺斯的两个孙子,一名阿尔开俄斯,一名史特尼洛士,带领他们上船而去。他的船到了密西亚,进当地国王吕科斯的宫中,吕科斯大设盛宴,款待众位英雄们。当吕科斯与白比里克人的国王宣战时,赫克里斯也帮忙着吕科斯前去打仗;他杀死了不少的敌人,在其中,有国王米格东(Mygdon)在内。他也从白比里克人那里占领得不少的土地,将它送给了吕科斯。吕科斯名这些地方为赫剌克勒亚(Heraclea)。

赫克里斯的一行,离开了密西亚,不久便泊舟于塞米史克拉(Themiscyra)的港中。女王希波里特听得赫克里斯前来的消息,便亲自到他船上来拜访。她问赫克里斯为何来到此地,赫克里斯便直捷的对她说,为的是奉了欧律斯透斯之命,要来取了她的宝带回去。希波里特很客气的允许将宝带给他带回去。但神后赫拉妒忌着她所恶的赫克里斯的屡次成功,便变了一个阿马宗人,在群众中走来走去,鼓动着她们,说是那些异邦人来到此地,要劫去了她们的王后。于是阿马宗人误信为实,个个武装起来,骑在马上,向赫克里斯泊舟的所在,大声呐喊的疾驰而来。但当赫克里斯看见了她们这样的情形时,恐怕其中有诈,便当场杀死了希波里特,剥夺下她的宝带。以后,他便率领英雄们上岸,杀散了阿马宗人。但他们并不穷追,即回船上,开船而去。

归航时,他们停舟于特洛亚。但这个大邑,那里正陷在不断的困厄灾害之中,为了阿波罗与普赛顿的愤怒。原因是,阿波罗与普赛顿想要试试特洛亚王拉俄墨冬（Laomedon）的放恣无忌到什么程度，他们便变成两个凡人，为拉俄墨冬筑辟格蒙（Pergamvm）的防城，说明是要偿付工资的。但当他们将辟格蒙城筑成了时，他却食了前言，不肯付出工资来。他还恐吓着他们说，他们如果不急急离开特洛亚，他便将以刀割下他们的耳朵来，并欲将阿波罗的手足捆住，卖到海岛上做奴隶。以如此的侮辱与劫掠加之于二位天神身上，他们当然愤愤不已。他们默默的不显原形的退开了，但立刻便各对特洛亚加以危害。阿波罗送他们以一场大疫，而普赛顿则送去了一只海怪，乘潮而至，攫去了平原上的百姓们。但神示却告诉他们说道，如果国王拉俄墨冬肯将他的女儿赫西俄涅（Hesione）献给了海怪吞吃，则这些灾害便可中止了。罗米东不得已将女儿献了出来，裸露的缚她于近海的危岩上。赫克里斯见她裸露的缚在那里，便对拉俄墨冬说，如果他肯将宙斯为了掠去了伽倪墨得（Ganymede）①而偿给他父亲的马匹给他，他便答应救全赫西俄涅，不为海怪所害。拉俄墨冬满口的答应他说，他愿意照办。于是赫克里斯杀死了那只海怪，救出了赫西俄涅。但拉俄墨冬又食言不肯将马匹给了赫克里斯。于是赫克里斯大怒，宣言有一天总要来报了此仇的，但他为了王事未了，此时只得上船回家。

他的船泊在爱纳士（Aenus）时，他为波尔底士（Poltys）所款待。当他正欲开船驶去时，却又在爱纳士的海岸上，射杀了一个淫逸的人，名为萨耳珀冬（Sarpedon）的，他乃是普赛顿的儿子，波尔底士的兄弟。此后，他又到了柴沙斯（Thasos），就征服了住在此岛上的特莱克人，将此岛给了从前掳在船上的两个弥诺斯的孙子去统治。从柴沙斯岛，他又前到托洛尼（Torone）；住在这个地方的有普赛顿的儿子柏洛托士的两个儿子，一名波里哥纳士（Polygonus），一名特里哥纳士（Telegonus）；这二人挑赫克里斯相扑角力为戏；赫克里斯答应了他们。这场相扑的结果，他们兄弟二人皆为赫克里斯所杀。自离托洛尼以后，他的船便一帆风顺的到了密刻奈，别无他事可记。他到了密刻奈之后，便将那条希波里特的宝带交给了欧律斯透斯。而欧律斯透斯便将这位英雄辛苦所得的宝物给了他的女儿亚特美特。

---

① 宙斯使大鹰带去了美童伽倪墨得，而使他成为诸神的执杯者。

第十件工作，欧律斯透斯命令他去做的，乃是要他到厄律忒亚（Erythia）取了革律翁（Geryon）的牛来。厄律忒亚乃是一个近于大洋的岛，这岛上住的是"海洋"（Ocean）的女儿卡利洛厄（Callirrhoe）所生的儿子革律翁。这位革律翁乃是一个惊人的人物；他的身体是合三个人而为一的，在腰部联合而为一，但在腰窝及大腿以下，又分而为三人。厄律忒亚者即红色之意，为的是此岛位于西方，为夕阳的红光所照射，故有此称。革律翁牧养着红牛，以巨人优里况为牧人，而其牧狗则为一身两头的怪狗奥梭士（Orthus），这狗乃是底芬之所出的，与齐米拉等怪物为兄妹。其防守是极为严密可怖的。任何凡人对于这一群红牛是从不曾起过盗窃的野心的。但赫克里斯奉了此命，也如前的慨然的行，并不畏难。他经过好几个国，走过欧洲，而到了利比亚，沿途毁灭了不少的害人的野兽。在那里，他起建了卡尔卜（Calpe）与亚比拉（Abyla）的二山，作为他的行程的纪念；但据别一个记载所说，则他系将一山中裂为二，在海的一边各留其一；此二山中的海，即现在所称为直布罗陀（Gibraltas）海峡的，那两座山也自此被称为赫克里斯的石柱。但他在途中，为太阳的炎光所苦，愤愤的弯弓要对太阳射一箭；但太阳神阻止了他，且为了同情于他的艰苦的工作，并给他以一个金杯，这金杯将他的人与马匹都装载于内，渡过大洋，运载到厄律忒亚去。他即到了厄律忒亚，便住在亚柏士（Abas）山上。然而那只两头狗见到了他，向他奔过去，狰猛的要想咬他；但他以他的巨棒击死了它。当牧人优里况闻声而至，欲助犬攻击赫克里斯时，他也杀死了他。但米诺托士（Menoetes）正在那里牧看地府的牛群，便奔去报告革律翁以所发生的事。正当赫克里斯驱赶红牛前去时，革律翁追上了他，与他交战。但他终于敌不过赫克里斯，为他的箭所射死。赫克里斯将红牛也装载在金杯之中渡过了海，然后将金杯还给了太阳神。

他赶牛经过里格李亚（Liguria），有普赛顿的两个儿子，依里盘（Ialebion）与特克纳士（Dercynus）想要劫夺了他的红牛，但他杀死了他们。据别一个传说，劫夺了他的牛群的乃是一个住在亚文丁（Aventine）山上的巨人卡考士（Cacus）。他生平作恶多端，惯于劫掠四邻财物，人家都奈何他不得。这时，当赫克里斯驱了革律翁的红牛经过亚文丁山时，他乘这位英雄的酣睡，又施其惯技，盗去了一部分的红牛。他为了不欲人看出牛迹向何方而去,故将牛尾拉住,倒拖它们而去,藏在洞中。所以,它们的足迹,看来便都似向反对方面而去的。赫克里斯为这个诈术所骗,几不能复得他的失牛。但若有天幸,当他驱赶所余的牛过卡考士的洞前时,藏在洞中的牛却哞哞的叫着,于是始被发觉,而卡考士也因此为赫克里斯所杀。

赫克里斯到了莱琪安(Rhegium)时,有一头牛离群逃去,匆匆的泅海而到西西里去,后来,它又由西西里而到了依里米(Elymi)的平原;那个地方的国王乃是厄律克斯(Eryx)。厄律克斯为普赛顿的一个儿子。他见了此牛,便将它收下,杂入自己的牛群中。但赫克里斯将牛群委托了赫淮斯托斯看管,他自己却匆匆的追迹于这头走失的牛之后。他在厄律克斯的牛圈中得到了此牛,但国王却不肯和平的将它送给他。他说,如果赫克里斯与他相扑,能够打胜他,他才肯将牛还给他。赫克里斯打倒他三次,在相扑场中将他杀死了。他取回了那头牛,合入牛队中,驱赶他们向伊俄尼亚(Ionian)海而去。但当他到了海湾上时,妒恨他的神后赫拉却送了一只大牛蝇于牛群,因此群牛扰扰不安,在特莱克的群山边上四散的奔逃,再也拘束不住它们。赫克里斯东奔西逐的追赶着,虽然追回了几头,驱赶它们到赫勒斯蓬托斯海峡,但其余的牛却自此成了野牛。赫克里斯为了此故,深怒着史特里蒙(Strymon)河,这河从前是可以航行的,但他却抛之以岩石,使它自此成为一条不能航行的河道。他装运其余的牛群回到密刻奈,给它们于欧律斯透斯;欧律斯透斯杀了它们以祭献赫拉。

这十件工作,在八年又一个月之内完全告成,他本来可以脱离了欧律斯透斯的约束;但欧律斯透斯又命令他去做第十一件工作,即要从赫斯珀洛斯(Hesperides)撷取了金苹果回来;为的是他不承认赫克里斯扫除爱琪士的牛场与杀死九头蛇的两件工作,所以赫克里斯仍要为他做两件工作以满十件工作之数。现在,撷取金苹果的事,看来虽不为难,其实却远较其余的工作为不容易;因为世人们都不知道这些金苹果与所谓赫斯珀洛斯的姊妹们,究竟在什么地方。这些金苹果乃是当赫拉结婚之时,大地的女神送给她为贺礼的;她将这些金苹果交给了赫斯珀洛斯的女儿们去看管,并遣一条恶龙帮助她们,守在树下。这条龙凡有百首,长生不死,也是底芬所出的。所谓赫斯珀洛斯的姊妹们,则凡有四人。相传说,这些金苹果与赫斯珀洛斯的姊妹们并不在利比亚，而在阿特拉斯（Atlas）山上，希卜波里亚人之间。他无从访问实信，只得依据那些模糊影响的传说而向前寻访。他到了依克杜洛斯（Echedorus）河，战神阿瑞斯的儿子库克诺斯（Cycnus）挑他决斗。阿瑞斯他自己也加入了，帮助着他的儿子去决斗。正在他们酣战着，胜负未决时，天上却射下了一阵雷霆，打在他们的中间，分开了这些决斗者①。他从此地经过依利里亚（Illyria），匆促的到了厄里达诺斯河（Eridanus），他在那里见到了宙斯与时美丝所生的仙女们。她们对他说，如果他要知道金苹果的所在，必须去问海老人涅柔斯（Nereus），但这老人善于变化，或狮或蛇，幻怪百出，必须大胆无惧的捉住他，他方才肯告诉他什么话。赫克里斯依言而行，寻到了涅柔斯。他正在酣睡，赫克里斯乘机捉住了他。他被惊觉，但也并不挣扎，一转眼间，赫克里斯见他所捉住的已不是涅柔斯而为一条凶猛的大蛇，目射冷光，口吐长舌；但赫克里斯的手并不放松；不久，他见所执的已不是大蛇而为枝叶扶疏的树干；再过一时，又变为一只狞狮而非树枝。如此的，他变了各种各式的样子，然而赫克里斯却愈不放松了他。涅柔斯之技已穷，而赫克里斯的肆应未已。于是涅柔斯不得已而复变了原形，颓唐的问道："你这暴客，到底为了什么，相迫得如此之急？"赫克里斯道："你须告诉我如何去找金苹果，我方才放了你。"涅柔斯道："你且先放松了我，我才好说话。"于是赫克里斯放了他。涅柔斯仔细的将金苹果的历史以及看守它们的人物，如何寻找的路径，全都告诉了他，还对他说道："如果你要得到金苹果，最好是先见到阿特拉斯（Atlas），他会为你取来的。这工作，决不是人间的英雄所能的。"赫克里斯谢了他，自向前途而去。他走过利比亚。利比亚的国王乃是普赛顿的一个儿子安泰俄斯（Antaeus）；他常常强迫着过客与他相扑为戏，总是杀死了他，将其头颅装饰于普赛顿的屋顶上。赫克里斯也是照常的被他坚邀相扑；一上手，他便知道赫克里斯乃是一个远非向来过客所可比的敌手。不一会，他便被赫克里斯打倒。但当他由地上翻身站起时，他的力量却较前更大了。赫克里斯

---

① 据别一传说，赫克里斯在这次决斗中终于杀死了库克诺斯。但按 Apollodorus，这个库克诺斯，后来又与赫克里斯决斗，而为他所杀。大约二者必是同一人，为的是被杀的库克诺斯也是阿瑞斯之子。

大为惊诧,此后,又接连的击倒他几次。然而他每次翻身立起,必比前次更为壮健勇猛。于是赫克里斯乃知他的力量是由于大地母亲所赋予的,于是赫克里斯立时变更了战略;不将他打倒,而将他高擒于空中,以此才得杀死了他。据有的人说,他乃是大地之子,所以会有此惊人的技能。

他过了利比亚,经行埃及。那时埃及的国王是勃西里士(Busiris),也是普赛顿的一个儿子。这位勃西里士又是一个暴主,专将过客擒去,牺牲于宙斯的坛前。但他之为此,并不是没有原因的。因为埃及曾有九年的饥馑。一个从库普洛斯来的先知便说道,如果他能将过客每年牺牲一人以祭宙斯,则此饥馑可止。勃西里士便将那位先知当作了第一个牺牲者。以后,继续的杀了不少过路的异邦人。所以赫克里斯也同样的被捉住了,带到神坛上去预备牺祭。但赫克里斯挣断了绳子,杀死了勃西里士和他的儿子而去。没有一个人敢拦阻着他。

他走过亚洲,到了赛米特莱(Thermydrae)港,这港乃是属于林狄亚(Lindians)人的。赫克里斯从一个牧人的车上解下了一只小牛,牺牲了来祭神,然后,他自己烧来吃。但那个牧人无力抵抗他,便站在一个山顶,对他咒骂着。所以,那个风俗便相传下去;每逢他们祭献赫克里斯时总要同时咒骂着,竟成了一个必要的仪节了。

他走过阿拉伯(Arabia),杀死了依马松(Emathion),又徒步走过利比亚而到了外海。他仍从太阳神那里,得到了金杯,由杯中渡过了海,到了对面的大陆上去。他在高加索的危岩上见到取火者普罗密修斯在那里受难,那只底芬所出的大鹰,正在啄食他的肝;他便取出箭来,一箭射死了这鹰,释放了普罗密修斯。这位伟大的取火者,自被暴力的宙斯所苦厄,已不知经历若干年月,至此始得脱离苦楚,复为自由的人。普罗密修斯见卡戎那么因伤受苦,求死不得,便去对宙斯说,他愿意代替卡戎而成为一个不死者。于是卡戎方得安然的死去。当时,普罗密修斯并告诉赫克里斯说,他不必自己去寻找那金苹果,仅须遣了负天者阿特拉斯代他去便可以了。但阿特拉斯是终日终年掮着天空的,他必须先代他代掮着天空一时,以待他的归来。于是赫克里斯听信了他的话,径自到了阿特拉斯所住的地方,寻到了他,与他说明了来意。阿特拉斯当然很愿意的为他尽力,因为他掮天实在掮得太久了,很觉得单调而艰苦,现在,他得以借了这个机会去游散一会,当然是异常的喜欢的。于是赫克里斯由他的肩上将天空掮到自己的头上来。整个天空,在这一转移间,都为之震撼了一下。阿特拉斯如释重负的迈步前往赫斯珀洛斯姊妹们所在的地方去。赫克里斯喊道:"快些回来!"但阿特拉斯头也不回的去了。他从赫斯珀洛斯姊妹们那里,得到了三个金苹果。他将金苹果带了回来,然而一转念间,他却不欲再掮这个天空了。他执着金苹果在手,狡笑着对赫克里斯说道:"你且代我掮着这个天空吧,我实在掮负得有点疲倦,也应该游散游散了。至于这些金苹果呢,你不用着急,我自会代你送到欧律斯透斯那边去的。"赫克里斯心里一着急,头便摇撼了一下。整个天空都动荡着,好几颗小星疏疏的落了下来。阿特拉斯笑道:"我从不曾那样的暴躁过,你且掮掮几年以杀杀你的火性吧。"他将金苹果执在手中,拔步要走。赫克里斯突然的想到了普罗密修斯告诉他的话,他说,如果阿特拉斯不欲再掮时,可用善语好言对他说道,他的头上要垫上些布,才可掮着,请阿特拉斯暂且代他掮着一下。他照计而行,阿特拉斯果然放了金苹果在地,欣然的代替他掮着天空。但赫克里斯却拾起了地上的金苹果,头也不回的去了,听任阿特拉斯在后边高声大喊①。他带了金苹果回密刻奈,给了欧律斯透斯。但欧律斯透斯接受金苹果后,却又将它们赠给了赫克里斯。但雅典娜却又从赫克里斯那里,取出了它们,将它们送归了原地;因为它们是不应该流落在别的地方去的。

第十二件工作,最后的一件,欧律斯透斯命令赫克里斯去做的,乃是从地府捉了三头狗刻耳柏洛斯(Cerberus)到阳间来。这个工作又较之取金苹果为艰险。原来,这只三头狗乃有三个狗头,一条龙尾,在它的背部又有了各种各样的蛇类的头,其凶狞为世间万物所不及;它在地府门前看守着,任何人见了都要恐怖的退却。然而赫克里斯受了此命却也一诺无辞。他走到拉科尼亚(Laconia)的太那隆(Taenarum),那里乃是下到地府的门口;他由那个门口走了下去。当他到了地府时,那些鬼魂见到他都四散的逃走了,只有墨勒阿格洛

---

① 据别一传说,赫克里斯之得到金苹果,并非由于阿特拉斯之手,乃是在他杀死了那条百首的守龙之后,他自己撷取了它们的。

斯和戈耳工墨杜萨不逃。赫克里斯见到了可怕的墨杜萨,便拔出刀来欲与她争斗,还当她是一个活的戈耳工一样。但赫耳墨斯告诉他说,她不过是一个空影而已,并不能为害的。赫克里斯方才放下刀来。他走近了地府的大门口,看见提修士与辟里助士两人被捆缚在那里,原因是辟里助士想劫取了地府之后珀耳塞福涅为妻,约了提修士同去,因此两人皆被他们捉住了,不能脱身。当他们一见到赫克里斯,他们便大喜的伸出双手,向赫克里斯求救,仿佛他是具有生死肉骨的大力士似的。他解除了提修士的束缚,援之以手,提修士果然被援释而去。但当他还想去援救辟里助士时,大地却激烈的震动着,于是他才惧而中止,听任辟里助士受其应得之罪。他还代亚斯卡拉发士(Ascalaphus)移开去了压在他身上的大石。亚斯卡拉发士为了触犯了女神得墨忒耳,所以她便将一块重石压在于地府的他的身上。赫克里斯为了要为鬼魂们预备些血吃,便杀了地府的一头牛。但地府的牧牛人米诺托士却大为恼怒,便挑赫克里斯去与他相扑。这个米诺托士在赫克里斯盗窃革律翁的红牛时,我们已一见之。这场相扑的结果,米诺托士为他所捉;为了珀耳塞福涅的恳说,赫克里斯方才放走了他。他抱头鼠窜而去,再也不敢与赫克里斯见面。于时赫克里斯见了普路同,向他要求借地府的三头狗一用。普路同说,假如赫克里斯不用他所携的武器而能制伏了这狗时,他便可将它带上阳世去。赫克里斯寻见此狗正伏在阿克龙门前,一见了他,便吠声大作,声势汹汹的要想扑过去。但赫克里斯穿上了胸甲,又掩遮以狮皮,然后他用手臂抱住这只狞兽的颈部,虽然它尾上的龙狠狠的咬住他,然而他捉得更紧,不敢放松一步,直到将它降伏了。于是他携了这只三头狗复上到人间来,在将此狗献给了欧律斯透斯看过以后,赫克里斯便又将它带回了地府,还给普路同。这里,亚斯卡拉发士身上的重石,虽为赫克里斯所移去,然得墨忒耳余怒未息,竟将他变成了一只短视的猫头鹰。

这十二件工作既已完毕,赫克里斯便恢复了自由,不复受命于欧律斯透斯,然他仍在人间漫游着,雪不平,除横暴,事业正多。

三　赫克里斯的选择

但我们在上文还没有讲到关于赫克里斯的一件很隽永动人的故事呢。这故事是这样的：

当赫克里斯为了神示的所命，不得不受命于欧律斯透斯，终年仆仆于道路上，不得一日的安适时，他原是很不高兴的。他每念及，心中便愤然不平。他觉得别人都是快乐逸豫，丰衣足食的，独有他乃如此的艰苦，无从自拔。他凄然不乐，颇有些心灰意懒之概。有一天，他又为了受欧律斯透斯之命，为他办着某一件（十二件中之一件）难办的工作；他在烈日之下奔波着，身体上都渗着苦汗，便坐在路旁，不禁又想及这些事来。这条路的前面有两条支路，沿途既无林阴，更远于人居，四面沉寂异常。突然的，当他懒懒的抬起了他的眼来时，他看见两位妇人各从一条路上向他走来。她们俩都是娇媚动人的；不过其中的一个人的脸部是具有一种温柔和善的气色，身上则穿着恰合体式的纯白的长袍；而另一人则脸色更为鲜红，她的双眼射着热烈而不定的视线。从她的肩上，披下了软柔的绣袍的长褶，她的秀丽的身体隐约可见。她以迅速而热急的步伐，抢先走到赫克里斯面前，俾占得头一个开言的地步。她对赫克里斯说道："我知道，啊，担负了许多苦作与忧郁的人！你心上是自己凄愁着，且知道你正在彷徨于中途，不知何适而可。那么，你且随了我来吧，我要引导你到一条温和快乐的路上去，在那条路上，既没有重重叠叠的风波之险苦恼你，又没有操心愁虑的事惊扰你。你将永远听闻不到战争与决斗，疾病与痛苦也永不会降临到你的身上来。但你将终日的坐在盛宴的席上，静听着行吟的歌者的唱奏。你永不会缺乏了晶莹的美酒，柔软的衣袍以及愉快适体的床榻。你也将不会没有恋爱的快乐的，为的是，女郎们的亮晶晶的媚眼，将会温和的落在你身上，而她们的歌声也将会在柔和的黄昏，群星熠熠在天的时候，催送你入睡。"赫克里斯说道，"你允许给我那么许多快乐的东西，夫人，但我却是为一个硬心肠的主人所压迫着的。你的名字是什么呢，能够给我知道么？"她说道："我的朋友，你可以称我为快乐的人；但他们以爱眼望在我身上的却给我以恶名，但他们的话是虚伪不可信的。"

于是其他的一位妇人开言道："啊，赫克里斯！我也是很明白你的境遇，与你所注定的运命的，且知道你是怎样的从孩提时代便已辛勤劳苦着的了；所以，我想，你将给我以你的爱；为的是，如果你跟随了我走，那么，将来的人们便会津津的谈到你的功绩，而我的名字也将更为高扬着了。但我却没有甘言蜜语来欺骗你。没有工作决不会得到好果，没有辛苦也决不会挣得伟大的声望的。如果你要求地上的果子，则你必须耕种它，灌溉它；如果你要得到不死的天神们的福佑，则你必须用祷辞与祭品来到他们之前；如果你要求着人们的爱好，则你也必须为他们做着有益于他们的好事。"于是别一位妇人插了进去说道："你看，赫克里斯，爱莱特（Areta）要引领你到一条疲苦的长途上去。但我的路却是阔大平坦，极快的便会领你到快乐的所在的。"但爱莱特的双眼却蕴着恼怒，厉声的答她道："啊，你这坏人，对于不知道怎样做工勤力的人，你给的是什么好东西呢？且你还能感觉到什么快乐呢？你在没有渴而思饮之前便痛饮着美酒，你在没有饥而思食之前，便恣啖着美食。虽然你也被数在不朽的神道中，恐怕那天神们将驱你出于天堂之外，地上的善人们也将讥嘲着你了。当一个人的心上不自禁的赞颂着他时，那才是一切声音中的最甜美可爱者，然而你却不之闻，当一个人欣羡的望着他的伟大的工作时，那才是一切眼光中的最温柔动人者，然而你却未之见。他们，那些匍伏于你之前者，皆是些少年便柔弱不禁，老境皆凄楚难堪的凡庸下流的人们。但我在天上则和天神们同住，在地上则和贤俊的人们同在；没有了我，则一切贤明，纯洁的事件将不会被人想到，也不会被人做着的了。我是比之一切他神都更为天神们所敬重；我是比之一切他人，皆更为爱我的凡人们所崇拜。在和平时与在战争时，在康健时与在疾病时，我乃是一切要我的人的臂助；而我的臂助却从不曾失败过的。我的孩子们知道一切快乐中的纯洁的快乐，当苦作了一天之后，而休息的辰光来到了时。他们在少年时则壮健无疾，他们的肢体则活泼愉乐；他们在老年，则生活安舒，回想过去而自喜；而当他们躺下来长眠着时，则他们的名字独在人间为人们所崇拜；有的是，他们做过了勇敢而高尚的行为。爱着我，所以，赫克里斯，服从了我的话，当你的苦作完毕了时，你将和我住在一处，同在于不死的天神们之中。"

于是赫克里斯低下了头,听从她的劝告。当这两位女神离开了他,已不为他所见时,他便站起身来,高高兴兴的去做他的苦工,去担负他的痛苦。他知道他自己该选择了哪一条路走去。

从此以后,他再不愁闷的埋怨着了,十二件的伟大的工作,遂以完成;而他的威名便也远震于希腊全土,无人不知,无人不晓。

四　阿尔刻提斯的被救

赫克里斯自做完了那十二件伟大的工作之后,便回到他的故乡底比斯去。他将他的妻墨加拉给了伊俄拉俄斯为妻。但他自己也很想别自成家有室。他听见众人传说,奥查里亚(Oèchalia)的国王优里托士(Eurytus)欲将他的美丽的女儿伊俄勒(Iole)嫁给那个与他自己及他儿子比箭而得胜的人。赫克里斯访问得实,便向奥查里亚而去。他到了那个地方,与他们比箭,结果是他的箭术比他们都强。但他虽然得胜,国王优里托士却不肯将女儿伊俄勒招他为婿;为的是他说,他怕赫克里斯如果生了孩子,他仍会将他的所出杀死了的。但优里托士的一个儿子伊菲托士(Ephitus)却极力主张不可食言,应将伊俄勒如约嫁给了他。优里托士不听其言,赫克里斯便由奥查里亚到了他处去。

他到了斐莱,救了斐莱的王后阿尔刻提斯出于死神之手。这事的前因后果是这样的:

阿波罗为了杀死为他父亲宙斯制造雷矢的库克罗普斯,被宙斯判罚他下凡为凡人服务一年。于是他便幻变了凡人的样子,到了底萨莱为斐莱的国王阿德墨托斯牧羊。阿德墨托斯并不知其为神,但却款待他甚为殷勤和善。为的是他原是一位聪明正直的王。这时,珀利阿斯有一个女儿阿尔刻提斯,艳名久著;阿德墨托斯前往求婚。珀利阿斯说,如果他乘了为狮与野猪所拖的车而来,他便将女儿嫁给了他。因了阿波罗的帮助,这个艰难的试验居然成功了。阿尔刻提斯遂与他成了婚;两人的生活甚为快乐。但不久,阿德墨托斯不幸的生了病,看看快死,阿波罗为他向运命之神们——他们乃是主宰着人类的生与死的——求得这个允许,即他如果得到一个代死的人,他便可以活着。阿德墨托斯听了这话,甚为高兴,因为他想,这个代死的人一定是不成问题可以找得到的。也许他是听惯了他的侍臣们与寄食者们的种种媚语谀言，所以有了这个幻想。然而在实际上，却并不如此。勇敢的武士们愿为他们的国王在战场上牺牲了性命，但牺牲在病榻上却是他们所不欲的；老仆们久已服役他家，看他长大成人，但也不愿以有余不久之日子，代替他们主人的死。人们问道："那么，他的父母之一为何不去代死呢？他们已经年纪很老了，离死亡之来临，为日已无多；谁还有比之父母更热心的代替他们自己所生的儿子去死呢？"然而不然，他的父母虽不愿他死去，却也不欲以自己可贵的生命代替了他。阿德墨托斯至此才惶然的不知所措。于是，他的妻，贤良而忠心的妻，沉默不言的旁观了这许久的，便慨然的愿意代他死去。阿德墨托斯虽爱生命甚挚，却也甚爱其妻，他不忍见他的妻为他而死。然而他却又没有他法避免了这个运命所注定的结果。于是，阿尔刻提斯病了，而阿德墨托斯则复健起来。但他的心中则痛楚不已，深悔答应了运命之神的这个条件。他看见他的妻一天天病得沉重，立刻便要临近于死亡之境，精神的痛苦，较之他自己的就死尤为难忍。当指定的日期到了，"死亡"前来要取了她去，它到了门口，看见阿波罗正在那里走来走去，手里执着弓。"死亡"见了他，对他说道："你在这里做什么呢，阿波罗？你救全了阿德墨托斯不是已够满意了么？你现在难道又要以你的弓与箭来看守着这个妇人么？"

"不要怕，"阿波罗答道，"我有着我的正义呢。"

"如果你有着正义，那么你要你的弓有什么用处呢？"

"这是我的习惯，常要带着它在身边的。"

"啊！这便是常常帮助这一个王家，超出于一切正义与法律之外。"

"不，但我是为着我所爱的那个人的忧愁而烦恼着呢，所以想帮助他。"

"我知道你的狡辞与诡计；但这个妇人你将不能从我掌握中取去。"

"但想想看，你所能有的不过是一个生命。你不能取了别人来代替她么？"

"我要的是她，不是别人；为的是，我取了年轻的去，我的荣誉便更大。"

"我知道你的脾气,憎恨天神们,也憎恨凡人们。但立刻便要有一位客人到这一家中来了,也许他会违反你的意志劝服了你的。"

"随便你怎么说吧,一点也没有用处的。现在我且去割下了她的一把头发来,因为我从死人身上,取了这些最初的果子。"

同时,在王宫之内,阿尔刻提斯是自己已预备好了就死。她先用河中的清水洗净了身体,然后从她的木箱中取出她的最美丽的衣服,穿在身上。这样的布置就绪了,她便站在火炉之前,祷求着的说道:"啊,神后赫拉,看呀! 我今天要离开了。但愿你保佑我的孩子们,给这个以一个高贵的丈夫,给那个以一个忠爱的妻子。"她这样的祷遍了宫中所有的神坛,并将番石榴的树叶敬放于每个神坛之上。她不哭,不呻吟,脸色也不变得灰白;但最后,当她回到她的房中时,她却投身于床上,吻着它,哭道:"我并不憎恨你,虽然我为你而死,给我自己以代替我的丈夫。别一个妻将占有了你,不会比我更忠实,但,也许比我更有幸福!"她哭得很久。她的孩子们牵着她的衣服,她抱了他们起来,先是一个,后又一个,热烈的吻着他们。所有在宫中的侍从们全都为他们的王后而哀哭,她都一一的与他们握别。以后,当她的死的时辰已至,她便对她的丈夫哭道,因为他已把她紧抱在臂间,仿佛他要阻止了她,不让她走:"我看见了渡载死者的船了,渡夫察龙(Charon)的手握在竹杆上,向我呼唤道:'快点,你使我们等得已久了。'"并且,还道:"一个有翼的死者的使人,从他的乌漆的眼睑之下望着我,要领我开去,你没有看见他么?"以后,她似乎已预备死去了,然而她又聚集了力量,对国王说道:"听我说,我在死去以前,要告诉你我要你做的事。你知道我怎样的牺牲了我的生命代你死去,因为,当我活着而你死了时,我固然可以得到任何的底萨莱的一个国王为夫,富裕尊贵的住在这里,然而我却不能忍住为你的寡妇,也不忍见孩子们成了无父之儿,所以,我便牺牲了我自己,虽然你的父与生你的母不肯代替了你。但天神们是任凭己意的命令了这一切的,随他去吧! 所以,请你以此为偿吧! 这个偿报,你诚然要给我的;你之爱孩子们也和我一样的,那么,请你不要带一个继母给他们吧。她将会憎恨他们,虐待他们的。一个男孩子还好些,但,我的女儿,你的遭遇将如何呢? 为的是,你的母亲将不能见到你的结婚,也不能和你在一处,当你生产时——那时乃是一个母亲最显出仁与爱的——来安慰你了。现在,别了,我今天死了。而你,也别了,我的丈夫。你失了一个忠实的妻,而你们,我的孩子们,也失了一个忠实的母亲了。"

于是阿德墨托斯答道:"不用忧虑,我将照你的话办。我将不能得到第二个像你那么姣美高贵而且忠实的妻。从此之后,我将不再招朋引客在宫中宴乐了,我的头也将不再冠以花冠,我的双耳也将不再听着音乐的了,我自己也将永不奏琴歌唱;我要命令巧匠铸成了你的身像,我要紧抱了它在臂间,思念着你。这诚然是冷酷的慰安,然而却将慰藉了些我灵魂的负担。但唉,不幸我没有俄耳浦斯的歌声与音乐的绝技,否则,我便可下到地府,以我的歌声,劝请地府之后,或她的丈夫释放你回来了;而普路同的三头狗或渡夫察龙,也将不会阻止我带你回到光明之中来的了。但你要在那里等候着我,因为我也将到那里去和你同居着的;当我死时,他们会将我葬于你的身边,因为没有哪个妻子有你那么忠实的。"

于是阿尔刻提斯说道:"取了这些孩子们去,有如我的遗赠的东西,成为他们的一个母亲吧!"

"唉,我呀!"他叫道,"自夺去你以后,我将怎样办才好呢?"

她说道:"时间将慰安了你;死者不算得什么的。"

他说道:"不,但让我和你一同去吧!"

王后答道:"我代替了你死,这已经够了。"

当她这样的说了时,她的鬼魂便离了身。

于是国王对聚集在他身边安慰着他的老人们道:"我要看这场葬礼,你们且唱着挽歌,我下这个命令给全体我的人民们:他们要为王后服丧,他们要穿着黑衣,剃了头,有马的人家并须割下它们的鬃毛,在一年之内,城中并不许有弹琴吹笛的声音。"

于是老人们如命的歌唱着挽歌。当这挽歌的声音消歇了时,赫克里斯恰好旅行经过斐莱;他到了宫门口,问国王阿德墨托斯在家不在家。

老人们答道:"他在宫里,你有什么事要见他呢?"

正当这时,国王从宫中走了出来。当这两个人彼此寒暄着时,赫克里斯见国王剃了发,有如一个居丧的人,便定要问他是什么原故。国王答道,他那天要埋葬了一个他所爱的人。当赫克里斯更进而问道,这个人是谁时,国王却说道,他的孩子们都无恙,他的父亲也健康,他的母亲也如此。对于妻,他却那样的说着,因此,赫克里斯便不知道他指的是他的妻。因为,他说道,她不是血族中人,然而却是一个亲近的人,她被她父亲留下为孤儿,故住在他宫中。尽管如此,赫克里斯却要离开了他的宫殿,到别的地方去找人招待,为的是他不欲扰及他的居停主人。但国王却不肯让他走去;他对站在他身边的一个仆人说道:"带领这位客人到客室里去,叫经管的人要好好以饮食款待他。"他还低声的对他说道:"你要注意闭上了客室与宫中的门户;为的是客人在宴饮时,听见了居丧哀哭的声音是不对的。"

当老人们向国王问着,为什么他心上有了那么大的忧戚,却还招待着一个客人之故,他便答道:"如果我让这位客人离开了宫中与此邑,你们不更要讥评我么? 因为,如此做着,我的忧愁并不曾减轻一分,而我却已失去待客之礼了。如果我有机会到他那里去时,他也一定会殷勤的款待着我的。"

赫克里斯已入了客室,而他们现在也已预备好了阿尔刻提斯的葬事的一切。老人菲莱士,国王的父亲,走了近来,跟随着他的仆人们,执着衣袍冠服以及其他的装饰,要送给死者。当他走到了尸床之前,见到了死者时,他便对国王说道:"我是来和你同悼着的,我的儿子,因为你失了一个高贵的妻子。虽然这是一件很不幸的痛苦的事,然而你必须忍耐着。你且取了这些东西去,因为她,为你而死的,应该有着这个光荣。且她的死,也为了我,我便可以不至于无子的走到坟墓中去了。"他还对死者说道:"你,好好的去吧,高贵的妇人,你救这个家族于颓亡了,愿你在死者所住的地方安逸快乐!"

但国王却大怒的答道:"我并不曾请你参与这个葬礼,这位死妇也将永不饰以你所给的赠品。你是谁,你为何要哀悼她呢? 你实在不是我的父亲,因为你已经是到了很老很老的年龄了,然而你却不去代替你的儿子死去,却听任这个妇人,并非至亲骨血的,为我而死,所以我视她为父与母。但我自被夺去了我所爱的她之后,我所余的日子也是很可怜的。你不是曾享受过人生的一切快乐,你不是从幼至老都享受着王者之福么? 你要在你身后遗留下一个男子来,俾你的家族不至为你的敌人们所劫掠。我平日不是十分的孝敬你和我的母亲的么? 看! 这却是你所偿报于我的。所以,我对你说,你快快的抚养着别的儿子们,俾他们能在你的老年孝养着你,当你死时,按礼埋葬了你，因为我是不葬你的。对于你，我是已死的了。"

于是这位老人开言说道："你以为你是驱使着什么用钱买来的奴隶么？难道你忘记了我是底萨莱的自由人，且历代以来都是如此的么？我抚养着你，为我后继的这个王家的主者；但为你而死，我却没有这个义务。在希腊人中，从不曾有过父亲要代儿子死去的风俗。你死，你活，那是你自己的事。你所享有的一切东西全都是由我授给你的：统治着许多人民的一个国家，还有，我所由父亲授给我的许多土地。我几曾错待了你？我骗诈了你什么来？我并不要求你代我而死，而我也不欲代你而死。你爱看世上的这个光明，你以为你的父亲不爱看见它么？因为死者的时日是十分的悠久的，但生者的岁月却是短促而甜蜜的。但我要对你说，你是无耻的逃脱了你的运命而杀死了这个妇人的。是的，一个妇人战胜了你，然而你却卑怯的加我以罪。真的，这乃是你的一个聪明的狡计，你应用了此计，你便可以长生不老了；你如果结婚了许多次，你仍能劝诱你的妻为你而死的。那么，你且知耻的闭上了嘴吧！如果你爱生命，你要记住，别的人也是爱它的。"

国王和他的父亲如此的互相斥责着，说了许多难听的话。当老人愤愤的离开了时，他们便抬起了阿尔刻提斯到葬地上去。

但当他们参与葬礼的人与尸身都已去了时，一个经管客室的老人却走了进来，埋怨的说道："我看过多多少少的太阳之下的各国的客人们来到阿德墨托斯的这个宫殿中，然而我却从不曾款待过像这个客人般的如此一位恶客的。因为，第一，他明知道我的主人是在深愁殷忧之中，他却坦然的走进门来。然后，他却极不客气的享受着饮与食。如果他缺乏了什么，他便高声的要求着；然后，取了一个大杯，饰以他手中执着的长春藤的叶子，倒了一满杯的红酒，并不加以清水，一饮而尽。当酒的火力已经温暖了他时，他便头上冠了番石榴的树枝，极其丑恶不堪的唱了起来。于是我们便可同时听见了两种声音，其一是这个东西的高歌；他那么扰扰的歌唱着，完全没有想到我们主人的忧苦；其一是我们奴仆哀哭着我们女主人的悲声。但我们却不让这个异邦人看见我们的眼泪，因为我们的主人曾这样的吩咐过来。这实是一件伤心的事。我必须款待这个异邦人，看样子，他若不是一个贼，便是一个强盗。同时，他们都送我们的女主人到她的墓中去，独我则不能跟随着她去，我的手也不能伸触到她，她乃是住在宫中的一切人的母亲似的人。"

当这个人这样的说着时，赫克里斯也从客室中走了出来；他头戴番石榴的花冠，脸上红红的罩着酒光。他对那位仆人叫道："啊，这边来！你为何看来那么严肃，仿佛满是心事似的呢？你不该这样子来对待你的客人，仿佛是有重忧似的。到这里来，我要教训你更聪明些。你知道一个人的生命是什么样的东西么？我猜想，你是不知道的。那么，听我说。没有一个人他知道明天是什么样的。所以，我对你说，称心如意的快乐着吧；吃着喝着，且以现在的这一天为你自己的，而其余的却都是不可知的。至于一切其他的事呢，且让它去吧。听我的话，且放下了你心上所有的这个忧愁，进到这个房间中来，和我一同喝着。酒砰然的倾倒入杯中时，立刻便会舒慰了你的这些忧郁的思想了。你是一个男子汉，你便该聪明的效法男子汉的样子；因为我的判断如果不错的话，则脸上若罩着愁云时生命便不复是生命而只是忧愁了。"

于是仆人答道："这一切我都知道；但我们王家正遭着大戚，我们是不应该作乐着，嬉笑着的。"

"但他们告诉我说，这个死了的妇人乃是一个异邦人。你们为什么如此的忧苦着呢？这一家的主儿们不都还健在着么？"

"你怎么说他们都健在着？你不知道我们所遭受的是什么忧苦。"

"这我是知道的，除非你主人诡异的欺瞒了我。"

"我的主人是为了不欲失去敬客之礼。"

"难道宫中死了一个异邦人便会阻挡了他不去接待客人了么。"

"一个异邦人，你说的？如此的称呼着她，真是可诧怪的事。"

"那么，你的主人竟遭际了他不肯告诉我的忧苦了么？"

"正是的，否则我便不会伤心的见你在欢宴着了。你是看见了这个剃去的头发与这些黑色的衣袍的。"

"那么，什么事？谁死了？你主人的孩子们之一么？他的老父么？"

"客人，我告诉了你吧，死的人乃是阿德墨托斯的妻，我们的王后。"

"你怎么说？然而他却给我以招待与宴饮？"

"是的，为的是他不欲羞耻的使你离开了他的家。"

"啊，不幸的人，你失去了如何的一个善助呀！"

"唉，失去了她，我们全都觉得悼惜的。"

"这我很知道，因为我看见了他眼中的垂垂欲滴的泪珠；而他的头也剃了，他的容色是那么忧戚。但他却欺骗了我，竟说死去的妇人乃是一个异邦人，因此，我才进了宫门，快快活活的宴饮着，头上还戴上了花冠，一点也不知道我的居停主人的遭遇。但，来，告诉我，他将她埋葬到什么地方去了？我到哪里去才可以找到她？"

"一直沿了到拉里萨去的大路走去，你便将在郊外看见她的坟了。"

于是赫克里斯自己想道："唉，我的人，你在这日之前，曾冒过不知多少的险，做下不知多少的伟大的事业；现在，我更将冠于一切，表示出我自己乃是宙斯的一个真实的儿子了。现在我要救活了这个已死的妇人阿尔刻提斯，而将她送还给她的丈夫，俾得相当的报答了阿德墨托斯。所以，我要去，等候着这位黑袍之王'死亡'。我想，我将会在坟旁找到了它的，它一定会来喝着牺牲们的血液的。我将在那里掩伏的等候它，向它扑去，双臂紧抱了它，除非它答应将这个妇人放出给了我，任何人不用想将它从我手中释放了去。但如果碰巧我找不到它在那里，它竟不来赴血之宴，则我也要走下到地府之后那里，走下到太阳所不照的地方，向阴后恳求着释放了她。她无疑的会将阿尔刻提斯给了我的；那么，我便可以将她还给她的丈夫了。为的是，他是那么敬重的款待了我，不愿驱我离开了他的家，不管他自己是如何的受到那么重大的忧戚的打击。在底萨莱，不，即在希腊的全土上，会有一个人像他那么样的好客敬士的么？我想是不会有的。他是高贵的，而他将要知道，他所尽心款待的并不是一位损友。"

于是他走了。当他走了之后，阿德墨托斯已经葬毕了他的妻回来，一大群的人跟着他；在其中，长老们正竭力的设法要安慰他的忧戚。当他走到他宫殿的门前时，他叫道："我将怎样的走进你门内？我将怎样的住在你门内？我从前曾走进了你的门限，我的手中握着她，那位已死者的手，许多的火炬，照耀着，结婚歌的声音欢乐的震闹着；而在我们之后，跟随了一大群的人，个个都诛颂着她和我，说我们是那么高贵的一对。现在，哭声却代替了结婚歌，黑衣却代替了白色的婚袍；而我竟要孤零零的走进我的寂寞的床上去了。"

但当他还逗留在宫门前，徘徊瞻顾，不忍即进时，赫克里斯却又回来了，他领着一位妇人同来，这妇人脸上罩面网。当他看见国王时，他说道："我要坦白的对一个朋友说话，一个人不该藏一点歪念在他的心上。所以，听我说。虽然我是值得被算为你的朋友，然而你却不说，你家中的妻是死了，却还要邀我入宫豪宴欢笑。为了这，所以，我不得不责备你。现在，我要告诉你，我为什么回了转来。我求你为我看顾这个妇人，等我再来。如果我遇了不幸，则让她长住于此以服侍你吧。她之到了我手中，并不是不费什么辛苦的。我仿佛是从竞走角力场中而回。为了相扑角力的报偿，我得到一头肥牛的奖赏，还加上了这个妇人。现在，我要你看顾着她，为了这，也许有一天你会感谢我的。"

国王答道："当我不让你知道这事的真相时，我并不曾没有细想过。如你到了别一家去住歇，则我便只有忧上加忧的。但至于这个妇人，则我请你，对别的底萨莱的国王，没有遭受到如我所遭受的忧戚的要求着这事吧。在斐莱，你有不少的朋友，但我见了她，却不能没有眼泪。那么，不要让我加上这个新愁吧。并且，她年纪尚轻，我猜想她是很年轻的，怎么能住在我的家中呢？实在的，夫人，你的身材是很像我的已死的阿尔刻提斯的。我求你带她离开了我的眼前，为的是，她扰苦着我的心，我见了她，我的眼泪便要落下了。"

于是赫克里斯说道："假如我有了那个力量，则我便能从死者的住所带回了你的妻，而将她放在你的手中了。"

"我知道你的好意，但这有什么用处？没有人能够救死回生的。"

"唔，时间将温和了你的忧戚，而现在却是深而新着呢！"

"是的，如果你指的时间是死亡的。"

"但一位新妻将慰安了你。"

"不要再说；这样的一件事从不曾进入我的思想中来。"

"什么？你将永远的保持着这个鳏夫的情形下去么？"

"将永不会再有妇人做了我的妻的。"

"这对于死者有什么用处呢？"

"我不知道，然而我如对她犯了虚伪，宁愿早日死了的好。"

"然而我却要你取了这个妇人到你家中去。"

"不要将这件事要求我，我恳请你，用你的父亲宙斯的名义。"

"如果你不收留了她，你将失了许多。"

"如果我收留了她，我便将碎了我的心。"

"也许有一天你会感谢我的，只要你听我的话。"

"好吧，他们将会领了这妇人入宫去的。"

"我不欲你将她委托了你的仆人们。"

"如果你这么想着，那么你自己领她进去吧。"

"不，但我要将她给到你的手中。"

"我决不接触到她，但她可以进我的家中。"

"我只肯委托她在你的手中。"

"唉，赫克里斯，你违反了我的意志，强迫了我做这事。"

"伸出你的手，拉住她。"

"我接触到她，有如我之接触着戈耳工的头颅。"

"你握住了她没有？"

"我已经握住了。"

"那么，安全的保守着她吧；你要说，宙斯的儿子确是一位高贵的朋友。看看她是不是像你的妻，且将你的忧戚变了喜悦吧！"

当国王阿德墨托斯看时，啊，这位幕了脸的妇人却原来便是他的妻阿尔刻提斯！赫克里斯果然从"死亡"那里夺得她回来，送还给她的丈夫了[①]。

五　漫游的英雄

却说赫克里斯救阿尔刻提斯出于"死亡"之手以后，便由斐莱复出而漫游。恰好优里托士的儿子伊菲托士正在寻找着他。原来，他离了奥查里亚不久，欧玻亚有些牛畜为人所盗去，优里托士以为盗牛者别无他人，定是赫克里斯；但他的儿子依菲托士绝对不相信此事。

[①]　此据 Apollodorus，将赫克里斯救活阿尔刻提斯的事放在他在奥查理亚与优里托士父子竞射而去之后。但据 Euripides 的悲剧 Alcestis，则赫克里斯之救阿德墨托斯的妻，事在他尚为欧律斯透斯服役，出发要去做第八件工作，即去驱回狄俄墨德斯的吃人的马群之时。

他便出发去寻找赫克里斯。当他们遇到了时,他便邀请赫克里斯与他同去寻找那些失去的牛。赫克里斯答应了他,且还高高兴兴地款待着他。但他又发了疯,便捉住了优里托士从底林斯的城墙上抛了下来。他要求涅琉斯为他洗清了这个谋杀的罪过;但涅琉斯却因他与优里托士素有交谊之故而拒绝了他。他便到了亚米克莱(Amyclae),被得伊福玻斯(Deiphobus)将他的这个罪过洗清了。但他究竟为了此故,患了一场可怕的疾病。他到了得尔福,去问神巫,他要怎样的才能脱离了这个恶疾。为了阿波罗的女祭师不由神示而答着他,他便大怒着,很想劫掠了神庙中的所有,携去三足鼎,自己创立一个神示所。于是阿波罗出现与他决斗,战得正酣时,宙斯抛了一阵雷火于他们中间。当他们这样的分开了时,赫克里斯得了一个神示,这神示宣称,赫克里斯如欲治愈了他的疾病,须要被卖为奴三年,以其款偿还了杀死优里托士之罪。在这个神示显言出来之后,赫耳墨斯便带了赫克里斯去卖;他为翁法勒(Omphale)所买去。翁法勒乃是依亚丹士(Iardanes)的女儿,李狄亚(Lydia)的女王,当她的丈夫特莫洛士(Tmolus)死时,将国政交给了她管理。他将卖身所得的款奉给了依菲托士,但他不肯接受此款。

赫克里斯在翁法勒处服役着时,他也建立了不少的功绩。他在厄斐索斯(Ephesus)捉住了两个名为考柯卜士(Cercopes)的人,将他们的身体倒悬的吊挂在一个杆上。他又在奥利斯(Aulis)杀死了西洛士(Syleus)和他的女儿;为的是西洛士拥有一所巨大的葡萄园,他每每强迫过路的人为他掘地种植;不幸他也要强迫着赫克里斯,便为他所杀。他更将葡萄树连根的烧为灰烬。他在杜丽克(Doliche)岛上时,看见了因飞翔过高,太近于太阳,因而蜡翼被熔化坠落海中而死的伊卡洛斯(Icarus)的尸体,被冲上海岸,他便埋葬了它;自此以后,他便易此岛之名为伊卡里亚(Icaria)。伊卡洛斯的父亲,著名的巧匠代达罗斯,为了报他此德,便建立赫克里斯的一个立像于辟沙(Pisa),赫克里斯经过那里时,恰在黑夜,辨别不清楚,误认为活的人,向它抛了一石,伤损了它。在这个为翁法勒服役的时代,据说,他还曾参与于寻找金羊毛之役。而大猎卡吕冬的野猪之役,也恰在此时举行,而提修士也正漫游各处,扫除了不少恶寇。

他为翁法勒服役了三年,期满之后,他的疾病也痊愈了;他想起了特洛亚国王的欺诈他的怨仇,久未报它,便组织了一支远征军,加入者皆为勇猛高贵的武士,他自为统帅,凡为船十八只,每只船各具五十支桨,直向特洛亚驶去。他们到了特洛亚的港口,便将船只交给俄克勒斯看管,而他自己和其余的英雄们便出发去攻城。然而特洛亚国王拉俄墨冬却乘机率领了大兵来劫船,当场杀死了俄克勒斯,但仍为赫克里斯的留守军队所击退。他复入于城中,城遂被围。围城不久,太莱蒙便第一个攻破了城墙,进入特洛亚城,追随于他之后而进的乃是赫克里斯。但当赫克里斯一眼看见太莱蒙已经先他而入城,他便十分的忿妒,拔出刀来向他冲去,生怕有人要比他自己的名誉更高。太莱蒙觉察到了,便俯身去捡拾地上的石块;当赫克里斯问他为什么捡拾石块时,他答道,他要用它们建造了一座神坛以献光荣的战胜者赫克里斯。赫克里斯放下了刀,恳切的向他道谢。当他攻下了城,杀倒了拉俄墨冬与他的诸子时,便将拉俄墨冬的女儿赫西俄涅(Hesione)赠给了太莱蒙以酬其功,并允许她随意选择一个俘虏为她使役。在拉俄墨冬的诸子中,现在生存者只有一个波达克士(Podarces)。于是她便于众人中,指定了波达克士。但赫克里斯说道,他必须先成了一个奴隶,然后再为她赎出奴籍。于是当他被卖了时,她便取下她脸上的面幕,当作赎款。自此以后,波达克士便被称为普里阿摩斯(Priam)即"买来"之意。

当赫克里斯由特洛亚得胜而回时,赫拉且妒且恨,便在海面上起了一阵可怕的风涛,连天空都为之乌黑无光,要打翻了他的舰队;但她的丈夫宙斯却大为恼怒,将她从俄林波斯山吊挂了起来。她吊在那里好久之后,才为宙斯所释放。

赫克里斯的船到了柯斯;柯斯人误会了他,还以为他是率领着一个海盗的舰队,要来掠劫海岸,便聚集了众人,各各抛石,以阻止他的向前。但他在石下如雨之中,强行上岸,乘夜攻取了城邑,杀死了国王优里辟洛士;他也是普赛顿的一个儿子。但在那场凶猛的战争之中,赫克里斯也为卡尔克东(Chalcedon)所击伤。但宙斯正当卡尔克东要杀死他之际,将他从空中取了开去,以此,他竟没有受到危害。

他将柯斯焚毁成一片荒土之后,便因了雅典娜的帮助,来到弗里格拉(Phlegra),加入诸神的一方,去和巨人们决战。这一场神与巨人的大决战,其结局当然是天神们的一方得了胜利,赫克里斯在其中也极为奋勇。

　　过了不久，他又召集了一队阿耳卡狄亚的军队，希腊的名将也加入了不少人；他带领了这一支军队，出发去攻击爱琪士。但爱琪士已经知道了这个战争的消息，便选了优里托士与克特托士（Cteatus）为依里亚（Eleans）人的统军者。这优里托士与克特托士乃是两个人合而为一人者，他们的力气远超过当代的一切人。他们乃是爱琪士的一个兄弟亚克托（Actor）的儿子。但在这个征战的中途，不幸赫克里斯得了病。因此，他便和依里亚人的领军者优里托士与克特托士订立了一个和约，预备领军而回。但后来，他们知道了赫克里斯的患病的消息，他们便破约去攻击赫克里斯的军队，杀伤了不少人。为了那个原故，赫克里斯不得不命军士退却下去。但后来，依里亚人派遣了优里托士与克特托士去参与祭神的大会。赫克里斯侦知了这个消息，埋伏军士于中途，杀死了他们。于是他进军攻打厄利斯，不久便攻下了这城。当他杀死了爱琪士和他的诸子时，他便请回了斐里士，给他以这个国家。

　　他攻下了厄利斯城之后，更进军去攻打辟洛斯城。辟洛斯城的国王乃是彼里克里曼尼士；他是涅琉斯诸子中的最凶恶者，在战争中善于幻变各种的形状，时狮时狗，时树时鸟，又时而蜜蜂。但这不足以敌久历战事的赫克里斯，他终于杀死了这位善变形者彼里克里曼尼士，攻下了辟洛斯城。他还杀死了涅琉斯和他的诸子，只除了涅斯托（Nestor）一人；因为他是一个少年，在琪林尼人（Gerenians）中抚养长大的。在这场酣战中，他还杀伤了地府之王普路同，又以一箭射伤了神后赫拉的右胸，而战神阿瑞斯的大腿，也为赫克里斯的矛尖所伤，竟使这个大神卧倒在地上。这些天神们都是帮助着辟洛斯人的。

　　他攻取了辟洛斯城之后，过了不久，又起军去攻打拉刻代蒙（Lacedaemon），想要惩罚希波孔（Hippocoon）的儿子们；他之所以与他们有怨者，一则因他们帮助了涅琉斯与他决战，再则也因他们杀死了李肯尼士（Licymnius）的儿子，因为当他望着希波孔的宫殿时，一只狞狗冲出来要咬他，他向这狗投了一石，伤了它，因此，希波孔的诸子便冲了出来，以他们的木棒打死了他。因此，赫克里斯便又召集了一支军队去攻打拉刻代蒙人。他到了阿耳卡狄亚，要求刻甫斯和他的二十个儿子加入他的军中。但刻甫斯生怕他如果离开了特其亚，阿耳戈斯人便会乘隙来攻城，所以他便拒绝参加于这次的征战。但赫克里斯曾从雅典娜那里，得到放在一只铜缸中的戈耳工的一束头发；他便将此发交给了刻甫斯的女儿史特绿浦（Sterope），并且对她说道，如果有军队前来攻城时，她只须从城墙上将这一束发举起三次，假如她不望着前面时，敌人便会转身惊逃而去。于是刻甫斯和他的儿子们才放下心肠，随军而去。在那场大战中，他和他的二十个儿子都战殁了；同时战殁的还有赫克里斯的兄弟伊菲克勒斯。但赫克里斯终于杀死了希波孔和他的儿子们，攻掠了那个城邑。以后，赫克里斯便招回了去国的丁达洛士，将这个国家交托了他。

后来，赫克里斯到了卡吕冬，娶了俄纽斯的女儿狄妮拉（Deianira）为妻。那时向俄纽斯求娶狄妮拉为妻者尚有河神爱克洛士。狄妮拉是那么娇媚可喜，致使他们二人都有不得不休之心。赫克里斯夸说着宙斯是他的父亲，以及他所成就的种种勋功伟业。然而爱克洛士也不甘让步；他说，一个神道是决不欲让步给一个凡人的；他还说道："我的河道是经由你的境内的；我娶了你的女儿，并不是如一个异邦人似的；我将成了你自己的国人。"他并以恶语骂着赫克里斯。但赫克里斯的双眼睁望了他许久，再也不能忍住他的盛怒，他说道："我的手是比我的舌更好的。让你在口舌上占得便宜，而我却只要在决斗中战胜着。"说着，他便猛向爱克洛士扑去。爱克洛士既已说得那么勇敢，不好意思退缩，便也作势预备迎敌。爱克洛士躯干巨伟，转动不灵，时为赫克里斯所攻击，然而也幸得他躯干的巨伟，所以如危岩似的孤峙于海中，任波涛汹涌的击打而不为之动。他们如两牛相斗似的固结不开，两边观看的人皆为之栗栗危惧。最后赫克里斯奋起神力，将爱克洛士一跤摔倒在地，再也挣扎不起来。但他见力量不足以取胜，便使出他的神通来，变成一条大蛇，唛唛的向他冲去。但赫克里斯笑道："我在摇篮中便已以征服大蛇著名的了；你还听见过我曾杀死了九头的怪蛇么？我还稀罕你的幻形么？"说着，他将蛇颈紧紧的握住。爱克洛士几乎被窒息而晕去，于是他只剩下最后的一着了。他摇身一变，变成了一头野牛，于是他便以牛形与他决斗。他以全力向赫克里斯冲去。赫克里斯侧身抱住了他的头，握住了他的角，硬生生的将它拗折下来。爱克洛士既痛且羞的逃回去了，于是赫克里斯便娶了狄妮拉。

他在卡吕冬住着时，曾和卡吕冬人一同去攻打依菲拉（Ephyra）城，这城的国王是菲拉士（Phylas）。他攻下这城之后，曾和这位国王的女儿发生了恋爱，而生了一个儿子。他回到卡吕冬，住不多久，又因一件不幸的事而出走。

有一天，他和国王俄纽斯同坐在盛宴的席上，当俄纽斯的宗人，童子优诺莫士（Eunomus）正倾注清水于他的手上时，他的肘节无意中一动，碰击到这个童子的身上而杀死了他。这童子的父亲很明白这不幸的事件，纯是于无意中发生的，他便原谅了赫克里斯。但赫克里斯却愿意根据当时法律，自动的流放出国。他决意要到特拉考士（Trachis）的开克士（Ceyx）去；他带了狄妮拉和他同去。他们到了依纹妮斯河，见流水滚滚，无法飞渡。赫克里斯他自己是不难渡过的，然而带了狄妮拉，却无法可想。恰好有半马人涅索斯坐在河岸上；他专以负客渡河，求得雇资为业；他妄言，天神们命他经管此河的过渡事，凡过客非付渡资给他不可。这时，涅索斯见赫克里斯偕同了一个丽人，踌躇无计的在河岸上徘徊着，便前来对他献殷勤道："让你的太太骑在我的背上渡过对岸去吧；你自己是会泅水过去的。"于是赫克里斯将狄妮拉信托了他。她见了那个半人半马的怪物，又见汹涌深险的河水，吓得战兢兢的脸色灰白了。但赫克里斯先将他的巨棒与弓抛掷过对岸去，然后，他自己带了箭袋，涌身入水，泅了过去。正当他到达对岸，拾起了他抛过去的弓时，却突然的听见他的妻的惊喊；他回头一望，知道涅索斯正要带了狄妮拉向反方向而驰去。他高声的对涅索斯喊道："你这坏东西，你做什么事？你这两形的涅索斯，我告诉你，你不要走入我和我所有的东西的中间。你如果不怕我，你也要怕天罚。不管你相信你自己奔跑得如何迅疾，然而你是逃不去的。如果我的足没有赶上你时，我的致死的箭也会追到了你的。"涅索斯不顾其言，只是飞奔的逃走。在他背上的狄妮拉只是叫喊着。赫克里斯来不及渡河来追，随即搭箭于弓上，直对半马人放了一箭，正中在他的背上。箭尖刺出于胸前，涅索斯痛楚得不能再走了；他卧倒在地，他的两个创孔中，涓涓的流出毒血来（为的是，血中杂着箭尖上所浸的九头蛇的死毒）。涅索斯呻吟的低语道："我便死了，也要报了此仇。"他便脱了他的外衣，浸入他的热血中，将这涂满毒血的外衣给了狄妮拉①。他假作恳挚的对狄妮拉说道："你看，我快要死了，但我先要给你一个赠品。取了这件血袍去；将来如果你丈夫对你的爱情衰减了时，你可以将这一袭衣服给他穿在身上，他便将炽起如初次的待你的爱情来的。"狄妮拉相信了他的话，将这血袍藏了起来。

涅索斯既死，赫克里斯复渡过河来，设法将狄妮拉也渡过河去。他们经过了德律俄珀人（Dryopes）的国家；为了缺乏粮食，赫克里斯将遇见的一个人所驾车的两头小牛，卸了一头下来，杀了它食着。他到了特拉考士，甚为开克士所接待。他遂与狄妮拉安居于特拉考士。在这个时代，他曾征服了德律俄珀人。

后来，他由特拉考士出发，率领一军去帮助都里人（Dorians）的国王爱极莫士（Aegimius）。为的是，柯洛纳士（Coronus）率领了拉比斯人，为了国境界线的争执，来与他开战。他无法抗拒，城邑遂被围。因此，他派人去求赫克里斯的帮助，允许献给他国土的一部分。于是赫克里斯遂率军来帮助他。赫克里斯杀死了柯洛纳士以及别的人，将全土都给了爱极莫士，他自己不取分毫。他也杀死了拉哥拉士（Laogoras）和他的儿子们，为的是，他是一个坏人，且是拉比斯人的同盟军。当他经过伊托纳斯（Itonus）时，他被阿瑞斯的儿子库克诺斯激他决斗。这位库克诺斯乃是一位无恶不作的人；每遇过路的客人，他都邀他们决斗而害死了他们，割下他们的头颅，欲以这些可怕的东西，建造一所献给他父亲阿瑞斯的神庙。但这一次他却恶贯满盈，竟遇到了赫克里斯而为他所杀，自此绝了此路行人之患。

当赫克里斯来到奥曼尼安（Ormenium）时，国王亚明托（Amyntor）率领了武士们禁止他经过国境。于是他们决战了一场，赫克里斯也杀死了他。

他回归特拉考士，与其妻同住了一时。他想起了优里托士的前仇，便在特拉考士召集了一支军队，前去攻打他。结果，他杀死了优里托士和他的儿子们，占取了这城市。他既葬了他自己军中的战死者们，便要建立一个神坛献给宙斯。他掳获了公主伊俄勒并其他妇

---

① 据 Sophocles 的 Trachiniae 及 Apollodorus（Ⅱ，ⅶ，6）诸书，狄妮拉所取者为血，而非血袍，这血后来才涂在赫克里斯所要穿的衣服上的。此系据 Ovid 的 Metamorphoses（Ⅸ，132 以下）。

女，差使者利卡斯（Lichas）先行送到特拉考士去，并命他到家中取了一件美好的外服来，以便祭神。

六　赫克里斯的死

狄妮拉在家中正念着在外的丈夫；她为了她丈夫已过了约定的归期尚未归来，心里觉得很忧闷；她对着她的儿子希洛士（Hyllus）说道："不会有什么意外的事吧？你的爸爸怎么还不回家来呢？"她日夜的这样的盼望着。有一天，正当她又在想念着时，一个从人进来说道："恭喜，太太，赫克里斯快要回家了。我听见了使者利卡斯这样的说，所以赶先的跑来告诉你。"

"但，"狄妮拉问道，"使者他自己为什么不来告诉我呢？"

"因为所有的百姓们都围住了他，在问他这个那个的，所以挡阻了他。"

过了不久，使者利卡斯也来了。她连忙问道："我丈夫好么？有什么消息？"

"是的，"使者说道，"他异常的康健，且不久便要归来了！"

"你离开他时，他在什么地方呢？还逗留在优里托士的城中么？"

"我离开他时，他已到了欧玻亚，正预备在那个地方大祭宙斯呢。"

"他是这样许下了愿呢，还是受有什么神示的呢？"

"他是还着他的愿的。因为他在执着矛攻陷这些你所见的妇人们的城邑之前，许下了这个愿的。"

她还不曾注意到站在使者利卡斯背后的许多被掳的妇人；这时，听见了他的话，方才抬头细看她们；见她们一个个都是低头愁容的，异常的憔悴可怜。

"她们是谁呢？就是从优里托士城中来的么？她们看来是很可怜的。"

"不错的，当赫克里斯攻下了优里托士的城邑之后，掳获了她们来的。"

狄妮拉很可怜那些俘虏们，她祷求天神们道，但愿她的孩子们不至逢到这个运命，即或运命注定非受此苦不可，也要在她死后，俾她的眼不至亲见。她看见在这些俘妇之中，有一个远比她们俊丽的少女，长身玉立，姿态娇媚，而态度庄重，神色傲慢，有似一个王家的公主。她问她是什么人，叫什么名字；但那个少女低下头，一言不答。于是她又转身去问利卡斯，要他告诉她。但利卡斯却装作一切都不知道似的，仅仅的说道，她似是身世很高贵的，从开头她便不曾说过一句话，只是哭泣不已。狄妮拉闻言，深为怜爱着她，吩咐着道，他们不得扰苦她，且携她到宫中去，好好的款待她，不要使她忧上加忧。

但当利卡斯暂别了一刻去做别的事时，那位首先前来报信要讨狄妮拉欢心的从人却对她说，他有话要单独对她说。狄妮拉知道他有要话，便遣开了在旁的人。这个从人对她说道，使者利卡斯所说的话并不是真实的；他自言他并不知那位美人姓甚名谁，其实，他是深知道着的，因为她乃是国王优里托士的女儿，她的名字叫做伊俄勒。外间人言凿凿的都说，赫克里斯前去攻打那个城市，原来为的是爱她之故。

狄妮拉听了这话，心中忧忧不已，生怕她丈夫的心现在要由她的身上移转到别人的身上去。但她还不能十分的确信，所以，当利卡斯又来了，传达了赫克里斯的一切的话后，便要前去赫克里斯处回话时，她却对他说道："利卡斯，你不是一个喜欢说实话的人么？"

"是的，以天为证！"他说道，"我不曾说过一句谎。"

"告诉我，那么，你所携来的妇人中，那位少女是谁？"

"是一位掳来的女人，但她的身世姓名，我却不知道。"

"听我的话。你知道和你说话的是甚等样的人么？"

"我知道；她是公主狄妮拉，国王俄纽斯的女儿，赫克里斯的妻，我的女主人。"

"你说我是你的女主人，那么，你如果欺瞒了我，该受什么罚呢？"

"什么欺瞒的事？你这话有什么意思？但这都是废话，我最好快去复命。"

"你要走须要等着我将我所要问的话完全问完了时。"

于是狄妮拉命人去唤了那个仆人前来，将他刚才所说的话，当着利卡斯的面，全都说了出来。她装作毫不动情似的，还是和言善色，一点也没有愤恨她丈夫的意思。于是利卡斯支不过去，只得实说前后经过的事，并说起赫克里斯从前比射得胜，却因优里托士食言致不能得妻的事。于是狄妮拉才确知那位少女果是公主伊俄勒。

于是狄妮拉要利卡斯等候着，等她取出了赫克里斯大祭用的衣服交他带去。一面，她和住在特拉考士的她的女伴们商议着，告诉她们，她藏有半马人涅索斯的血袍；据他说，这袍穿上了赫克里斯的身上，便可以复炽起他对于她的爱情。她们全都赞成她将这袍送了去，于是她取出了这件血袍，袍的颜色还是极鲜明的，但血渍则已消失不见了。她叫了使者利卡斯来对他说道："赫克里斯的大祭应用的衣服已经取出来了，你且将它带了去。你看它不是那么美丽可爱的么？你且对他说，这是我说的话，在他穿着此袍之前，不许有一个人先他而穿了它，太阳的光也不能接触着它，不，连火光也不能接触。须到了他大祭宙斯的日期方才可以穿着。你好好的传着这话吧。"

利卡斯说道："我是熟悉着赫耳墨斯的技术的，他乃是神的使者，我当用心的依照着你的吩咐而办着。"

狄妮拉见使者利卡斯取了这件外袍去，心里一时很安慰；她深信着，他的心一定会如前的不变的挚爱着她的了；她是那么需要着这个爱呀！

于是使者利卡斯走了，带了这件血袍同去。但过了不久，她回想了一会，心里又不安起来，这不安渐渐更变而为恐惧。她愈想愈怕，从宫中跑了出来，绞着双手，对着她的女伴们说道，她这时的心里十分的害怕着呢，生怕要无知的闯下了一场大祸。她们问她为何如此的悲恐，她便说道："一件可怕的事发生了；那件血袍，原是半马人涅索斯临死时给我的，他所说的话，我没有一句忘记了，它们在我心上记着，有如刻在一块铜板上。他再三的吩咐着我这件血袍不可曝在太阳中，也不可使它见了灯光，否则那魔力便要失去了，我都仔细的听从他的话。现在，当这件袍取出来时，有一片多余的袍里的布[①]，带去无用，我便留了下来。不料，当我回宫时，这块布已经因偶为太阳所曝，而烧得只剩下一点灰烬了；而在它下面的地面，也起了很大的泡沫，有如男人们将葡萄汁倾入杯中时所起的泡沫一样。现在，我不知我要怎么说才好；因为，实在的，虽然我以前从不曾想到这一层；我

---

① 据 Sophocles 的悲剧 Trachiniae，燃烧着的东西，乃是一束用以揩血在袍上的羊毛。这里，因为不用其说，故也改为一片布。

想,那个半马人所说的话未必可信,其中一定有诈,因为他决不会对于杀他的人有好意的。也许他欺骗了我,意欲借此害了他。因为我知道,那箭毒乃是一个极毒的致命的毒物;卡戎虽是一个神,也因此而遭受了大难。如果我所怕的事不错,那么,我恐怕我要害了我的丈夫了。"

她刚刚说完了这些话,她的儿子希洛士极匆促的飞奔了来。当他看见了她时,他叫道:"唉,我的母亲,我但愿看见你是死了,或者,你不是我的母亲,或者,你要比现在的心肠好些。"

她吓得呆木了,知道一定的有不幸的事发生,勉强的问道:"我做了什么事呢,孩子,致使你这样的责备着我?"

"你就在今天要使我的爸爸死去了。"

"你怎么说? 谁告诉你以这个可怕的事?"她战抖抖的问道。

"这是我亲眼看见了的。如果你要听见所有经过的事,那么,听我说吧。我的爸爸,攻下了优里托士的城邑之后,便到了海边,预备要祭献宙斯。恰好使者利卡斯带了你给他带去的那件致命的袍而来。他立刻如你所吩咐的穿上了这件袍子在身,即命杀死了十二头肥牛,一百只别的畜类,以便举祭。他心里快快乐乐的拜着神道们,颇以那件袍子的精美自喜。但当火燃炽了,他身上的汗也出来了时,那件袍子却自动的紧箍于他的身上,有如一个人以极巧的手技,裁制适合于他身材的内衣一样,他全身便为痛楚所中,有如被一条蛇所咬。于是他叫了使者利卡斯来,问他带了这件毒袍来是什么目的,当那个东西说是你吩咐他带去的时,我的爸爸便捉住了他的足,掷他在海边的一块岩上,他的脑浆散出而死。所有站在那里的人全都可怜那个人死得那么惨,私责着爸爸的那么发狂似的横暴。但还有更可怖的事在后呢。他立刻要扯去这件致命的毒袍;但当它扯去了一片时,便连皮肤都扯了下来,好像这袍是和他肢体黏合在一处了;他只好听其自然,否则,他的身体便要只剩下血淋淋的筋血与骨骼了。他自己的血在嗞嗞的作沸着,有如一片红热的铁块浸入冷池中。那可怖的火焰熊熊的遍身烧着,焦黑的汗,从满身上流出。他们看见他时而双足蹦跳到空中去,时而倒身在地上滚;他的痛苦是那么凶狠,竟没有一个人胆敢走近了他。所有在四周的岩石也都反震着他的哀号。这时,他们个个人都惊吓的面无人色,不知所措。但过了一会,他一眼看见我也在人群中，便叫我去说道：'到这里来，我的孩子；不要在我的愁苦中逃开了我，即使你要和我同死。但扶了我，放我在没有人能见我的地方；但最要紧的是，要带我离开了这里，我不在这里死去。'于是我们将他抬到一只船上去，带他回到这里来。你不久便可以在这里看见到他了，不是刚刚死去，便是快要死去了。这乃是你所做的事，我的母亲；因为你已杀死了你的丈夫；那样的一个人，你在这个世间是再也寻不到第二个的。"

当狄妮拉听见了这一席话时，她并不说一句话，只是匆匆的走进宫中，如一个发了狂的人似的穿堂入室的奔进去。最后，她进了赫克里斯的房中，坐在地上，悲哀的哭着道："唉，我的婚床呀，我将不再躺在这个床上了！别了！"当她说时，她解下了她胸前的金别针，坦开了她的左胸，在任何人能够阻挡她之前——因为她的老乳母已看见了她所做的事，飞快的跑去叫她的儿子来——她取了一柄双刃的刀来，当心刺了下去，立地倒下去死了。当她已经躺在那里没有生气时，她的儿子方才赶到。他现在才从家人那里知道，她乃是被那个恶兽涅索斯所欺骗的，便跪在她身边，哀哀的哭着。他说道，他是在一天之内，同时失去了他的父与他的母了。

但当他这样的哭着时，从人们中抬进了赫克里斯；他躺在一张异床上，正熟睡着，因为那痛苦暂离了他一会儿。一个老人，为这一群人的指导者，恳切的对希洛士说，他不该惊醒了他的父亲。但赫克里斯已经听到他的儿子的哭声，立刻醒了过来。然后，他又痛楚得高声喊叫着，他一时控诉着宙斯为何忍心任他受着这种的痛苦，一边又责骂站在他身边的人，说，他们为什么不给他一把刀以了结他的痛苦。但他咒骂得最凶的还是对于他的妻，她乃使他受到此苦；他对希洛士说道：

"现在看，我的儿子，这个不忠的妇人怎样的给我以如此的痛楚，此苦是我在全个世上所从不曾受到过的；你知道，我走遍全世界，不知清除了多少的巨怪大妖。现在，你看我，曾经降服了一切的东西的人，却怎样的哭着喊着，有如一个女子。这些手与臂，我曾用了它们杀死了不可克服的尼米亚的巨狮，杀死了洛那的九头大蛇，且也曾将防守在地府门口的三头狗拖到太阳光中来；它们从不曾在争战决斗之中为人所克服过的，现在却那样的为火所吞毁，所烧消了。但有一件事他们还应该要做的,即我要杀死了做下这个罪恶的她。"

于是希洛士答道:"爸爸,请你容我说句话,因为我要告诉你母亲的事。"

"说吧! 但你不要助恶的设辞以原恕她。"

"她已经死了。"

"谁杀死了她? 你说的真是一件奇事。"

"她以她自己的手自杀了。"

"这是坏消息,可惜我不曾亲自杀死了她!"

"当你听完了我的话时,你对于她的心将要变了。"

"这诚是怪事;但你说下去。"

"所有她做的事全都是出之于好意的。"

"还说出于好意,你这坏孩子,她不是已杀了她的丈夫么?"

"她想要保守着你的爱,生怕你的心要移转到别人身上去。"

"谁是特拉考士住民中这个从事于那么巧诈的巫术的人呢?"

"好久以前,半马人涅索斯给她以那件毒袍,说是,她可以以它赢回了你的爱情。"

当赫克里斯听见了这话时,他高叫道:"那么,我的结局是到了! 因为在好久之前,便有先知对我预言道,我将不死于任何生存的东西之手,而要死于一个住于死者之区内的东西之手。现在,这个半马人,在多年之前为我所杀,乃也杀死了我以报了他的仇了。现在,我的孩子,听我说,你是知道俄忒(OEta)山的,你自己抬了我到那山上去,愿意和你同去的朋友们也可以去。在那里筑起了一个火葬堆,放我于堆上,然后燃起火来。你要注意,你不要流一滴泪或发声号哭,但要沉默的做着这个工作,如果你确是我的忠实的儿子;如果你不依照了我的话做去,我的诅咒便将永附在你的身上了。"

希洛士誓言,他可以遵办这一切事,只是他不能以自己的手将这火葬堆燃着了。于是他们抬赫克里斯到了俄忒山顶上,建了一个巨大的火葬堆,放赫克里斯在上面。希洛士同来的一人菲洛克底特士(Philoctetes)用火将这火葬堆燃着了。为了这个功绩,赫克里斯将他的百发百中的弓与箭,给了菲洛克底特士。

在他死去之前,赫克里斯还命希洛士娶了伊俄勒为妻。

据说,当火葬堆正熊熊的燃烧着时,有一阵乌云在赫克里斯身下经过,它轰轰的响着雷声,将他泛荡于天上去。他自此以后,便得到了不朽,且也与赫拉复和了,娶了她的女儿,青春的女神赫柏为妻。

当赫克里斯既死而为神时,他的尚住在欧律斯透斯治下的儿子们,便逃到开克士那里去。但当欧律斯透斯要求开克士交出他们,否则便要宣战之时,他们便也怕了,全都离开了特拉考士,逃过希腊各地。欧律斯透斯还是不舍的追捕着他们。但他们到了雅典坐在"怜恤"(Mercy)的神坛上,请求保护,于是雅典人保护着他们,拒绝将他们交出。欧律斯透斯遂与雅典人宣战。大战的结果,欧律斯透斯的好几个儿子被杀死了,他自己也乘车而逃,但希洛士追赶着他,将他杀死了。希洛士割下他的头颅,将它献给祖母阿尔刻墨涅;她以纺杆挖出他的双眼。

第六部　雅典系的传说

一　雅典娜与普赛顿的比赛

雅典国的第一个国王是刻克洛普斯（Cecrops），他是大地的一个儿子，其身体为人与蛇的合体。这个地方从前称为雅克特（Acte），自他占地为王之后，便以自己之名，名之为刻克洛辟亚（Cecropia）。据古老的传说，在他的时代，天神们都要各自占领着一个城市，为的是，要这一个城市的人，特别的崇奉他或她。当雅典城方始立下基础之时，普赛顿与雅典娜便各欲得它为自己的城邑。于是普赛顿先到了阿提刻（Attica）来，他站立在护城山上，以他所执的光亮的三股叉在地上一顿，他便在这山上生出了汪汪的一个湖，后来称它为依里克西斯（Erechtheis）。继他之后，又来了女神雅典娜，她植了一株橄榄树在后来所称为潘特洛西安（Pandrosium）的地方；此树枝叶扶疏，可以荫被多人。他们二人各欲占有了这个国家；当他们正在激烈的争辩着，各不相让时，神之王宙斯却分开了他们，指定了十二位天神作为他们的公判员，以判定这个将来的伟大的国家，究竟应归谁所有。

这十二位天神尊严的倨坐于高座上，宙斯坐在他们之中，特别的严厉可畏。海神普赛顿站在那边，他的长大的明闪闪的三股叉还击在岩上，海水从岩上喷涌而出，三股叉的尖端还在湿淋淋的往下滴水，这表示他是要占有这个城市的。雅典娜则站在别一边，头戴金盔，手执着一盾一矛，在她的矛尖之旁的地上，生长出一株青翠的橄榄树，密密层层的挂着果子。天神们诧异的望着，于是群神们便公判以这个城给了雅典娜。于是"胜利"冠雅典娜以花冠，雅典娜遂成了此土的保护神；而普赛顿则狂怒而去，随以大水淹没了阿提刻的平原。雅典娜以她自己的名名此城为雅典。自此以后，橄榄树繁植于阿提刻全土，对人民们大为有利。

据别一个传说，则其故事是这样的：橄榄树突然的出现于阿提刻，在别一个地方，又突然的出现了一个水湖。于是国王刻克洛普斯便遣使者到得尔福的阿波罗那里，去问那些征兆，主着什么吉凶。神示告诉他说，橄榄树与水乃为雅典娜及普赛顿二神的象征，阿提刻的人民们可以自由的选择这两位神道中的一位为他们的保护神，因此，这个问题便交到一个全体市民大会中去议决。这时，女子与男子一样，也是有市民权的；她们也参与于这次的总投票。所有的男市民们全都投普赛顿的票，而所有的女市民们则全都投女神雅典娜的票。投票的结果，因为女市民较男市民多出了一个，故胜利便属于女神。普赛顿大怒，遂将海水淹没了阿提刻。阿提刻的人民们，为了要平息他的愤怒，便决定，自此以后，取消女子的投票权，所生的孩子们也不许再加上他们母亲的姓名。

附录　普赛顿与雅典娜

邻近克菲莎斯(Kephisos)河的岸上，厄瑞克透斯(Erechtheus)在多岩薄泥的地上，建立了一个城池。他是一个自由勇敢的民族的父亲；他的城邑虽鄙小，然而宙斯以其前知的力，已知此城他日必成为广大的地球上最光荣的一邑。海之主普赛顿与宙斯的处女女儿雅典娜之间，对于厄瑞克透斯的城邑究竟应以谁的名字为名的问题起了争执。于是宙斯指定了一天，要在居住于高高的俄林波斯山上诸大神之前，为他们裁判此事。

当那一天到了时，诸神各皆到克菲莎斯河岸上来，就坐于他的金座上。高据于一切之上者乃是神与人的伟大父亲，宙斯的座位，在他的身旁，坐着神后赫拉。这一天，即人类之子也能凝望着他们，因为宙斯放下了他的雷电，而他有的天神们也都平和的前来静听他的对于普赛顿与雅典娜之间的裁判。福玻斯·阿波罗(Phoebus Apollo)手执他的金琴坐着，他的脸上掩抑不住他的俊美，但在他的闪闪有光的眼中已无愤怒之意，而他的刺击一切伪行假言的人的百发百中的矛也不用的放在他身边。他的一边，坐着他的姊妹阿耳忒弥斯，她的生活是消磨在追猎地上的兽类与到优波泰斯（Eubotas）的芦草繁生的河岸上和仙女们嬉游着的。宙斯的又一边，坐着永远活泼年轻的赫耳墨斯，他乃是天神们的代言者，他手中执着一杖，以实行他伟大的父亲的意志。火的主赫淮斯托斯和家人的保护者希丝蒂亚（Hestia），也都坐在那里。还有好争喜战的阿瑞斯，终日沉酣于宴席与酒杯中的狄俄倪索斯也都坐在那里；还有，从海中浪花里升出来而给世界以笑声的阿佛洛狄忒，也坐着。

在他们之前，站着那两位伟大的争执者，在静候着宙斯的裁判。雅典娜在左手高执着那支战无不克的长矛，在她的盾面上，藏着不为肉眼所见的一张脸，凡人一见了这张脸便不得活。普赛顿紧站于她的身边，傲然的自许其权力的伟大，正等着比赛的开始；他的右手执着明闪闪的震大地挥海波的三股叉。

于是代言者赫耳墨斯从他的金椅上站了起来，他的清朗的口音振响于一切来会的大众之上。他说道，静听宙斯的意思，他现在要裁判着普赛顿与雅典娜间的争执了。厄瑞克透斯的城邑，将以那位能从地上生出最有益于人类之子的赐品的天神的名字名之。如果普赛顿成就了这，这城便将名为普赛顿尼亚（Poseidonia）；但如果雅典娜呈出更高的赐物，这城便将名为雅典。

于是海王普赛顿威严的走了前来，他将他的三股叉击他所站的地上，立刻山峰连底都震撼着，土地裂了开来，从这深罅中，跳出一匹马来，其筋力的健壮，毛色的俊美，是后来的马匹所从不会有的。它的身体，毛色纯白，有如落下之雪；当它四足踏在地上，嬉游的奔驰过山与谷时，它的鬃毛傲然的在风中飘荡着。"请看我的赐物，"普赛顿说道，"将我的名字名这城。谁还能将什么比马更高明的东西给人类之子呢？"

但雅典娜以她的锐利的灰色眼凝定的望着诸神；她徐徐弯身到地，在地上种下她右手所执的一粒小小的种子。她不说一句话，但依然恬静的望着诸神。立刻，他们看见从地上长出一个小小的绿芽来，这芽长高了，生出枝叶来；它生长得更高更高了，树上遍布着浓密的绿叶，在它的丛聚的树枝上，长出果子来。"我的赐品比普赛顿的更好，啊，宙斯！"她说道，"他所给的马，将带了战争、哄斗及痛苦给人类之子，我的橄榄树乃是和平与丰稔，康健与强壮的表示，而且是幸福与自由的保证。那么，厄瑞克透斯的城邑还不该以我的名字名之么？"

于是诸神众口一声的叫道："雅典娜所给予人类之子的赐品是更好；这乃是表示，厄瑞克透斯的城邑在和平将比在战争更伟大，它的自由将比它的权力更光荣。且让这个城邑名为雅典城。"

于是克洛诺士（Cronos）的有权力的儿子，宙斯，点头表示他裁判这城邑应名为雅典。当他从他的金座上站立起来，回到俄林波斯的神厅去时，不朽的头发从他的头上飘拂下来，大地在他足下颤撼着。但雅典娜仍然站在那里，望着现在已是她自己的土地；她向厄瑞克透斯的城邑伸出她的矛，说道："我已得了胜利，这里将是我的家。我的孩子们将在这里，于幸福与自由中长大成人；人类之子们将到这里来学法律与秩序。他们将在这里见到，当凡人们得到住在俄林波斯山上的诸神的助力时，他们的手将会做出什么伟大的事业来；当自由的火炬在雅典城熄灭了时，它的光明将被传过别的地方；人们将会明白，我的赐物仍将是最好的；而他们将说，尊重法律，尊重思想与行动的自由乃是从厄瑞克透斯的名为雅典的城传给他们的。"①

二　雅典的诸王

刻克洛普斯娶了亚格洛鲁丝（Aglauros），生了一男三女。男名厄律西克同（Erysichthon），死时无子。他的第一个女儿名亚格洛鲁丝（即以她母亲的名字为名），和战神阿瑞斯恋爱着，生了一个女儿亚尔克卜（Alcippe）。普赛顿的一个儿子，想要强迫着亚尔克卜与他相恋，阿瑞斯知道了这件事，便杀死了普赛顿的这个儿子。普赛顿向宙斯控诉着，宙斯便以十二位神道为公判官，判决这件案情。其结果，阿瑞斯得以宣告无罪。

刻克洛普斯的第二个女儿名赫耳塞（Herse），神的使者赫耳墨斯与她恋爱，生了一子名西发洛斯（Cephalus）②。黎明女神爱上了他，

_____

①　这一则故事，见于 Cox 的"Tales of The Gods and Heroes"中，显然带有很浓厚的后来修正的痕迹，与古旧的传说不很相同，但实是这传说中的最美丽的一个，故同时译出附录于此。

②　据别一传说，西发洛斯乃系狄安（Deion）的儿子。

将他带去了。他们在叙里亚(Syria)同住着,生有一子名底梭纳士(Tithonus)。但西发洛斯后来娶了柏绿克里丝(Procris)为妻。底梭纳士生有一子名法松(Phaethon);但关于法松的异说甚多。有的说,他并不是西发洛斯的孙子,而是他与黎明女神生的儿子。[①] 更有一说,尤为流行,则说法松与西发洛斯并无关系,他的父亲乃是日神。关于日神之子的法松,曾有一则很动人的故事。兹附述于下。

附录　法松驱日车

宙斯与伊俄(Io)生了一个儿子,名为厄帕福斯,他和他的母亲同住在庙中;他自己深以为宙斯之子自傲。他有一个游伴法松,年龄相同,其高傲的心胸也相类,他乃是太阳与仙女克丽曼妮(Clymae)所生的儿子。有一次,当这个法松高傲的不肯屈服于他,而夸说着福玻斯乃是他的父亲时,厄帕福斯却有意的羞辱着他,说道:"你真是一个傻子,乃相信你母亲告诉的一切话,误认他人为自己的父亲。"法松愤怒得满脸通红,但却因为十分的羞辱,便勉强的抑止了他的怒气,直跑到他母亲克丽曼妮那里,一一的将厄帕福斯的侮辱他的话告诉她。"你也许更要悲戚着呢,母亲,"他说道,"我心胸高傲,口舌是不肯让人的,却也被他说得无言可答。我真是羞耻,这样的一场侮辱的话,人家说了出来,我却不能回答。但如果我果是日神所生的儿了,请你给我一个证明,俾我得以向人夸言我的神裔。"这孩子这样的说着,将他的双臂抱了他母亲的头颈,坚求着她。克丽曼妮被他所感动(这不能确定,到底她的感动,是受了法松的请求之故呢,还是因为直接对于她的侮辱的愤怒),伸出双臂向天,转眼向着光明的太阳,叫道:"现在对着这个既能听见,且能看见我的光明的太阳,我向你立誓,我的儿子,你,乃确是现在你所见的太阳神,且是管辖着全世界的太阳神的儿子。假如我说了谎话,我便永不能再见到他,这天便是我眼睛最后一次望着白日之光的时候。但你自己去寻找你父亲的宫殿,也并不是困难的事;他升起的所在离我们自己的地方并不远。如果你这样关心着,你便到那里去,将你的问题,向太阳他自己问着罢。"法松

---

① 参看 Hesiod:Theog;986 以下;Pausanias,Ⅰ,3,1。

听了他母亲的话,快活得跳起来,已经在想象中触摸到天空;他在走过他自己的埃塞俄比亚,和最近于太阳之下的英特(Ind)地方之后,便很快的到了他父亲升起的所在了。

日神福玻斯的宫殿高站在危柱之上,闪闪作光的黄金与青铜,如火似的照耀着,光滑的象牙冠于上面的屋翼双叠的门户,则耀射着燃烧似的白银的光彩。而其制作之工,则较之材料尤为美丽。莫尔克勃(Mulciber)在门上雕镂着包围于中央大地的水洋,以及悬挂于地上的天空。水中活跃着颜色深暗的海神们;吹着响螺的特力顿,变幻无方的柏洛托士,还有埃该翁(Ægæon),两只壮臂抛过一对的大鲸鱼;还有多里斯(Doris)和她的女儿们;她们有的在水中泅游,有的坐在岩上在晒干她们的绿发,有的则骑在鱼上。她们不是完全相同的面貌,然而又不是完全不同的,巧妙的恰好到处的表现出姊妹们的殊异来。陆地上有的是人与城市,森林与野兽,河流,仙女,以及别的地方神们。在这些景物之上,则布置着光耀的天空的代表,右手的诸门上有六个宫宿,左手的诸门上也有六个。

现在,当克丽曼妮的儿子,爬上了引到日宫中去的峻峭的道路,走到了他父亲的屋宇之下时,他便直向他父亲的脸上望着,但却停留于几步路以外,因为他不能忍受得住更迫近的光彩。福玻斯身裹一件红袍,坐在他的照耀着光亮的绿玉的神座之上。他的左右分站着每日神,每月神,岁神,与世纪神;时间神也位置整然的坐着;少年的春天也在那里,头上冠以花冠;还有夏神,全身赤裸的,只戴着熟稻的花圈;秋神也在那里,全身沾染着踏践的葡萄液;还有冰冷的冬神,须发雪白而硬直。

太阳神福玻斯坐于他们的中央,运用其无所不洞瞩的双眼望着这个见了这一切新奇的景象而战栗着的少年,说道:"你为何而来?你要在这个高高的住所求得些什么呢,法松?没有父亲要否认一个儿子的。"这个孩子答道:"这个广漠的世界上所共有的光明,福玻斯,我的父亲(假如你允许我以用此名称的权利!),如果我的母亲克丽曼妮不是在一个不真实的伪托之下潜藏了她的羞耻的话,那么,请你恩允给我一个证明,我的父亲,俾一切人都知道我是你的真实的儿子,将我心上的这个疑团取去。"他说了,他的父亲取去了他的炫目的光冠,吩咐孩子走近来。他拥抱了他的孩子,说道:"你是值得称为我的孩子的，克丽曼妮告诉你的确是实话。你不要疑惑我的话，任你向我要求实现什么意愿，你都可以从我手上得着。我以神道们向它立誓的而我从不曾见过它的史特克斯河为证，证我以必守我的允诺。"他刚刚说完了话，这个孩子便向他要求他的车，以及驱赶他的有翼的马匹们的权利一天。

父亲懊悔着他的誓言了。他再三的摇着他的金光四射的头，说道："你的话证明了我的刚才的话是说得太鲁莽了。但愿我能够收回了我的允许！因为我自承，我的儿子，只有这一件事我是要拒绝你的，但我至少要设法劝阻你。你所要求的事是很不稳当的；你要求着过于巨大的一件事物了，法松，这件事物乃是不适宜于你的那么轻的年龄与筋力的。你的运命注定是凡人；你所要求的事却不是凡人们之所能为的，在你的真朴的无知中，你已要求了连天神们自己也不能求得的一件事了。虽然他们每个神都可如意之所欲为而为着，然而，除了我自己之外，却没有一个人有权力代替了我的火的车上的位置。不，即伟大的俄林波斯山的主，也不能驱着这车；难道我们比宙斯更为伟大么？在路途的第一段是很峻峭的，我的马匹，在清晨锐气方刚之时尚难能驰得上去。到了中天，这是极高极高的，从那里往下望着海与陆，有时连我也要为之栗然，我的心也为恐惧所颤抖。最后的一段路，则又往下直冲，一泻无涯，必须极端谨慎的控御着的。所以，就是在她的下面的水中迎接着我的特西丝（Tethys）也常是恐怕我要头下足上的颠跌下去。再者，圆天的幕是时常在转动的，拖带着高高的星座而同去，以眩人的快率旋转着。我直向这旋转不息的天空上驱车而前，这制服了一切的疾转却制服不了我；但我却正相反的与宇宙的疾转驱驰而去。你想想看，假如你占有我的车，你将怎么办？你能够抗拒着旋转的天柱而驱车以进么？它们的疾转的轴不会扫开了你去么？并且，你也许乃以为沿途有大林，有天神们的城市，有华丽堂皇的神庙么？不，这条路是满含着危险与食人的猛兽的。即使你能够循途而进，没有迷失了道路，你仍将经过许多危险；角牛充塞途中，更有那位弓箭手，拖着长钳以夹物的大蝎，以及巨蟹等等。且你要控御那些马匹也不是一件容易的事，它们的心胸之中全是火焰，身体是炽热的，还从口与鼻中喷吐出火焰来。当它们的凶性发作时，它们也还不肯服从我的控制呢；它们的头颈老是与缰绳抗拒。但你，我的儿子，你要留意，不使我成了给你以一个致命的礼物的人，且在此尚可补救的当儿，纠正了你的祷语吧。你不是要求确证你为我的儿子么？看，这我已在我的忧虑中证实了；我以我的父亲的焦虑表示我自己为你的父亲，看！看在我的脸上。唉，但愿你也能够看到我的心上，而明白一个父亲心中所有的关切之情！然后，你且四面看看，看看这富丽的世界所有的东西，而从那些天与海与陆的无穷尽的巨量东西中，任求何物以去吧！我不会拒却你任何东西的。但只有这一件事，我却求你不要去请求，你如果心里明白的话，便知这一件事乃是祸而并非福的了。一个祸患，我的法松，你乃求作赠赐。你为什么将你媚人的双臂抱着我的头颈呢，你这傻孩子？不，不要疑心，你要求什么，我都是要给你的，我们已对史特克斯河立下誓的了。不过，唉，你须有个更聪明的选择！"

父亲的恳切的警告说尽了，然而他却充耳若不闻，他只是违抗着他父亲的话，要求着他的第一次的要求，心中熊熊的燃沸着要驱日车的欲望。于是父亲不得已的，能迟延一刻是一刻的领着这个少年到高车上，这车乃是赫淮斯托斯手制的，车轴是黄金的，车柱也是黄金的；其轮边是黄金的，车辐则为白银的。沿着车轭上，都镶着橄榄石与珍宝，闪闪的反映着福玻斯的四射的金光。

现在，正当能干的法松在诧异的望着这精工华丽的车时，看呀，黎明女神已经在殷红的黎明中看守着；她打开了她红色的大门，她的宫殿放射出玫瑰色的光明。星辰们全都逃避了开去，启明星是最后的一个离开了他的天空中的望塔。

当福玻斯看见他已西沉下去，世界已经染上了红色，淡月的美角，也已朦胧得看不见了时，他便吩咐迅捷的时间神□上了他的马匹们。女神们立刻如命的办去，从高敞的马厩中，引领了马匹们出来。它们喷吐着火焰，满餐着仙食之后，女神们便将铿锵的马勒安上了它们的嘴。于是父亲在他儿子的脸上涂擦上了一种神油，有了这油便不至为吞毁一切的火焰所焦灼；他将金光四射的日冠戴到法松的头上去，同时深深的叹息着，明知此去必定没有好结果；他说道："但愿你至少能够听从你父亲的这些警告，不要急鞭着马匹，我的儿子。紧握着马缰，马匹们自会匆匆的向前跑去；艰苦的工作是自会与它们的不失的足相逢的。你的路途不要直从天空中的五道带中穿走过去，正确的道途乃是要转了一个大弯,但要紧守在三道带之内,避去了南方的天空,也要避去了极北的天空;这乃是你的路径,你将清楚的见到我的车辙。你还要记住,天与地须有同等的热度,不要走得太低了,也不要向天顶上的路中走去;因为,你如果走得太高了,你便要烧灼了天空,你如果走得太低了,又便要烧灼了大地。走在中央,乃是最安稳的路途。你要看顾着你的车轮,不要太过的向右方的扭曲着的蛇转过去,也不要太过的向左方的天上祭坛所在的地方而去,你要走在两者的中央。我将其余的一切事交给了幸运,但愿它帮助了你,指导着你,比你自己的指导更好。当我在说话时,水露莹莹的黑夜已经达到了极西岸的它的目的地了。我们不要再耽搁下去了,我们是被召唤着了。看呀!黎明已经煌耀着,一切的阴影都已迷去了。现在握住了马缰绳,或者,你的目的仍可改变时,可以接受了我的忠告,不走上我的车,当你尚能够之时,当你仍还站足在实地上之时,当你在踏上了你所无知的蠢蠢的要求着的日车以前。让我去给光明于世界吧,而你可以平安的看着!"

但那个孩子已经跨上了疾快的车,高傲的站在那里,快快乐乐的取了马缰在手,对他的不愿意的父亲致谢他的这个恩赐。

同时,太阳的快马辟洛斯(Pyrois),依奥斯(Eous),爱松(Aethon),与菲莱公(Phlegon),这四匹健骑,傲然的鸣叫着;它们的怖人的嘶声,充满了天空;它们的足,不耐的在门限之后踏着。于是特西丝,昧然于她的孙儿的运命,将它们放出了门外,听任它们飞驰于无限无际的天空之上。马匹冲向前去,健飞的足,沿途穿裂着云块,它们还高高的举着它们的双翼,追过了吹起于同一方向的东风。但因为重量是减轻了,不若太阳的马匹们日常所觉到的,轭勒也没有平常的沉重。有如一只巨船,没有相当的镇船石,在波涛中滚来滚去,为了太轻之故而不稳定;像离开了正途一样,那日车也因缺失着平常的重量,而跳跃到空中去,高高的飘荡着,有如一个没有御人在上的车子。

当它们觉到了这时,马匹们便无绪的狂奔着,离开平常所走的惯道,不再在同一的车道上驰骋着了。驱车者则已为惊怖所打击,他不知道怎样的控制托付给他的缰绳,也不知所走的道路是什么所在;如果他是知道控御的话,却也不能够控制着马匹们。于是冰冷的大熊星小熊星,乃第一次被太阳的光线所灼热,想要跳入禁海中去,却又不能。至于蛇呢,它躺在冰极最近,从前为了为严寒所中,故而酣睡着不为人害,现在渐渐的热了,从那火中感到大大的骚狂;波特士(Boötes)也恐怖的逃走了,虽然他走得那么慢,且为他的拙笨的牛车所牵制着。

但当不幸的法松从天顶向下望着时,他看见陆地远远的远远的躺在下面,他脸色变得灰白了,他的膝盖头因突然的恐惧而战栗着了,而他的双眼也因受了过度的强光而觉到乌暗了。现在,他才宁愿不曾接触到他父亲的马匹了;他后悔着,他发见了他的来源及他的祷求,乃为他的父亲所勉允。现在,他为了热切的要人称他为太阳的儿子,乃被日车带去,有如一只船被驱在狂风之前,水手们听任无所用之的舵丢弃了,置船只于天神们及祷语的支撑之下。他将怎么办呢?后边的天空是无垠无岸的,然而前面的天空却更是漫漫无际!他的思想测量着两方面;现在,他向前望着西方,那西方是他命中注定所不能达到的,有时,又回向东方望着。他晕眩着,他不知道该怎么办?他既不放弃了缰绳,又不能握住它们,他连马匹们的名字也不知道。更加在他极端的恐怖之上的是,他看见在天空上到处散布着奇形怪状的巨大的野兽。有一个地方,天蝎弯出它的双螯,有如两面弓形,他的尾和足长直的伸出各方。当这个孩子看见这个动物,流着黑色的毒汁,威吓着要以它的曲尾来叮他时,他便因冰冷冷的恐怖而夺去了智力,落下了马缰。

当马匹们觉到这些马缰乃放在它们的背上时,它们便离开了正路而奔去,没有一个人控制、纠正它们,它们直向天空中不可知的地方漫奔着。它们听任着它们的冲动的引导,无目的的乱冲着,与深住在天中的星座们相碰,拖着车向从不曾有车走过的道上走着。它们一时爬上了天之顶,一时又头下足上的奔沉了下去,它们的道路便与地面更近了。月亮诧异的看着她哥哥的马匹们乃在她自己的下面奔驰着,使焦灼的云块都生出黑烟来。大地发生了火焰;其初是最高的地方先燃着了,地龟裂而成为深阱,它的水源全都被灼干了。青绿的草地被烧得只剩下白灰,树木是灼焦了,绿叶以及一切全都不见了;成熟的米谷,供给它们自己以燃料而自焚起来。但这还是人们所悲苦的小小的损失呢。繁华巨大的城市,随着它们的城墙而俱灭,广漠无垠的火舌，使全个国家都立刻成为灰烬。森林和山谷都熊熊的在延燃着，许多的名山都被毁了，泉水都干涸得一滴无存。而长年戴着白雪的高峰如今也第一次消失了它们的雪冠，连云包雾裹的俄林波斯山也都烟焰腾腾。

法松他自己也诚然看见了大地在各地方都发了火，生了光焰，但他不能忍受那大热，他所呼吸的空气有如一个大火炉所喷吐的热息。他觉得他的车在他足下被灼得成为白热了；他不再能够忍受着那灰烬与四射的火星了，他完全的被包裹在浓密的热烟中。在这个乌漆漆的黑暗中，他不能说出他现在在什么地方，或现在他到什么地方去，只是听任了他的飞马们的意思向前奔腾而去。

据后来的人的猜想，埃西俄比亚的人民就在那个时候成为黑肤的，因为热气的蒸灼，将他们的血液都吸到身体的表面上来；利比亚也在那时，始成为一片沙漠，因为热气将它的水分都蒸干了。于是水中仙女们都披散了头发，哀哭着她们失去的泉源与清池。就是长川大河，虽然清流滚滚，水道广阔，也不能没有受损伤。河水都成为热的蒸汽了，有的竟沸滚起来，两岸也都焚烧着。太格斯河（Tagus）的金沙因极度的热而融化了，在水面上犹夷泅泳的白鹅，都被灼干而死去，河中的鱼类也都被烹熟了。尼罗河恐怖的逃到大地的尽头去，藏起了它的头；至今它也还藏着呢。七个河口涸无滴水，满是灰尘；七个广阔的河道也没有一点的水流经过。到处的土地都裂开了大口，太阳光直透进下界阴府去，使地府之王与后都抖栗的恐惧着。连海水也被灼浅了，从前汪汪无际的大洋，现在只不过是一个在广漠的沙滩的高原包围中的大水湖而已。被大海所淹没的山峰，现在都呈露了出来。鱼类都向更深的低水中去，海豚不复敢在海面上成一个弧形而跳跃到空中。海牛的尸体浮泛在水面上，腹部向上翻转。他们说，涅柔斯他自己和他的妻多里斯以及他们的女儿们都深躲在他们的洞中，然而却还觉得热。普赛顿好几次要举出他的双臂和脸部出于水面之上，每一次都退缩了回去，不能忍受得住那炎热的空气。

养育万物的大地，虽为大海所环绕，且在深水之中，为她的深藏密躲于她的肺脏之中的川流所润，却也为炎热所灼烧，难得抬起了她的窒塞的头脸。她举起了她的手，遮在额前，她的大力的颤动使万物都震撼着，她比她的常位沉下了一点，严肃的说道："如果这是你的意思,且我是该受这一切的,那么,啊,一切天神们的王,你的雷电难道是闲空着不用的么?如果我必须死于火,唉,且让我死于你的火之下,且得以想到谁致我于死而减轻了我的痛苦。我说出这些话来,是好不容易才得开出唇来的。"热烟窒塞住了她,"看我的烧焦的头发,以及在我眼中,在我脸上的一切灰尘。难道这便是你付给我的繁殖与任务的偿报么?这便是我所忍受的一年年的犁耙的伤痕的偿报么?这便是我预备好家畜们的牧场,人类的米谷,天神们祭坛上的香火的偿报么?但,假如我是应该毁灭的,那么那大海,你的兄弟要怎样办呢?为什么他所管领的水那么缩小又缩小呢?但如果你心上并不以想到你的兄弟或我为重,则至少也要怜恤你自己的天空。请你四面望着,天空是从这一极到那一极都在出烟了。如果火将天极烧软了时,天神们的家便也要毁倒了。看,阿特拉斯他自己是在忧恼着了,他几乎难能将白热的穹天负在他肩头上了。如果海水涸了,大地灭了,天柱折了,那么,我们便都回到原始的混沌中去了,请你从火焰中救全尚未被毁的一切,顾全着宇宙的安全。"

大地这样的说了,便停着不言,因为她不再能忍受那炎热了;她自己退缩着,缩到更近于地府的深处。但全知全能的神之父,召集了天神们来看,特别是唤了那位给车于人的神,他说,假如他不出来帮助,则一切东西都要被一种悲惨的末局所毁亡了。他升上了天顶的最高处,这乃是他常在那里布云于大地上面的,乃是他常在那里兴雷打电的,但现在他却没有云块可以遮布于天空之中了,也不再有雨点可送到大地上去了。他轰轰的响着雷,右手执着一个雷霆,向驱车者法松击了下来,直将他从车上颠了出去,同时,也便了结了他的生命。这样的以火焰灭了火。发狂的马匹们奔跳了开去,它们的颈撞破了车轭,且从脱开的马缰之中挣开去了。这里委弃着缰绳,那里是破折的车轴;在别一个地方,又是断轮破辐;这碎车的余物到处的散弃着。

但法松,火灼烧着他的头发,头下足上的被颠落下来,成一个长线划过空中,有如一个流星划过晴夜的长空。他远远的离开了他的祖国,落在地球的别一部分。厄里达诺斯(Eridanus)接受了他,浴着他的蒸汽腾腾的脸,那个水国的仙女们抬了他的尚在腾腾的出烟的尸身到了坟墓中去;在他的坟石上,刻着这样的墓铭:

这里躺着法松，他乘着福玻斯的车；

虽然他是大大的失败了，然而他的勇气却更大。

那位不幸的父亲，为悲伤所病，藏起了他的脸；如果我们相信报告的话，则那一天是一整天的没有太阳。但延烧着的世界却代之而给光明于人，所以即在那场大灾祸中也还有些用处。但法松的母亲克丽曼妮，在她诉说着所能以言说的悲苦之后，她便悲戚的扯着胸部，遍走全个世界，先寻求着他的无生气的肢体，然后寻求他的骨殖。最后，她寻到了他的骨殖，但却已被埋在一个异乡的河岸上了。她扑倒于坟上，以眼泪沾湿了刻在墓石上的亲爱的名字，还将它亲切的抱在她胸前。她的女儿们，希丽亚特们（Heliades），也加入她的悲哭，倾注出她们的眼泪献给死者。她们各以瘀伤的手，捶打着她们的裸胸；她们日夜的叫唤着她们的兄弟，连他也不再要听见她们的忧戚的哭声了，她们还扑卧于他的坟上。月亮已有四度从她的新弯而达到了她清光满泻的圆盘了；但她们仿佛是她们的习惯似的，仍还在那里悲哭着。于是有一天，最大的一位姐妹，法梭莎（Phaëthusa），正当她要投身而扑于坟上时，她诉说，她的双足是冰冷而固硬了。当美丽的兰辟蒂亚（Lampetia）想要跑到她身边时，她自己也似为突生的树根所捉住了。第三位姐妹正在撒散她的头发时，她发见她的手是撷着树叶。这一个姐妹刚在诉说她的足踝已被囚困在木头之中，别一个姐妹又在说她的双臂已被变成长枝了。当她们正诧异着望着这些变化时，树皮已绕合于她们的腰部了；渐渐的，她们的腹部，胸部，肩部以及双手，也都已变成了树皮；只有她们的唇吻还是自由在呼唤着她们的母亲。疯狂了的母亲，除了凭着被冲动所带，一会儿跑到这里，一会儿跑到那里，将吻印在她们的唇上之外，更有什么办法呢？那还没有够呢；她试着用她的手从她们的身体上撕下树皮，拗下树枝来。但当她这么做着时，血点一滴滴的流下来，有如从一个伤处流出。每一个人，当她受了伤时，都叫道："唉，赦了我，母亲！赦了我，我求你。你在树上撕拗下去的乃是我的身体。现在，别了！"于是树皮复被于她的最后的话上[1]。她们的眼泪仍然涌出着，而这些眼泪，为太阳光

---

[1] 她们变成了白杨树。

所晒，成为琥珀，从新造成的树上滴落下来。清澈的河水接受了它们，带它们向前去，有一天乃为罗马的新娘们所佩带。

史特尼洛士的儿子库克诺斯乃是亲见这个奇事的人。虽然他是法松母族的亲人，然而他与法松的友谊，却更为亲密。他弃去了他的国家——因为他统治着里格李亚的人民与大城——沿着厄里达诺斯河的沿岸走着，悲泣着法松，且还走过法松姊妹们所新成的树林中。当他走着时，他的声音变成了薄而尖锐的，白色的羽毛复藏着他的头发，他的头颈从他的胸前伸长出去，一个网似的薄膜联结起他的变红了的手指，羽翼被于他的身体的两旁，而他的口部则成为一个偏钝的硬嘴。库克诺斯这样的变成了一只奇异的新鸟——天鹅。但他却不愿高飞到天上及宙斯那里去，因为他记住他朋友法松所身受的可怕的雷霆。他的最喜爱的栖息的所在乃是波平如镜的清池及广阔的湖面；为了憎恨着火，他便选择了与火焰相反的水国为他的家。

同时，福玻斯穿着深黑色的衣袍坐着，收起的光明，有如他被蚀时一样。他憎恨他自己与白昼的光明，他全心都沉没在忧愁之中，在愁中还加上愤怒，拒绝为世界再现光明。他说道："从时间的开始，我的运命便注定要不休不息的；现在够了，我疲倦于我的无休止的不能避的苦役了。且任别的要驱那光明之车的人去驱车吧！如果没有人愿意，所有的天神们全都承认那是出于他们的能力之外，那么，让宙斯他自己去办着吧！至少要有几时，那时，他试执着我的缰绳，他便可放下了注定要把人家父亲的儿子掠夺去的雷霆了。那时，他才会知道，当他自己试着那些疾足的马匹们的力量时，不能好好的控制它们乃是不该罚以死罪的。"

当他这样的说着时，所有的天神们都站在他的四周，谦抑的要求他不要使全世界都没入黑暗之中。宙斯他自己也要他原谅他所投下的雷霆，他在请求之中还加上了尊严的恫吓。于是福玻斯复又驾上了他的马，那些马仍因余恐而狂野的抖栗着呢；而在他的悲伤中，他乃狠狠的鞭策着它们，诅骂它们以致它们的主人，他的儿子于死地的罪。

但现在，全知全能的神之父亲自出去周览天空，看看有没有什么为火焰所烧毁的。当他看见那些东西都是以不朽的力量坚固着时，他便前往考察大地上及人间的事。然而阿耳卡狄亚乃是他所最关切的。他恢复了它的泉源与河流,它们至此还不敢放胆的流着;他给稻麦于地,给绿叶于树,吩咐被害的森林再发出苍绿色来。他这样走来走去的辛勤的补救着,大地上面方才逐渐的恢复旧观。

法松的孙子桑杜考士(Sandocus)经过叙利亚而到克里克亚(Cilicia)建造了一个城,名克伦特里士(Celenderis)。他生了一个儿子,名喀倪剌斯(Cinyras)。喀倪剌斯的女儿名美拉(Myrrha),她突然的发生了要求与她父亲同床的欲望。因了老乳母的居间,她在黑夜中秘密的不为她父亲所知的与他同床了十二夜。后来,他觉察到了这事,便拔刀追逐着她。她被迫变成了一株树。十个月之后,她由树干中生出一个男孩子,名为阿多尼斯(Adonis)。他长得极为美丽,阿佛洛狄忒爱上了他,其初将他托于地府之后珀耳塞福涅抚养着。但珀耳塞福涅也深爱着他,于是这两位女神便为了这个孩子而争执着。这件案子到了宙斯的面前,宙斯命将一年分为三份;他说,在一年中,阿多尼斯有他自己的一份,珀耳塞福涅有一份,阿佛洛狄忒也有一份。然而阿多尼斯将他的一份也给了阿佛洛狄忒。后来,阿多尼斯在一次打猎中,为野猪所伤而死。

却说雅典的第一位国王刻克洛普斯死后因为没有后嗣(他的儿子也已无子而早死),便由克拉纳士(Cranaus)继他而即了雅典王位。这位克拉纳士也是大地所生的一个儿子。据古老传说,丢卡利翁时代的洪水便在他在位的时候暴发的。他娶了辟特亚丝(Pedhias)为妻,生了几个儿女,其中,女儿雅西丝(Atthis)最为他所钟爱;当雅西丝还是一个处女时,她便天逝了;克拉纳士异常的悲伤,便以她的闺名,名这个国家为雅西丝(Atthis)。

克拉纳士为安菲特律翁所驱逐出国;安菲特律翁便继他之后而为雅典王。安菲特律翁也是一个土地神所生之子,但有的人则说他是丢卡利翁的一个儿子。他在位十二年,又为依里克莎尼士(Erichthonius)所驱逐去位。这个依里克莎尼士,据有的人说,是天上工匠赫淮斯托斯与克拉纳士的女儿雅西丝所生的一个儿子;但据有的人说,他乃是赫淮斯托斯和女神雅典娜所生的儿子。但贞洁的女神雅典娜怎么会生出他呢?事情是这样的:雅典娜到了赫淮斯托斯那里去,要求他为她制造些巧式的兵器。但他,为了被阿佛洛狄忒所弃,正在百无聊赖之际，一见雅典娜的到来，便爱上了她，开始去追逐她，但她逃走了。当他费尽了力气——因为他是跛足的——走到她的身边时，他想要拥抱着她。但她乃是一位坚贞的处女，不能服从他的所欲，他便将他的种子落在这位女神的腿上。她憎恶的用羊毛将种子抹去了，抛在地上。当她逃了去，而种子落在地上时，依里克莎尼士便生了出来。雅典娜私自将他抚养成人，不给别的天神们知道此事，想要使他成为不朽的。她将这孩子放在一只箱中，交给了刻克洛普斯的第三个女儿潘德洛索斯（Pandrosos）去看管，严厉的再三的嘱咐她不许开看箱中的所有。她自己是遵守着她的命令的，但她的两位姊妹见了此箱，好奇的心便一发而不可复收；她们渴想知道箱中所有的到底是什么珍贵的东西。她们偷偷的将箱盖揭开了，原来箱中是一个婴孩，一条大蛇绕于他的身上。有的人说，她们便为这蛇所杀。但据别的人说，则她们因为雅典娜所怒而发狂了，自投于护城山下而死。依里克莎尼士自此便为雅典娜自己所抚养成人；他成人时，便驱逐了安菲特律翁而自为雅典的国王。他在护城山上竖立了雅典娜的木像，又创立了盘雅典娜亚（Panathenaea）的大节。他还被称为始创四马的车辆者。据说他和雅典的第一个王刻克洛普斯一样也是半人半蛇的；他创造了车辆为了要遮蔽他的一双蛇形的足。他娶了一个仙女，名柏拉克西赛亚（Praxithea）；他们生了一个儿子，名潘狄翁（Pandion）。

潘狄翁继位为雅典国王；在他的时候，两位大神，得墨忒耳和狄俄倪索斯才到阿提刻来。狄俄倪索斯为伊卡里俄斯（Icarius）所接待。他从这位大神那里得到一枝葡萄藤，且学会了制酒的方法。伊卡里俄斯为了要将这位大神的赠赐传布到人间去，便带着酒到几个牧羊人那里去，给他们吃。他们尝到了酒味，心中大喜，为了过于喜悦，便摹仿着他，将这酒鲸饮了一会，却并不和以清水，因此遂沉醉了。他们想象，他们乃是被伊卡里俄斯的巫术所困，便鼓噪起来，杀死了他。到了第二天清晨，他们才明白事实的真相，便葬了他。

伊卡里俄斯有一个女儿名依丽哥妮（Erigone）。她见父亲一出不归，便到各处寻找着。一只家狗叫眉拉（Maera）的，曾时时跟从着伊卡里俄斯出外，这时便为她发见了他的尸体。依丽哥妮悲哭着她的父亲,便在他父亲尸体所葬的地方的树上自缢而死①。

潘狄翁娶了他母亲的姊妹苏克西卡(Zeuxippe)为妻,生了两个女儿,柏绿克妮(Procne)与斐绿美拉(Philomela)的两个双生子,厄瑞克透斯与培特士(Butes)。

三　柏绿克妮与斐绿美拉

但雅典为了和拉卜达考士争夺疆界的问题而宣了战。潘狄翁便唤了特莱克地方的特洛士(Tereus)来帮助他;特洛士乃是战神阿瑞斯的儿子;因了他的帮助,这次大战,便得了一个很大的胜利的结果。潘狄翁便以他的大女儿柏绿克妮嫁给他为妻。但这一次的婚姻,人间虽是喜气融融,天上的诸神却是极不赞同。在那一天,结婚的女神赫拉既不来临,许门(Hymen)与格莱西们(the Graces)也不光顾他们的家中。复仇女神们以从葬事中窃来的火炬照耀着他们;复仇女神们还为他们铺设了床;恶鸣怪叫的猫头鹰,栖息在新房的屋顶上。柏绿克妮与特洛士在这样的凶兆之下结了婚;他们的儿子也在这样的凶兆之下生了出来。特莱克全境都欢乐着,他们感谢着神道们;在新妇归来的那一天与小伊堤斯(Itys)出生的那一天,他们都大设宴会以伸祝贺的心忱。

柏绿克妮远嫁蛮邦,心中不无郁郁,每每想到她的父亲,便伤心落泪;她特别想念着她的妹妹,她们从小便不曾分离过,如今却天各一方,久不相见,这更使柏绿克妮难过。太阳已经过五度的秋天了:她几次见春花,几次见黄叶,几次要对她丈夫开口,说起归宁的事,却总是讷讷说不出口来。这时,柏绿克妮却再也抑制不下她的思念之心,她便鼓了勇气,对她丈夫说道:"如果我在你的眼前有什么可得欢心之处,那么,请你送我归宁一次,否则让我妹妹来到我这里一次也好。你将允许我父亲说,住了一时之后,她便会归去。如果你给我一个机会见到我的妹妹,你便算给我以一个可宝贵的恩典了。"特洛士因此吩咐从人们预备好他的船,便下船,向雅典而去。他进了刻克

---

① 关于酒的第一次输入阿提刻及其悲剧的结果,可参阅 Nonnus:Dionys,XI,VII,31—245;Apollodorus,III,XIX,7;Hyginus:Fad,130;同人;Astronom,II,4.

洛普港，上岸到了雅典城。他见了他岳父，互相寒暄之后，他便将他的妻的要求说了出来，他说这乃是他来此的原因；如果她的妹妹和他同去时，他允许很快的便可送她归来。于是潘狄翁命人唤了他的幼女斐绿美拉来。当斐绿美拉走了前来时，她的服饰果然富丽，而她的容貌尤为姣美；我们常常听见人形容海中仙女的美貌，或在深林中往来的仙人们的娇媚，这一切话，都可以移赠给她。特洛士一见了这位少女，他便立即堕入情网之中，其快度有如一个人置火于熟稻或干草堆之上，立刻便熊熊而不可遏止。她的美丽，当然值得他如此颠倒；但在他一方面，他自己的热情好色的心情也激促着他向前；并且，他的地方的人们，其气质也都是快于入爱的；他自己的火与他的国家的火，在他身上熊熊的烧着。他的冲动乃在要破坏她侍从的照顾，她乳母的忠心，且更欲以富丽的赠物以动少女；他自己即耗了他全国的一切，他也不惜；否则便以强力玷污她，以血战维护他的行为。他为这个狂欲所中，没有一件事是不能做或不敢做的。他的心几乎包容不了他的火焰。现在，他不耐久住，便又恳切的重提起柏绿克妮的要求，冒了她的名字，以求达到他自己的欲念。爱情使他雄辩起来，他好几次过分的恳切的说着，说这乃是柏绿克妮要如此的。他竟恳说得双泪齐下，仿佛这也是她吩咐他这么办的。你们天神们，主宰在男人们的心中的乃是什么盲目的黑夜呀！在这个进行着他的可耻的计策上，特洛士却获得了一个心肠仁慈的名望，他竟在奸恶中赢得了赞颂。唉，更有甚者，斐绿美妮她自己也是这样想着呢；她的双臂抱了她父亲的头颈，撒娇的定要她父亲允许她前去看望她的姊姊；她以她自己的美丽——是的，恰恰是相反——固持着她的请求。特洛士一双馋眼凝注在她身上，而他的脸色却似觉得她已经在他的怀中了。当他看见她吻着他父亲，抱着他的颈时，所有这一切都激策着他前进，给他的热情以食粮与燃料。每当她拥抱了她父亲时，他便愿他乃在她父亲的地位——诚然的，如果他果是她的父亲时，他的这个欲念也不会消灭。父亲只得听从了他们两人的恳求。这少女心中充满了快乐，她谢了她的父亲。可怜的不幸者，她满以为姊妹们可以快乐的相遇，却不料此行竟使他们姊妹俩都陷入惨运之中。

现在福玻斯的工作已经快告毕了，他的马已经跨下西天去了。一个丰盛的王家宴席已陈设着美酒倾注在金杯中。宴后，他们便各退去静睡，但那位特莱克的国王虽在睡眠之中，而他的心却还萦系于她的身上。他忆及她的娇容，她的举止，她的玉手；他还如其欲念之所之的画出他所尚未看见的东西。他沃食着他自己的火，他的思想阻止了他入睡。清晨来到了；当他告别时，潘狄翁执了他女婿的手，将他的女儿托了他，落了许多眼泪，对他说道："亲爱的儿子，因为一个出于天性的请求，已战胜了我，我的两个女儿们欲之，你也欲之，所以，我的特洛士，我将她交给了你去照顾；以你的荣誉，以我们之间的关系，且对着天神们，我请求你以一种父亲的爱来保护她。愈快愈好的——无论如何，在我总已视为很长久的时候了——将这个我老年的甜蜜的安慰送还给我。而你，我的斐绿美拉，如果你爱我，须早早的归来；你的姊姊的远适，已使我忆念得够了。"于是他又吩咐、叮嘱了许多话，吻着他的女儿，与她说再会。当他说这些话时，他的泪一滴滴的流下不绝；他要他们两人都伸出他们的右手来，以保证他们的守诺不渝；并请求他们说，他们要记住为他向他的女儿及她的幼子问好。他的声音为啜泣所阻，几乎说不出再会来；他心中颇有些说不出的预警。

当斐绿美拉安全的上了船，海水在桨下被击作悦耳的响声，而陆地已远远的在后面时，特洛士便叫道："我已得胜了！在我船上，我已带来了我所祷求的东西了！"当野蛮的人物胜利了时，他便很难能延搁下去他的快乐；他的双眼再也不曾离开了她的身上，有如宙斯的大鹰，以它的利爪捉住了一只野兔，放在巢中的时候一样；被捉者更没有机会可逃脱，而捉人者则眈眈的凝望着他的掳获物。

现在，他们的行程已经终了了了；现在，他们离开了久在海上的船了，他们登上了自己的海岸；于是国王特洛士拖了潘狄翁的女儿到一所深藏于稠密的古林中的草舍。斐绿美拉在那屋里，全心为恐怖所袭，苍白而战栗，以眼泪恳求的要知道她姊姊在哪里；他却将门闭上了。于是，他公然的对她承认出他的恶计，以后，他便施强暴于她。她是一个弱女，且是孤立无援，虽是一时唤着她父亲，一时唤着她姊姊，一时又高唤着一个个的大神，然而任她力竭声嘶，还有什么人来救她呢。她如一只被惊的羔羊似的颤抖着，这羊为一只灰色狼所捕，抛在一边，不能相信其为安全；又如一只鸽子，它自己的血已满沾着它的羽毛，仍然栗栗的惊恐着，仍然害怕着那些已经刺穿它的利爪。

不久，当她的知觉回复时，她拉着她的松下的发，有如一个居丧的人，捶打着撒着她的双臂；她伸出双手，叫道："唉，你做了什么一个可怕的事，野蛮残酷的东西！你乃不顾到我父亲的付托，他的亲切的眼泪，我的姊姊的爱情，我自己的贞操，结婚的誓约了么？你已纷乱了所有的天然的关系！我乃成了一个妾，我姊姊的情敌；你乃成了姊妹俩的丈夫，现在柏绿克妮一定要成为我的仇人了。你为什么不取去我的生命呢，你这奸人？唉，但愿你在如此的残虐我之前杀死了我，那么我的鬼影也要是无辜而清白的了。如果高高在上的神们见到了这些事；不，如果有任何一个神存在的话，如果一切东西并不和我一同灭绝了的话，迟早你总要因为这个行为而偿讨巨价的。我自己要抛开了羞耻，对众宣扬你所做的事。如果我有了机会，我便要到百姓们会集的地方诉说出这事来；如果我被禁闭在这些森林中，我则将充满了这些森林以我的故事，而说动岩石生出怜恤的心。天上的空气将听见了这故事，如果有任何天神在天上，他也要听见它的。"

野蛮的专制者听了这一席话，怒气勃发，而他的慌惧的程度也不减于愤怒。为这两个刺马轮所刺激，他便拔出挂在身边刀鞘中的刀来，捉住了她的头发，将她的双臂拗向背后紧紧的缚住。斐绿美拉看见了刀，便快乐的伸出她的咽喉待他割，满心只想死了干净。但他用钳子钳住了她的舌头，而当它还紧紧的在反抗着这个侮辱叫唤着她父亲的名字，挣扎着要说话时，他便以他的无怜恤的刀锋割去了它。被摧残的舌根颤动不已，而受痛苦的舌头则落在黑土上抖缩不已，似若微弱的呻唔着；有如一段被割断的蛇尾尚在扭曲着似的，这舌头也不断的搐搦着；在它的最后的临终的活动，它还寻求着它的女主人的足。即在这个可怖的行为之后——我们几乎不能相信——据说，这位残酷的人还恣意的在这个可怜的被残割的身体上接二连三的逞逐其欲念。

他带了这种罪恶在他的灵魂上，他还有脸回到柏绿克妮的面前来。她一见了他，便问他妹妹在那里。他假装悲伤的哭着，编造出一篇死的故事来，他的眼泪证明了这个故事。于是柏绿克妮从她肩上撕下宽阔的金边的长袍，穿上了黑衣；她还为她的妹妹建了一方纪念碑，带了祭礼以献于她的想象的精灵之前，悲伤着她妹妹的运命。

现在，太阳神走过了十二月，一年的途程已经完成了。被关闭着的斐绿美拉将怎么办呢？一个卫士阻禁了她的逃走，一道坚石的围墙围绕了草舍；不能说话的唇吻，说不出她的被残酷的待遇来。但悲伤却有着锐智，警诈也会在愁苦中来到。她挂了一片特莱克的织物在她的织机上；她在白地上，巧妙的用红线织出她的受虐待的经过来。这个织物，当全功告成了时，她便递给她的一个从者，做手势要求她将它带了给王后。老妇人如她所吩咐的将这织物带了给柏绿克妮，不知道她所带去的是什么东西。野蛮的专制者的妻，打开了这布，读到了她的不幸的可怜的故事，不说一句话。（她能如此，真是一个奇迹！）悲哀窒塞住了来到她唇间的话语，她的寻求着舌头竟寻找不到一句话足够表白她的被侮辱的感情。这里没有可容得眼泪，但她却纷乱着，纠缠不清正当与错误，她的全个灵魂都倾注于复仇的一念上。

这乃是特莱克主妇们举行两年一度的巴克科斯的庆祝节。夜乃在它们的秘密中；在夜中，洛杜甫（Rhodope）山反响着铜钹的喧声。于是，在这夜间，王后从她家中走了出来，自己穿着了癫狂的衣饰，预备去酬神；她的头上戴着纠绕的葡萄藤，一块鹿皮从她左边挂了下来，一支轻矛捐在她的肩上。她迅疾的走过林中，带了一队的从人，为悲伤的疯狂所驱进。柏绿克妮，在她愤怒的恐怖中，摹仿着你的癫狂呢，啊，巴克科斯！她最后来到了那间幽闭着的草舍，锐声的高叫着，冲破了门，捉住了她的妹妹，打扮她以一个巴克科斯节日的妇人的装饰，以长春藤叶遮蔽了她的脸，拖了她便走，诧异的直引她到她自己的宫中来。

当斐绿美拉觉察出她已进了那可诅咒的家中时，那个可怜的女郎便为恐怖所中，脸色白得如死。柏绿克妮寻了一个地方，卸下了巴克科斯节礼的衣饰，除下了长春藤叶，显出了她不幸的妹妹的为羞耻所变白的脸部，将她抱在怀中。但斐绿美拉却不能抬脸对她的姊姊，她自觉对不住她。她的脸望在地上，渴欲立誓，且引诸神为证，证明她的那场羞耻乃是为特洛士所逼迫的，但她咿咿的说不出一句话来，她以她的手代替了她的声音。但柏绿克妮却全身是火，再也不能忍得住她自己的愤怒，她叱责她妹妹的哭泣，说道："这不是哭泣的时候，乃是握刀的时候，乃是握住比刀更强的东西的时候，假如你有这样的一种东西。我预备要犯任何罪过，我的妹妹；或者用火炬烧尽了这个宫殿,将我们的欺害者特洛士投入熊熊的余烬中,或者用刀割下了他的舌头,挖出了他的眼睛,斫去了侮辱你的那个部分,千刀万剐的驱他的犯罪的灵魂出壳。我正预备着要做大事;但这大事究竟是什么,我还疑惑未决。"

当柏绿克妮正这样的说着时,伊堤斯走到了他母亲的面前。他的前来,提醒了她所能做的事,她以凶狠的眼光望着他,说道:"啊,你是如何的逼肖你的父亲呀!"她不再说话了,开始在计划一个可怖的事,燃沸着内在的愤怒。但当孩子走到她面前,欢欢喜喜的迎接他的母亲,将他的小小的双臂环抱着她的颈,天真烂漫的吻着她时,她的母亲的心又被触动了,她的愤怒平息下去了,她的双眼,虽然满不愿意的,却不由自主的为泪花所润湿。但当她觉察出她的计划是更强于母爱时,她便转眼望着她妹妹,而不看她的儿子;她这样的看看他,又看看她,说道:"为什么这一个孩子能够以媚言柔语逗着人,而她的被夺去的舌却使她默默无言呢? 他唤着我母亲,为什么她不能唤着我姊姊呢? 你要记住,你是谁人的妻,潘狄翁的女儿! 你要不忠于你的丈夫么? 但忠于这样的丈夫,像特洛士,乃是一个罪恶。"她没有再多说下去,便将伊堤斯拉着走去,有如一只母虎拖拉着一只小鹿,经过恒河岸上的黑森林中。当他们到了大宫中的一个僻静之区时,这孩子看见了他的运命,便伸出恳求的双手,哀叫道:"母亲! 母亲!"还想将他的双臂攀住她的颈,但柏绿克妮将一把刀刺进了他的胸胁之间,冷冷的并不变脸。这一刺已够杀死了那个孩子,但斐绿美拉也去割断了他的咽喉;她们还用刀碎割了温热而颤抖的生命的小小的身体,她们将身体放在铜釜中烹着,而全个房间都为狼藉的血肉所沾染。

这乃是特洛士的妻邀请他去宴饮的食物,他一点也不知道是什么东西。她假假地说道,这乃是一种圣食,依据了古来相传的习惯,只有一个丈夫才能参与的,因此,将所有的从人与奴隶都驱了出去。于是特洛士独自坐在他的古老的高高的宴椅上,开始吃着这食物,他自己吞嚼他自己的肉。他完全昧然的叫道:"去,叫我的伊堤斯到这里来!"柏绿克妮不能隐匿她的残酷的快乐,渴要做着她的血的消息的使者;她说道:"你在这里面有了你所要的他。"他四面的望着,还问这孩子究竟在哪里;于是当他再三的问着唤着他的儿子时,斐绿美拉如刚才一样的披散着发，身上满沾着她的狂行的血，跳了出来，直将伊堤斯的血肉模糊的头颅持示到他父亲的面前；她没有再比这个时候更想说话以表示她的快乐的了。于是特莱克国王大叫一声，推翻了面前的桌，请求蛇姊妹们从史特克斯河中出来；现在，如果他能够，他一定要很欢喜的剖开了他的胸膛，从中取出了那可怕的宴物，呕吐出他儿子的肉来；现在他悲戚的哭泣着，称他自己为他儿子的最可怜的坟墓；于是他拔出刀来，追逐着潘狄翁的两个女儿。当她们在他前面逃着时，这两位雅典女郎的身上却长出翼膀来，她们竟展翼飞了起来！一个飞逃到森林中去，而别一个则飞到屋顶上去。直到了现在，她们的胸部还没有失去了她们的谋杀的行为的痕迹，她们的羽毛上边还沾染着红血。原来柏绿克妮变的是一只夜莺，斐绿美拉变的是一只燕子。特洛士为了他的悲哀与急欲复仇之故，紧追在她们之后；他自己也变成了一只鸟，在他的头上出现了一个硬冠，一个巨嘴，向前突出，代替了他的长刀。他已是变成了一只戴胜了；这只鸟的神气至今还如一个人武装着要赴敌一样。

却说这个不幸的消息传到了雅典时，老潘狄翁闻之，为之涕零不已；他的两个女儿是再也不能复归的了，这个悲伤竟使这位老人家缩短了他的运命，早到了地府中去。

潘狄翁死后，他的两个儿子分了他父亲的遗产，大儿子厄瑞克透斯成了雅典国王，而培特士则成为雅典娜的祭师。厄瑞克透斯要了克发梭士（Cephisus）的外孙女儿柏拉克西赛亚为妻，生了三个儿子，即刻洛普斯，潘杜洛士（Pandorus）与米特安（Metion）；四个女儿，即柏绿克里丝，克鲁莎（Creusa），克莎妮亚（Chthonia）与俄瑞堤伊亚（Orithyia）。俄瑞堤伊亚为北风玻瑞阿斯所掠劫而去。克莎妮亚则嫁给了她的叔父培特士。克鲁莎则嫁给了邻邦的王克珊托斯（Xuthus）。柏绿克里丝则嫁给了西发洛士。关于西发洛士与柏绿克里丝的恋爱遇合与其悲剧的结果，此处不再详述。

关于俄瑞堤伊亚与北风的故事，则有如下面的经过。

北风玻瑞阿斯先以礼向厄瑞克透斯求美丽的俄瑞堤伊亚为妻，但雅典人与国王厄瑞克透斯皆有鉴于特洛士的前车，一例的深仇着特莱克人及北方人；为的是玻瑞阿斯居于北方，他便也坚持的不允他的请求。所以这位风神久久的不能得到他所爱的俄瑞堤伊亚。但当他以种种的好语卑辞都不能奏效了时,他便为愤怒所中,这乃是北风的平常的且天然的性情;他说道:"我是该受这场没趣的!因为我为什么弃去了我自己的武器:凶狠与强力,愤怒与威胁的性情,而乃欲以全非我所素习的卑辞语去请求着呢?强力乃是我适宜的工具。我用强力驱逐黑云向前,我用强力撼动了大海,我拔起了坚固的橡树,我驼载着白雪,而抛给大地以冰雹,当我与我的兄弟们相遇于空中时——因为空中乃是我的战场——我也和他们那么激烈争斗着。竟使中天为了我们的相逢而轰轰作雷声,火光也从空云中射出。当我进了大地的穹穴中时,也是如此,我的强背坐在它最低的洞下,我以我的鼓胀惊走了鬼灵,以及全个世界。我要以这个工具取得我的妻。我将不去恳求厄瑞克透斯做我的岳父,我要使他不得不成为我的岳父。"玻瑞阿斯说了这些话后,他便鼓动了他的双翼而来;这一双大翼的鼓动,送了一阵狂风于全个地面,使大海汹涌不止;他拖着他的腥臊的大衣经过山顶,扫荡着大陆。当时,俄瑞堤伊亚正在河岸和女伴们在采集花朵,玻瑞阿斯却使天空乌暗了,拥抱了他的俄瑞堤伊亚在羽毛棕黄的翼中;她十分害怕的战栗着,他抱了她而飞去。他自己的火焰随了一翼翼的鼓动而更强大了;他一直向前飞去,飞到了克孔尼斯人(Cicones)的城中。这位雅典的女郎乃在这里成了这位冰冷的王的新妇。

厄瑞克透斯的另一女儿克鲁莎别有一段故事。克鲁莎嫁给了邻邦的王子克珊托斯为妻之后,不曾生过一子。但她在未嫁之前,却曾和阿波罗秘密的生了一个儿子;为了恐怕她父亲知道,她将这个儿子抛弃了。但阿波罗却收留了他,带他到得尔福,放在他自己的庙门口。这婴孩为女祭师抚养成人,取名伊翁(Ion),在庙中做着杂事,例如扫地添水之类。关于这位伊翁与他母亲,却有了下面的一段故事。

四　伊翁与他的母亲

在得尔福的阿波罗庙中,住着一位美貌的少年伊翁。他身材高大,仪容翩逸,有如一个国王之子,但关于他的身世,却没有一个人知道;因为他在婴儿的时候,便被人弃置在庙门口,女祭师收养了他,抚育成人作为己子。于是他从孩子时代便为阿波罗神服务,他食着祭余之物以及异地人民前去请求神示者的赠赐而长大。这个孩子的习惯是，清晨起身，以扫帚清扫了庙宇，汲了卡斯塔利亚(Castalia)泉中的清水，洒在地上。他还常去赶逐庙中的鸟类——因为它们常从邻近的帕耳纳索斯(Parnassus)山的林中飞来，有鹰、天鹅，以及其他——生怕它们要栖息在尖阁上，或以它们的掳获物玷污了祭坛。为了这个目的，他常随身带着一张弓与许多箭，假如必要时，去杀死鸟类；但他还是想要把它们惊走为止，因为他知道有的鸟类乃是为天神们带信息给凡人们的，警示他们以未来的事变，有如他的主人阿波罗之所为。

有一天，他正在庙中做着杂事时，庙门口有一群妇人们走了来，他们乃是从阿提刻来的女郎们，她们是伴了雅典王后克鲁莎同来的。她们前来瞻仰神庙，一见了门户与廊上的雕工便非常的诧异着。在它们上面，有巧匠们雕镂着赫克里斯杀死洛那的九头蛇的故事；伊俄拉俄斯站在赫克里斯身边，手执一把火炬，以焦灼他的刀所割下的创口；还有，柏勒洛丰也骑在飞马上，在杀死齐米拉；还有，帕拉斯(Pallas)与"大地"的儿子们在剧战着，她执着她父亲宙斯的雷霆与饰着戈耳工头的盾。当她们看完了这些雕刻时，王后克鲁莎她自己走了来，和伊翁说着话。她告诉伊翁说，她乃是雅典国王厄瑞克透斯的女儿，嫁给珀罗普斯(Pelops)岛的一个国王克珊托斯为妻。伊翁问她，克珊托斯乃是一个异邦人，怎么会娶了一个雅典公主为妻呢？她答道，这位异邦王子克珊托斯，曾帮助了雅典人与欧玻亚地方的人民争战，战胜了他们，因此，他便得到了她为妻。当这位少年又问她为了什么目的，要到得尔福来请问神示时，她说道，她之所以到这里来，因为他们结婚已久，尚还没有孩子，她的丈夫这次也和她同来，他现在正到特洛弗尼斯(Trophonius)的洞中去问这个同一的事。因为在那个洞中也设有一个神示，以答复前去访问的人们以未来的事。于是王后也问及伊翁的身世；伊翁告诉她说，他是一个被弃的孩子，阿波罗的女祭师在庙门口捡拾了他，抚养他成人。

过了一会，国王克珊托斯他自己也来了，他和王后寒暄之后，说道，特洛弗尼斯的神示诚然不能赶到阿波罗的回答以上去，然而它却允诺了这事，说是，他不至于无子而回家去。于是他们俩一同走进神殿中去，再要向阿波罗问及此事。伊翁留在殿外，在沉思默想着这些异邦来的人们所说的话。

但过了一会,国王异常欣悦的走了出来,当他一眼看见少年伊翁正站在神殿外边时,他便握住了他的手,正欲将他的双臂抱住了他。但这少年却向后退却,他心里想道,这个人大约是发了疯了,几乎要拉弓以反抗他。于是国王对他说出阿波罗所给予他的回答;因为这位天神说道:"你不是如你所想的无子的,你已是一个壮美的儿子的父亲了。你的儿子乃是,你立刻便要在走出我神殿外面时遇到了的那个人。""现在,"国王说道,"你乃是我由神殿中走出第一个遇见的人,我要求你做我的孩子。"当伊翁问他这是怎么一回事时,国王便说道,在从前的时候,他还没有娶了公主克鲁莎,因为年轻而愚呆,曾在这个得尔福的城中,娶了一个身世低微的女郎为妻,也许她曾为他生育了一个儿子吧——因为他不知道这事,为的是他与她久已不通闻问了。假如有这样一个孩子时,这孩子的年龄也当有伊翁那么大了。当伊翁听见了这话时,他心里很喜欢,因为他生怕他不幸会被发见他乃是一个奴隶所生的儿子。他仅对他自己说道:"啊,我亲爱的母亲,我还能见到你么?因为现在我比以前更想望要见到你了;但也许你是死了,我再也见不到你了。"

雅典的女郎们站在旁边,听见了他们二人的谈话,便说道:"王家的繁华发达乃是人民们之福。然而我们却喜悦着,我们的公主竟望到了一个儿子,厄瑞克透斯的王家也不至于没有一个后裔了。"

于是国王对伊翁说道:"我的儿子,这是我和你两利俱益的事,因为我已寻到了我所最希求的,而你亦然。至于你现在说到你的母亲,只要我们有忍耐心,将来也许会如你所愿而得;但现在,我要你离开了阿波罗的神庙与这个靠着布施为生的生活,你和我同到雅典的大城中去,在那里你将会有巨大的财富,将来也会有我所握执的这个王杖。但你为什么沉默不言而低垂了你的眼光在地上呢?你突然的由喜悦而变为忧愁,这使你父亲的心疑惧着。"

于是伊翁说道:"我的父亲,许多事情,依据了一个人的观望而变了形状,不管它是近或是远。我得到了你为父亲时,我是很喜欢着的;但你所说的别的话,却使我倾听着。人家说,雅典人乃是从开始便居住在那个地方的人民。所以我在他们之中,是要受到双重的斥骂的,因为我既是身世低微而且又是一个异乡人。如果我在国中占据了高位,那些在我下面的人便要憎恨我,为的是人们本都是不爱在他们之上的人们的。并且,那些在市民们中具有高位大力的人,也要十分妒忌的反对我,因为这种人总是以十二分的敌忾对待他们的同等的竞争者的。还要想到你的家庭,事情将怎么办下去。因为,在从前,你的妻,王后,是和你同受着这个无子之责任的,但现在她将独自的站立着,她自己担受着她的忧愁。那么,她将不憎恨我么?当她看见我在你的右手怎能没有想法?所以,你或者为了爱她之故,而收回了你所答应于我的话;或者,为了因我的福利,而扰及你自己的家庭。因为你知道,自视为被错待的妇人将如何的要以刀以毒药的致死之行为以对待她们的丈夫们。实在的,我的父亲,我看见,你的妻,为了年老而无子息之望,乃是妇人中的最可怜者。至于说到王位呢,我以为这乃是远望比之占有更为可悦的;因为他,每天生活在恐惧与死亡的境界的人,怎么能够快乐呢?如果你说,巨量的财富足以超过了一切别的东西,富人乃是快乐的,则我也有别的意见。我但愿既不穷苦,也不富足,却安静而没有苦恼的生活着。因为,请你听着我,我的父亲,说说这个地方我所有的乐事:一切人都以为可爱的,乃是闲暇;我所做的这些工作,并不疲倦,远离了一切恶侣,常常的对天神们祷告着,或和人闲谈着,常得到这里来问神的新朋友为伴。诚然的,我的父亲,这个生活是比你所允许给我的更为快乐。”

“我的儿子,”国王答道,“你且学着去得到天神们所预备给你的好处。那么,第一,我要带你到大宴中去,这次大宴是我在这个地方举行着的,仿佛当你是一个客人;以后,我要带你到雅典城中去,然而其初却并不宣布你的出生,因为我不欲以我的幸福去苦恼我的妻,为的是,她还是不曾育子。然后,渐渐的我将劝诱她,俾你可以得到她的欢心,以统治此土。现在,请你且去招呼你所要召请的朋友们到宴会中来,因为你必须和这个得尔福城说再会了。”

伊翁答道:“就这么办着吧;不过,如果我寻不到我的母亲,我的生命是一点也没有价值的。”

国王对女郎们说道:“你们要注意,对于此事必须严守秘密,否则你们一定要被处死的。”

但她们心里却十分的为她们的女主人忧愁着,她没有孩子。而国王——她的丈夫,却找到了一个儿子。并且,她们也十分的疑惑着,不知道她们要不要将她们所听到的事告诉了王后。

现在,有一个老人,他在从前乃是国王厄瑞克透斯的仆人的,走近到神殿来;当王后看见了他,她伸出她的手给他,扶着他上了石阶,因为他是很老弱的了。当他走到了殿上时,王后回身对着站在旁边的女郎们,问她们知道不知道阿波罗所给她丈夫的关于他的无子的事的任何回答。但她们却不敢回答一语,记住了国王的吩咐,要她们严守秘密,否则处死;但到了最后,为了这件事不使她们喜欢,一半是为了可怜她们的女主人,一半也是为了憎恶着一个异邦人要成了雅典的国王,她们便说道:"啊,公主!你将永不会抱一个孩子在你的臂间,或乳育一个婴儿在你的胸前。"当老人问她们——因为王后已沉入悲哀之中而不能发言——国王是否也同受这个痛苦时,她们便答道:"不然的,老人家;阿波罗对于他,给了一个儿子。"

"怎么样的?"他说道,"这个儿子还不曾出世呢,还是他已经生在世上了?"

"他已是一个成人的少年了。因为阿波罗说道:'你从这个神殿中走出去,第一个遇到的人,乃是你的儿子。'你要知道,公主,这位少年乃是他,那个常在这个神庙中服务的人,你在先还和他谈过话。但在此以外的事,我却不知道了;所知道的仅是,你的丈夫将不为你所知的举行一次大宴,而这个孩子却将十分荣耀的坐在席上。"

当老人听到了这些事时,他发了怒,说道:"公主,此中必有诈。我们是被你的丈夫所欺骗了,他预先已曾蔑视着我们了。他要驱逐我们出于你父亲,国王厄瑞克透斯的家中。我说这话,并不是为了我憎恨你的丈夫,却是为了我的爱你。听我的话,那么;他是一个异邦人,到了雅典城中来,娶了你为妻,因你之故,承袭了你父亲的国家;而当他见到你不能生育时,他却不欲和你同受这个痛苦,秘密的和什么奴隶结了婚,却又将她和他所生的这个孩子给了得尔福的一个市民,要他为他抚养成人。如你所知的,这孩子长大而成为阿波罗神庙中的一个办事者。当你的丈夫知道,这孩子已经到了成人时,他便设下这个狡计,使你和他同到这个地方来,来访问阿波罗,你的无子将有什么方法救治。现在,你将受到那最狡诈的错待了,因为他要带了这个奴妇之子作为你家的主人了。所以,我便给你以这个忠告。你且想出一个计策来,或以刀,或以毒,或以你所欲的任何东西,杀死了你的丈夫和他的儿子,否则他们便定会杀死了你的。为的是,你如果赦了他们,你便决然要死了。因为,如果有两个仇敌住在同一屋顶之下,其中必有一个是要死亡的。现在如果你愿意,我要为你办着这件事,在他所预备的宴席上杀死了他们;因为我在你父亲的家中寄食直到今日,我是渴想以此报答你的。"

于是王后和老人一同谈着这件事。当他要她杀死了她丈夫时,她拒绝了,说道,她不能下这个手,因为她想到他忠实于她的爱;但当他要她对于那位少年报仇时,她便答应了。仅她疑惑着,不知这件事要怎么办才好。于是老人叫道:"将刀给了你的从人们,杀死了他。"

"啊!"王后说道,"我要自己领导着他们;但我要在什么地方杀死他呢?"

老人说道:"在他宴请他的朋友们的帐中杀死了他。"

"不,"王后答道,"此举太彰明较著了;奴隶们的手也是柔弱的。"

于是老人愤怒的叫道:"我看出你是怯懦着呢,你自己去想计策吧。"

于是王后答道:"我有一个计策在我心中,既巧又稳。现在听我说,我要将它告诉了你。你知道在从前的时候,'大地'的儿子巨人们,曾和天上的诸神们在弗里格拉的平原上大战着;'大地'为了要帮助她的孩子们,生出了戈耳工。宙斯的女儿帕拉斯杀死了这个巨怪①。你知道,在那个时候,帕拉斯乃给了阿提刻地方的最早的国王依里克莎尼士以两滴戈耳工的血,其中一滴血具有能够使凡是与它接触的人都被毒死的能力,而其他一滴血则可医治一切的疾病。这些他都拿来放在黄金中保藏着。依里克莎尼士将它们给了我的父亲厄瑞克透斯,而他,当他死了时,便将它们给了我。我藏它们在我手腕上的一只镯中。你可取出那一滴能够杀人的血,用它去杀了这个少年。"

"这个主意不错,"老人答道,"但,我要在什么地方做这事呢?"

"在雅典,"王后说道,"当他要到我家中来时。"

---

① 关于戈耳工的出生与被杀事,这里所言,与一般的传说不同;平常的传说,都以戈耳工为被波修士所杀;这里独言其为帕拉斯(即雅典娜)所杀。像这种传说纷纭之处,神话中极多,姑两存之。

但老人说道："那是不好的；因为即使你杀不死他，你也有了这个名声了。还是在这个地方杀死了他罢，你在这里办了这事更容易瞒骗过你的丈夫，因为这必须不给他知道。"

当老人说了这话，她便说道："那么，听我告诉你如何下手的方法。你到我丈夫祭神且接着宴会的地方去。当客人们正要散宴而为天神们倾杯时，你可偷偷的把这滴致死的血滴滴入他，将来主宰我家的人的杯中。当然的，如果这一滴经过他的咽喉，他便永远不会到雅典城来了。"

于是老人自去依计行事，当他走时，他自言道："我的老兄，做你的这个事，有如你是少年人。你得帮助你主人的家以反抗一个敌人。让他们快乐无虑的人谈着敬神之事吧；他，要对他的敌人下手的人，必须不顾到什么法律。"

但同时克珊托斯却正吩咐少年伊翁在照顾着宴席的事，因为他自己还有祭神之事未了，也许要耽搁好一会儿。于是伊翁张起了一个四个大柱的幕，不偏于南，也不偏于西，但在二方之中；他所张的幕是四方形的，每边有一百尺，因为他计划着要招集了得尔福的全体人民来赴宴。于是他从财库中取出幕帐来张罗好了，异常的美观可喜；因为在它们之上是织着天空和所有的星座，太阳正驱车向西而去，黑袍的夜有着群星跟随着它，七女星俄里翁（Orion）带着它的刀，熊星在地极上转着，还有圆圆的明月；在别一边，则黎明正驱逐着群星。他还取出了从异邦外国来的许多毡子，上织着船与船正在决战，还有半人半兽的奇怪的形体，还有鹿与狮的被猎。

在帐幕的中间，一大钵一大钵的盛着美酒；一个使者前去邀请全得尔福的男人们都来赴宴。当他们既醉且饱之时，王后的从者，那位老人，走了前来；一切人都笑着看他是如何的忙碌。因为他取了用来和酒的水洗手，他焚起了香，还自己揽了呼号取杯的职事。过了一会，他说道："拿开那些杯子，且去取了大杯来，我们要欢饮。"于是他们取来金与银质的大杯，老人取了一只比其余的都美丽的杯，将酒倾满到杯沿，将它奉给少年伊翁，假装着他是十分的敬重着他，但他已将那一滴致死的血滴放入杯中去。没有一个人看出了他所做的事，但当他们全都要喝饮着时，有人向他的邻座说了一句不好听的话，伊翁听见了这句话，他是具有先知的占术的，便当它为凶兆，吩咐他们为他倾倒了第二杯酒；且还说道，每个人都该倾些杯中的酒在地上。一大群的鸽子飞来喝这地上的酒——因为这些鸽子无畏心的住在阿波罗庙中——所有别的鸽子饮了酒都没有什么异状，但栖息在伊翁所倾倒的酒的地上而饮喝着它的鸽子，却立刻打转着，高声锐叫着，便这样的倒地而死。当少年看见了这奇事，他便叫道："谁设了这个毒计要来毒死我呢？告诉我，老人，因为你给我这个杯。"他跳过桌，捉住了那个老人。最后，那个老人被迫得无法可想，便将全盘的经过都说了出来。于是伊翁召集了得尔福的所有王子们在一处，告诉他们说，那位异邦的妇人，厄瑞克透斯的女儿，要用毒药谋杀他。王子们的判决是：因为她想要以毒酒暗杀天神的管事者，她便要从得尔福城所建的高山上抛投到山下去。

于是一个人，从头到尾看见了这事的经过的，便尽力飞奔的跑去告诉王后；当她听见了这话，并知人民们中的执行者就要来捕捉她了，她便逃到阿波罗的神坛上去，坐在牺牲们所放置的地方；因为凡是逃到神坛上去的人便是圣物，如果有人要接触他们，便是违渎神道。但在不远的地方，伊翁率带了一队武装的人，对王后责骂恫吓着。当他看见她，他说道："你所生出的乃是一个如何下流的恶人，阿提刻国土；她是比她所要毒杀我的戈耳工的血还要毒。捕捉着她，俾她得以抛投到山下去。亏得我还没有踏足到雅典城中她的家里去；因为那时，她便可捉我入网，而我决定会被害了。但现在，即阿波罗的神坛也救不了她。"

他吩咐武士们拉她离开了圣地，但正当他说着时，女祭师辟西亚（Pythia）走了进来。当伊翁与她寒暄了以后，便问她知道这个妇人如何的要想毒害他的事否。她答说，她知道的，但他也不该愤怒过度，万不可以血玷污了他所要去的雅典城中的家中。当他不愿再听她说下去时，她又说道："你看见我手中所执的东西么？"她这时手中所执的乃是一个篮子，其中都是羊毛团子。"这乃是我，好久之前，在这篮中寻到了你的，你还是一个新生的婴孩呢。阿波罗吩咐我在此时以前不提起一句话，但现在却要将它交给你的手中。那么，取去了它，因为在篮中的褓褓，乃是你从前所包裹着的，你且自己去寻出你是出于什么种族的吧。现在，别了；因为我爱你，有如一个母亲之爱她的儿子。"

于是伊翁对自己说道："看见了这篮子诚是一件惨事,我母亲在好久之前,将我秘密的放在这个篮中而抛弃了去,于是我乃在这庙中成长而为一个无姓的人。天神对待我很好,然而我的运命和我母亲的运命却是不幸的。假如我发现我乃是一个奴妇之子便怎么办?还是一无所知的比知道这事更好。但我不要与神道的意志相违抗,所以我还是要打开了它,听听我的过去,不管它是什么样子的。"

于是他打开了这篮,诧异着;这篮虽经年历月却并不朽腐,而所有在篮中存着的东西也都一点也没有损坏。但当王后看见了这篮,她认出了它,从她坐的神坛上跳了下来,告诉出她所有深藏的心中而不告人的事。她说,在从前,她还没有嫁给国王克珊托斯以前,他曾为阿波罗生了一个儿子,将婴孩放置在这个篮中,将她所手织的东西包裹着他。"你,"她说道,"乃是我的儿子,我隔了这许久才得再见到。"

当少年人还疑惑着不知此事究竟真假时,王后却告诉他以褓襁的式样;有一件还是她女孩子的时候织成了的,技巧并不精,有如一个初学的人所做的,在这上面织着戈耳工的头,头上盘曲着蛇,有如帕拉斯的盾。她还说道,有一个颈圈,做成一条蛇的样子,还有一个橄榄叶做的花冠,其装饰恰似雅典城中的一个女子所生的孩子。

于是伊翁才知道,王后乃是他的母亲。然而他心中还十分的迷惑着,因为天神是将他给了国王克珊托斯为儿子的。然而他又疑心天神说的并不是真话。于是他说,他要自己去问阿波罗。但正当他转身要走时,看呀!天空中现出一阵大光明及一个天神的形状。他恐怖着,正要偕了王后同逃,却有一个声音说道:"不要逃,因为我是一个朋友,并不是一个敌人。我是帕拉斯,我从国王阿波罗那里来,带了一个使命给这位少年和王后。他对伊翁说道:'你是我的儿子,这位妇人在从前为我生的。'对王后说道:'带了你的这个儿子和你同到雅典城去,将他承袭了你父亲的王位,因为他乃是厄瑞克透斯的子孙,应该承袭这个王位的。你要知道,他将建了一个伟大的国家,他的孩子们在将来将住在海中的诸岛以及海边的陆地上;他们将以他的名字,名之为伊俄尼亚人。你也要知道,你将为克珊托斯生了两个孩子——杜洛士(Dorus)与埃俄罗斯——这两个人也将成了诸国之父。'"

当女神这样的说了时,她便离开了;伊翁与王后克鲁莎二人,还有国王克珊托斯,他们全都十分快活的回归他们的家中去。

却说北风玻瑞阿斯以强力娶了厄瑞克透斯的女儿俄瑞堤伊亚之后,他们生了两个儿子:谢特士与卡莱士;又生了两个女儿:克丽亚巴特拉与齐奥妮。谢特士与卡莱士是双生子,他们二人什么都像他们的母亲,只有肩下的双翼却是与他们父亲相同的。据古老的传说,这些翼膀却不是和他们的身体同生的,当他们的须髯还没有出现于脸上时,谢特士与卡莱士兄弟俩是没有羽翼的;但当他们的双颊开始生长须髯时,同时两扇似鸟类的翼膀也生在他们的两肩下①。这两个少年们这样的经过了儿童时代而进入成人期。他们和伊阿宋同去寻找金光闪闪的金羊毛;但他们中途因追赶哈比丝们而遇到了结局。但据别的作家们说,谢特士与卡莱士二人乃是为赫克里斯所杀死的。他们说,当谢特士与卡莱士从珀利阿斯的葬后竞技会中归去时,赫克里斯截杀他们于特诺斯(Tenos);因为他们俩曾劝阿耳戈船上的人将赫克里斯遗弃在密西亚不顾,只管自己开船而去。他在他们的坟上,堆成一个丘山,在这丘山土,他又建立了两支碑柱,其中的一柱,每当死者的父亲,"北风"吹来时,便摇摇的震动着②。

玻瑞阿斯的大女儿克丽亚巴特拉嫁给了菲纽斯,他们生了两个儿子:柏里克西卜士与潘狄翁。但后来菲纽斯又娶伊特亚(Idaea)为妻;她憎恨前妻的二子,虚假的向菲纽斯诉说他们俩有强迫她与他们通奸的举动。菲纽斯相信她的话,将他们俩的眼睛都弄瞎了。但据别一传说,则弄瞎了他们双眼的不是他们的父亲菲纽斯,而是他们的残酷的继母,她用她的织梭作刀而挖去了这两个少年的眼睛③。菲纽斯原是一个先知,但天神们因了他的泄露天机,也使他盲了双目④,更

① 但据 Hyginus:Fab.,14,他们兄弟俩的羽翼是生在足上的,他们的头发是天青色的;在别一地方 Fab;19,他又说,他们的头上也有一对羽翼,与他们的足上一样。

② 参看(1) Apollonius Rhodius:Argon.,Ⅰ.1298—1308;(2) Apollodorus,Ⅲ,15,2;(3) Hyginus:Fab.,14.

③ 参看 Sophocles:Antigone,969 以下;Apollodorus,Ⅲ,15.3;Hyyinus:Fab.,19.

④ 据别的传说,菲纽斯的盲目,是为海王普赛顿所弄瞎的,为的是,他对阿耳戈船上人们显示出到希腊的航程;又一传说,则说,因为他挖了他自己二子的眼睛,所以当阿耳戈船上人们和玻瑞阿斯的二子经过了他国中时,便也弄瞎了他,以为报复。

遣了哈比丝们来扰苦他，每逢他在吃饭，哈比丝们便飞来攫了他的食物而去。但后来，当阿耳戈船上人们经过了他的国中，向他访问航程时，他要求他们先为他驱逐去了哈比丝们；于是玻瑞阿斯的二子谢特士和卡莱士遂为他追逐了哈比丝们而去。他们直追哈比丝们到史特洛菲特斯（Strophades Islands）群岛上，追得他们立誓不再扰苦菲纽斯了，他们方才赦了他们。

玻瑞阿斯的第二个女儿齐奥妮，和普赛顿私通，生了一个儿子优莫尔卜士（Eumolpus），秘不为她父亲所知，但更为了不被他所侦知，她将这个孩子抛进了海中。但海王普赛顿捡拾了他起来，带他到埃赛俄比亚，给他自己的女儿平西丝克美（Benthesicyme）去抚养。当他成人时，平西丝克美的丈夫将他的两个女儿中的一个给了他为妻。但他还要强迫他的妻的姊妹，因了这个原故，他被驱逐出国。他带了他的伊斯马洛斯往依特莱克国王特琪洛士（Tegyrius）。特琪洛士将他的女儿招了优莫尔卜士的儿子为婿。但后来，他反抗特琪洛士的阴谋为人所发觉，他便逃到了依洛西斯人（Eleusinians）那里去，和他们为友。后来，因为伊斯马洛斯的死去，特琪洛士乃派人请他回国。他应招而回，和他释了旧憾，继位而为特莱克的国王。当雅典人和依洛西斯人宣战时，他应了依洛西斯人的邀招，带了一大队强有力的特莱克的军队，加入他们与雅典人为敌。当雅典国王厄瑞克透斯去访问神巫，雅典人如何方可得胜时，神道答道，他们将会战胜，如果他杀死了他的一个女儿。当他杀死了他的最幼小的一个女儿时，别的女儿们也都自杀而死。因为她们曾立下誓说是姊妹们要同生同死。但据别的传说，则在厄瑞克透斯的六个女儿之中，只有两个最大的女儿是死了的；又据别一传说，则只有他的最幼的女儿克鲁莎是生存着。为了她们的自我牺牲，后来的雅典人乃列厄瑞克透斯和他的女儿们入于神道们的班辈中。[①] 在厄瑞克透斯的女儿们为国牺牲了之后，大战便开始。果然应了神示的所言，雅典人大得胜利，厄瑞克透斯并杀死了优莫尔卜士。普赛顿因厄瑞克透斯杀了他的儿子，恳求宙斯用

---

① 关于厄瑞克透斯诸女的为国牺牲；参看：Plutarch；Parallela，20；Cicero；Prosestio，ⅩⅪ，48 等；Hyginus；Fab.，46；Euripides 亦有悲剧一篇，名《依里克修士叙事》，今仅存残文（见 Tragicorum Graecorum Fragmenta，ed. A. Nauck，pp. 464 以下）。

雷霆将他打死了①。

厄瑞克透斯死后，长子刻克洛普斯继他而为雅典王。刻克洛普斯生了一子，名潘狄翁；这个潘狄翁，继于刻克洛普斯之后而为雅典王。但不久，便为他的堂兄弟，即米特安的诸子们，起了叛乱而被逐出国。潘狄翁到墨加拉往依辟拉士(Pylas)，娶了他的女儿辟丽亚(Pylia)为妻。到了后来，他乃命为墨加拉城的国王；因为辟拉士杀死了他的叔父比亚士，故将国政交给了潘狄翁，而他自己则带了一队的人民，去到辟洛奔尼梭(Peloponnese)，建立了辟洛斯(Pyulus)城。

潘狄翁在墨加拉，生了四个儿子，即埃勾斯，帕拉斯，尼索斯(Nisus)，及吕科斯。但有人说，埃勾斯乃是史克洛士(Sagrius)的一个儿子，后来过继给潘狄翁为他自己的儿子②。到了潘狄翁死后，他的四个儿子便统军去攻打雅典城，逐走了米特安的诸子们。埃勾斯做了雅典王。尼索斯则做了墨加拉王。埃勾斯即位之后，连娶了两次的妻，但她们俱没有生育。他很害怕他的兄弟们的压迫，便去到辟西亚访问神示，要知究竟有无儿子的事。神道答他道：“皮酒袋的凸口，啊，人中的最好者，不要解开了，直到了你达到了雅典的高处！”他不知道这神示说的是什么，便复归雅典而去。途中经过特洛桑，他和辟洛甫士的儿子辟修士(Pittheus)同住了一夜。辟洛甫士懂得了这个神示，便醉他以酒，使他和他的女儿埃特拉(Æthra)同床。但在同一夜里，海王普赛顿也来和她同睡。现在，埃勾斯告诉埃特拉说，如果她生了一个男孩子，她可抚养了他，不必告诉他父亲是谁。他留下一把刀，一双鞋在一块巨岩之下；他说道，当孩子长大成人，能够转动了这块大岩，取出了刀和鞋时，方可遣他到雅典城来寻父。

但埃勾斯他自己则回到雅典城去，举行了全雅典节日的竞技会。在这次大竞技中，克里特国王弥诺斯的儿子安德洛革俄斯胜过了一切的竞争者。埃勾斯遣他去收服马拉松山的野牛，他便死在这次危险的行役中。但有的人则说，当他由雅典出发到底比斯，要参与为拉

---

① 关于依洛西斯人与雅典人的战事，传说纷纭；此据 Apollodorus，Ⅲ，15，4(其不同的异说可看 Pausanias，Ⅰ，5，2；Ⅰ，22，4；Ⅰ，31，3；Ⅰ，36，4；Ⅰ，38，3；Ⅱ，14，2；Ⅶ，1，5；Ⅸ，9，1)。

② 帕拉斯的儿子们，即埃勾斯的堂兄弟们，伪传埃勾斯不是厄瑞克透斯的后人，因为他不过是潘狄翁的一个养子。见 Plutarch；Theseus，13。

伊俄斯而举行的竞技会时，他乃在途中为妒忌他的竞争者所暗杀。但当他的死耗到达了弥诺斯的耳中时，那时，他正在帕洛斯祭献格莱西们，他听见了这个消息，便抛弃了他头上的花冠，停止了笛声，但却终于完成了这个祭礼；自此以后，他们凡在帕洛斯祭格莱西们便都不用花冠与笛声。但过了不久之后，他便率领了一大队的军舰前去攻打雅典城。那里，克里特的海军正在全盛时代，纵横海上，并无敌手。他先略取了墨加拉；那时墨加拉的国王乃是尼索斯。他杀死了前来援救墨加拉的墨加洛士（Megareus），希波墨涅斯（Hippomenes）的儿子。而尼索斯也在这时毁亡了。尼索斯的毁亡，完全为的是他女儿的叛变。因为他有一茎紫发在他的头部中间，一个神示流传于时道，当这紫发被拔去时，他便要死了；他的女儿史克拉爱上了弥诺斯，便拔去了他父亲的紫发。但当弥诺斯成了墨加拉城的主人翁时，他却将这位少女的足缚住了，倒悬她在船尾，溺死了她[①]。

　　战事延长了下去，弥诺斯还攻不下雅典城。他对宙斯祷求着说，愿他能使他对雅典人报仇雪恨。雅典城被围不释，又恰遇着饥荒与瘟疫，人心汹汹，不可终日。他们听从了一个旧传的神示，将许阿铿托斯（Hyacinthus）的四个女儿杀死。许阿铿托斯乃是从拉刻代蒙来到雅典城居住的[②]。但许阿铿托斯的诸女虽为国而牺牲，而城围依然不解。于是他们又去问神示，如何方可解围。天神答他们说，他们须给弥诺斯以他所求的东西。于是他们乃派人到弥诺斯那里去，请他宣示，如何方可满意的讲和，解围而去。弥诺斯命令他们每年须送了七个少男，七个少女，不带兵器的到克里特来，供给弥诺陶洛斯（Minotaur）的吞食。弥诺陶洛斯乃是一个人身牛头的怪物，弥诺斯将其囚禁于一个迷宫之中；一个人进了此宫，便迷途而不得出；因为此宫中歧途错出，极不容易寻出路来。迷宫是建筑者为最著名的巧匠代达罗斯。代达罗斯本来也是一个雅典人，因犯罪而逃至克里特，往依弥诺斯，遂为他建造了这个迷宫。

―――――――

　　① 关于尼索斯为他女儿史克拉的叛变而致死事，可参看：（1）Aeschlus：Choephor.，612以下；（2）Pausanias，Ⅰ，19，5；Ⅱ，34，7；（3）Apollodorus，Ⅲ，15，8；（4）Hyginus：Fab.，198；（5）Ovid：Metamorphoses，Ⅷ，6以下。

　　② 许阿铿托斯的诸女，或即为上文所举的厄瑞克透斯的诸女；大约此二事乃系由一个传说而分歧者。

附录　弥诺斯的身世与子孙

弥诺斯乃是宙斯的儿子,他的母亲是欧罗巴。当欧罗巴在海岸边的草地采集花草时,宙斯爱上了她,他变了一只驯牛,诱她骑在他背上,便负她过海而至克里特。宙斯在克里特和她同床;她生了三个儿子,即弥诺斯、萨耳珀冬及剌达曼托斯(Phadamanthys)。但据荷马所说,则萨耳珀冬乃系宙斯和柏勒洛丰的女儿所生的一个儿子[①]。

克里特的王子亚斯特洛士(Asterius)娶了欧罗巴为妻,抚养大地的孩子们。但当他们成人时,他们却互相争闹着;因为他们同爱一个童子,这童子名米莱托士(Miletos),乃是阿波罗的儿子。为的这个童子和萨耳珀冬更形亲爱,弥诺斯便和他们宣战;他战胜了他们,他们逃开了克里特。米莱托士在卡里亚(Caria)登陆,建设一个城市,即以他自己的名字,名它为米莱托士。萨耳珀冬则和克里克斯(Cilix)联盟,他正和吕喀亚人作战;战胜了吕喀亚人后,萨耳珀冬便成了吕喀亚的国王。宙斯允许他活到三代。但有的人则说,他们兄弟们所争爱者乃系宙斯的儿子亚特尼士(Atynius),并非米莱托士。

剌达曼托斯为诸岛民们制定法典,但后来他逃到玻俄提亚,娶了阿尔克墨涅。自他离开了世界之后,便在地府同弥诺斯并为审判官。

弥诺斯住在克里特,制定法典,娶了帕西法厄(Pasiphae)为妻。帕西法厄乃是太阳的女儿。但别的人则说,他的妻乃是亚斯特洛士的女儿,他的异父姊妹克瑞忒(Crete)。

弥诺斯生了四个儿子,即卡特洛士(Catreus),丢卡利翁,格劳科斯与安德洛革俄斯;还有好几个女儿,其中有名者为阿里阿德涅(Ariadne)及斐特拉(Phaedra)。

克里特国王亚斯特洛士死而无子,便由他的嗣子弥诺斯承继王位;但克里特人却反对着他,不承认他为克里特王。于是他宣言,他乃是从天神们手中受到这个国家的;为了证实此言,他说道,凡他所祷求者,事必实现。于是他祭了普赛顿,对他祷求道,海中要涌出一头牛出来;他并允许这位天神说,当这牛出水时,他当杀了它来祭祀。

---

① Homer: lliad, Ⅱ, 198 以下。

普赛顿真的如他所祷的由海中送上了一头肥美的好牛上岸来。弥诺斯遂得了克里特王位，人民们心服无言。但他却深爱此牛，将它送到牛栏中去，而杀了别一头牛来祭普赛顿。因此，普赛顿深怒着他的失信；他使那头牛发了狂，又使弥诺斯的妻帕西法厄心中发生了一种对于此牛的奇恋。因了巧匠代达罗斯的妙计，帕西法厄藏在一头假牛中，与普赛顿的牛交合，生了一个怪物出来，这只怪物名为亚斯特洛士，世人恒名之为弥诺陶洛斯。他的头部是牛形，但全身的他部则完全为人形。弥诺斯受到了神示之后，将他关闭于迷宫中。关于弥诺斯以后的事，见于提修士的故事中。

弥诺斯为第一人统治了海面的，所以他的政治势力遍及所有的岛上。

他的大儿子卡特洛士生了三个女儿：爱绿卜（Ærope），克丽曼妮，与亚辟莫西妮（Apemosyne）；一个儿子，亚尔赛曼尼士（Althaemenes）。当卡特洛士去问神示，他的生命将如何的终了时，神道答他道，他将死在他的一个孩子的手中。卡特洛士隐瞒了这个神示，不让人知道。但亚尔赛曼尼士却听到了它们，恐怕他自己要成了他父亲的杀害者，便和他的姊妹亚辟莫西妮一同离开了克里特；他在洛特斯（Rhodes）占住了一个地方，名它为克里特尼（Cretinia）。但过了不久，他却杀害了他的姊妹；因为赫耳墨斯爱上了她，但她却逃避了他；她跑得比他更快，他捉不到她。但他却设了一个狡计，将新牛皮铺在路上，当她由泉边归来时，踏在牛皮上，滑倒在地，因此，遂被他所强暴。她归家时，对她兄弟说起这事的经过；但他心想，他姊妹所言的神道，完全是托辞，便愤怒的踢她至死。那里，他父亲卡特洛士，为了绝祸根计，又将他剩下的两个女儿爱绿卜与克丽曼妮交给了诺卜洛士（Nauplius）去贩卖，要他将她们卖到了外邦去。在这两个姊妹中，爱绿卜成了辟里斯赛尼士（Plisthenes）的妻子，生了后来在特洛亚战役中有大名的二位英雄：阿伽门农（Agamemnon）与墨涅拉俄斯（Menelaus）；克丽曼妮嫁给了诺卜洛士，她也生了二子。但到了后来，卡特洛士年龄已老，他很想将家交给了他的儿子亚尔赛曼尼士。为了这个目的，他便到洛特斯来寻子。他带了一队人从船上登了岸，但牧牛人们见了他们，还当是前来劫掠的海盗。他告诉他们以实情，但为了群狗乱吠，他们不能听清他的话。正当他们围攻着他时，亚尔赛曼尼士来了,他投了一支矛,立地杀死了他,并不知他即为他的父亲卡特洛士。后来,当他知道自己果然应了神示,亲手杀死了他父亲时,他便向天祷告着,没入地陷中不见了。

弥诺斯的第二子丢卡利翁,继了卡特洛士为克里特国王。他生了三个孩子;他曾捐弃了他父亲与雅典人的积嫌,力图和亲,将他的妹妹斐特拉嫁给了提修士为妻。

弥诺斯的第三子格劳科斯曾从死亡中为人所救而复生。当格劳科斯还是一个孩子时,他为了追逐一只鼠,堕入一大瓶蜜中而溺死了。弥诺斯见他失踪不见,便到处的搜索着,也并不曾发现到他。他去访问神示,怎样才能够寻到他。柯里特们(Curetes)告诉他说,在他的牛栏中,有一头三色的牛,凡有人能够正确的说明那头牛的颜色者,便也能够救他儿子于死亡①。于是当占卜者们会集在王宫中时,波里杜士(Polyidus)比此牛的颜色为如桑椹的颜色一样。这比譬恰好相合,于是弥诺斯强迫着他要找出那个失踪的孩子来。波里杜士以一种占卜术寻到了格劳科斯。但弥诺斯见其灵验,便又声言,波里杜士必须使这个死孩子复活。他和格劳科斯的尸体一同闭在一个房间中,当他正在十分的焦急着,不知如何办法才好时,他看见一条蛇向尸体游去。他抛了一块石,杀死了这条蛇,为的是,如果尸体受了损害时,他自己便要被杀。但又有一条蛇游来了,它看见前一条蛇已死,便游了开去。过了一会,它又回来了,带回了一根草,将这草放在那条已死的蛇的身上。这草刚刚放了上去,死蛇便已复活了。波里杜士见了这个情景,心里十分的诧怪,但他恍然有悟,便也应用了这同一的草,放在格劳科斯的尸身上,将他从死地复活过来。弥诺斯如今已得回他的儿子了,他心中自然欢欣无已;但他心还不足,他定要波里杜士尽传其术于格劳科斯,否则不许他离开克里特到阿耳戈斯去。波里杜士被强迫的教导着他。但当波里杜士上船离开了克里特时,他吩咐格劳科斯吐一口唾沫在他口中,格劳科斯依言而吐,于是便将占卜术忘记得干干净净了。

---

① 据说此牛每天变更毛色两次,或每四小时变更毛色一次,先是白色,次是黑色,次是红色。占卜者波里杜士解决了这个谜,以此牛的颜色,比之于成熟的桑椹,桑椹的颜色初是白色,次是红色,次是黑色,正与此牛一样。

弥诺斯死后便在地府做审判官。在阳间，他的立法与行政都是很和平正直的，所以在地府便也因此而被选为审判官。

关于弥诺斯的死，在下文将叙及。

五　代达罗斯与其子伊卡洛斯

代达罗斯为厄瑞克透斯的曾孙，他的父亲是优巴拉莫士（Eupalamus），他的祖父是米特安。他是生来的一个大建筑家，且是最早的雕像发明者。他的巧匠之名，在雅典城中便已喧传着的了。他的姊姊珀耳狄克斯（Perdix），因此送了她的儿子太洛斯为他的学徒。太洛斯是一个聪慧异常，极为可教的孩子，这时还刚刚过了他的十二岁的生日。这个孩子，有一天看见了一尾鱼的脊骨，以它为模范，乃在一片薄的铁片上，割截出一列的齿来，他便这样的创造了一支锯来①。他还第一次将两支铁杆在一接点上缚在一处；这两支杆距离相等，若一杆固着一点不动，他一杆便可移动而画出一个圆圈来。代达罗斯异常的妒忌着这个孩子，他生怕这孩子他日的成就将超出他的以上，便捉了一个机会，将这孩子从护城山上掷到山下去。他编造了一篇谎话，说这孩子是自己不小心的跌落了。但帕拉斯是爱护智慧的人的，便在空中接住了他，将他变做了一只鸟，披他以羽毛，他的从前的捷速的智力，进入了他的羽翼与双腿；他乃变成了一只鹧鸪。这只鸟至今还不敢高飞于空中，也不敢建筑它的巢在树上或在高岩上；它只在靠近地面的所在飞翔着，它的蛋也下在低下的丛林中。它为了记住从前的从高处跌落，所以永远怕着高处。但代达罗斯为了怕罪畏罚，竟离开了雅典，逃到了弥诺斯的宫中去。弥诺斯欢迎着他。弥诺斯的妻帕西法厄看中了普赛顿从海中送上来的牛，深爱着它，然而人与牛却没有发生恋爱的可能；于是她求计于代达罗斯。代达罗斯造了一个木牛，与真的牛无二；他使帕西法厄藏身于木牛中，因此达到了她的愿望。但一年之后，她却生出了一个非人非牛，又人又牛的怪物来；这怪物头部是牛形，身体却是人形；人称之为弥诺陶洛

---

① 　一说他是摹拟着蛇的牙床而创作了锯；一说代达罗斯见他正用他所寻到的一个蛇的牙床，在锯着一支细竹竿，因此惧这个孩子的技能将出其上，便将他抛落山下去。

斯。弥诺斯生怕丑声外扬,便计划着要从他家中移了这个怪物去,藏它在一个见不到人的无路可出的迷宫中去。这个工程,他也委托给代达罗斯。不久,代达罗斯便建筑成了一所绝为精巧的迷宫来;这宫中歧径百出,似是而非;似一而二,回转曲折,进退无端,或似进而实出,或似出而实进;总之,欲以多歧的迷途,以欺人目,使进去的人找不到出路来。他造成这座迷宫之后,据说,连他自己也几乎寻不到出口。

后来,代达罗斯失欢于弥诺斯[①]。弥诺斯将他和他的儿子伊卡洛斯都囚禁在迷宫中,水陆两途皆严密的防守着,不让他们逃逸出去。代达罗斯憎恨着克里特,也甚忆念着他的故乡。"虽然他可以严防了水与陆,"他说道,"然而天空还是开放着的,我要由那条路出去。虽然弥诺斯统治了一切,他却还没有统治着天空呢。"他这样的说着,便用心在未为人知的技术上,变更了天然的公律。他将鸟类的羽毛排列整齐了,先将最小的排列着,然后将大的羽毛再排列着,有如斜倾之形。正如旧式的乡间牧笛一样,它们的芦管也是一个比一个高的。然后他将大小羽毛用线及蜡胶连在中部及根处;这样的布置好了,他便轻弯着它们成为弓形,看来便似真的鸟翼一样。他的儿子伊卡洛斯站在旁边,笑容可掬的一时去追捉为一阵微飔吹走的羽毛,一时以他的大拇指在揉弄着黄蜡,他的戏弄颇妨碍着他父亲的奇异的工作。当人造翼最后完全告成了时,这位艺术家兼工匠便缚翼于身,他鼓动了双翼,向上而飞,果然高飞在空中。其次,他也将双翼缚于伊卡洛斯身上,教导他如何飞翔的方法,正如一只老鸟教导着它的小鸟们从巢中试着飞出空中一样。伊卡洛斯试着这从未有人尝试过的飞翔,心中异常的得意,但却又有些怯懦。他对他的儿子说道:"我警告你,伊卡洛斯,你要飞在中间,否则,你若飞得太低了,海水便会沾湿了你的羽翼而黏住了它们;你若飞得太高了,太阳的光便会融灼了它们的。你须飞在二者酌中之处;我还吩咐着不要凭着己意飞去,但须紧紧的随了我所取的路途而飞着。"当老人这样的再三的叮嘱着,再三的察视,缚紧他儿子的羽翼时,他的双颊乃为清泪所湿,他的手也颤

---

① 据别一传说,提修士的得出迷宫,乃为阿里阿德涅受计于代达罗斯之故。后此事为弥诺斯所知,他乃禁闭代达罗斯于他自建的迷宫中。

抖着；他吻着他的儿子，这一次吻后，他是再也不可能吻他的了。他鼓起了双翼，向前飞去，但一心牵记着他的同伴。他鼓励着这孩子跟随了他去，还再三的叮嘱他教导他；他自己鼓拍着双翼，时时向后望着他的儿子；他们这样的飞出了迷宫。有一个渔翁在闲静的垂竿而钓，或一个牧羊人靠着他的驱羊杖而立着，或一个农夫靠在他的犁柄上，他们仰天而望，窥见了他们父子二人的飞过，便呆呆的站在那里不动，相信他们俩乃是能够自由腾空的天神们。当他们飞过了得罗斯（Delos）与帕洛斯（Paros）诸岛之后，伊卡洛斯的胆子渐渐的大了，他深喜着自己的飞行，不欲紧随了他父亲之后；于是他便离开了他的引导者，渴欲自由自在的在空中飞着，飞向更高更高的天上去。离他更近的太阳的焦灼的热光，晒软了连结着他的双翼的黄蜡，这蜡受热而融解了；当他还在一高一低的鼓拍着他的双翼时，这双羽翼却已与他的身体分离而落下了；他的双臂虽还在鼓动着，却因没有了羽翼，便不能停住在空中。他的唇间还在不断的叫唤着他父亲的名字，然而这有什么用处呢。他直沉到深青的海中去，遂被溺死了；后来，这一个海面便以他的名字为名。但那位不幸的老父——现在他已是一个无儿之父了——还在叫唤："伊卡洛斯，伊卡洛斯，你在哪里？我要在什么地方寻找你呢？伊卡洛斯！"他再三的叫唤着，却没有一个回声。后来，他看见浮泛在海面上的双翼了，便诅咒着他自己的技术。他乃以巧技杀死了他的儿子了。他葬了他儿子的尸体在一个墓中；正当他将这尸体运入墓中时，一个啾唧的鹧鸪从一个泥沟中望出去，鼓拍着它的双翼，发出一种愉快的声音来。它在讥斥着代达罗斯呢，这只新变成的鹧鸪——他从前的徒弟太洛斯。据别一个传说，则伊卡洛斯的尸体并未为他父亲所寻获，它后来被海水冲激上岸，为赫克里斯所见，他因葬了他。代达罗斯曾因此建立了赫克里斯的石像以志他的感谢。

但代达罗斯他自己则安全的飞到了西西里岛的卡米考斯（Camicus）。他在西西里岛上建造了一座阿波罗庙，挂了他的双翼在庙，以献给神。但弥诺斯忿于代达罗斯的逃逸，便追赶在他后面；他在各国遍访他的踪迹，随身带着一个螺旋形的贝壳，允许给巨奖于那个人，假如他能够将一根线穿过这个贝壳。他相信，用了这个方法，他定可找到代达罗斯。他到了西西里的卡米考斯，进了国王科卡罗斯(Cocalus)的宫中。代达罗斯正潜藏在他的宫中。弥诺斯将那贝壳示给科卡罗斯;他接受了它,答应要用线穿过它,于是他将那贝壳交给了代达罗斯。代达罗斯将一根细线缚在一只蚂蚁身上,又在螺旋形的硬壳中,钻通了一穴,使蚂蚁进入穴中。但当弥诺斯见了线已穿过那硬壳中时,他便知道代达罗斯一定在科卡罗斯的宫中。他立刻要求科卡罗斯交出这个逃犯来。科卡罗斯答应交出他来,且还大设盛宴,以款待弥诺斯。但当弥诺斯浴后,却为科卡罗斯的女儿们所杀死。有的人说,他乃是为沸水所淋浸而死的;聪慧的代达罗斯劝诱科卡罗斯的公主们在浴室的屋顶上引下一管,正当弥诺斯在沐浴时,她们便将沸汤从这管中淋到他的身上,因此杀死了他。有的人则说,科卡罗斯的女儿们用以杀死弥诺斯的,并不是滚沸的热汤,乃是滚沸的沥青。

六　提修士

埃特拉为埃勾斯生了一个儿子,名提修士[①]。她在他年纪小时,并不和他提起他父亲是什么人。但这孩子身体发达得极快,又且膂力过人,勇气勃勃。当他还是一个孩子时,赫克里斯曾经过特洛桑;他见到这样的一位大英雄,还听到他的许多骇人的历险,不禁为之跃跃欲试。少年的提修士希望自己有一天也和他一样的历险除暴,扬名于世。有一天,赫克里斯脱下了他所披的狮皮,别的孩子们见了,全都惊骇的退却了,提修士却执了他的小小的刀,还当它是活的狮子,向前斫扑过去。不料这位小小的英雄,后来果然成了赫克里斯的朋友。

他的母亲埃特拉视他为至珍至宝,每当见他一天天的雄健长大了,她便默想着他们的分离将要到了,心中感着异常的凄楚难过。当他到了成人的年龄时,她带他到埃勾斯置刀与鞋于下的大石那里去;她吩咐他将这块岩石移转开去。他很容易的便将它移到一边去,于

---

① 提修士据说尝自称为普赛顿的儿子,因为这海王曾和他母亲同床过;他为了证实他自己乃是海王的后裔,曾泅入海中,带上了一顶金冠,此乃安菲特里忒(Amphitrite)所赠的,又一只金指环,此乃弥诺斯特地抛入海中,以试证实他的为海王之子的夸言。见 Baechylides,ⅩⅥ,(ⅩⅦ)33 以下 Pansanias,Ⅰ,17,3;Hyginus:Astnonom,Ⅱ,5。

XILASHENHUAYUYINGXIONGCHUANSHUO 希腊神话与英雄传说 ▮ *321*

是石下的刀与鞋便为提修士所见。他见了这两件东西，觉得非常的诧异，便问他母亲这是什么意思。埃特拉不禁落下泪来；他抱住了他母亲，叫她不要伤心。于是她乃第一次告诉他以从前的情形，和他父亲的姓名；并说起，埃勾斯临别时，曾言及要他到雅典城去寻找父亲，并带了刀与鞋为凭证。她说到这里，不禁放声哭了起来，因为她晓得，她与她的儿子立刻便要分离了。提修士安慰了他母亲，便要摒挡一切，起程而去。他母亲不能，也不欲留住了他，便只好听任他去。他年老的外祖父告诉他说，由特洛桑到雅典，有两条路可走：一条路较近而且平安，即由海道而去；一条路则较长，而且多野兽，强盗以及种种危险，即遵陆路而行。提修士凭着少年的意气，偏欲取道于艰危而较长的陆路；因为他欲在达到雅典之前，扬名于时。他的心渴欲看看外面的世界，渴欲冒冒艰险，正如乳虎少狮的初出山洞，非经险途危径不快。他外祖父虽再三的劝阻，却也抑制不下他的充满了冒险之念的跃跃欲试的心肠。他对他的焦急的母亲说道："我要学着赫克里斯，如果我到了父亲之前，将他的鞋侵染着旅尘，他的刀溅满了血，他一定会更欢迎我的。"他母亲深深的叹了一口气，只好任他前去。他勇气百倍，雄心勃勃的走了，连头也不回一下。他母亲的双眼，直送他到看不见他的背影为止。然后她回到家中，在家中所奉祀的诸神之前喃喃的祷告着，保佑她儿子沿途平安，不受任何祸害。

提修士登山越岭，走到厄庇道洛斯，第一次遇到一个为害过客的剪径强盗；这强盗名辟里菲特士（Periphetes），乃是天上工匠赫淮斯托斯的儿子。他肩背巨铁棒一根，其重无比，当之者无不死，人号他为铁棒人。历年以来，他从不曾遇见过对手，不知杀死了多少往来的行人。但他的双足却不良于行，他所恃的只是力强棒重。提修士遇见了他，先自站稳了足，执刀在手。他们一交手，铁棒人便知这人不可轻敌。这少年轻捷如猿，力大如狮；他很轻便的躲过了辟里菲特士的笨重的攻击，捉了一个机会，窥空将他的刀直刺进这个强盗的心中，因此了结了这个多年的积盗。然后，他取了辟里菲特士的铁棒及他的熊皮衣，作为出山第一功的纪念。

他披上了熊衣，掮了铁棒，自觉得很像他所崇拜的赫克里斯。他走了不多的路，到了柯林斯的土腰时，又遇到了一个险阻。在这个地方，有一个强人名西尼士（Sinis）的住着，专事杀害过客。他的杀人之法,与众不同,不用刀,也不用箭,不用绳,也不用石,只是将两株松树的树顶弯了下来,将那人缚于两株松顶之间,然后,突然的将弯下的松顶放松了,于是那被害者便被弹到很高的空中去,四肢都零落的分裂了。因此,过往的旅客一谈到这个弯松者,便变色战栗着。但当他也要以此惯常所施的手段施之提修士时,却被这位少年英雄所打倒。提修士即用他自己的绳子缚他于松顶之上,将他的骨头,弹到空中以饲饿鹰。

在离开了这土腰之前,提修士又去猎到了一个凶猛无比的牝豕;这只豕名为菲亚(Phaea),即以饲养它的老妇人之名为名。据说,它乃是巨怪底芬的所生,它为害于这个地方已久,不知已杀死了若干的猎者。如今市民们见提修士为他们除了这个大害,莫不欢欣异常。他们警告他说,前途还有一个更可怕的危险,但他的壮心却不因此而稍怯。

原来从柯林斯到墨加拉,必须经过海边的一道狭窄的岩道,在这个窄道上有一个可怕的巨人史克龙(Sceiron)住着。史克龙是柯林斯人,据说,他乃系泊罗普斯的儿子。更有人说,他乃是海王普赛顿的儿子。他所占据的岩石,后人便名之为史克龙岩。这个强人凶狠无比,每强迫过客为他洗足,乘那人俯着身时,他的足顺势一踢,便将他踢入海中去了。在这岩下的海中,有一个巨龟,专在等候着它的美食。提修士听见了他们的劝告,他现在却不走他道,专意欲出此途。他与那个恶徒相见,他照旧的不知利害的也要强迫提修士为他洗足,但提修士却捉住了他,将他从峭壁上抛掷到海中去,以饲他自己以人肉饲养着的巨龟;一说他变了一个岩石,永远为波涛所冲激。

以后,他到了依洛西斯(Eleusis),要由那个地方到墨加拉去;那个地方的人民们见他是如此英俊的一位少年,心里都很可怜他,便劝他快点悄悄的离境而去,不要为他们的专制者开克安(Cercyon)所见。这个开克安,乃是白兰考士(Branchus)的儿子;但一说他是赫淮斯托斯的儿子。他恃着自己的身体高大,筋肉强健,凡有过客经过依洛西斯者,他必挑他们和他角力,但与他相角的结果,却无一人曾经幸免的逃生过。但提修士却不是一位畏斗而逃的人,他直向开克安的王宫走去,和这位恶王宴食得既醉且饱之后,乃反邀他角力为戏。开克安力量虽大,却不是提修士的敌手,他们斗不到几合,那个强横者开克安便为提修士所擒，高举他在空中，然后将他直向地上摔去。开克安一生角力，却终于结果在角力场中。依洛西斯的市民们，见提修士为他们除去了专暴的压迫者，便力留着他，要拥戴他继位为国王。

但提修士不欲留居于此，他匆匆的要继续前去。百姓们却告诉他说，由这里到雅典的途中，他将遇到了一个举世无比的狡诈而残酷的强人，这个强人的名字是柏洛克洛斯特斯（Procrustes），或名他为狄马斯特士（Damastes）；人家称他为伸拉者。他专门的在此等候着无辜的过客；他见了他们，便卑辞好语的邀请他们住在他的家中作客。他们一踏进了他的家，便赛如踏进了地狱。因为他用了一种未曾前闻的酷刑来了结他们的生命。他有两张床；这两张床，对于一个成人的身体，不是过长，便是过短。他对于身体矮小的人，便邀他睡在长床上，强将他的四肢撕拉长了以适合于床身；但如果那个不幸的过客是身材高大的话，他便将那人强迫的睡倒在短床上，用斧头将他的双腿斫短了，以适合于床身。提修士听了这一席话，决定要试试这个强人的手段，便离了依洛西斯而去。他自语道："这种东西非用他自己的奸计去治他不可。"柏洛克洛斯特斯见他经过，便如常的邀他入室。这个少年伪作一无所知，欣然和他同去；然后欠伸着，仿佛如已深倦者，任自己被他引入苦楚的卧室中去。那个强人狡笑道："朋友，你看这是如何！我的那张床给你那么高大的少年睡似乎太短，然而我不久便能使之适体。"但正当他要引提修士卧于短床上时，他突然的发觉他自己已被如铁的手所握捉，无法挣扎。提修士将他掷在地上，缚了起来，卧他自己于他的短床上，用他自己治人的斧头，斫短了他的双腿。提修士任他卧在血泊中惨叫着，自己仍向前去。这个强人便这样悲惨的死于他自己所发明的新刑具上。

他既在路上肃清了五个强人，一只猛兽，以后，便沿途无阻的到了阿提刻。在那里，便有好些善意的人们来款待他了；他们为他洗清了血与尘土，供给他以宴饮，还为他祷神除罪。

然而在他父亲的家中却有一个更可怕的危险在等候着他呢。埃勾斯年已耄耋，已没有能力统御着雅典城了，奸谋与反叛充满了这城的各街。他的兄弟帕拉斯的诸子欺其年老无嗣，横行无忌。对此诸侄，他正无法奈何他们，而在他的宫中，这位老王又被制于他的妻美狄亚。原来巫妇美狄亚自从杀死了她和伊阿宋所生的二子,逃出柯林斯以后,便来到雅典,住于埃勾斯宫中;埃勾斯娶她为妻。但他们也并没有儿子。美狄亚以她的巫术,已先期知道提修士的前来。当提修士到了宫中的大厅时,她立刻便知道这位勇敢的少年是谁,但她并不向国王说明。她对国王埃勾斯说,这个少年乃是一个阴恶的人,要想害他,须要谨防于他。老王深信她的话,心里很恐惧,他知道提修士喜欢冒险——但并不知道他便是他自己的儿子——便命他去杀马拉松山的野牛,意欲借此杀害了他。但提修士却杀了此牛而归。于是美狄亚又为老王配制了一杯毒酒,要毒杀了提修士。埃勾斯便执了酒杯,要请他喝此毒酒,伪作欢迎他得胜归之状。但正当提修士快要喝下这酒时,他先将他的刀献给了他的父亲;埃勾斯的老眼认出了他自己的刀,立刻,便知道这位英俊的少年乃是他自己久已忘之的儿子。他觉醒过来,便将这杯毒酒从他手上扑倒在地上去了。于是提修士和他的父亲遂彼此相抱着;而美狄亚则安身不住,从此离开了希腊,复逃到亚洲去。如今亚洲有美特亚(Media)一地,即因为她所在之地而得此名。

但提修士并不是一个安于逸乐的人;他在雅典城住了不久,便又自己投身于一个极危险的险途中去。原来那一年,正是雅典城遭送他们的第三次贡品于克里特的时候;这贡品须要七童男,七童女,用船载去,给幽禁于迷宫中的弥诺陶洛斯吃。这是有死无生的贡献;前两次贡去的童男童女们也都已这样的惨死了。这时,由城中贵族的子女们拈阄以定去留的时候又到了,家家父愁母哭,子女凄怖,其凄楚有非言语所可形容者。提修士问知其故,心中坚决的具有誓为祖国除去此害之念,但他并不说出口来。到了拈阄的那一天,他出现于场中,说道:"我是国王的儿子,该我第一个去!"他的父亲听得此语,惊得软瘫于椅上,要想阻止他,已是来不及的了。"我要领率了贡去的童男童女们去,让这个弥诺陶洛斯先尝尝我的拳头看!"他说时,声容慷慨,气度凛然,在场的人没有一个不肃然起敬的。即最妒忌他,最恨他的帕拉斯的诸子们,虽然心里巴不得他死于弥诺陶洛斯之手,这时却也不自禁的钦佩着他的勇气。他父亲老泪湿了双颊,以颤颤的声音,坚劝他不要冒此险;但提修士告诉他说,在他的手下,不知已死了多少的怪物与恶盗,这个弥诺陶洛斯大约也将是一个。他必须为雅典永除此害,否则宁死!他的英雄的精神,如刀剑似的锐利而坚刚。他父亲无言可答,只是老泪滂沱,紧紧的抱住了他。于是,到了上船的那一天,他便也成了贡去的七男中的一人,与其他的十三位不幸的童男童女一同登上甲板。去的与送的人们,没有一个不哭着的,只有他是勇敢有余,神威凛然,坚定的站在甲板上,回望着雅典城。他心中除了誓欲杀去这个弥诺陶洛斯,为国除害的一念之外,别无他念。百姓们视他有如一尊天神,那么英俊威武。他们都希望着他也如他的铲除诸怪似的,铲除了弥诺陶洛斯,平安归来。但他们知道,这次的危险,远过于寻常的冒险;孤身入于敌国,迷宫歧途百出,弥诺陶洛斯又凶猛异常,大约此去凶多吉少。因此,他们又于敬重之中,带着悼惜之心。他的父亲埃勾斯尤为凄苦不可言说,他希望能够再见到他,他再三的叮嘱着他儿子小心在意。他还要他允许老人一件事:载了这一批不幸的童男童女们前去的船,其帆是黑色的,表示悲哀;但埃勾斯对他儿子说道:"如果你们平安归来时,须将黑帆易为白帆,俾焦心等候着你的好消息的老父,早早的先见到平安的符记!"提修士答应了他。

一阵好风将这只满载着不幸者的船只,很快的便送到弥诺斯的城下去。弥诺斯见了自愿牺牲的这位雅典王的太子,心中殊为满意,觉得这已足以报了他死去的儿子的仇了;但即在他冷酷的心中,对于这位高贵的少年,也不禁生了怜悯敬重之意。他是那么勇敢的自愿献来作为弥诺陶洛斯的牺牲。

"你要自己三思,在事已太迟了之前,"弥诺斯警告提修士道,"你要赤裸的单身的去寻找弥诺陶洛斯,手中不得执持寸铁;弥诺陶洛斯将每个走入它的迷宫中的牺牲都撕裂成片片。即使你能够逃出了这样的一个仇敌之手,你一入迷宫,也终将不能在歧途中寻出一条出路来的。"

"如果必须如此,那么,便如此办去好了!"提修士说道。那天晚上,他便出发去做他的危险的行为。

但当他那么勇敢坚定的与弥诺斯问答着时,他的英俊与勇毅竟感动了许多聚集在弥诺斯大厅中的人;尤其感动的乃是弥诺斯的女儿阿里阿德涅。她异常的怜爱着这位少年英雄,她的心中渴欲救全他出于死途。在没有交谈一言半语之前,她和他已成了很亲切的朋友了。她偷偷的跑出宫外,到了他所住的地方,对他倾吐出她的钦佩与恋慕；她还鼓励着他说，她一定会设法救他出于迷宫的；不过，假如她这样的做了，她便再也不能住在克里特的了。她娇憨的要求他带她到雅典去，娶她为妻。提修士的英雄的心对于美人的这番好意，自也不能无动。他立誓决不有负于她，当这事办完了时，他立刻会带了她同到雅典，娶她为妻。于是阿里阿德涅高高兴兴地去了。她去恳求迷宫的建筑者代达罗斯，求他指示觅途以出迷宫的方法。经了代达罗斯的详细指示之后，她便给提修士一卷细线，吩咐他将这卷线的一端固定于门上，他一路的进去，一路的将线放去，然后，当他的事情完毕了时，他便可沿了那根线寻到了出路，以达门口；这是万无一失的。同时，她还给提修士一柄魔刀，只有这柄刀，才能杀死了弥诺陶洛斯，平常的刀剑是决然杀不了他的。提修士谢了阿里阿德涅，便和他们走到迷宫的门口，吩咐她和同来的童男童女们静候他的消息。他们双眼垂泪的看着他在黑暗中消失不见了；他的足声，也消失在宫中听不见了。他到了迷宫，一切都依计而行。于是一切都静悄悄的，一点声音都没有，只是时时的从迷宫的曲径中，传出弥诺陶洛斯的可怕的吼声，这吼声反响在乌黑的空中，益为凄怖动人。这吼声也表示弥诺陶洛斯已见到了来人。当他们静静的站在黑漆漆的迷宫的门口，恐怖的静听着远远的狂吼声，噼啪声，与痛楚的呻吟声，有如一阵雷雨在深洞中轰响着，觉得时间格外的长久。然后，一切又沉静了下去。提修士的同伴们，膝头抖战不已，已不希望他们的领袖会再从这个寒心的黑暗中出来；这个使人战栗的魔地不久也将轮到作为他们自己的坟墓了。只有阿里阿德涅深信着提修士的英勇，定能歼灭了那个可怕的怪物。她眼睁睁的向迷宫中望提修士出来，她的心并不恐惧着。但到了最后，他们出于意外的听到了远远的提修士的胜利的叫声与他的沉重的足音，这使他们狂喜得几乎将心脏都跃出身胸以外。于是他来了，来了，他出现于迷宫门口的星光之下，他们见他的刀上满染着红血！

提修士欢跃的抱住了阿里阿德涅的颈，热烈的致谢她的帮助；假如没有她，他将永不能战胜了怪物弥诺陶洛斯，也永不能觅途以出此黑暗的魔洞中了。但她却叮嘱他立刻上船开行，逃出她父亲和他的手下人们的权力之外。看守的人们，她已事前用强烈的酒沉醉了他们；现在，她还指示着提修士的水手们将克里特的船只都打了一个洞,俾他们无法可以追赶。雅典人们办完了这事,便带了阿里阿德涅上了他们自己的船。在弥诺斯第二天清晨醒来时,他们早已扬帆而去,远在海上,追之不及的了。后来,他知道代达罗斯预闻此事,便将他囚禁于他自己所建的迷宫中。

现在这一对彼此相爱着的少年与少女已同在一处了;那一夜,他们的船到了那克索斯。他们的爱情忽然告了终结,因为提修士在一个梦境中,雅典娜对他警告说,他的阿里阿德涅,已命定为一个天神的妻,并不是他的妻。于是他硬了心肠,和她同登那克索斯岸上,乘她熟睡着时,将她弃在这荒寂无人的所在,不敢和她说一声再会,便开船而去。当可怜的阿里阿德涅第二天醒来时,才发现她自己是被弃了。这时海天茫茫,岩石嶙峋,这岸上一点人声人迹也没有;她异常的悲伤着,哭泣得很久很久。正在这时,酒神巴克科斯带了他的一大队快乐的人物而来;他见了哀泣着的阿里阿德涅很可怜她,便跳下车来,跑到她身边,温存的慰藉着她,吻去了她的眼泪。阿里阿德涅遂成了巴克科斯的妻①。

提修士因为失去了阿里阿德涅,心中郁郁无聊,浑忘了得胜归去的快乐。他也忘记了他父亲的话,易黑帆为白帆,表示平安归来。老埃勾斯一天天的在等候着他儿子的平安回家,他天天坐在雅典护城山的最高处,老眼不释不倦的望着海上。当他们的船进了雅典港时,埃勾斯第一个看见了它。但那船帆仍然是墨黑的!老王心中也一阵的乌黑,以为他的儿子定是死了。他失望的叫了一声,便由峭壁上投身于海中而死。至今此海,乃从他的名字,名为爱琴海。

当提修士将船停靠于海港中,高高兴兴的上岸时,人民们蜂拥的前去迎接他。他们一见提修士和童男童女们平安归来,欢声大振;然

---

① 关于阿里阿德涅的被弃,传说纷纭:一说她是在那克索斯,系为巴克科斯强劫以去者;一说她发现了自己的被弃,便绝望的自杀而死。但最普通的传说,还是说她与巴克科斯结了婚。见 Diodorus Siculus，Ⅳ,61,5；Plutarch：Theseus，20；Pausanias，Ⅰ,20,3, x，29,4；Apollordus：Epitome of the Library，Ⅰ,9；Catullus，Ⅰ,ⅩⅣ,116 以下；Ovid: Heroides，Ⅹ 同人；Ars Amat，Ⅰ,527 以下；同人；Metamorphoses，Ⅷ,174 以下；Hyginus：Fad.，43。在其中,Plutarch 的所叙述,最为合理化。他说,阿里阿德涅中途晕船,不能前进,提修士将她扶到陆地上去,然后他自己与船乃为一阵狂风所吹去,不能复回。又Homer(d.，Ⅺ,321—325)亦有一段说起阿里阿德涅的话,其说颇殊于众。他说,当提修士由克里特带她到雅典时,她乃在 Dai 岛上,为阿耳忒弥斯所杀。

而迎接着提修士的第一个消息,却不幸的是他父亲的死耗。他以埃勾斯的死,引为自己的过失,心中甚为不乐。他在举国欲狂的酬神谢恩之际,又举行了他父亲,老王的葬礼;在悲哀着他父亲的惨死之际,又登上了雅典的王位。雅典城是这样的悲喜交集着!

但他的堂兄弟们,即帕拉斯的诸子们,这时却竭力的鼓励着市民们,要反对他继位为王。这些帕拉斯的诸子们共凡五十人,其势力也很不小。提修士却以断然的手段完全杀死了他们;所有反对他的人也都同样的为他所杀。因此,废弛已久的雅典国政,乃重复臻于严肃有秩序。但提修士的为国王,也不仅是以杀戮威武为事的;他统治得很公平,很良好,在他统治的时代,雅典城始成为强盛伟大之国。

后来,提修士加入他所景仰的赫克里斯的队伍中,同去攻打著名的女人国家,阿马宗人,掠去了安提俄珀为他的妻①,因此阿马宗人为了报仇,率队前来攻打雅典城。这场战事极为猛烈,阿马宗人曾一度攻入雅典,雅典人在提修士的指导之下,与她们发生了激烈的巷战,终于战胜了她们。后来,提修士和安提俄珀生了一子,名希波吕托斯(Hippolytus)。但弥诺斯的儿子丢卡利翁却以他的姊妹斐特拉(Phaedra)嫁给了他为妻。提修士也以联姻于弥诺斯家为幸,便弃了安提俄珀而娶了斐特拉。当他们举行着结婚礼时,安提俄珀心中大忿,率领了一队阿马宗人,武装而至,威吓的说,要杀死贺客们。但他们匆匆的闭上了门,而将她杀死了。但有的人则说,她乃是在战场上为提修士所杀的。斐特拉结婚后,为提修士生了两个孩子:亚卡玛士(Acamas)与狄莫芳(Demophon)。

但后来,斐特拉似乎是为她的被弃的姊姊阿里阿德涅报仇一样,乃使提修士受了一个大刺激,并杀死了他的儿子希波吕托斯。她见到年轻美貌的希波吕托斯,便和他发生了恋爱。这个念头一生,便再也抑制不住,虽然她曾经再三的强自抑制住。她不顾羞耻的私自招了希波吕托斯来她房中,想尽法子去诱惑他,要和他同床。但希波吕托斯却是憎恶一切妇人的,他由她的拥抱中,她的诱惑中飞逃了出去。斐特拉见事不谐,且羞且愤,恋爱乃一变而为怨毒。她还害怕希

---

① 一说这个阿马宗人的名字乃是美尔尼卜(Melanippe);别一说,此女的名字是希波吕特(Hippolyte)。

波吕托斯会将这事告诉了他的父亲，便先发制人的，打开了她的房门，撕下她的衣服，乔装着希波吕托斯前来强迫她的样子而向提修士哭诉着。提修士相信了她的话，便对普赛顿祷求道，这个逆子必须死灭。于是，当希波吕托斯乘车驱驰过海边时，普赛顿乃从海中送上一头牛，惊了驾车的马；马狂逸着，车子翻碎在地，希波吕托斯也被缠绕在缰绳中，拖拉前去而死。当她的热情被一个喋喋多言的乳母所泄露而为人所知时，斐特拉便也自缢而死。

提修士曾加入众英雄们对于卡吕冬野猪的大猎，这件事乃是与众英雄们乘了阿耳戈船长征觅取金羊毛同样的著名于世。

提修士的一个好友是辟里助士；他们之所以会成为始终不渝的好友者，乃是由于"不打不成相识"的一个英雄遇合的常例。原来，辟里助士乃是拉比斯人的国王，他冒险成性，无所畏惧。有一次，他到马拉松山的平原上盗走了雅典王的许多牛羊。牧人诉之于提修士，提修士向他兴问罪之师。辟里助士一见了英雄的提修士，心中便十分的欣慕。他慷慨的向着提修士表示和平，他说道："要怎么样方可使你满意呢？"提修士也伸出右手给他道："要你的友谊！"于是这两位英雄便定了交。

辟里助士与他定交后，二人便共同参与了一场著名的大战。这乃是拉比斯人和半马人们的大战。因为，当辟里助士和希波达墨亚（Hippodamia）结婚时，他邀请了许多的英雄们去赴宴，提修士当然也在内，而云块所生的半马人们也被他所邀请，因为他们乃是她的宗人。拉比斯人的王宫中因此喜气腾腾，热闹异常；大厅中张着盛宴，拥拥挤挤的都是客人，全宫中喧哗异常。看呀，他们在唱着结婚歌了！大厅中烟腾着火光，新娘走了进来，一队妇人们与少妇们跟随着她。新娘是那么姣美可爱，客人们见了都欣羡不已。他们都向辟里助士和新娘庆贺着。这时，客人们都已有了酒意；特别是半马人们因为他们贪爱酒的醇美，个个都已饮得过醉。半马人中有一个名优里托士的，尤为狂野的半马人中的最狂野者，他半为酒力所中，半为新娘的美丽所醉，心中烧沸着的狂欲再也抑制不住；他推翻了席面，全厅立刻便鼎沸着；新娘的头发为他一把握住了，强暴的被拖拉而去。优里托士既捉去了希波达墨亚，其余的半马人们便也不顾礼法，借了酒力而胡为着。他们各就女客们和伴娘们之中，恣意的择其所欲各挟去一个，其情形恰似正被敌人攻下的城邑一样。全宫中都反响着妇人们的惊叫声，辟里助士和客人们全都跳了起来。提修士首先叫道："优里托士，你怎么发了狂，当我和辟里助士在此地之时，胆敢如此举动么？"这位心肠慈惠的英雄，想要以言语吓退了他们；他便将抗争的半马人们抛开一边，从他们的狂手中救出被掠劫的妇人来。但优里托士并不答言，因为用言语是不能阻止这种行为的；他的双手不自制的向提修士打去，要击打他的脸与胸。恰好提修士的身边，放有一只古旧的调酒缸；他便高高的举起了这个大缸，直抛在优里托士的脸部上。他喷射出一大堆的血，还杂着头上流出的脑浆，口中流出的余酒，他的身体便不动的伏在地上。他的两形的兄弟们，见他已死，便心中烧沸着愤怒，同声大叫道："取兵器来！取兵器来！"酒给他们以更大的勇气；其初是酒杯器皿在空中飞掷，然后便是战争与杀戮。一个半马人先从神坛上取下了一只满挂着明煌煌的灯盏的灯架，高高的举着，有如一个人用一把利斧去斫一只肥牛的白颈似的，直向一个拉比斯人斫去，这人的脸立刻变得不成形了，眼珠突出于眼眶，头骨碎了，鼻子陷入咽喉中。但别一个拉比斯人，却折断了枫木做的桌子的一只脚，将这个半马人打倒在地，他的下颔乃陷入前胸去，他的黑血涔涔的喷溅出，再一下，他便到地府去了。另一个半马人正站在一个祭坛旁边，他的狂眼望着这座发出烟焰的祭坛，叫道："为什么不用这个呢？"他便抱起了这个巨大的祭坛，连着熊熊的火焰，直向一群拉比斯人丛中掷去，立刻击死了两个。一个拉比斯人见了，愤怒的大叫道："假如我的手攫住了一个武器，你将逃命不去的。"于是他寻到了一对鹿角作为武器，这鹿角是挂在一株长松树上，当作酬神物的。那个半马人的双眼为多歧的鹿角所刺中，他的眼珠立刻挂了下来，一只眼珠被钉在鹿角上，别一只却拖滚而下，挂在他的须边，涓涓的流着血。于是又是一个半马人从祭坛上拾起了一支在熊熊烧着的木杆，直向满生着黄色长发的一个拉比斯人的头颅上打去。头发为火焰所灼焦而烧了起来，有如一个干燥的谷场的失火，红血从伤口中流出，遇着了火，发出嗤嗤的声音，有如一根铁条，在火中烧得红了，浸入一桶水中去的嗤嗤作声一样。这受伤的人暴怒如虎，将火从发上扑熄了，然后从地上扳起一块大门限石，掮在肩上，其重值得一辆牛车来拖。但因为这石太重了，打不倒他的敌人，反将站在旁边的他的一个朋友压死在地。那个半马人禁不住快活的说道："所以，我祷求，你们一边的其余的人要勇敢！"他用了那支半燃着的火棒再三的打着那个拉比斯的人，直至将他的头颅打碎了。这个得意洋洋的半马人又转身向三个拉比斯人攻击着。其中的一个，年纪极轻，他的细须还第一次覆蔽着他的双颊，立刻便倒地而死。别一个大叫道："你杀了一个孩子有什么光荣？"半马人不等他再说第二句话，便凶狠的将火焰熊熊的火棒直刺入他大开着说话的嘴。他又去追杀第三个拉比斯人，但却被这人将一支尖木刺伤了肩颈之间。半马人高声呻吟着逃走，他用大力拔出这尖木来，沿途滴着血。其余的半马人也都各各的受了伤而逃走。向来捷足的几个，也都为了伤口剧痛而走得慢了。素擅占卜术的亚史波洛士（Asbolus）也受了伤，他曾极力劝阻他的朋友们去战斗；他对惊逃的尼索斯说道："你不必逃；你要留着受赫克里斯的箭呢！"但来不及逃去的好几个半马人却都免不了死。有一个半马人，已逃去了，却回头一顾，顿时在额与鼻之间受到了一矛。还有一个，手里还执着酒杯，四肢伸直的睡在一张熊皮毡上，酣然的沉沉未醒，然而也逃不了死。一个拉比斯人在远处见到了他，手中执了矛叫道："将你的酒掺上了史特克斯河的水而到那里饮去罢！"他的矛直中他的颈部；他不知不觉的死去了，黑血流满了熊皮，还流入他的酒杯中。一个半马人，从地上拔起了一株满生着橡实的橡树，双手执了它，在那里挥舞着；辟里助士对他掷了一矛，将他的身体直钉在坚硬的橡木上。辟里助士还杀死了好几个半马人。一个被他的矛击中了头颅，从右耳刺入的矛尖透出了左耳。还有一个被他所追迫，颠落到悬岩之下；岩下恰好生着一株槐树，他的沉重的身体压到树顶上，乃刺钉在被压折的树干上了。还有一个半马人，正从山边裂下一块大岩，意欲向辟里助士抛去，恰好为提修士所见，他用一下木棒，将他打伤了。他来不及再去伤害这个半马人，便又跃骑在一个半马人的身上，这身体是从未为他人所骑过的；他一手执握了他的长发，一手用木棒打他的头颅。他用这棒还打死了好几个半马人，其中有一个是胸前拂着长须的，一个是善于投矛的，一个是身材高大，可与树顶并长的，一个是常在底萨莱山中活捉了猛熊带回家去的。有一个半马人，名为狄莫李安（Demoleon）的，用力拗折了一株大树，用树干直向提修士打去，但提修士轻捷的跳开去了，这树干却仍打死了一个人，这个人乃是国王珀琉斯的执盔甲者。当珀琉斯见他这么可怜的死了，便叫道："至少你可享受着一场葬礼，克兰托（Crantor）！"他这样的说着，便用他的矛向狄莫李安掷去。这矛刺中了他，矛杆在他身上颤颤的摇动着，他用力拔它出来，但矛尖却固着于他的肺中。他虽受剧痛，却还奋起最后的勇力，与珀琉斯相抗。他以足踢着珀琉斯，珀琉斯却以盔盾自护，同时拔出刀来，刺中了他的胸部。珀琉斯还杀死了其他几个半马人。有一个半马人，头部受了伤，以一手掩护着，却被尼克托（Nector）一矛掷去，连他的手都钉在额上了。

有一个半马人，他的上半部人形的部分，生得极为美俊，一头如金波似的黄发，一部黄须刚刚长出；头部以下以至颈、肩、胸、手无不秀美匀称，大似一个艺术家的完美的作品。即他的马形的一部，也长得极为神骏；他全身纯黑，毫无杂毛；而他的尾及腿却是雪似的白。许多女半马人都向他求爱，其中最美的一个少年女半马人却占得了他。她也是一切住在森林深处的最秀丽者；她以她的爱情，也以她的修饰，赢得了这位名为卡拉洛士（Cyllarus）的半马人的心。她日常以梳细理着她的长发，采了迷迭香，或紫罗兰，或玫瑰花或白色的水莲花簪戴着。她每天总要到清溪中浴脸两次，在川流中浸身两次。她肩上披着精选的美好的兽皮。他们俩彼此挚爱着，常常同游于山麓，同栖于山洞中。这一次，他们俩也同至拉比斯人的王宫中来赴宴，且也并肩的在狠斗着。不知谁向卡拉洛士投了一矛，这矛刺中了他的胸前。当这支矛拔出之后，他的身体渐渐的冰冷了。他的妻希绿诺美（Hylonome）拥抱了他的尸体，以她的手抚摸着他的伤口，将她的唇放在他的唇上，竭力要阻止它呼出最后的呼吸来，但当她看出他已是死了时，她便将刺中卡拉洛士的那支矛，矛尖还沾着他的热血的，刺进她的心中，倒在她爱人的身上死去了。

有一个半马人执了一根两牛拖不动的大木，打死了一个拉比斯一边的人；这人的头骨粉碎了，脑浆从口、鼻、眼、耳中流出，异常的可怖。正当这个半马人在掠夺这个死人的衣物时，尼克托却将刀刺死了他。尼克托还杀死了其他几个半马人，其中有一个曾以矛刺伤过他。但在拉比斯人的一边，有一个英雄却很悲凄的丧失了。

这位英雄名卡尼士（Caeneus）；他本是一位绝世的美女，艳名久著底萨莱全境。无数的人向她求婚,她都傲慢的拒绝了。但有一天,当她独自在寂寞的海岸上散步时,却为海王普赛顿所强暴。当普赛顿已满所欲,欣悦的对他的新爱人说道:"现在请你向我要求什么,我不会拒绝你的。选择你所最要的东西罢!"于是卡尼士说道:"你所施于我的强暴,使我产生了一个有力的要求;这要求便是:我以后要永不再能为人所强暴。请你使我不再成为一个妇人。"她说出最后的一句话时,她的声音已变为一个男人的了。真的,海王已允许了她的要求了;他还使卡尼士的身上不受什么任何的伤痕,更不为任何的刀剑所伤。卡尼士便高高兴兴的走了;他度过了很久的男人的生活。这时,他在这场战争中已杀死了不少的半马人;他仗着自己的身体不会受伤,横冲直撞,纵横无敌。有一个半马人对他夸傲的骂道:"你在我看来,仍是一个未变的妇人呢!你不记得你的出生么,你忘了你为何得到这个酬报的么,你知道你出的是什么重价乃得到这个男子的伪形的么?你要好好的想想你的出生或你所身受的事,那么,你且去用你的熟练的手指去拈针弄线吧,但让男子汉们来打仗。"当他这样的傲骂着时,卡尼士投去一矛,刺中了这半马人。半马人为痛苦所狂,用长戈直向卡尼士的裸脸上刺去;但这戈却反跳了回去,有如一个石子抛在鼓上,或一个冰雹落在屋顶上一样。于是他走得近了,拔出刀来,刺进卡尼士的身体。那刀却找不到刺进去的地方。"但你总不能逃走!我将用刀锋杀了你,虽然刀尖不利。"半马人叫道。于是他又用他的刀锋横斫在他敌人的腰间。这刀斫在肉上,咯哒一声,有如击在坚硬的云石上,刀锋反而碎了。卡尼士站在他的诧异着的敌人之前,尽他攻击得已经够久了,于是他叫道:"现在来,让我用我的刀来试试你的身体!"于是他的刀便刺进半马人的身体,这一下已足够致他于死,他还将埋在肉中的刀辗转搅翻着,伤上加了伤。半马人们高声大喊,全都围了上来,他们都向卡尼士一人攻击,许多武器,齐以他的身体为的。卡尼士站在那里,尽着他们攻打,一点也不受伤,这怪诞的现象惊得他们无言。于是一个半马人,名为莫尼考士(Monychus)的说道:"啊,这是什么一场羞耻,我们全体乃为一人所辱,而他竟还不是一个男子汉。然而他实是一个男子汉,而我们却反成了他从前的妇人样子了,我们的过人之力有什么用处?我们的双形联合为一,成为最强的生物又有何益?我们乃不是任何女神们或伊克西翁的儿子们了①。因为他乃值得为伟大的赫拉的伴侣，而我们乃为半男半女的一个敌人所制胜！来，让我们堆了石块和树干在他身上，一时成了山！让森林将他的不怕金铁的身体压死了！让森林窒塞了他的咽喉，让重量代替了创痕。"他说了，便将一株树干向他敌人打去。别的半马人们都纷纷的效法于他，在山上拔起树来；不多一时，俄特律斯（Othrys）便裸无一木，而珀利翁也失去了它的绿阴。卡尼士被压在巨木的山下，他虽竭力的抗拒着，却难得有空气呼吸；他呼吸艰难的，时时要举头到空气中去，抛落了堆在他身上的积木，然而它们却一点也不为之推动；有时他的身体动弹着，这座木山便如地震似的震动着。他的结局，不甚明了。有人说，他的身体直被过重的木山，压到了地府中去。但有人则看见在木堆中飞出一只金翼的鸟，飞到晴空中去。据说，这鸟便是他所变的。但众位英雄们见到卡尼士这么悲惨的毁亡了，便益增愤怒，因怒而狂，各各举刀投矛，向半马人们乱斫乱投。他们几乎死灭了半数，其余的则为黑夜的下罩而得救。

此事之后，辟里助士与提修士的友谊益笃。他们各自夸耀着自己的勇力，因此自趋于灭亡之途。因为，辟里助士和提修士各发了狂念，各欲得一个宙斯的女儿为妻。提修士因了辟里助士的帮助，从斯巴达劫走了宙斯与勒达所生的女儿海伦（Helen）。那时海伦还不过十二岁呢。但辟里助士的选择则落在地府之后珀耳塞福涅的身上。他偕了提修士同下地府要去劫走了这位宙斯之女，普路同之妻。但当他们到了地府时，却受了大苦。因为普路同假意的欢迎他们，请他们坐在"忘椅"上，因此他们便被蛇身所缠绕住，不得离开这椅。当赫克里斯到了地府时，他们二人各伸手向他求救。赫克里斯先救出了提修士，当他再要去救辟里助士时，大地却震动有声。赫克里斯知道不能救，便罢了手。辟里助士便永远的留在这忘椅上受罪。

但当提修士正在地府中受罪时，海伦的兄弟卡斯托耳与波吕克斯（Pollux）却率领了大军来攻打雅典城。他们攻下了城，夺回了海伦；还拥戴了被逐居国外的王族米尼士透斯（Menestheus），迎他回到

①　相传半马人为云块与伊克西翁所生的子孙。因为伊克西翁追求着神后赫拉；宙斯将云块幻成了赫拉的形状与他同床。当伊克西翁因此在地狱受罪时，云块却产生出半马人来。

雅典为国王①。当提修士由地府归来时，有的人说，他即为国王米尼士透斯逐出国外；有的人则说，他回来时，逐去了米尼士透斯，继续在雅典为国王。但过了几时，提修士终于和雅典市民发生了冲突，他们逐他出国。他年老失群，孤立无援的在外飘流着。这是一个英雄的末路！他到了吕科墨得斯（Lycomedes）那里去；其初，他款待提修士极为殷勤，但后来却失欢了；吕科墨得斯设了一计，将他挤落一个深渊，跌死了他。

---

① 米尼士透斯为厄瑞克透斯的曾孙；他的父亲名辟托士（Peteos），他的祖父名奥尼士（Orneus）。

第七部　珀罗普斯系的传说

唐太洛士是宙斯的儿子,他在李狄亚为国王。他生了一个女儿尼俄柏,她是为了她的悲运为世人所毕知的;又生了一个儿子珀罗普斯(Pelops),他乃是阿伽门农与墨涅拉俄斯之祖。唐太洛士为了宙斯的缘故,深为诸神所礼待,他们往往请他同宴俱食,但他因恃宠竟招致了极可怖的责罚。他被罚住在地府之间,有一块大石,悬于他的头上,时时有坠落下去压死他的危惧,他的身体永远浸在一个湖中,湖水浸到了他的口边,但当他渴时要饮,那湖水却干了;他看见两肩之上,湖边长出好些果树来,伸手便可撷到果子,但当他饥时要食,那果树却被风所吹,吹入云中。他所以受罚如此者,有人说,原因是他对人们喋喋的谈及神道门的秘密;也因为他从神道们的宴席中,私带了仙食仙饮以惠他的同伴的凡人们。更有人说,他的被罚,是为了从宙斯的庙中,窃去了金狗,留着不敢放回。更有人说,他邀请诸神前来宴会,却将他自己的儿子珀罗普斯脔割了,烹熟了放在桌上,以验他们的是否无所不知。

珀罗普斯既被脔割烹熟了,放在桌上,却为诸神所发觉,他们便将他放回釜中,然后再把他拖了出来,却又成了一个活活泼泼的孩子;只是他肩胛上的肉,却为得墨忒耳或忒提斯(Thetis)所误食下去,无可补救;天神们便用了一块象牙来补上它。因此,珀罗普斯便有一个象牙的肩。他在被杀复活之后,容貌较前更美。为了他的俊美,他便成为海王普赛顿的孪童;普赛顿给他以一架飞车,当这车飞过海面时,车轴是不为海水所沾湿的。现在,辟沙的国王俄诺马俄斯(Oenomaus),生有一个女儿希波达墨亚;他不允许她嫁人,凡有向她求婚的人,便为俄诺马俄斯所设计杀死。这原因,有的人说是因为她父亲过于爱惜她,不忍与她分别;但有的人则说,因为他为一个神示所警告,说他将死于他女婿之手。他的杀死她女儿的求婚者的方法是如此的:他有一副盔甲武器及马匹,为战神阿瑞斯所赠,其马匹奔腾如飞,其兵器犀利异常。因此,他便立下一个法来;每个求婚者都要将他的女儿希波达墨亚放在他自己的车上,飞驰的逃到柯林斯的土腰上为止,而俄诺马俄斯则全身武装的直向前去追赶他;如果他追上了那个求婚者,便杀死了他,但如果那个求婚者真被追赶不上时,他便可得了希波达墨亚为妻。他用这个方法,杀死了不少的求婚者们;有的人说,被杀的人共凡十二个。他割下这些求婚者们的头颅,钉在他宫中。珀罗普斯听见了这个消息,也来求婚。当希波达墨亚看见他的美貌时,她的心便爱上了他,于是她去劝说他父亲的驱车者密耳提罗斯(Myrtilus),要他帮助珀罗普斯。这个密耳提罗斯乃是风神赫耳墨斯的儿子;他为了自己爱上了她,想要取悦于她,便不将车辖安上于轮箱中,因此,俄诺马俄斯便追赶不上珀罗普斯,被缠绕于缰绳中而为马匹们拖去致死。但据有的人说,则他乃是为珀罗普斯所杀死的。他临死时,发现了密耳提罗斯的阴谋,便诅咒着他,祷求他要求死于珀罗普斯之手。

于是珀罗普斯得到了希波达墨亚为妻。他载了他的妻,并偕同密耳提罗斯同上旅途。在中途,到了某一个地方,他为了他的妻口渴求水,便停了车去取水给她喝。在这个时候,密耳提罗斯想要劫走了她,但并没有成功。当珀罗普斯从她口中听知了这事时,便将密耳提罗斯抛入海中。自此以后,这一个海便被人称为密耳提安海(Myrtoan Sea);而当密耳提罗斯被抛入海中时,他也诅咒着珀罗普斯家。当珀罗普斯到了大洋,被赫淮斯托斯洗去了罪后,便回到辟沙,继了俄诺马俄斯而为国王。他又攻服了几个地方,以自己之名,名之为珀罗蓬涅索斯(Peloponnesus)。

珀罗普斯生了好几个儿子,其中最著名的为辟修士,阿特柔斯(Atreus)及西斯特士(Thyestes)三人。现在阿特柔斯的妻乃是卡特洛士的女儿爱绿卜[①],但她恋爱着她丈夫的兄弟西斯特士。有一次,阿特柔斯立誓说,他要将他羊群的最肥美的杀祭阿耳忒弥斯。阿耳

---

① 在"弥诺斯的身世与子孙"一节中,爱绿卜所嫁的人为辟里斯赛尼士,并非阿特柔斯;但辟里斯赛尼士实为阿特柔斯的儿子。

忒弥斯欲试其誓言的真伪，便使一只金羊出现于羊群中。他深爱这只金羊，吝惜它，不敢杀祭。他窒息死了那只金羊，将它放入一只箱中保留起来。但他的妻爱绿卜却私自将这只金羊给了她的情人西斯特士。现在，密刻奈人得了一个神示说，他们要选择珀罗普斯的儿子之一为他们的国王。他们便去请了阿特柔斯与西斯特士来。当他们兄弟俩争执不决时，西斯特士说，谁要能表现出最奇特的异征者方可为王。阿特柔斯同意了他，意欲将他的金羊取出来；但这只金羊却被西斯特士所取出。于是西斯特士便成了密刻奈国王。但宙斯却派了赫耳墨斯到阿特柔斯那里去，吩咐他不要灰心，须与西斯特士再行比赛。他命阿特柔斯激动西斯特士说，如果太阳能够退走回来，阿特柔斯便当为王。西斯特士以为这是绝对不可能的事，便同意了。但这个奇事真的实现了；太阳不向西沉，却向东落。这个更伟大的异征乃使阿特柔斯得为密刻奈的国王，大众都翕然无异辞。阿特柔斯得国之后，便将西斯特士放逐出国。但后来，他侦知西斯特士与其妻的奸情时，他便异常的愤怒，誓欲报仇。他派遣了一个使者到西斯特士那里去，和他讲和，请他归国。当他伪作友善之状，留着西斯特士时，他却杀死了他兄弟的三个儿子（这三个儿子为西斯特士与一个水中仙女所生的），虽然他们曾坐在宙斯的神坛上为乞求者。他脔割了他们，烹熟了，将他们的肉，给他们自己的父亲西斯特士吃，只没有送上四肢。正当西斯特士痛快的吃着时，他却以他们的四肢给他看，同时并驱逐他出国。西斯特士悲愤不已，誓欲对阿特柔斯复仇，无论用什么方法都可以。西斯特士去访问神示，应该如何的报仇，神道答他说，如果他和他自己的女儿同床而生了一子，他的仇便可以得报了。他如神示所言的办着，他的女儿果然为他生了一子名埃癸斯托斯（Aegisthus）。埃癸斯托斯成人时，知道他自己是西斯特士的儿了，便去杀了阿特柔斯，将密刻奈的王位复奉给他的父亲西斯特士。

但阿特柔斯与爱绿卜所生的儿子阿伽门农与墨涅拉俄斯，却为他们的乳母所携，逃避到西克安国王波里菲特士（Polyphides）那里去；波里菲特士又将他们送到埃托利亚地方俄纽斯那里去。过了不久之后，斯巴达王丁达洛士又率兵拥护了他们兄弟回国。他们占领了密刻奈。西斯特士逃避到赫拉的祭坛上去求保护。阿伽门农兄弟对神立誓，允许不杀他，于是便将他逐居于克赛里亚（Cytheria）。他们兄弟两人都成了丁达洛士的女婿；阿伽门农娶了丁达洛士的长女克吕泰谟涅斯特拉（Clytemnestra）为妻，在他杀死了她丈夫西斯特士的儿子唐太洛士之后（同时他还杀死了他们的一个新生的婴儿）；墨涅拉俄斯则娶了绝世美人的海伦为妻。阿伽门农在密刻奈为国王；墨涅拉俄斯则在斯巴达为国王，丁达洛士将自己的国家交给了他的女婿。

阿伽门农和克吕泰谟涅斯特拉结婚后，生了一个儿子：俄瑞斯忒斯（Orestes），三个女儿：克律索忒弥斯（Chrysothemis）、厄勒克特拉（Electra）及伊菲革涅亚（Iphigenia）。[①]

但后来，特洛亚的王子帕里斯（Paris）却拐走了海伦。墨涅拉俄斯为了复仇之故，前去和他哥哥阿伽门农商议；他们邀请希腊全土的许多名王大将，加入特洛亚的讨伐军中。他们选举了阿伽门农为主将。这一次特洛亚的战役，延长至十年之久，方始大功告成，墨涅拉俄斯夺回了海伦。

在希腊军集合在一处而因逆风未得出发时，阿伽门农听从了先知的话，将他的女儿伊菲革涅亚牺牲了以祭阿耳忒弥斯，因此，大军方得成行。这个动人的悲剧即将于下文叙到。

但阿伽门农功成归来时，却为他的妻克吕泰谟涅斯特拉所杀；她的借口，是为她的女儿伊菲革涅亚复仇。这个故事也将详于下文。

一　伊菲革涅亚在奥利斯

国王阿伽门农正坐在奥利斯他的军帐中；希腊大军全都集合在奥利斯，正要出发攻打坚城特洛亚。现在已经是过了午夜了，但国王阿伽门农并不曾睡，为的是，他正愁念着许多事。一盏灯放在他前面，他手里执着一块松木板，在那里写字。但他似乎并没有一心一意的在写着；因为他时而抹去了所写的字，然后又写下去；时而在松板

---

①　在希腊悲剧中那么有名的人物厄勒克特拉，却为荷马所不知；又哄传于世的伊菲革涅亚的牺牲，也为荷马所不及知，这都是后人的增饰。在荷马史诗中（Ⅰ 1.，Ⅺ，142 以下），阿伽门农说道，他有一个儿子，俄瑞斯忒斯，三个女儿，克律索忒弥斯、罗狄克（Lasdice）及依菲娜莎（Iphianassa），他愿将三女中的任何一个给阿喀琉斯（Achilles）为妻，只要他肯原恕了他，复为希腊而战。

上加上了火漆印，却又折碎了它。当他这样做时，他哭了，仿佛是忧苦着似的。但过了一会，他唤着一个老人，他的跟从者（这个从人是从前他的岳父丁达洛士给他的妻，王后克吕泰谟涅斯特拉的）来，对他说道：

"老人家，你是知道先知卡尔卡斯（Calchas）怎样的叮嘱我要祭献一个牺牲给当地的女神阿耳忒弥斯的，而这个牺牲却指定了要我的女儿伊菲革涅亚；他说道，办了这事，大军方才能够从这里顺风的航到特洛亚，且能攻下了那个城邑而毁亡了它；你还该知道，当我听见了这些话时，曾经怎样的吩咐着使者太尔西比士（Talthybius）遍走各军，命令他们各自离此，散伙回家，为的是，我不欲牺牲了我的爱女；然而我的兄弟，国王墨涅拉俄斯却力劝我不可如此，于是我只得听从了他。现在，所以，听我说，我告诉你的这话，乃是仅有三个人知道的，第四个人都不曾告诉过，这三个人，就是先知卡尔卡斯，墨涅拉俄斯和伊塔刻（Ithaca）国王优里赛斯（Ulysses）。我写就了一封信给我的妻，王后，要她送了她的女儿到这里来，俾她得以嫁给国王阿喀琉斯；我还对他将这个少年夸耀了一顿，说是，我若不将我们的女儿嫁给了他，他便不欲和我们同到特洛亚去了。但现在，我又变计了，我要另写了一封信，信语如下：'我妻如面，请你不必送你的孩子到欧玻亚来，因为我要另择时候为她结婚。'"

"啊，"老人说道，"但你将怎样对付着国王阿喀琉斯呢？他若听见了欺骗了他，并不给他以妻时，他不将愤怒着么？"

"不然的，"国王答道，"因为我们诚然只用到他的名字，但他对于这场婚事却是一无所知的。现在快一点，你且去坐在森林中的任何泉源的边上，你的眼万不可入睡。你要惊醒着，不要让坐着王后和她的女儿的车在十字路上经过了你。你还要留着神，不要把这封信上的印漆拆碎了。"

于是老人带了这封信，走出帐外。但他的足刚刚踏出帐外时，国王墨涅拉俄斯已窥见了他，一把将他捉住，抢了那封信来，将印漆拆破了。老人高叫道：

"救我，主人；这里有一个人抢去了你的信了！"

于是国王阿伽门农从他的军帐中走了出来，说道："我所听见的这些大惊小怪的声音是什么意思？"

墨涅拉俄斯答道:"你看见在我手上的这封信了么?"

"我看见的;这是我的信,把它还给我罢。"

"在我对希腊全军诵读了这封信之后,方肯把它还你。"

"你在什么地方得到它的?"

"正当我在等候着你的女儿,等着她到军帐中来时,我得到了它。"

"你与那封信有什么干系? 难道我不能处置我自己的家务么?"

于是墨涅拉俄斯责备他哥哥并不一心一意的坚持到底;他说道:"因为第一层,在你还没有被选举为大军的主将之前,你是彬彬有礼的,你对每个人都客客气气的招呼着,你和这个人握手,你和那个人谈话,你的军门大开着,任何人都可以进去;但后来,你被选上了,你便高傲而难于相见了。再者,当全军遇着这个不幸的事时,你是十分的忧惧着,生怕你失去了你的地位,因此,失去了扬名的机会。那时,你不曾听从了先知卡尔卡斯的话,当众允许将你的女儿作为牺牲的么? 你还不曾冒作要将她嫁给阿喀琉斯而命送她到军营中来么? 现在你又自食其言了。诚然,这乃是希腊的不幸的日子,乃为了你的缺乏智虑,而大众都扰扰不安着。"

于是国王阿伽门农答道:"你为什么和我争吵着呢? 你为什么责备我呢,若你不能约束着你的妻? 而现在,因为她诚然是姣丽,你便完全不顾着理智与名誉,誓要赢回这个妇人了。而我,如果我有一个恶计,现在要变计而改从一个更聪明些的,你乃以此责我愚昧么? 让他们对于丁达洛士立下了誓的人们随了你同去征战罢! 我为什么要杀害了我的孩子,没有目的的要使我自己忧闷懊恨着呢? 而你则可以对于你的恶妇报了仇恨。"

于是墨涅拉俄斯愤怒的转身开去,叫道:"如果你愿意,你便欺骗了我吧! 我要和别的朋友,别的人们商议着了。"

但正当他说着时,有一个使者走了来,说道:"国王阿伽门农,如你所吩咐于我的,我已经和你的女儿伊菲革涅亚同来了,她的母亲王后克吕泰谟涅斯特拉也来了,还带了她的幼子俄瑞斯忒斯同来。现在他们正在一个清泉边上憩息着,他们自己和他们的马匹,因为那条路诚然是长而疲倦的。所有的军士们全都聚集在他们身边,看他们,祝贺他们。个个人都激动的问着:'国王要将你的女儿嫁了出去么?

或者他仅仅为了要看见她而唤了她来?'但我是知道你的目的的,我主;所以我们都要欢跃着,欢呼着,跳舞着,因为这乃是这位女郎的一个快乐日子。"

但是当国王阿伽门农知道王后也同来时,他不禁十分的忧虑着;他对自己说道:"现在我将用什么来对付她呢? 因为谁能否认她不是公然的为了她女儿的结婚而来的呢? 但当她知道了我的计划时,她要怎么说呢? 我将用什么话对那个女郎说呢? 不幸的女郎,她的新郎便将是死亡! 因为她将对我说道:'你要杀了我么,我的爸爸?'而小小的俄瑞斯忒斯也要哭着,不知怎么办才好,他知道自己还只是一个小孩子呢。诅咒那帕里斯,全是他造下的这些忧祸!"

现在,国王墨涅拉俄斯又走了回来,说道,他对于刚才所说的话已是十分的后悔,"因为你的孩子为什么要为我而死? 她和海伦又有什么干系呢? 让军士们都各解散了吧,这个惨事是不必做的!"

于是国王阿伽门农说道:"但我将怎样逃出这个绝地呢? 为的是全军都要迫着我做这件事?"

"不然的,"国王墨涅拉俄斯说道,"如果你将这位女郎送回了阿耳戈斯。"

"但那有什么效果呢,"国王阿伽门农说道,"因为卡尔卡斯要将这件事实公布了;或者,优里赛斯,也要说道,我是自食其言,反复无常;如果我逃回阿耳戈斯,他们便将要前来毁亡了我的城邑,荒芜了我的土地的。不幸的我,我是自投到什么绝地上去了呢! 但你要注意,我的兄弟,万不可使克吕泰谟涅斯特拉知道了这些事。"

当他们说完了话时,王后她自己已经到了军帐之前,她乘在车中,她的女儿立在她身边。她吩咐一个从人要小小心心的取下她带来给她女儿的首饰箱,又吩咐别一个从人扶着她女儿下车,又叫另一个人扶着她自己下车,又叫一个人抱了幼小的俄瑞斯忒斯下来。于是伊菲革涅亚向她父亲问好,说道:"你真是有心的唤了我来,爸爸。"

"这是真的,然而又是不真的,我的孩子。"

"你看来仿佛不很高兴看见我似的,爸爸。"

"他,是一个国王,且是命令着一个大军的,有许多事关心着呢。"

"且放开了你的关心的事一会儿,将你自己给了我。"

"我看见了你真是喜悦无量。"

"你果是喜悦着么？那么，你为什么哭了起来？"

"我哭，为的是你必须长期的离开我了。"

"毁去了所有这一切的争斗与忧愁吧！"

"他们将使许多东西毁亡了，而我却是一切之中的最可怜者。"

"你要离开我去很远的路么，爸爸？"

"嗳，而你也有一次行程要走呢！"

"我要独自一个人走呢，还是和我母亲同走？"

"独自一个人；父亲母亲都不和你一同走。"

"你要送我住到别的地方去？"

"不要问，那些事不是女孩子所该问的。"

"唔，爸爸，先和菲里琪亚人把事办好了，然后早些回来罢！"

"我必须先以牺牲祭了天神们。"

"这是对的，神道们必须如仪的祭献过。"

"嗳，而你须要站在神坛的近边。"

"我要领导着跳舞么，爸爸？"

"唉，我的孩子，你什么都不知道，我是如何的妒忌你呀！现在进到帐中来，但先要吻着我，把你的手给我，因为你要离开你爸爸好久时候了。"

当她走了进去时，他叫道："嗳，我的孩子，胸部俊美，双颊殷红，头发金黄的孩子！唉，普里阿摩斯的城，你带给我以什么痛苦呀！但我必须不再多说了。"

于是他转身向王后，自己解释的说道，他之所以哭，为的是见了她女儿快要结婚而过于快乐之故。当王后要想知道新郎的身世时，他告诉她说，他的名字是阿喀琉斯，他是珀琉斯和他的妻忒提斯的儿子；忒提斯乃是海神涅柔斯的女儿。当她更问什么时候是结婚的日期时，他说道，这日期已定于这个月内，一个最吉利的日子；至于结婚的地点，那必须是新郎所住的地方，那便是说，在军营中。"我要亲自将女儿送到她丈夫那里去。"国王说道。

"但你要我，"王后问道，"到什么地方去呢？"

"你必须回到阿耳戈斯去，照顾着在家中的女儿们。"

"你说我必须回家去么？那么，谁要为新娘执了火炬呢？"

"我自会办着一切应办的事的。因为在全军军士都会集在一处的所在，你似乎不便出面。"

"嗳，但这似乎女儿在结婚时一位母亲须要在场的。"

"但在家中的女儿们也不该独自留在那里呀。"

"她们都是好好的留在她们的房间中。"

"听我的话罢，太太。"

"不必，你所命令的是屋以外的事，但我所要办的却是屋以内的事。"

但现在阿喀琉斯走了来，他要告诉国王说，军队已经是等得不耐烦了；他们说，假如他们不疾速的航行到特洛亚去，他们便要各自回家去了。但当王后听见了他的名字——因为他对从人说道："告诉你的主人，珀琉斯的儿子阿喀琉斯，有话要和他讲。"——她便从军帐中走了出来，和他寒暄，并要他给她以他的右手。当那位少年觉得羞涩的退缩着时——为的是，男人和女人说话是被视为不大合理的事——她便说道：

"但你为什么要羞缩不前呢，你不是快要和我的女儿结婚了么？"

他答道："你说什么，夫人？我听了你的话不能不惊骇。"

"当男人们看见一个新朋友谈起婚事时，常要觉得羞涩的。"

"但是，夫人，我从不曾向你的女儿求过亲。国王阿伽门农也从不曾对我提起关于这场婚事的一个字。"

但王后惊诧异常的叫道："现在，这诚是可耻的事，我要这个样子的为我女儿求一个新郎。"

但当阿喀琉斯正要走开，向国王质问这件事是如何发生，有什么用意时，那位阿伽门农曾命他带信的老人，走了过去，叫他暂且停步。他先要他们——王后和阿喀琉斯——确切的担保他不至因了告诉了他们的一切话之故而受到任何危害。他们答应了他，他便将前前后后的事都说了出来。当王后听了这一切话时，她对阿喀琉斯叫道："海中的忒提斯的儿子，请在这个绝地上帮助着我，帮助着曾被称为你的新妇的这个女郎，虽然这诚然是冒名的。如果这样的坏事在你的名字之下做下了，那么，这诚要是你的耻辱；因为，这乃是你的名字使我们上了当。我不飞奔到任何神坛上去，我在这军中除了你外，也没有别的朋友了。"

于是阿喀琉斯答道："夫人，我曾从人类中的最正直者卡戎那里，学得为人须要诚实忠直之道。如果阿伽门农他们依据了正义而治众，则我服从了他们；如果不然，则我当然不服从。你且知道，那么，你的女儿原是已经许给了我的——虽然不过只是一句话——她便将不至为她父亲所杀。为的是她如果这样的死了时，那么我的名字也将蒙受到大污点的了；须知这乃是用了这个名字，你才被骗的带了她同到这个地方来的。假如有什么人敢于将这位女郎从我那里带了去，这把刀不久便将见曲直。"

现在，国王阿伽门农走出帐来，说道，结婚的一切事都已预备好了，他们正在等候着新娘呢，他还不知道一切事都已为王后所知。于是她说道：

"现在告诉我，你是不是计划着要杀害你的和我的女儿?"当他沉默无声，诚然是不知何以为言时，她便痛痛快快的斥骂他许多话，说是，她曾是他的一位忠心的爱妻，现在他却以杀害她的孩子来偿报她了。

当她说完了话时，他们的女儿也从帐中走了出来，怀中抱了小孩俄瑞斯忒斯，她跪在她父亲面前，恳求着他，说道："爸爸，我但愿我具有俄耳浦斯的声音，他是使岩石也会听话的，让我得以劝说着你；但现在，我给出我所有的一切，即这些眼泪。唉，我的爸爸，我是你的孩子；请不要在我的死期以前杀死了我。这个光明是甜蜜的悦目的，请不要将我从光明中驱逐到黑暗的土地中去。我乃是第一个人称呼你爸爸的，你对我也是第一个人称呼为'我的孩子'的。你常对我说：'将来，我的孩子，我将看见你成为一个快乐的妻，在一个富裕的丈夫的家中。'而我也答道：'当你老了时，我要以全心的爱接受了你，给还你所有你曾给我的一切好处。'这些话我诚然仍记得，但你已忘记了；因为你是预备要杀死我了。请你不要杀我，我请求你，用你祖父珀罗普斯的名义，用你父亲阿特柔斯的名义，用这位我的母亲的名义，她在生育我时已受了一场苦，而现在又在她殷忧中痛楚着了。你，唉，我的弟弟，虽然你还不过是一个小孩子，你要帮助我，和我一同哭着，请求你爸爸不要杀死了你姊姊。唉，我的爸爸，虽然他是沉默着，然而他诚然是求着你的。所以，为了他之故，也为了我自己，请你可怜我不要杀害了我。"

但国王阿伽门农是十分的苦恼着，不知道他该说什么话好，或该做什么事好；因为一个可怖的需要正压在他的身上，他知道除非这个牺牲先实行了，大军方才能够出发到特洛亚去。当他正在疑疑惑惑着时，阿喀琉斯来了，他说道，军队中起了一阵可怕的骚动，军士们都大叫道，这位女郎必须牺牲了；并且还说道，当他竭力的要阻止他们不为此举时，军士们便要投他以石，而他自己带来的密耳弥多涅斯人（Myrmidons）也不能帮助他，且还是第一个要伤害他的。然而，无论如何，他总是竭其能力的为这个女郎而奋斗着的；他说，总会有忠实的人们站在他的一边而帮助着他的。但当女郎听见了这一席话时，她走了出来，说道："听我的话，我的妈妈。请不要和我的爸爸生气，因为我们不能和运命争斗。并且，我们必须想到，不要让这位少年人受苦，因为他的帮助是不会有一点效力的，徒然要牺牲了他自己。所以我是决心要赴死了；为的是，全希腊都在望着我，因为没有了我，船只便不能出发开行，而特洛亚城也将不能攻下了。你生了我，我的妈妈，不仅为了你自己，但也为了这全体的百姓们。所以我要为他们而牺牲了我自己。请他们将我作了牺牲，让希腊人攻取了特洛亚的城邑，因为这将是我永久的纪念。"

于是阿喀琉斯说道："小姐，如果神道们允许你做了我的妻，我便要视我自己为最幸福的人了。因为我十分的爱着你，当我看见你是如何的高贵勇敢。如果你愿意，我要带你到我的家中去；我深信，我将救全了你的，虽然所有的希腊人都要起来反对我。"

但女郎答道："我说的话，我是具有决心的说着的。我也不欲任何人为我而死；但我宁愿救了这个希腊国土。"

阿喀琉斯说道："如果这是你的意志，小姐，那么，我不能更说不然，因为你所做的乃是一件绝高贵的事。"

虽然她母亲不知落了多少眼泪的恳求着她，但那位女郎总不肯变更了她的计划。所以他们，被指定的人，便引导她到阿耳忒弥斯的圣林中去，在那里，建立起了一座神坛，希腊人的全军都环立于坛的四周，但当国王阿伽门农看见她前赴死地时，他以外衣罩了脸，不忍见她的死；但她站在他的身边，说道："我以愿意的心给了我的身体，为了我的国家，为了希腊全土而死。我祷求神道们，保佑你福寿无疆，战胜了这场战争，并且平平安安的回到了你的家。现在不要让什么人接触到我的身上，因为我要勇敢的引颈以受刃。"

所有的人全都诧异的看见这位女郎是如何勇敢无畏的赴死。于是使者太尔西比士站在中间，传令人民们肃静无哗；而先知卡尔卡斯放了一个花圈在她头上，然后，从他的刀鞘中，拔出一柄尖刀来。所有的军士们全都静悄悄的睁眼望着女郎、祭师与神坛，四周一点声响都听不到；虽然是千万人聚集着，却如没有一个人似的。

然后，一件可怪异的事发生了。因为卡尔卡斯将他的刀刺下去时，其斫击的声音，大众都能听得到，且都心肺震震的激动着，但远出于他们的意外，这位女郎却在刀锋之下不见了。她到了什么地方去呢，没有一个人知道：但代替了她而死在刀下的却是一只巨鹿，它躺在那里，口中喘着最后的残息，整个神坛上都为血液所溅红。

卡尔卡斯说道："你们且看这事，希腊的人们，这位女神乃怎样的预备了这个牺牲，用以代替了女郎，为的是，她不欲她的祭坛上，沾染有无辜者之血。勇敢些吧，所以，每个人都回到他的船上去！因为，今天，就在今天，你们将航过了海而到特洛亚的地方去了。"

但这位高贵勇敢的女郎究竟到了什么地方去了呢？这我们将在下文见到。

二　阿伽门农的死

阿耳戈斯城中，阿伽门农王的宫殿的屋顶上，有一个守望者坐在那里。他那样的坐着，一夜又一夜的，整整的过了一年，天上的星辰们几乎没有一颗他不曾见到它们的起与落的。当他守望着时，他的眼睛是固着在北方，等着要看见那个烽火的记号的发出。这个火号将带来了好消息给王后并给所有的阿耳戈斯人。因为现在特洛亚的坚城是摇撼着快要陷落了，十年的苦役已经是快要告终了。

看呀！正当天色快要黎明时，天空中却现出一缕红光，这光并不是朝阳的光，守望者高叫道："现在恭喜，我已见到我所久在守望着的火光了，这阵光将带了好消息来给我们的国家了。我要立即去报告王后，俾她将这个消息布告了全城。愿天神们垂恩，当我的主人回到他宫中时，允许我和他见面握手。这宫中如今虽是风纪荡然，我是谁，怎么敢泄漏出来呢？让墙壁喊叫出来，如果他们要喊叫，我却是要守着沉默的。"

于是他匆匆的跑去禀告王后，王后便遣使者们去通告阿耳戈斯全境，并吩咐他说，男人们应在每个神坛上上香叩谢。她还命令道，长老们，即城中的领袖与元老们，应要会集在宫殿之前，俾他们得以知道事实的真相。当他们，长老们，在王宫前等待着王后时，他们高谈阔论的在讲着过去的事，他们谈起，在十年苦战的开始，当国王阿伽门农与他的兄弟，国王墨涅拉俄斯，从这里阿耳戈斯航行出发，为了要对王后海伦报仇，一个长老说道："你们不记得大军从城中出发时所见的情形么？当他们前进时，怎样的在右手出现了两只大鹰，一只鹰全身黑色，一只鹰则于黑毛之中杂有白毛，它们在吞食一只孕着小兔的大腹便便的巨兔的么？怎样的先知卡尔卡斯解释着这件兆头，说道：'那两只鹰便是两位国王，正如这些鹰吞下了那只兔，我们的国王也将毁灭了特洛亚城和她的孩子们！不过我们必须祷求，没有神道们会加大军以愤怒。因为女神阿耳忒弥斯并不爱她父亲宙斯的这两只狗们，即大鹰们的。如果她对于我们的愤怒燃着起来，则我们除了献给她以一个可怖的牺牲之外，是别无他法的；但为了这个牺牲，又将在后来发生了一场大大的愤怒的。所以，但愿阿波罗帮助着我们，他乃是一切罪恶的医治者。'先知卡尔卡斯在那时诚然已先知道阿耳忒弥斯是和国王阿伽门农发怒着的了，因为他乃在她自己的圣林中，猎杀了一只她所爱的美丽的牡鹿。"

于是别一个长老又说道："不错的，那位女神的愤怒也并不曾延迟下去。因为当大军云集在奥利斯时，她送海风从北方吹过来，阻止了战船的开行，于是军士们便为饥饿所困，疾病所苦。而先知卡尔卡斯说道：'这乃是我所曾说的事发生了；女神要求着你们所已知道的牺牲呢。'但当国王们听见了这话时，他们哭了，频频以他们的王杖顿击地上。国王阿伽门农说道：'我将怎样办着这场牺牲，而杀死了我自己的女儿伊菲革涅亚，我家中的快乐与美丽呢？然而不忠于那些公推我为这次大战的主将的领袖们，也是一件卑鄙的事。所以，只得任听神道们如愿的实现他们的所欲吧！'他怎样的硬了心肠，去做这件犯罪的事；诸位领袖们也并不因她的那么年轻美貌而生了怜恤心。所以，当祭师们念完了他们的祷辞时，她父亲便命执事们举了她上神坛，有如人们举了一只小羊杀来做牺牲一样，在她嘴上塞上一个嘴勒，使她不能高喊。然后，她将红色的面网抛落在地，看来有如一幅绝顶可爱的美画，立刻给站在旁边望着的一切人以一种绝可怜恤的容色；是的，她还渴想要对他们说话，因为他们曾常常听见过她的声音，当她在她父亲客厅中歌唱着时。但说话有什么用处呢？谁不知道她呢？因为诚然的，卡尔卡斯的话是必须实现着的。"

正当他们互相谈论着这些事时，王后克吕泰谟涅斯特拉从王宫中走了出来，他们问她："你听见了好消息么，啊，王后，你乃吩咐着他们到神坛上焚香叩谢？"

"好消息，诚然的，"她说道，"因为希腊军已经攻下特洛亚的坚城了。"

当他们还疑惑着这事是否真实，要知道这事是什么时候发生的，她怎样会知道得那么快时，她便将那事实对他们披露了，这原是国王吩咐她这样办的。"因为第一，"她说道，"他们在伊达(Ida)山上烧起了一个大火，这山是临近于特洛亚城的；这烽火从伊达山上传到了楞诺斯岛，又从楞诺斯岛传达到了亚助斯(Athos)山。但亚助斯山却传达它向南而去，渡过大海，在如太阳光似的一条金路上，传它到欧玻亚的马克士托斯(Makistus)，从马克士托斯到米沙辟斯(Messapius)，又从米沙辟斯燃着了一个大草堆，传送了它，如明月似的明亮，经过了阿索波斯的平原而到了喀泰戎山的岩上；从喀泰戎，这烽火又较前更明亮的传过哥果辟士(Gorgupis)湖，而到了爱琪卜兰克托士(Ægiplanctus)山，这山临于沙洛尼克(Saronic)海湾上，因此便传到了近城亚拉克纳斯(Arachneus)。国王是如此的传送了这个消息给我的。"

"请你再详细的告诉我们，"老人们说道，"我们不很能相信这件事。"

"一点也不假，"王后说道，"今天希腊军是占据了特洛亚城了。我想，在这城中，一定发生了许多的惨事。因为妇人们是在哀哭着他们被刀所杀死的丈夫们与兄弟们，而同时，那些战胜者们则恣意的大宴着，安舒的生活着，离开了饥饿，寒冷，与看守之苦。但愿他们能敬重城中的诸神，不要为了好利贪得而掠劫到神圣的东西，那么，他们便将平安的归来了。但如果他们和神道们违抗着时，那么，被杀者的怨仇便也许要在他们身上报复着了。"

于是王后离开他们，而老人们复又纷纷的议论着："现在那些犯罪者,特洛亚城的人们,是被捉获在毁灭的网中了;宙斯是久已弯了弓预备向违神律者放射的了;而现在,这支箭已经中了鹄的!不幸的日子,真的是,当帕里斯沾羞着他主人的宴席,偷窃去了他胸前的妻!不幸的时辰,真的是,当她漫不经意的走进特洛亚城门,带来了毁灭与死亡的嫁奁。她在她宫中留下来乃是忧愁;这里是寂寞的床,空虚的厅;连着厅中美丽的石像也以它们的不可爱的双眼讥嘲的凝固的睇视着她丈夫的悲哀,仅仅留有空幻的快乐,住于夜间的梦境中。唉,她还遗留下较此更巨更大的一个忧愁呢,因为英雄们为此而从希腊国土出发,勇猛,聪明,真诚;看呀!所有那个兑换者——但不是金钱的兑换者——阿瑞斯送回来的却是闭在一个铜钵中的一握的灰烬!所以,城中尽有人在愤愤的反对着阿特柔斯的两个儿子,大军的主将们;天神们的复仇也不会忘记了那杀人流血者。"

但当他们这样的互相谈论着时,还有人疑惑不定,不知这事是否真确,其中的一个却高叫道:"现在我们知道这件事是千真万确的了,因为那边来了一个使者,头上戴着橄榄树叶制的冠,他的衣上染着灰尘,而他的足下也沾着泥土,有如从远路走来的。"

于是,那位使者太尔西比斯走到他们所聚集的地方,当他敬礼了宙斯以及对于特洛亚原欲为友然而反成为仇的阿波罗,还有神的使者赫耳墨斯,然后,他说道:"你们都要知道,国王阿伽门农,因了宙斯的帮助,已经实行尽心的判罚于特洛亚城和它的孩子们,为了他们的对于天神们及此土所犯下的罪恶。"

然后,他乃告诉长老们,他们所身受的一切困苦;其初,在海上时,大众都拥挤在船板上;后来,到了岸上,他们的住所,迫近敌人的城下,上无蔽盖,受着雨露的沾淋,且为伊达山来的白雪所冻冷,为夏天无风的太阳所暴晒。"但现在,"他说道,"这些困苦都已成了过去的了。我们要挂了从特洛亚城中掠劫而来的东西于天神们的神殿中,作为后代的人们的纪念。但现在且任人民们欢乐着,歌颂他们的国王与他们的领袖们。"

于是王后克吕泰谟涅斯特拉又从宫中走出来,说道:"你们疑惑不定的人,现在要记住,一切事不都如我所说的一模一样的么?现在,使者,你且去告诉你的主人说,我在等候着,要以极隆重的礼节迎接他归来;因此,让他竭其所能的快快归来罢;所以,他将在他家中见到一个忠心的看守者，她守护着他所留下的一切，一点也没有疏失。"

于是长老们的领袖说道："听她的话，使者。但现在，告诉我，墨涅拉俄斯也平安的归来了么？"

"但愿，"他说道，"我能告诉你以较好的事！但欺骗有什么用处呢？真的，墨涅拉俄斯和他的船，都已消失在我们视线之外了。"

"那么，他是先于你们而开行的么？"长老说道，"或者他是在一阵大风浪中才和你们相失的么？"

"是在大风浪中相失了的。"使者答道。

"大众以为他是死了呢，还是尚活着呢？"

"那诚然没有一个人知道，恐怕只有照临一切的太阳知道罢了。但听我说，我将说出前后的事来。那是从天上来的愤怒，降临于我们身上。因为，当我们扯帆开行之后，在黑夜中，忽然浪头涌得极大，狂风从北方吹来，竟使我们的船只互相的冲碰着；所以，当第二天黎明，风涛已息时，看呀！海面上乃满蔽着人的尸体与破板。但国王阿伽门农的船只却不曾受到危害；因为一个神道的手，我想，并不是一个凡人的，握住了他的舵。但你们不要灰心，因为无疑的，他们也要以为我们是已溺死在海中了，正如我们之以为他是的一样。至于墨涅拉俄斯呢，我相信他一定要归来的，因为宙斯的意思是不欲这个王家的灭亡的。"

于是一个老人说道："他们名她以海伦真是不错，因为像地狱一样，她吞下了人与船，唉，还有这个坚城特洛亚。我曾听见人说过一个故事；有一个人在他家中养育着一只小狮，它在其初是很可爱的，因为孩子们和它玩着，老人们也和它嬉着；但当它长大了时，它却放出它的本性来，染满这家以血了。海伦的前去特洛亚也是那样的，去时是姣美而且微笑，现在且看其结果！但国王阿伽门农这里来了，让我们恭迎他。"

当他说着时，国王阿伽门农已走近了王宫门前，乘在为马匹所拖的车上；在他身边的是卡珊德拉（Cassandra），她乃是特洛亚王普里阿摩斯的女儿，当战胜者们分配着特洛亚的掳获物时，他得到了她。阿伽门农先去拜谒了神道们，叩谢他们帮助他惩罚了特洛亚人；他还想召集一个正式的会议，以处置一切事件，假如在他离国之时，有什么事做错了。

王后走出来欢迎他，说道："阿耳戈斯人们，我并不羞涩的自认我迎接我丈夫时，心里是异常的快乐的。一个妇人诚是不幸，当她丈夫出去了，而她独自留在家中，不断的听见谣言与不幸的消息。常常有传说，说我王受了伤，他的名誉因之而益高，这些同样的受伤的传说，要数起来，已不止一个网的网眼之数；他也死了好几次，如谣传所报告的他的死耗故事中说到；巨人革律翁是有三个身体的，即使他如革律翁，也还不够他死呢。为此之故，啊，吾王，我们的儿子俄瑞斯忒斯所以不在家中，为的是，我送他到史特洛菲士（Strophius）那里去，你知道，他乃是我们家中的一位老友，我生怕，假如你在特洛亚有什么不幸的事发生，百姓们也许会有什么扰动，也要危害及他。我往往夜不安睡，我望你归来，眼泪难得有干时。现在你是终于归来了。这个人，诚然的，对于我，乃是如屋顶的一根坚固的横梁，如一个父亲的独养子，如水手们航行已久，在绝望中见到的陆地，如大风雨后的晴天，如一个人在干燥无水的陆地上旅行时所遇的一道清泉一样。现在，我王，我愿你从你的车上走了下来，你的足并不踏在地上，因为它已践踏在特洛亚的坚城之上。你们为何逗留不前呢，你们女郎们？快把红毡铺遍了过路的地方！"

国王阿伽门农答道："真的，勒达的女儿，你的话也如我的离家的年月一样，真是异常的长。但你为什么铺了这个红毡在我足下，强加我以奢侈之实，或使我为天神们所忌呢？这是不对的，我想，一个人不该践踏在如此富丽的东西之上。"

"不，"王后说道，"你且安心着吧，你且想着，假如不幸而普里阿摩斯成了这次战争的得胜者，他还不践踏在红毡之上么？"

他们谈论了一会之后，她的主张战胜了，不过国王终于吩咐他们把他足上的鞋解了下来，他以为如此耗费他的家物，是很可羞的。他还命令着说，他们要十分客气的对待那位和他同车而来的异邦妇人，为的是，凡人以怜恤心使用着他们的战胜之威者，神道们必加福佑。当他说完了这些话时，他走进了王宫，王后在前引路。

于是一个长老说道："我心中感着一种无名的恐怖呢；当我应该因国王与军队的归来而欢跃着时，一个不幸的预言却出于我的唇间。如果一个人富裕了过度时，让他抛出船外一部分东西，以避免他家中的沉船的危险吧！但鲜血已经溅在地上了，还有什么魔术者能会挽回呢？宙斯不曾杀死了那位救死起生的人么？最好还是沉默不言一会儿吧！"

于是王后又从宫中走了出来，吩咐卡珊德拉从车上下来，走进宫门。因为，她说道，她为什么要和运命抗争着呢，这运命是要使她成为一个奴隶的？她的运命诚然还是很快乐的，竟使她来到一个富裕的故家之中；只有暴富的人家才会对待奴隶们异常的残酷的。但她的劝说对于这位女郎一无所用，为的是她坐在车中，充耳若不闻，也不开口说一句话；虽然老人们也加入劝她下车，她还是不动不言的。但当王后又复转身入宫时，她便开始高声大叫起来，有如一个为鬼神所附的人一样。她叫道，宫中有一股气味透达到外面来，有如一个屠杀者家中所有的气味一样；她看见残酷的被谋杀的孩子们的形状，而现在，别一种罪恶是快要犯下了，一盆浴水已经预备好了，一件绉缠着的衣袍，而一柄双刃斧快要举起来斫下去了。然后，她说到她自己，她的结局是到了；国王之带她来，是要她和他同死的；她也要和她父亲的城邑之毁亡似的死亡了。但过了一会以后，她的忿气平息了下来，她开始清楚明白的说着话。其初，她告诉长老们，她怎样的得到了这个预言的特能，她还能看见过去的幻象；这是真的，她已提起过这王家所曾犯过的旧罪恶，她还能预先告诉出以后所有的事。为的是，阿波罗爱上了她，给她以这个预言术；但因为她欺骗了他，他便加上了这个诅咒，即自此以后，将没有一个人会相信她所说出来的预言。然后，她又告诉他们说，这一家的过去的罪恶，将终结于更要发生的别一个罪恶之中；有一个人在宫中，看来似是一个妇人，但其实乃是史克拉，一个海中的巨怪。最后，她还明明白白的宣言道，他们将要看见国王阿伽门农死在地上。但阿波罗的诅咒还附在她身上，她的话竟没有一个人肯相信。然后，她又叫道，她看见一只母狮取了一只狼为她的情夫。她抛弃她所带来的预言的表记，她手中的杖，与她颈上的项圈。当她这样的办了时，她便向宫门走去，她知道，她是走向死路去。但她先说道，有一个报仇者将会来的，他要为他的被杀的父亲报了仇，也要为她报了仇。当他走到宫门口时，她起初惊退了回去，为的是血的气息直冲到她的脸上；但后来，她镇定了心，走了进去。她还回转身来，说道："唉，太阳，你的光明，我现在是最后一次看见了，请你允许，那只为他父亲报仇的手，也为他们所杀的奴妇报了仇——这个胜利是很容易成功的。"

但老人们疑惑着,不知她所说的这些话是什么用意,他们还说道,假如对于特洛亚城赢得了那么一场胜利的国王,他自己也被人杀了,那么,将没有人会相信幸运的了。正当这时,宫中传出一声声可怖的怪喊:"唉呀!我不好了!我被人斫中了一下,快要死了!"他们正在迷惑不解时,这个可怖的声音又来了:"唉呀!不好了!我又被斫中第二下了!"于是他们议论着,应该怎么办才好;一个人主张他们要呼唤了市民们来救助,别一个人则主张说,他们应该冲进宫中去;还有人则迷惑着不知现在怎样办才好。但看呀!王宫的大门向后开启了,他们看见了一个可怖的景象:两具已死的尸体,每具都复以衣被,而王后手执一斧,站立在尸身之旁,开言说道:

"我刚才所说的话乃是投合时机的,现在,我却并不羞耻的要说出与它们相反的话。因为,我所做的事,实在是久已计划着的。是的,自从那一天,他流了无辜者的血,即是我女儿伊菲革涅亚的血时起,我已决意要杀他了。我抛了一面网在他身体的四周,俾他不得逃逸,缠绕他的四肢于一件王袍之内。我斫了他两次,他哀号了两次,然后伸直了四肢死了。唉,我还加上了第三击——我的对于死人的王的叩谢。当鲜血溅在我身上时,我是很喜悦着,其喜悦有如种子对于天上落下来的雨水那样。"

于是那些老人们,即这城市中的元老们,对她高声的羞着她,说是,她不该做下那么可耻的行为;还说道,市民们要诅咒她,罚她驱逐出境。但她却一点也不恐惧或羞耻,她说道,她所杀的那个人,乃是一个血人,且是不忠实的,他和他的情妇所得的都是该受的罚。当他们哀哭着国王,说他乃系被奸谋所害时,她便说道:"你们不要以为我是这个死者的妻,这在表面上似乎确是的;我其实乃是报仇者,为这个王家的旧恶执行公判的。"

当他们哭着:"唉,我的国王呀,谁将以王礼葬了你,颂赞你,悲哭着你呢?"之时,她便答道:"你们不必操心这些事。我既杀了他,自会葬了他。虽然他家中不会有人为他而下泪,然而无疑的,当他到了死者之居时,他所爱的女儿伊菲革涅亚将会与他相见,双臂环抱了他,吻着他,他对于她是那么亲爱的一个父亲。"

当他们彼此这样的对话着时,亲王埃癸斯托斯从宫中走了出来,他的卫队围绕着他，他夸言道，现在他父亲西斯特士的仇是报了。然后，言来语去，他们之间，话愈说愈激烈起来，因为元老们责备亲王，指斥他是奸人，他自己乃与一个虚伪不忠的妇人，联合起来以害他的主人国王阿伽门农；他不仅怯懦，且还卑鄙，因为他自己不敢下手去做这件事，却委之于别一个人的手。而他们还预言道，俄瑞斯忒斯将要归来，对于杀了他父亲的他们执行了神罚的。亲王听了这些话，再也忍受不住，便以捆缚与囚禁来威吓他们。于是实际的冲突几乎要开始了，因为埃癸斯托斯正要指挥着他的卫士们，而元老们也要煽动了市民们起来，但王后却不欲再见流血的事，她便以言语平息了埃癸斯托斯的怒气，她说道："不必去注意这些喋喋者的言语，你和我乃是这个地方的统治者，将会把一切东西布置就绪的。"

于是这两个人有一个时期是十分光荣而快乐的同居着；但鲜血从地上高唤着反抗他们，而神道们也不会忘记了他们的。

三　俄瑞斯忒斯的归来

当国王阿伽门农被他的恶妻克吕泰谟涅斯特拉所杀死时，他的儿子，童子俄瑞斯忒斯也几乎要死于他母亲之手，但他的姊姊厄勒克特拉却取了他来，救他出于要杀害他的人们之手。她既救全了他，便将他送到史特洛菲士家中去，他乃是她父亲国王阿伽门农的家族的老友。俄瑞斯忒斯便住于他的家中，直到了他的成年，其力足以执行法律之时。因为此土的法律，乃是，如果一个人被暗杀了时，他的儿子必须对于那个杀他的人报仇，不报不休。这位少年还跋涉到得尔福去向阿波罗的神示；阿波罗回答他说，他应该要报复了他父亲的血，即使对于生育了他的她。所以，他对于复仇之念，无时放下。现在，他已经成人了，他便来到阿耳戈斯城，把他自己化装了，俾没有一个人会认识他。和他同去的是辟拉特士（Pylades），他乃是史特洛菲士的儿子。这两位少年，彼此异常的相爱；后来，人们说起朋友的义气，便都以他们为例。还有一个老人和俄瑞斯忒斯同来，他乃是一个奴隶，从俄瑞斯忒斯还是孩子时便侍候招呼着他的。现在，这三个人乃编造了一段故事，俾得欺骗了王后和她的丈夫；他们这样的预备好了时，便于黎明时进了城。

于是那个老人说道："阿伽门农的儿子，你已见到了你所久欲看见的城邑了。那是伊俄的圣林，她被牛蝇所驱，走遍了世界；在左手是赫拉的神庙，那位神道是人人知道的；在我们之前的，乃是珀罗普斯的孩子们的王宫，这一个王家，不知经历了多少的不幸；在过去的时候，当你母亲要想杀害了你时，我带了你，从那宫中出来。但现在我们必须快快的商议着，因为太阳已经东升了，群鸟已经醒来了，我们必须在人们出去作工以前预备好了。"

于是俄瑞斯忒斯答道："说是不错，老人家。那么，请你听我的打算。第一，要知道，当我在得尔福听到了阿波罗的神示，我该怎样的最好的报了我父之仇时，他吩咐我既不要信托盾，也不要信托矛，但须以巧计完成了这个复仇之举。那么，你且窥一个机会进了宫去，打听着宫中的事。因为他们将不会认识你是谁的，你是那么厉害的变了。你要告诉他们以如此的一个关于我的故事，确然可以欺骗了他们的。我们同时要到我父亲的坟上去拜扫一番，以祷他的英灵，我将要以我头上取下的头发以及饮物祭献给他，以后，便要回来，办好了留下来的要办的事。"

当他这样的说了时，他便祷道："啊，我的国家和你们此土的诸神！请你们帮助我，你，我父亲的家，也要这样，我受了诸神的吩咐来到这里洗清了血的罪过。"

于是老人说道："我听见有人在哭泣的声音。"俄瑞斯忒斯答道："无疑的，这是我的姊姊厄勒克特拉。我们要停留在这里，听她说什么。""不然的，"老人说道，"让我们做我们的事，不要再延搁下去了。"于是他们走了。

然后，厄勒克特拉走了出来，大声的痛哭着她的父亲，她祷求道，但求天神们快送她的兄弟俄瑞斯忒斯回家来为他报仇。和她同在着的，是一群阿耳戈斯的女郎们，她们想要安慰她，说道，对于死者那样的悲哭着是没有用处的，别人也有和她同一的情形，她应该具有忍耐心，因为时间要带来责罚给作恶者的。她们还劝她，要噤声不言，否则，恐要使那两个主宰着她家的人生怒了。

于是厄勒克特拉对她们露出了她的悲哀，她说道："我求你们，阿耳戈斯的女郎们，你们不要看错了我，以为我是一个完全没有知识与忍耐的人。因为有什么较好的妇人不如我那么办着呢？你们想想看,我是怎样的不得不和杀了我父亲的他们同住着;我每天看见这个卑鄙的埃癸斯托斯坐在他所称为王的座上,穿着同一的王袍;他乃怎样的是我的这位母亲的丈夫,如果她诚然是一个母亲,她乃能够屈躬于如此的卑恶之中。你们知道,她于每一个月她杀了我父亲的那一天,她必定宴请宾客,祭献诸神。所有这一切我都不得不眼见着,秘密的在哭泣,因为诚然的,这是不许我公开的如心所欲的表白出那样的悲哀的。这个妇人诚然的常常讥嘲着我,她定要知道我为什么比别人格外多愁,而别人也有失去了他们的父亲的。但有时候,如果偶然的,她听见有什么人说,俄瑞斯忒斯预备要回到此土来,她便愤怒不可抑,有如一只野兽似的狂怒着;而她的丈夫,这个懦夫,乃与妇人为敌的,更激起她对我的愤怒。我仍然的在望着俄瑞斯忒斯,希望他在什么时候归来;但他却延搁得久之又久,而同时,我便消失在悲哀与烦恼之中。"

于是阿耳戈斯的女郎们,在已知埃癸斯托斯外出不在,她们能够更自由的谈论此事之后,便很想晓得厄勒克特拉究竟有没有得到她兄弟俄瑞斯忒斯的消息,并力劝她安心的自慰着,他一定会来的。但正当她们聚谈着时,厄勒克特拉的姊姊克律索忒弥斯走了出来,带着祭献她父亲坟上的东西在手,还有别的女郎们跟随在后。现在,这两个女郎的性格是彼此很不相同的,厄勒克特拉是勇气奋发,心胸爽直,凡她所憎的人,她便不肯与之干休,也不肯隐藏了心中的所有。但克律索忒弥斯则不同,她是智计深藏的,她能够和她所不爱的人表面上快快活活的同住着,还能和他们客客气气的说好话。现在,当厄勒克特拉看见她姊姊来了,便破口以许多愤愤不平的话来骂她,说道,她依附于犯下那么大罪的母亲而忘了她父亲,大是不该;还说道,她和作恶者同住着,还能和衷共济,那么安适舒服的活下来,这实是一件卑鄙的事。

当阿耳戈斯的女郎们正要和她们两人排解时,克律索忒弥斯却答道:"这些话我受之不为诧异,我也并不注意到他们,但我却听见了一场大祸事,快要降临于我妹妹身上了,这将使她永不会再悲诉着。"

"不,什么事?"厄勒克特拉说道,"你所说的不幸的事,有比我现在所受的更为巨大的么?"

"诚然的,"克律索忒弥斯答道,"因为如果你再不中止这些苦诉的话,他们将押送你到远远的所在去,将你关闭起来,使你永远再看不见太阳光。"

但厄勒克特拉听见了这些事,却一点也不害怕,她的愤怒,反更增加。过了一会,她们之间的争闹还不曾停止,克律索忒弥斯便要自己走她的路。当厄斯克特拉见她要去,她便问她,她为什么带了这些祭献死者之物,到什么地方去。

克律索忒弥斯答说,她受了她母亲的吩咐,把这些东西带到国王阿伽门农的坟上去。因为王后在夜中见了一个幻象,使她十分烦忧,所以她便很恐怖着;那个幻象是这样的:她所杀死的国王,她的丈夫,仿佛是和她在一处,有如他过去的时候一样;他执着他生前所常执的王杖——这王杖现在为埃癸斯托斯所执——将它植在地上;在这杖上发生出了一枝极荫广的树枝,密刻奈的全境,都被覆在其荫下。"我所听见的,"她说道,"她在白天时所告诉的梦境仅是如此;但过于此,则非我所知的了,除了她为了恐惧派我送这些祭礼去祭献。"

于是厄勒克特拉答道:"不,我的姊姊;不要把这些东西放在我们父亲的坟上去,因为他是不乐于受到这些东西的;且散它们于风中,或埋它们于土中吧。所以,让它们留下,当她死后给她吧。诚然的,她乃是妇人中的最无耻者,她不用想献上这些祭物给她那么机诈的杀死了的他。她还以为她能够以此种东西来偿赎了她所溅的血么?不然的。把这些东西抛了开去;但你和我将把从你的和我的头上取下来的头发放在坟上;这诚然是微物,然而却是我们所有的。你要对我们父亲祷求着,他即住于地下,也要帮助我们,且使俄瑞斯忒斯早早的归来,将他的足踏在那些憎恨我们的人的颈上。"

克律索忒弥斯答应了,说她可以做,于是走了开去。过了不多时候,王后克吕泰谟涅斯特拉走了出来,她看见她的女儿厄勒克特拉立在宫门之外,便十分的生气,说道,国王埃癸斯托斯曾禁止她出宫门之外,如今他不在家了,她便不顾忌她的母亲,这是不应该的。

"但现在,"她说道,"让我们评评理看。你说我不对,因为我杀了你父亲,这是事实,我不否认。但你要注意,杀他的乃是公理,不仅是我;而你应该站在公理的一边。他杀了你的妹妹,牺牲了她祭神,没有一个希腊人曾下过那么一个毒手。他为了什么要杀害了她呢?'为了希腊人之故。'你将说道。但希腊人和我的孩子有什么相干呢?

或者,这是为了他的兄弟国王墨涅拉俄斯之故么? 但墨涅拉俄斯不是也有了两个孩子了么? 他们为什么不死其一呢? 为的是,看出生他们的父与母都是什么样的人;希腊人从事于这场大战,还不是为了他们之故么? 你想,死亡乃欲求我的孩子们更甚于欲求他的孩子们么? 或者,这个可诅咒的父亲乃不看顾到我的孩子们,而仅知维护他兄弟的孩子们么? 诚然的,这乃是一个愚蠢而凶恶的人所做的事。唉,不管你如何想法,我是这样说的;已死了的她,假如她能够发声说话,她也要这样的说的。"

于是厄勒克特拉说道:"如果你允许我,我要为他,也为她说几句话。"

王后答道:"你说吧;你如果常常的如此样子说话,你的话便不会那么使人难听的了。"

于是厄勒克特拉说道:"你说,'我杀了你父亲。'这已够了。不管你做这事是否正当,你却不能说出更坏的话了。但对于正义,你却从不曾想到。这乃是你现在和他同住的那个人的恶劝,催促你去做这件事的。至于我的妹妹呢,你很知道,其事实乃是,我的父亲在阿耳忒弥斯的圣林中杀死了一只鹿,还自夸他的这个行为,于是这位女神对他愤怒,阻挡了希腊人的航行;为了这个缘故,我的父亲才杀死了他的女儿。他知道,除此之外,希腊人的船是既航行不到特洛亚,也航行不到家的。是的,他杀了她,完全违反于他的意志,为了人民们之故,并无他故。但你且看看,你所说的这一席话是不是完全的假饰。你现在不是和你同谋做这事的人的妻子了么? 你乃称,此举是为了报复被杀的你的女儿的仇么? 你的孩子们——你乃是他们的母亲么? 我在你的手下和你同伴的手下,什么苦楚不曾受到? 而俄瑞斯忒斯,不是我从你手中救出的么? 他现在不还住在异乡么? 诚然的,不管你如何的责备他,你却没有原因来羞我。"

于是她们两个彼此说了许多不好听的话;最后,当厄勒克特拉默默不言了时,王后便祷告了神道们,然后将祭物献呈在阿伽门农的坟上。其初,她自己对阿波罗祷道:"啊,阿波罗! 请听我心中的话,因为我不敢高声的说出这事来,我所知道我不是住在朋友们之中。但关于我昨夜所见的梦,愿神允许,使善事实现,恶事则转而到我的仇敌身上去。但愿保佑我不至从我现在的富贵沦落了下来;但愿保佑我永执着阿特柔斯的儿子的这个王杖；与我伴侣者皆为我友，如今一样，还要保有我的孩子们的爱情，如果他们果是爱着他们的母亲的话。"

当她这样的说着时，那个老人走了进来，他很想知道，他所见的是否即为阿特柔斯的王宫。当他听说这里就是时，他便又问他所见的那位贵妇，是否即为王后。当他听说果然也是的时，他便说道："王后，我带有好消息给你和国王埃癸斯托斯。"

"你要先告诉我你是谁。"

"我是从福克斯的发诺托士（Phanoteus）那里来的，我带有好消息。"

"告诉我；因为那个人乃是一个朋友，而那个消息无疑的，也一定是好的。"

"我只要说一句话——俄瑞斯忒斯是死了。"

当厄勒克特拉听见了这话时，她放声大哭起来，说是，她已完结了。但王后说道："什么？你怎么说？不要顾虑到这个妇人。"

那人说道："我告诉你，我要再告诉你一遍，俄瑞斯忒斯是死了。"

厄勒克特拉又哭叫了起来；王后却吩咐她不要发声，且听这个异乡人说完话。于是那人说道：

"他到了得尔福，希腊人在那里开竞技会，他也想要参预于阿波罗的竞技会。起初，有一次赛跑，他在这次赛跑中，其速度超过了同跑的人，于是得到了奖赏。我诚然不曾见过这样的一个人，没有一项竞技，他不是超群拔类的。他的风度是很翩翩的，而他的名字，据他自己说，乃是阿耳戈斯的俄瑞斯忒斯，他乃是从前攻打特洛亚的希腊军主将阿伽门农的儿子。但当天神们存心要毁亡一个人时，谁有那么强健勇猛，能够逃得出他们的手中呢？于是，在第二天，便发生了一件事：当第二天夕阳将下之时，主赛者宣称将有一次车赛，参预于这个车赛者，有从亚克亚来的一个人，从斯巴达来的一个人，从非洲的巴卡（Barca）来的两个人；随了他们之后而来的，乃是第五个人，俄瑞斯忒斯，他的马匹为底萨莱的名马。第六个人乃是一个埃托利亚人，他的马匹都是栗色的；第七个人乃是从底萨莱的马尼西亚（Magnesia）来的；第八个人是一个奥尼亚（Oenia）人，他的马匹都是白色的；第九个人乃是从雅典来的，他们说，雅典城乃是为天神们所建造的;第十个人则为一个玻俄提亚人。其初使者们在一个盔中,为每个人拈阄,而每个人依了他所拈的阄占好了他的地位。其次,军号响了,马匹们都冲向前去,而人们则喊叫着,挥摇着马缰,还用刺棍来督促它们。喧哗的声音极大,尘土从地面上飞起,有如一阵云似的。前面的驱车者的背部与他们的车轮,都被喷濡着跟踪而来的马匹们的泡沫,因为他们是那么紧接的跑着。而俄瑞斯忒斯,当他到了车辆要转弯的一个柱前时,他的车轮几乎与这柱相碰,但他放松了右马的缰绳而拉紧了左马的,因此,他的车子便很有幸的避开了覆亡的危险,一切都很好。但这里,奥尼亚人的马匹却是很难驾御的,它们离开了它们的跑道,碰入从巴卡来的人的一辆车的一边。现在,他们已经终止了第六圈,正要开始跑第七圈。但随了这个打扰而一切事情便都失常了,因为这辆车碰着那辆车,直至所有的平原上全都覆被了破折的车辆,有如海面上浮泛着破船一样。但那个雅典人却是精于驱车的人,当他看见纷扰开始时,他便驱马向一边而去,拉住了它们,因此逃出了这场危害。现在,俄瑞斯忒斯乃是这群中的最后一人,他相信自己必可占最后的胜利,当他看见仅有雅典人留在赛车场上时,他便对他的马匹们喊叫着,催促着它们追上了他。于是他们两人并车而驱,他们的车辆的速率,大略相同,其初,一辆略占先一着,其后,别一辆却也占了先着。在十二圈中,跑完十一圈时,俄瑞斯忒斯一切都平安;但当他最后一次的转过了柱子时,他放松了左缰,浑不知道他已放松了过度,于是他的车与柱相碰着,车轴当中折断,他自己也被抛出车外;但马缰却缠绕住了他的身体,使他不得脱身,所有在场的人民们看见这位少年被拖过平原,全都高声大喊起来。但最后,驱策别的车子的人很不容易的止住了马匹,放开了他;他全身是血,受了重伤,没有人会认识是他来。我们烧毁了他的尸身;同来的几个福克斯人便携回了他的遗体,尽管他是高大壮健的一位少年,而如今所遗的却只是一个铜钵中的一点尸灰而已。这给你听见的乃是一件悲惨的故事,但至于我们亲眼见到的,却更觉得这个世界上没有比这个更可悲痛的事了。"

于是王后说道:"我将说这件事的发生是不幸还是有幸呢?或者,这虽是一件不幸的事,却是有利于我的呢?这诚然是一件惨事,我乃在我自己的骨肉的死亡中觉得自己的安全。"

"王后，在这些消息之中，有什么苦恼你的事呢？"假的使者说。

"做母亲是一件可怕的事。无论她受到什么苦痛，她总不能够伤害她所生养的。"

"那么，"他说道，"这似乎我是来得无谓的了。"

"不然的，"王后答道，"如果你能证明出俄瑞斯忒斯果然是死了。因为他对于我久已是一个漠不相干的人了，当他离开这里来时，他还不认识，因为他还十分的幼小；但到了后来，他却诅咒我以杀了他父亲的事，他以可怖的恐吓来反对我，致使我日夜都不能安然入睡。现在，今天，我是脱离了这个耗损了我的生命的恐怖了。"

于是王后与假冒的使者同进了王宫；当他们走了时，厄勒克特拉便哭叫道："看这里，一个母亲那样的哭着悲伤着她的儿子，呀！唉！我的俄瑞斯忒斯，你是如何的完全了结了我呀！因为现在，我所有的希望是去了，你再也不会来为我的父亲复仇的了。我能到什么地方去呢，因为你和他都已去了？我乃必须如一个奴隶似的住在杀父者们之中么？至少，这个宫门，我是再也不进去的了；如果我厌弃了他们，让他们杀死了我，假如他们愿意；那样的死去我要视之为幸事。"

阿耳戈斯的女郎们也和了她同哭着她的死去的兄弟。但正在她们悲泣不已之际，克律索忒弥斯却十分快乐的走来，说道："啊，我的妹妹，我带给你以好消息，这消息将使你从忧愁中得到了慰藉！"

"还有什么慰藉，当他们全都已到了不可挽回之地？"

"俄瑞斯忒斯到了这里来了呢。你要知道，这件事的确切，乃如你现在看见我在你的面前一样。"

"你真是发了狂了，竟对于你的和我的悲哀而狂笑着。"

"不然的，我可以对祖先的神座立誓，俄瑞斯忒斯已经到了。"

"谁告诉你这件事，你乃如此可怪的相信着它？"

"这乃是从我自己亲眼所见的，并不是别人的证据使我相信着的。听我说，那么，当我到了我父亲的坟上时，我看见柱顶上有新近倾注在柱上的牛乳，还有各种各样的花圈。我见了这些祭物，十分的惊诧着，我四面的望着，有没有人可以看见；我见没有人，便走了近去；我又在坟上，看见了新剪下的一束的头发；我一见了这束头发，我便知道这是俄瑞斯忒斯，你和我在全世界上的人中最亲爱的人儿的表记。当我触着它时，我便噤口不敢发言，恐怕是招致祸害，而我的眼中充满了眼泪。现在想想看,这除了他外,还能有谁?除了你或我之外,还有谁做这事?而我却没有做,你也不曾做,你是不能够离开家走到那么远去的;而我的母亲也不常做这些事。这当然是俄瑞斯忒斯做的。现在,忧愁是过去了,一切事情将都会好好的了。"

"不,"厄勒克特拉答道,"我可怜你的愚蠢。"

"难道我的消息使你不喜欢么?"

"我不知道你为什么那么荒唐无稽的谈着?"

"但我难道不相信我自己亲眼所见的事了么?"

"唉,我的姊姊,他是死了!不要再希望他前来帮助我们了。"

"但不要说下去;你从谁那里听见了这个消息的?"

"从一个人那里听到的,当他死时,这个人正在他身边。"

"他在什么地方?这诚是一件太可怪的事了。那么,谁有将这些东西放在坟上呢?"

"有人为了纪念死去的俄瑞斯忒斯之故,而将它们放在坟上去的吧。"

"不幸的我,我乃匆匆的将我自己以为是好的消息带了来,而不知道新的忧愁,比之旧的更远甚的,已降临于我们的身上了。"

于是厄勒克特拉说道:"现在听我所计划的:你知道我们是完全没有朋友的了,因为死亡已吞没了他们的全体。现在,如果俄瑞斯忒斯还活在世上,且发达光荣着时,我希望的是他要归来,报复了我们父亲的死。但现在他是死了,我望着你,你该和我一同合作,要对杀死了他的他们报复此仇。你能够忍受下去,我们乃终生被夺去我们父亲所有的财富了么?且我们乃终老而无偶了么?因为我知道,你将永不会有一个丈夫,为的是,埃癸斯托斯并不是一个傻子,他决不会允许你或我会生了孩子以危害到他自己的。但如果你要听了我的话,则第一,你便可以对得住你已死的父亲与兄弟;第二,你将赢得了大大的名誉,嫁了一个高贵的丈夫;为的是,所有的人,全都会注意到有价值的人的。诚然的,在将来的时候,无论市民或异邦人,凡见到了我们的,便都将说道:'我的朋友们,你且看看这些姊妹们,她们为她们父亲的家庭解除了束缚,并不顾惜她们自己的生命,却在她们的仇人当权得势之日,杀死了他们。这些人我们必须爱她们,敬重她们;这些人,在大宴节的时候,当全城的市民们都集合在一处时,我们必须因为她们的胆气致敬于他们。'所以,我的妹妹,你要勇敢无畏。为了你父亲之故,也为了你兄弟之故,为了我,也为了你自己,你必须勇敢着,俾我们得以从这些烦忧中解救了出来。因为,对于血统高贵的我们,卑鄙的活着,乃是一件可耻的事。"

但克律索忒弥斯答道:"唉,我的妹妹!你怎么会想到像这样一个勇敢的计划,你自己预备着要赴战似的,而且叫我去跟随你呢?你知道不知道,你乃是一个妇人,并不是一个男子汉,并且,你乃是比你的敌人们为软弱的;而且,他们的佳运是一天天的增加,而我们的佳运却是一天天的减少的么?如果我们虽获得了大大的名誉,却是很可怜的死了,那对于我们又有什么好处呢?然而即去死,我也并不想到如此的苦死,受痛苦或被捆缚。请保守着你的愤怒于范围之内。你刚才所说的话,我只当作没有说。你仅要降伏于强者们之下。"

她们说了许许多多的话,厄勒克特拉督促着她姊姊去同做这事,而克律索忒弥斯则设辞自恕,不肯同办。于是她们两人都在盛怒之下分开了。克律索忒弥斯进了宫中去,但厄勒克特拉则仍坐在原处不动。过了一会,俄瑞斯忒斯向她走来,但他已经乔扮得没有一个人能够认识他了。他问站在旁边的阿耳戈斯的女郎们,他所看见的房子,是否国王埃癸斯托斯的王宫,当他听见说正是的时,他便吩咐她们去告诉国王说,有几个从福克斯来的人要拜见他。但当厄勒克特拉听见了这话,她便说道:"你是来证实了我们所听见的这个不幸的消息的么?"

俄瑞斯忒斯答道:"我不知道你所说的是什么消息,但那位老人,福克斯的史特洛菲士,却吩咐我带了俄瑞斯忒斯的消息来。"

"你的消息是什么呢,虽然我要颤抖的去听到它们?"

"我们带来了所有他的遗体在这个铜钵中。"

当厄勒克特拉看见了这铜钵时,她哭叫道,他们应该将这铜钵交到她手上。俄瑞斯忒斯吩咐他们照办了。她接受着这钵,说道:"唉,俄瑞斯忒斯,你对于我是比一切世人都更亲爱的,但你的这次归来却是和我所希望的如何不同呀!当我送你离开这个王宫时,你是如何的可爱呀!现在,我握你在我手中,而你却已不见了。但愿天神们使你死在我们爸爸被杀的那一天;因为现在,你是死了,成了一个流亡者而死,死在异乡他国,我不能给你以最后的慰安,也不能将你的尸灰从火葬的火中取下来；但异邦人们却为你偷办了这一切事；现在你却成了一握的灰尘，在一个小钵中归来了。不幸的我，我的一切抚育的痛苦，与出于一片愿心的看顾你的辛勤，全都已化为流水了！因为你的母亲不比我更爱你，除了我之外也更没有旁人看护你。现在，这一切都去了。我的爸爸死了，你也死了，而我的敌人们在讥笑着我了，而你的不是母亲的母亲乃高兴得发狂了。让我和你同死；因为只有死，我才能够脱离了痛苦。"

但当她这么说着时，俄瑞斯忒斯的心中却十分苦恼着，不知怎么办才好。但最后，他说道："我见到的这位是不是公主厄勒克特拉？"

她答道："不错的，她的境遇是十分的不幸呢。"

于是他再望着她，自语道："这是一位如何高尚的小姐呀！她所受到的是如何不幸的痛楚呀！"

当厄勒克特拉要知道，他为什么也是如此的苦恼着时，他说道："我见你的殷忧，超过世间的一切妇人，这使我很难过。"

"不，"她说道，"你所见的还不过是我的一小部分的忧愁呢。"

"那么，你所身受的还有比这些更痛苦的么？"

"是的，因为我是和那些杀人者同住在一起的。"

"你说，他们谋杀了谁呢？"

"他们谋杀了我的父亲，我乃只得被迫而为他们服役。"

"谁迫着你呢？"

"一位母亲，其实却不能算是母亲。"

"难道竟没有一个人能帮助你么？"

"没有，因为我的那个帮助者，你们已将他放在这铜钵中带回来了。但你为什么怜恤着我，与他人不同呢？难道你是一位宗亲么？"

"请放下这个铜钵，我要告诉你。"

"不，异邦人，不要将这钵从我手上取去，因为它藏着所有我最亲爱的东西。"

"不要说这种无聊的话；你的忧愁，乃是无根无据的。"

"当我的兄弟已死了之时，你乃说是'无根无据'的么？"

"你口口声声的这样的说起你的兄弟来，是很不应该的。"

"那么，难道那位死者看得我那么轻邈么？"

"没有人看轻你的；然而你对于这些尸灰却是毫无关系的。"

"这话是什么意思,这不是我的俄瑞斯忒斯的遗体么?"

"这里面并不是真实的尸体,仅不过是一个假冒的。"

"不幸的人!那么,他的坟墓在什么地方呢?"

"他并没有什么坟墓;活的人要一个坟墓有什么用处呢?"

"那么他还活在世上么?"

"是的,如果我是活在世上。"

"那么你便是他么?"

"是的;你看看我父亲的这个印记,你便知道我说的是不是真话了。"

当她看见那印记时,她知道那诚是她父亲的,而这个异邦人也诚然便是俄瑞斯忒斯,她快乐得高声大叫起来,拥抱了他。然后,在他们姊弟两人谈了很短的一会儿之后,俄瑞斯忒斯说道:"请不要告诉我你的母亲的所为是如何的不对,也不要说埃癸斯托斯如何消耗了我家中的财物;但要你教训我以这件事:我办这件事是要秘密的还是要公开的呢?你也要注意,为要让你母亲看见你有欢容在脸上,因此便心知有异而预防着。"

厄勒克特拉答道:"至于现在,你要知道埃癸斯托斯不在家,只有王后一人独在,所以依你所认为最好的办法做去吧。至于我呢,你要明白,我是不会止泪而乐的;因为旧恨新愁交杂于我身上;并且,现在,我已见到了你,我便为快乐而哭着。"

但正当他们聚谈着时,那位老人匆促的由宫中走出来,斥责他们不该那么样的消耗了时间;他还对俄瑞斯忒斯说道,没有人认识出他是谁来,但大家都以为他是死了,他必须快快的下手;因为现在王后是独自在着,宫中也没有一个男人在那里。

俄瑞斯忒斯向诸神祷告着,特别是向阿波罗,他诚然是吩咐他去做这件事的;他祷毕,便入宫而去。起初,厄勒克特拉和他一同走进去,但后来她又匆匆的走出来,为他守望,生怕国王埃癸斯托斯突然的归来。于是她和阿耳戈斯的女郎们都等候在外面静听着。过了一会,他们听见了一个锐叫之声:"唉,我的孩子,我的孩子,你要可怜你的母亲!"厄勒克特拉说道:"啊,但你却不可怜她,她杀了你的父亲!"然后,又是一声:"不好了!我被斫了!"厄勒克特拉说道:"如果你能够,一刀斫双下。"于是那锐叫之声第三次来了:"我又被斫了!"但厄勒克特拉答道："但愿埃癸斯托斯也和你一同被斫！"过此之后，俄瑞斯忒斯走了出来，他的刀上满沾着血。当妇人们问他，宫中的事办得如何时，他答道："一切都很好，只要阿波罗说的话是真实的。"

但当他说话时，国王埃癸斯托斯回宫来了，他问道："那些从福克斯来的异邦人们在什么地方呢？他们说，太子俄瑞斯忒斯是如何的在一次车赛之中遇到了他的死亡。"

厄勒克特拉答说，他们在宫中。于是埃癸斯托斯叫道："打开了宫门，让所有阿耳戈斯的与密刻奈的人都可见到尸体；如果有什么人还藏有空虚不实的希望，且让他看着那已死的俄瑞斯忒斯，俾他自己降伏于我。"

于是宫门大开，在门内现出了一具尸体，尸体上覆盖着一片布。埃癸斯托斯说道："将他脸上的覆布取下了；因为他是我的宗人，我不该失去了对于他的相当的哀礼。"

但俄瑞斯忒斯答说："你自己去取开了它吧；因为这个尸体乃是你的，并不是我的。"

于是埃癸斯托斯说道："你说得对，如果王后在宫中，请她走来。"

俄瑞斯忒斯说道："她是在你旁边；不要在别的地方找她去。"当埃癸斯托斯揭起了覆布时，看呀！躺在地上死了的正是王后。因此他知道了全部的事，回身对那异邦人说道："你一定是俄瑞斯忒斯。"

"正是，"俄瑞斯忒斯叫道，"现在请你进宫中来。"

"如果此举是正当的话，你为什么要在暗中杀了我呢？"

"我要正在你杀死了那个已死者的地方杀死了你。"

于是他以刀驱押埃癸斯托斯在前而迫他进了宫，在宫中杀死了他。如此的，国王阿伽门农的血仇得到了报复。

四　俄瑞斯忒斯的被释

预言的技术，最先具有者为"大地"，在她之后而得此术的乃是时美丝；在时美丝之后而得此术的，乃是福庇（Phoebe），福庇为底但族人之一；福庇将这术传给了阿波罗——所以他又被称为福玻斯——现在，阿波罗有一座大庙在得尔福的山上，其名望播于远近，全世界的人们都常常跑到这个所在来，以求关于将来的事件的显示与谘议。

有一天,有一件怪事在这大庙中发生了。这庙的祭师乃是一位女子,人们称之为辟西亚。这一天,当她在清晨时,依习惯走进神殿时,看见了一个可怖的景象。因为在阿波罗的神座上,坐着一个人,一个乞求者,他的双手都沾着血,他还带着一柄血染的刀,在他的头上有一个橄榄树的花冠,以雪白的羊毛巧妙的编成。在座位之后,坐有一群奇怪的妇人,她们都在酣睡;她们如果诚然可称为妇人的话,她们似比之戈耳工姊妹们尤为可怖,人们看见了戈耳工们便是会化成了石的;或者较之哈比丝们也尤为难看,据人们传说,哈比丝们的脸是妇人而其身体则为鹰形。现在,这个乞求的人乃是俄瑞斯忒斯,溅染在他手上的鲜血,乃是他母亲克吕泰谟涅斯特拉的血,他杀了他母亲,为他父亲国王阿伽门农报仇。而那些可怖的妇人们则为复仇女神们,她们专是追逐于杀死亲人的人之后,扰苦他们直至于死。但女祭师见了这个景象时,她因恐惧而向后退了,好容易才勉强挣扎的逃出神殿去。当她走了时,阿波罗他自己也出现在这里了。现在,阿波罗是曾教导过俄瑞斯忒斯,说他应该杀死了他的母亲,以报他的被杀的父亲之仇的。现在,他开言说道:"不要害怕,我不会欺骗了你的,我要站在你的一边到底。但现在,你必须逃开这个地方;你要知道,这些可憎恶的东西,无论天神、凡人以至兽类,都将避之若浼的;她们将要追在你的后面,追过大海,追过大陆;但你不要疲倦,也不要灰心,只要匆匆的去到帕拉斯的城中去,坐在这个女神的庙中,双臂抱住了神像;我要努力的使你在那里从这个罪过中释放了出来。"

当阿波罗神说了这话时,他便吩咐他的兄弟赫耳墨斯——因为他也站在近旁——指导着这个人走他所要走的道路。

于是俄瑞斯忒斯走他的路了。立刻的,当他走去了时,王后克吕泰谟涅斯特拉的精灵升起来了,她包裹在黑衣之中,在她的颈部乃是她所爱的儿子杀倒她的伤痕。这个精灵对复仇女神们叫唤着,因为他们这时还在沉沉的酣睡着呢,她说道:"你们还在睡着么? 你们睡着有什么用处? 你们乃可耻的不使我得敬礼于死者们之中;因为他们,我所杀死的,在斥骂着我,而我的案件,虽然我是被我自己的儿子所杀,却没有一个人在控理着。你们难道不记得了么? 在昔时,我曾如何的祭献你们,如何的午夜供着牺牲于你们之前,而现在,当你们尚在酣睡之时,这个坏东西却已从网中逃脱出去了。"

于是她们开始动弹着,自己挣扎着起来,而这个精灵还在以愤怒的话语鞭策着她们,直到了她们神志完全清醒了,预备要去追赶。于是阿波罗神出现了,他执着他的银弓在手,叫道:"离开这个地方,你们可憎恶的东西。你们快快的离开去吧,否则将有一支箭从这个弓弦上射出,射中了你们,要你呕吐出你们所喝过的人血了!这里不是你们所该歇的所在,你们最好的住所乃是在残酷所住的地方,或者在什么为红血所溅的狮洞中,却并不在人们常跑来祷听真实的神示的地方,所以你们且快快的离开去吧!"

　　"不,"她们说道,"听我们说,国王阿波罗,我们要说出我们所要说的话,为的是,你乃正是有关于这一件血案的人物。"

　　"怎么样?你们且说说看。"

　　"你吩咐这个儿子去杀死了他的母亲。"

　　"我吩咐他要为他的父亲的血报仇。"

　　"而你预备担负这个行为么?"

　　"我吩咐他到这个神坛上来求救护。"

　　"然而跟随在他之后的她们,却不使你喜欢么?"

　　"不,因为她们走近了这个所在乃是很不适宜的。"

　　"然而这乃是我们的被派定了的工作,要去紧随着杀死了他母亲的人。"

　　"如果一个妻杀死了她的丈夫便怎么样呢?"

　　"在妻与夫之间是没有亲族的血的关系的。"

　　"你们说出这话来,乃是侮辱了伟大的赫拉,宙斯的妻,还侮辱了一切的爱情,对于人们,没有东西是比爱情更亲近的了。"

　　"然而我仍要追猎这个人直至于死,因为他母亲的血驱使我向前去。"

　　"而我将帮助着他,救出了他。"

　　但在同时,俄瑞斯忒斯却飞快的奔逃到雅典城中去,他走到了雅典娜的神庙中,抱了女神的神像而坐着,对她叫道,他乃是受了阿波罗的吩咐而来的,预备要求她的裁判。但复仇女神们却紧追在他的后边,她们追赶他,有如一只猎犬追赶在一只受了伤的鹿之后,沿了血迹而追去。当她们到了雅典,发现了他在神庙中时,她们便叫道,他要求天神们的帮助是一无所用的,为的是,他母亲的被溅洒的血,从地上呼唤着反抗他;她们要喝了他的血,枯耗了他,将他活活的一个人驱入于死者之中,让后来的一切人不敢再犯这种重大的罪过。

于是俄瑞斯忒斯说道:"我在许多忧愁之中,已学得怎样的该说话,怎样的该沉默不言。而现在,我要如一个聪明的人教导我似的开言了。因为,看呀! 沾在我手上的血迹已经渐渐的淡下去了,这污迹是快要洁净的洗去了。所以,我对于此土的女王,雅典娜,来帮助着我,不管她现在在什么地方;因为,她虽然在远方,然而她乃是一个女神,她会听见我的声音的。帮助了我,她便要得到了我,和我的百姓们,和我的土地的对于她与她的百姓们的永远的友谊了。"

但复仇女神也并不退让的在责骂他,反对他,说是,他乃是被诅咒的,应给她们为掳获物;因为她们乃是受了天神们的委任,对于作恶者执行复仇之责的;在许多作恶者之中,他是魁首,因为他乃杀死了生育了他的母亲。

但正当她们这样的叫唤着反对他时,女神雅典娜出现了,她的姿容,看来很美丽,她的手中执着黄金的矛;她开口说道:"我是从史卡曼特河(Scamander)岸上来的,因为,我听见了一个人在呼唤着我的名字。现在我渴望知道,我所看见的这一切景象到底是什么意思? 你是谁,不相识的人,为何坐在这里,抱着这个神像? 你们又是谁,那么形状难看的,既不像天神们,又不像凡人们的女儿?"

于是复仇女神们答道:"我们要简洁的告诉你这件事,宙斯的女儿。我们乃是'黑夜'的女儿们,我们被人称为'诅咒们',我们的职务则为从暗杀犯的家中追赶了他出来。"

于是女神说道:"你们要追赶他到什么地方去呢?"

"我们要直赶他到没有欢乐居住着的地方去。"

"你们为什么要追赶这个人呢?"

"因为他胆敢杀害了他的母亲。"

"有什么原因迫使他去下手犯了这个大罪呢?"

"有什么事会迫使一个人去犯下如此的一个罪恶呢?"

"要说的有两个故事,而我所听到的却只有一个。"

当她们这样的聚谈了一会时,复仇女神们便说,她们要听从女神的裁判。因此,她便转身向俄瑞斯忒斯,吩咐他说出他的案情来;他是谁,他做下了什么事。他对于此,便这样的答道:"我乃是一个阿耳戈斯人，我的父亲乃是国王阿伽门农，他乃是你所知道的，因为他是希腊军的主将，你借了他的手，使特洛亚的巨邑变成了一片荒土。现在，这个人在一种最不公平的情形中死去了，当时他正从特洛亚回到了家，而我的母亲，心怀不善，机诈的在浴室中杀死了他。我因此逃难在外，现在我回到了家乡，杀死生育我的母亲，这我不否认。是的，我杀死了她为了报父仇之故。在这个案件中，阿波罗是我同谋着的，因为他说道，如果我不对犯下此罪的他们加以报复，则将有大不幸刺射我的心。请裁判这个事件吧；因为不管你的裁判是如何样子，我对之都是心服诚悦的。"

于是女神说道："这是一件很难下判断的事；因为你，俄瑞斯忒斯，是以乞求者的身份来到这个庙中的，为了无辜的罪失，我不拒绝了你。然而她们也有一个控诉，不能轻易打消了的；因为，假如她们不得到她们所求得的，她们便将遭送了一场饥荒的疾病于这个土地上而消耗了它了。但为了这个大事件已落在我手中要我来措置，我便要这么办着。我要选择了若干公判者，使他们每个人都立下了誓，他们将对于这件此杀彼、彼戮此的全案下了判决。这个判决，我要使它成为千古不变动的。所以，你要以誓语以证实所言。我将在我的市民们中选择了最有身份的公平正直的人们，立了誓，以公判这个案件。"

所以他们全都到了阿瑞斯的山峰上，这件案子要在那个地方公判。共有十二个人，个个都是此城中的最有身份者，坐于公判员的席上。雅典娜走了出来，对站在旁边的使者说道："吹起军号来，叫百姓们肃静毋得喧哗，这个案件就将公平的审判着。"

于是阿波罗走了出来。当复仇女神们看见了他，她们便叫道："你对于这个案件有什么干系，国王阿波罗？"

他说道："我是来当一个证人的，因为是我命令这个人去办这件事的。"

于是雅典娜命令道，复仇女神们要先说话，因为她们是原告。所以她们便开始对俄瑞斯忒斯说道："回答我们所要质问你的话。你杀死了你母亲么？"

"我杀死了她，这我不否认。"

"你怎样杀死了她的？"

"我拔出我的刀来，击在她的颈上。"

"是谁教唆你去犯了这个罪过的呢？"

"是阿波罗教导着我的，所以我不害怕；而我父亲也要从坟中帮助着我。"

"你杀死了你的母亲，死者乃会帮助着你么？"

"是的，因为她也曾杀死了她的丈夫。当她活在世上时，你们为什么不追逐于她之后呢？"

"因为她杀死的并不是她的同宗。"

"不是同宗？那么我和她也不是同宗了。但请你为证，国王阿波罗。"

于是阿波罗说道："我是一个先知，并不说谎。我无论预言到关于一个男人或一个女人或一个城市的事，从不会编造过谎话；只是我父亲宙斯要我说什么，我便说什么。"

于是复仇女神们说道："你怎么说？难道竟是宙斯给了这个命令，要这个人去杀死他的母亲的么？"

"不错。因为你们要想到，这个妇人乃是如何卑鄙的杀死了她的丈夫，他的父亲。因为她不用一支箭来射死他，有如一个阿马宗人所做的，但当他从战场上得了全胜，光荣的归来时，她却乘他在入浴的当儿，以一件外袍缠绕住了他，因此杀死了他。所以，这个人所做的事是很正当的，他报了昔日曾洒溅过的血。至于提起你们所说的这个亲族的关系，在一个人与他的母亲之间的话，则听我说这话。在这里的女神帕拉斯有一个母亲么？不，因为她不是出于母腹的，乃是出于她的父亲宙斯的头中的。"

于是雅典娜说道："这已说得够了。公判官们，请你们公判这个案件，要公平的下判语。但先要听着我建立这个法庭的规例。在这个山上，在古昔的时候，阿马宗人当他们和国王提修士及此土的人民宣战时，曾建筑着他们的堡垒，自此以后，此山乃被称为战神阿瑞斯之山。而在这里，我也要立下这个为后来永远适用的律令，俾它对于此土也将成为一个堡垒；这乃是，公判官们要坐在这里，精明的去报复了不平的事，不受贿赂的赠予而盲了他们的双眼，却要在人与人之间下着真实的审判与公平。现在，站起来，你们公判者们，从你们座位上立起来，拾取这些石子在你们的手中，依据了公理而下判决，不要忘记了你们的誓语。"

于是公判者们从他们的座位上站立起来，投掷石子于钵中，阿波罗在一边，而复仇女神们在另一边，各以许多的美言与恐吓去激励他们。最后，雅典娜站了起来，说道："这是由我去投一个决定票的；而我将它给了俄瑞斯忒斯。因为我自己不是一个母亲所生的，所以我是站在父亲的一边的。我并不要为一个杀了她丈夫，她的家主的妇人的死去报仇。现在，如果票数是平均的话，俄瑞斯忒斯便自由了。你们负检点票数之责的人，可将石子从钵中倒出来。你们要仔细公正的办着这事，不要让弊病发生。"

于是被指定为检点票数的人们便将石子从钵中取了出来，检计着它们。看呀！票数在这边与在那边的恰恰是相等。雅典娜站了出来，说道："这个是自由了。"

这样的完成了俄瑞斯忒斯的被释。

五　伊菲革涅亚在杜林

我们在上文已经知道女神阿耳忒弥斯，为了国王阿伽门农杀死了她所爱的一只鹿，便和他生气，不让希腊军的兵船开行；但后来，阿伽门农牺牲了他的女儿伊菲革涅亚以祭她，希腊军方得开船而到特洛亚。但伊菲革涅亚并没有死。女神阿耳忒弥斯很可怜她，便以一只牝鹿来代替她，而将她摄于空中，直送到杜林（Taurians）人的国中去，她在杜林人的国中，有一所大庙与一个神坛。此土的国王常在这个神坛上，杀死了任何希腊籍的异邦人，当作牺牲以祭这位女神。这些异邦人都是为暴风大浪所迫，不得不上岸去逃避的，而没有人胆敢或愿意的到杜林人那个地方去的。国王的名字是助亚士，在希腊语中，即"捷足"之意。

女郎伊菲革涅亚在这所阿耳忒弥斯的神庙服务，已有许多年了。有一夜，她忽然做了一场大梦，在梦中，她似乎已离开了杜林人的国中而住到阿耳戈斯城中去，她是生于这个城中的。当她正睡在她的闺中时，忽起了一阵大地震，将她父亲的宫殿都震塌于地上，只剩下一支柱子还是直立于地面上。当她凝望着这根柱子时，男人的黄金色的头发似乎生出柱上，它还用一个男人的口音说话。她对于这支柱子,也和她平日对待被牺牲于神坛上的异邦人们的方法一样,以水洗清了它,同时哭泣着。她这个梦的解释是,她的兄弟俄瑞斯忒斯是死了,因为男孩子们乃是一家的柱子,她父亲家中所遗下的不过是他一个人。

恰好在这个同一时候,俄瑞斯忒斯和他的朋友辟拉特士坐了一只船,来到了杜林人的国中。他所以到这个地方来的原因是这样的:自从他杀死了他的母亲,为他的父亲国王阿伽门农复了仇之后,复仇女神们便紧追在后面,不肯放松他。于是吩咐他去杀母的阿波罗便叫他到雅典城中去受公判。他受公判的结果是宣告无罪。然而复仇女神们却还不肯离开了他,于是阿波罗又命令他说,他应该航行到杜林人的家中,从那里带去了阿耳忒弥斯的神像,而将其带到了雅典人的国中来。这样办了之后,他方可得休息。现在,当他们俩到了这个地方来时,他们看见神坛殷然的染着被杀的异乡人的红血。俄瑞斯忒斯站在那里踌躇着,疑惑不定的不知究竟能否得到了他为它而来的那些东西,因为神庙的墙垣是很高的,庙门又坚厚而不能破入,于是他想要逃回船中去,但辟拉特士却不同意,他说,他们既已着手去办这事,便不该退缩而回。但他却提议说,他们在白天应该藏身于一个附近海边的山洞中,但不要过近于船,否则,恐怕杜林人要去搜索他们。挨到了夜间,他们可以偷偷的从两柱之间的空隙中侧身进庙,带去了神像,便上船离开那个地方了。

于是他们依计而行,藏身于海边的一个岩洞中。但偶然有几个牧人们正在海边的牧场上放牧他们的牛;有一个牧人走进了岩洞,窥见了坐在洞中的两个少年人,便偷偷的回到他的同伴们那里,说道:"你们且看坐在洞中的他们。他们诚然是天神呢。"因为他们看来是异常的高大姣美的。有的牧人便开始向他们祷告,误认他们为涅柔斯的儿子们,或那两位双生的兄弟。但有一个牧人却笑着说道:"不要去拜祷他们,他们乃是破了船的人呢。他们知道我们的风俗是要牺牲了异乡人以祭我们的天神们的,所以深藏了起来。"别的牧人们对于他的话很同意,拜祷的人也恍然而悟。他们说,他们要擒住了这两个人,俾他们如常的当作了牺牲以祭神。

但当他们还迟延未进时,俄瑞斯忒斯却从洞中跳了出来,因为他的狂疾又来了,他叫道:"辟拉特士,你看见从地狱中来的龙没有? 它要以它口边的群蛇杀死了我呢！这张嘴还喷吐着烟火呢！它抱了我的母亲在它的臂间，要抛她到我身上来！"其实，他哞哞的呜着如一只牛，然后又像一只狗似的狂哭着；他说道，因为复仇女神们是如此的做着。但牧人们见了这个情形，他们便心中大惧的聚集在一处，坐了下来。但这时俄瑞斯忒斯乃拔出他的刀来，如一只狮子似的纵跳着，冲进了牛群之中，用刀杀死了牛，因为他在他的狂病中还以为他是和复仇女神们在争斗着呢。于是牧人们吹起角来，唤集此土的人民们前来；因为他们惧怕这两个少年人，他们似乎是那么强健而勇猛。当人们已聚集得不在少数时，他们便开始向他们两人抛石投矛。现在俄瑞斯忒斯的狂病开始平息下去了，辟拉特士殷勤的看顾着他，为他抹去了他口边的泡沫，还将衣服张开防卫在他面前，恐怕他为石子所伤。但当俄瑞斯忒斯已经神智完全清醒了时，他已看出他们是陷在如何的一个绝地上来，他便高声大叫着道："我们必须死了，唉，辟拉特士，不过要让我们如二位武士似的死去。拔出你的刀，跟了我来。"此土的人民们不敢站立在他们之前；然而，有的人虽逃走了，有的人却仍向他们抛石。虽然如此，却没有一个人伤及他们。但到了最后，人民们聚集得愈来愈多起来，他们用石块将他们手中的刀打去，于是用绳捆了他们，驱他们到国王亚助士那里去。国王命令说，他们应被传送到神庙中去，俾女祭师得以如仪的牺牲了他们。

于是他们带了紧缚住的两个少年人到了神庙中去。现在，其中一人的名字，他们是知道的，因为他们听见他的同伴叫唤过他；但其余一个人的名字，他们却不知道。当伊菲革涅亚看见了他们时，她吩咐人民们放松他们的捆缚，因为他们已是女神的圣物，他们便该是自由的。于是——因为她误认他们二人为兄弟——她向他们问道："你们的母亲是谁，你们的父亲是谁，你们有没有姊妹们？她们今天要与高贵的兄弟们不相见了。你们从什么地方来？"

俄瑞斯忒斯答道："这是什么意思，小姐，你为何这样的对我们悲泣着呢？为了必须死去的人而自己哭泣着，我乃视之为愚。不要怜恤我们；我们知道你们此土有的是什么样式的牺牲！"

"告诉我，现在，你们之中，哪一个是唤做辟拉特士的？"

"不是我，他乃是这位，我的同伴。"

"你们是属于希腊国土的哪一城呢？你们是一母所出的兄

弟么?"

"我们诚然是兄弟,但只是友谊的,并不是血统的。"

"你的姓名是什么呢?"

"那我不告诉你。你有力量处置我的身体,但没有力量处置我的姓名。"

"难道你也不肯告诉我以你的国籍么?"

当他告诉她说,他的国家乃是阿耳戈斯时,她便问他以许多的事;例若关于特洛亚的,海伦的,先知卡尔卡斯的,优里赛斯的;最后,她说道:"海中忒提斯的儿子阿喀琉斯呢,他还活在世上么?"

"他是死了,他的在奥利斯所订的婚姻是无效的。"

"这乃是一场虚假的婚姻,大众都是十分明白的。"

"你是谁,乃这样的访问着关于希腊的事情呢?"

"我是希腊的人,被带到这里来时,我还是一个女孩子。但有一个名阿伽门农的,他是阿特柔斯的儿子,现在他怎么样子了?"

"我不知道,小姐,请你不要问起关于他的事。"

"不要这样说;但请你给我一点恩惠,告诉我。"

"他是死了。"

"不幸的我!他是怎么样死了的?"

"你的忧愁是什么意思?你是他的宗族么?"

"想着真是可怜,他是如何的伟大,而今他却已经死了。"

"他是在一个最可怜的情况之下被一个妇人所杀死的。但请不要再问了。"

"仅只问这一句话了;他的妻子还活在世上么?"

"不;因为她所生的儿子杀死了她,为他的父亲复仇。"

"一件可怖的行为,但却是正当的举动。"

"他诚然是正当的,但天神们却并不爱他。"

"国王在他之外有遗留别的孩子么?"

"一个女儿,名为厄勒克特拉。"①

"他的儿子还活在世上么?"

---

① 按 Aeschylus 的 Choephori,阿伽门农家有两个女儿,其他一个,名克勒索忒弥斯,详见上文。

“他还活着，但没有人比他更可怜的了。”

现在，当伊菲革涅亚听说他还活在世上时，便知道她昨夜所梦见的梦境全是欺骗她的；她心中忽然有了一个念头，她对俄瑞斯忒斯说道：“现在，听我说，因为我有几句话要说，这对于你和我都是有益的。如果我救你出于这场死亡，你肯带了我的消息到阿耳戈斯给我的朋友们，并且为我带了一封信给他们么？因为我写有这封信在我身边，这乃是被缚送到这里来的一个人代我写的，他很可怜我，因为他知道，并不是我致他于死，死他者乃是这个地方的女神的法律。我还不曾寻到过一个人他会带了这个东西到阿耳戈斯去的。但你，我猜想，乃是身世高贵的，且熟知阿耳戈斯和我所要通信的人的。那么，取去了这封信，而你的生命便是一个报酬；且让这个人牺牲给女神了罢。”

于是俄瑞斯忒斯答道：“你说得不错，小姐，只有一件事我不同意。你说，这个人将代替我而牺牲，却使我全然不悦。因为这乃是我，要作这次的旅行；这个和我同来的人，只是要在我的困难时帮助着我。所以，要是他代我而死，而我却逃脱了，这乃是一件极不该的事。那么，将这个信版给了他，他会携带了它到阿耳戈斯城去，他也将如意之所愿的。但至于我呢，让他们杀死了我，如果他们要杀的话。”

“你说得不错，少年人，我知道，你一定是出身于一个王族的。但愿上帝使我的兄弟——因为我有一个兄弟，虽然他在很远的地方——也如你的一样。这将如你之所愿；这个人将带了信离开去，你将要死。”

于是俄瑞斯忒斯便问这位女祭师，他的死法是什么样子。她告诉他说，她并不亲自动手去杀牺牲者，但在庙中另有被派定做这个职司的人，她只是事前为他们预备好了牺牲。她还告诉他说，他的尸体将被焚化。

当俄瑞斯忒斯表示愿意要他姊姊的手在他死时给他以相当的礼节时，她便说道：“这是不能够的，因为她是远远的离开了这个异邦的。然而，你既然是一个阿耳戈斯人，我自己要饰了你的坟墓，且倾注橄榄油与甜蜜于你的尸灰之上。”于是她走了开去，要从她的住房中取出信版来，她吩咐从人们严密的监视着少年们，但并不将他们上缚。

但当她走了时，俄瑞斯忒斯对辟拉特士说道："辟拉特士，你怎么想？这个女郎是谁呢？她对于在特洛亚和阿耳戈斯的事，以及关于聪明的先知卡尔卡斯与阿喀琉斯以及其他都十分的熟识，她还哭泣着国王阿伽门农；她一定是阿耳戈斯人。"

　　辟拉特士答道："这我不能说；一切人都知道国王阿伽门农所遇到的事。但听我说，如果你死而我活，这是很可耻的事。我和你同船而去，否则便和你同死。因为，我如独生，在阿耳戈斯以及在我的祖国福克斯的人们将视我为何等人；他们将看轻了我，他们还以为我卖了你，或卑鄙的杀死了你，俾我得以占有你的国家，娶了你的姊姊，她将继于你之后而有国。不然的，我要和你同死，我的尸体将和你的一同焚化。"

　　但俄瑞斯忒斯答道："我必须担负我自己的苦恼。这诚将是一件可羞的事，当你要想帮助我，我却招死了你。但至于我呢，你看，天神们是如何的对待着我，我真还不如死了的好。你诚然是快乐的，你的家庭也是融融洽洽的；但我的家庭却是受着诅咒的。去，那么，而我的姊姊，我已许下你为妻的，将为你生了孩子们，而我父亲的一脉也将不至于灭绝。我要你，当你平安的回到阿耳戈斯城时，你要做这些事：第一，你要为我建筑了一座坟墓，我的姊姊将在坟上献她的头发和她的眼泪。你告诉她说，我死了，为一个阿耳戈斯的妇人所杀而死，她将我作为牺牲而献给她的天神们；我还要你，你不要离开了我的姊姊，你要始终忠贞于她。现在，别了，我的苦难中的真实的朋友与同伴；因为，我真的死了，阿波罗对我说了谎，他的预言是虚伪的。"

　　辟拉特士向他立誓说，他要为他建筑一坟，且对于他的姊姊成为一个忠实的丈夫。以后伊菲革涅亚走了出来，执了一个信版在手中。她说道："这里便是我所说起的信版。但我怕，我给了这信于他手中，他也许要在回到他家中以后，便完全忘记了它。所以，我要想叫他立下一个誓，说是，他一定会将这个信版递到阿耳戈斯城中的受信人手中。"俄瑞斯忒斯答应了，说是，她也要立下一个誓，证实她必定会救出两人中的一人于死。于是，她对着阿耳忒弥斯立誓说，她要力劝国王，救辟拉特士出于死亡。而辟拉特士一方面也对着天父宙斯立誓说，他定会将这个信版递到受信人的手中。当他立了誓后，他又说道："但假如有一阵大风浪降临，信版被失去而我却被救了呢？"

"我要告诉你以信版上所写的内容；如果这信版失去了时，你便可以以之告诉他们；但如果不然呢，你便如我所嘱咐的将它给了他们。"

"我要将这个信版递给谁呢？"

"你要将它递给俄瑞斯忒斯，阿伽门农的儿子。写在信版上的话乃是这样：'我乃是被牺牲于奥利斯的伊菲革涅亚，我虽是还活在世上，然而对我自己的人却算是死了，我嘱咐你……'"

但当俄瑞斯忒斯听见了这话，他插言道："这位伊菲革涅亚在哪里？难道死者竟会复回到生者之中么？"

"你所要找的她便是我。但请你不要间断我的话：我嘱咐你在我死以前，从一个异乡带我回到阿耳戈斯去，带我离开了我所服役的涂染满了异邦人之血的神坛。如果俄瑞斯忒斯要问，我怎么会活着，那么，你可以告诉他说，阿耳忒弥斯将一只牡鹿代替了我，那个祭师，他举了刀来杀我的，以为已经杀死了我，却杀死了那只鹿，而女神便带我到这个地方来。"

于是辟拉特士说道："我的誓言是易于实行的，俄瑞斯忒斯，从你姊姊的手中取去了这个信版罢。"

于是俄瑞斯忒斯拥抱住他的姊姊，悲叫道——因为她转身离开了他，不知道她心里在想什么："唉，我的姊姊！请你不要离开了我，因为我乃是你的兄弟，你所想不到会见到的。"

当她尚在疑惑时，他便告诉她以几件事，俾她知道他确是俄瑞斯忒斯——她怎样的曾手织了一张毡，在上面织着阿特柔斯与西斯特士为了金羊而争斗着；她在奥利斯时，曾给了她的一束头发作为他的一个纪念；在阿耳戈斯的她的房中，放置有她的父亲的祖父珀罗普斯的古矛，他用了这矛杀死了俄诺马俄斯而得到希波达墨亚为妻。

当她听见了这些话时，她才知道他实在是俄瑞斯忒斯，他乃是他们母亲最后生下的儿子，当她与他分离时，他还是一个婴孩，所以她从前常常的抱他在怀中。但当他们两人聚谈了一会，彼此快乐的说着他们所遇到的事时，辟拉特士便说道："亲友们久别之后，而欢聚快谈，诚然是好；但我们必须商议着，我们能够怎样的设了一个好法子逃出了这个野蛮人所住的地方。"

但伊菲革涅亚答道："然而没有事将阻止我所要听的我的妹妹厄

勒克特拉的消息。"

"她是和，"俄瑞斯忒斯说道，"这位你所看见的辟拉特士结了婚。"

"他是哪一国的人，他的父亲是谁呢？"

"他的父亲乃是福克斯人史特洛菲士；他也是一位宗亲，因为他的母亲乃是阿特柔斯的女儿，且他还是我的一位生死不渝的至友。"

于是俄瑞斯忒斯便对他姊姊说起他所以来到杜林人的国中的原因。他说道："现在请帮助他办了这件事，我的姊姊，即我们要带走了女神的神像；因为，只有这么办，我才会治愈了我的狂疾，而你也将被送回你的祖国，你父亲的王家也将自此繁昌。但如果我们办不了这事时，那么，我们便将一同死去了。"

伊菲革涅亚很疑心这件事将要怎么办。但最后，她说道："我有一个计较了，我将以此完成了这件事。我要对他们说道，你是为了杀死了你的母亲而到这里来的，非用海水清洁了你以后，不能用你作为一个牺牲。我更要说，你曾与神像接触过，这个神像也必须以同一的样子洗净了。这个神像，我将自己带到了海边去；因为，诚然的，我仅能以我的手接触着它。对于这个辟拉特士，我也要说，他也是同样的为你所玷污的。那么，我们三个人便可以得路以达于船中了。以后的事，须你预备着了。"

当她这么说了时，她便对阿耳忒弥斯祷求道："伟大的女神，你在从前，曾从奥利斯平安的带我到这里来，现在请你也带了我，和与同伴着的人，平安的到达了希腊，那么，人们便将视你的兄弟阿波罗为一位真正的预言者了。你也不是不愿意离开了这个野蛮的地方而住到雅典的美丽的城市中去。"

过了一会，国王亚助士来了，他问说，他们已否将那些异邦人祭献了神，曾否将他们的尸体焚化了。伊菲革涅亚对他答道："你带来给我的这些人们乃是不清洁的牺牲，啊，国王！"

"你怎么知道这事的？"

"女神的圣像自己转移了她的位置，还以她的双手遮覆了她的脸。"

"那么，这些异邦人曾犯下什么罪恶了呢？"

"他们杀死了他们的母亲，因此，被逐出于希腊以外。"

"啊,好不怕人! 这种举动,我们野蛮人永远不做的。现在你要怎么计较着呢?"

"我们必须在我们献上了这些异邦人作为牺牲之前,先行洗净了他们。"

"用河水呢,还是用海水呢?"

"要用海水,海水洗清了一切在人类中的罪恶。"

"好,你在这里,在这座神庙之内,将有海水给你使用。"

"嗳,但我必须寻找一个地方,离开了人群的。"

"就这么办吧,到你所要去的地方去吧! 我不欲眼看着被禁的事物。"

"这个圣像也必须洗清洁了。"

"当然的,如果从这些杀害了他们的母亲的人身上来的腥臊曾与它接触过。你的这个意思非常的好。"

于是她教示着国王说,她须要带了这两个异邦人出于庙门之外,先要捆缚了他们,遮住了他们的头部。还有,他的几个卫队也应该和她同去,但所有城中的人民们则必须命令他们住于家中不出来,如此,他们才不会被玷污;而他自己则必须住在庙中,以火洗清了它;当异邦人经过时,他须以他的衣袍遮蔽了他的头部。"如果我似乎做这些事做得长久了时,"她说道,"你且不要焦心。"

"随便你要需用多少时候罢,"他说道,"只要将事办妥为止。"

于是国王的几个卫士们,带了那两个少年人出于庙门之外,伊非革涅亚引导着他们向俄瑞斯忒斯的船只抛锚着的地方而去。但当他们快要走近了海岸时,她便吩咐他们停留了下来,不要走得太近了,因为她所办的事,他们必须不要参与。她执了缚住两个少年人的绳子在手,口中唱起了一支奇异的歌,有如念着咒语。后来,卫士们静静的如她所吩咐的坐在她所指定的地方已经很久了,他们开始害怕起来,生恐两个异邦人会杀死了女祭师而逃走。然而,他们却不敢动弹,怕去张看被禁止张看的事。但到了最后,他们众人一心同意的站了起来。当他们走到了海边时,他们看见那只船正预备要开动,五十个水手们在船舷上,正各各握桨在手,预备划着;那两个少年人则已解缚而站立在海岸上,靠近于船尾。更有好几个水手们则正牵着锚索,拉船近岸,以便少年们登船。于是卫士们握捉了船舵,想要将舵取了下来，他们叫道，"你们是谁，乃敢劫走了女祭师，带走了我们神道的圣像？"于是俄瑞斯忒斯说道："我是俄瑞斯忒斯，我带走了我的姊姊。"但卫士们却捉住了伊菲革涅亚；当水手们看见了这时，他们便从船上跳了下来；他们双方都没有刀在手，只是赤手空拳的在肉搏着。水手们既很壮健，且又精于技击，国王的卫士们乃各受了伤而退却。他们逃到了邻近的海岸上，拾起石块来，向船掷去，而站在船尾上的弓箭手则以箭来射他们。于是——因为他的姊姊不敢向前走——俄瑞斯忒斯跳进了海中，举她在他的肩上，这样的举她和她所执着的圣像到了船上去。辟拉特士叫道："握住了你们的桨，水手们，将桨击着海，因为我们已得到我们所以到此土来取去的东西了！"于是水手们用全力划着；当船在海港中划着时，它驶行得很顺利，但当它一出了大海时，却逢着一天的大浪，狂风也当头的阻挡着它的前进，而驱它复回向海岸。

卫士中的一个，见到了这个情形，他便飞跑到国王亚助士那里告诉他，国王便匆促的遣使者们骑了马到处去唤起此土的人民们，预备和俄瑞斯忒斯及他的同伴们争斗。但正当他在派遣他们时，在他头上的空中，却出现了女神雅典娜，她说道："停着，国王亚助士，不要去追赶这个人和他的同伴们；因为他是受了阿波罗的命令而来到这里办这件事的；而我也劝说着普赛顿，请他使海波平息，给他开船而去。"

国王亚助士答道："就如你的意思办着吧，啊，女神！虽然俄瑞斯忒斯带去了他姊姊和圣像，我却平息了我的愤怒，因为，谁能和神道们争斗呢？"

于是俄瑞斯忒斯开船而去，回到他自己的国中，他的狂病，也应了阿波罗的预示离开了他。他自此平安的住在阿耳戈斯[①]。

---

① 据 Apollodorus（Epitome，Ⅵ，28），俄瑞斯忒斯将阿耳忒耳斯的神像送到雅典去后，便回到阿耳戈斯，娶了 Hermione 为妻（或据别一个人说，他娶的是依丽哥妮），他生了一子 Tisamenus。后来，他在阿耳卡狄亚的 Oresteum 为一条蛇所咬而死。

www.ingramcontent.com/pod-product-compliance
Lightning Source LLC
LaVergne TN
LVHW041314080426
835513LV00008B/446